L'ÉGLISE ET L'ÉTAT

SOUS LA

MONARCHIE DE JUILLET

L'auteur et les éditeurs déclarent réserver leurs droits de traduction et de reproduction à l'étranger.

Cet ouvrage a été déposé au ministère de l'intérieur (section de la librairie) en novembre 1879.

OUVRAGES DU MÊME AUTEUR

E. Plon et Cⁱᵉ, éditeurs

ROYALISTES ET RÉPUBLICAINS, essais historiques sur des questions de politique contemporaine : I. *La Question de Monarchie ou de République du 9 thermidor au 18 brumaire*; II. *L'Extrême Droite et les Royalistes sous la Restauration*; III. *Paris capitale sous la Révolution française*, par Paul Thureau-Dangin. Un vol. in-8º vélin glacé. Prix.. 6 »

LE PARTI LIBÉRAL SOUS LA RESTAURATION, par Paul Thureau-Dangin. Un vol. in-8º. Prix....... 7 50

L'ÉGLISE ET L'ÉTAT

SOUS LA

MONARCHIE DE JUILLET

PAR

Paul THUREAU-DANGIN

PARIS

E. PLON ET Cie, IMPRIMEURS-ÉDITEURS

RUE GARANCIÈRE, 10

1880

Tous droits réservés

AVANT-PROPOS

L'attention publique se porte aujourd'hui vers les luttes qui, en d'autres temps, se sont engagées autour des questions de liberté d'enseignement et de liberté religieuse. Les plus importantes, les plus ardentes et, aussi parfois, les plus imparfaitement connues de ces luttes sont celles qui ont rempli les dernières années de la monarchie de Juillet. C'est alors vraiment que l'idée de la liberté d'enseignement a fait son apparition et que des Français ont appris à combattre pour elle. Il nous a semblé que le moment était opportun pour essayer de faire revivre cette grande bataille, et pour exposer même, d'une façon plus générale, quelles ont été, de 1830 à 1848, les relations entre les catholiques et les divers partis, la religion et la politique, l'Église et l'État. La plupart des champions de la liberté religieuse à cette époque, qui étaient nos maîtres, ne sont plus; leurs efforts, leurs victoires et leurs échecs appartiennent à l'histoire. A ce titre, la génération qui est entrée dans la vie, quand ces combats étaient finis, et qui en a recueilli le profit sans en avoir eu la charge, a qualité pour en étudier et en raconter les péripéties ; il est de son devoir, surtout aux jours où il faut défendre le terrain si laborieusement et si vaillamment conquis, de chercher, dans les souvenirs d'hier, les exemples ou les avertissements, les encouragements ou les leçons qui s'en dégagent.

S'il a paru utile, nécessaire, de rappeler ce passé, ce n'est pas que nous perdions de vue ce qui le distingue de l'époque actuelle, et il convient, dès le début, de mettre les esprits en garde contre un rapprochement qui pourrait être dangereux. Sous la monarchie de Juillet, les catholiques militants formaient, dans la société politique, un petit groupe en quelque sorte excentrique ; presque tous les conservateurs les traitaient en étrangers, sinon en suspects ou même en ennemis ; cet état de minorité et d'isolement leur permettait une grande liberté et hardiesse d'allure ; pour faire violence aux distractions et à l'indifférence d'un public peu soucieux des choses religieuses, ils pouvaient croire nécessaire de frapper très fort, sans se sentir contraints à ces ménagements de personnes, à cette prudence de tactique, à cette modération de doctrine, qu'imposent la communauté d'action avec des alliés nombreux et la possibilité d'une victoire prochaine. Aujourd'hui les conditions sont tout autres, et rien ne serait plus malhabile qu'une imitation aveugle de ce qui a été fait alors. Les catholiques ne sauraient songer à défendre une place conquise et dont ils sont, depuis longues années, en possession régulière, avec les procédés qui convenaient à une offensive d'avant-garde. Et surtout ils n'ignorent pas qu'ils ont désormais, soit des alliés fidèles, soit des spectateurs bienveillants et des juges impartiaux, dans plusieurs des régions où ils rencontraient autrefois des adversaires. Aussi doivent-ils veiller à ne pas reprendre, dans les armes de leurs pères, celles qui risqueraient de blesser des hommes qu'il est habile et juste de traiter en amis. D'ailleurs, dans les héritages politiques, il est toujours une partie qu'il faut répudier : ce sont les petites passions, les animosités passagères, et, par suite, les exagérations, qui se mêlent fatalement aux luttes les plus nobles et les plus pures.

Une autre raison nous a fait penser qu'il était opportun de retracer les luttes religieuses de la monarchie de Juillet. N'en a-t-il pas été souvent question, depuis quelque temps, dans des documents publics, et des hommes politiques, bien empressés, pour des républicains, à se couvrir d'exemples monarchiques, n'ont-ils pas feint de trouver, dans les souvenirs de cette époque, un précédent et comme une justification pour leurs entreprises ? La prétention d'une semblable analogie ne peut s'expliquer que par une ignorance ou une mauvaise foi, auxquelles il est bon d'opposer la vérité des faits. Ce n'est pas cependant que nous nous croyions obligé de démontrer que tels ou tels personnages n'ont pas qualité pour se dire les héritiers de MM. Guizot, Cousin, Villemain et de Salvandy, et il suffit de citer ces noms pour faire justice d'un rapprochement qui serait avant tout ridicule. Quoi de commun entre des doctrinaires éminents, dont quelques-uns ont pu être trop lents à comprendre l'avantage et la nécessité du secours religieux, trop confiants dans la seule puissance de la raison humaine, dans les forces d'une génération entre toutes brillante et ambitieuse, dans les ressources de leur régime politique si ingénieusement pondéré, mais chez qui, après tout, l'orgueil n'était pas sans quelque excuse, — et des politiciens d'aventure, poussés, pour peu de jours, au pouvoir, par les hasards humiliants de la décadence démocratique, médiocres, sans principes, sans illusions grandioses, qui ne représentent rien, si ce n'est des haines, ou, moins encore, des convoitises? Quoi de commun entre des conservateurs qui voulaient sincèrement résister à la perversion intellectuelle et à l'ébranlement révolutionnaire, mais qui croyaient à tort pouvoir le faire avec la seule doctrine et la seule politique du « juste milieu »; qui, en déclinant, pour cette résistance, le concours des catholiques militants, s'imaginaient, dans leurs préjugés un peu étroits, écarter une exagération en sens contraire, — et des révolutionnaires par passion ou par faiblesse, tout occupés à donner pâture aux appétits mauvais, poursuivant, plus ou moins ouvertement, l'œuvre de destruction politique et religieuse, et qui, pour bien montrer ce que signifie à leurs yeux la proscription des jésuites, réhabilitent en même temps les hommes de la Commune?

D'ailleurs, faut-il donc rappeler à ceux qui ont toujours à la bouche le mot de « progrès », qu'en effet, sous l'action du temps et par la leçon des événements, il s'accomplit, dans l'esprit public, des changements dont on ne peut méconnaître le caractère définitif, sans mériter d'être traité de rétrograde; qu'autre chose est d'avoir, au début, hésité à s'engager dans des chemins alors inconnus, ou de vouloir, après coup, revenir en arrière ; autre chose, de n'avoir pas su jadis devancer les préjugés régnants, et de n'avoir pas été les premiers à comprendre la légitimité d'une réforme, ou de prétendre aujourd'hui supprimer violemment, sans raison, sans prétexte, des droits acquis. Oui, dans la première moitié du siècle, bien des conservateurs et des libéraux avaient des vues imparfaites sur les rapports de l'État et de l'Église, sur la liberté religieuse et sur la liberté d'enseignement. Leur état d'esprit révélait un mélange bizarre de gallicanisme et de voltairianisme ; ils étaient probablement encore trop près de l'ancien régime, pour s'être dégagés de certaines traditions, qu'ils transportaient, à contre sens, de la vieille royauté catholique à notre état moderne ; trop près de la révolution, pour n'avoir pas gardé à leur insu un reste d'hostilité antireligieuse. C'était moins la faute de tel parti et de tel gouvernement que celle de la société entière, et l'histoire équitable doit, en cette circonstance, faire le procès du temps plutôt que des individus. Depuis lors le progrès s'est fait : les mêmes hommes qui avaient édicté les ordonnances de 1828 ou marchandé la liberté d'enseignement avant 1848, ont contribué à faire les lois de 1850 et de 1875 ; ils ont, avec M. Thiers, confessé loyalement et réparé leur erreur. Désormais il n'a plus été possible d'être conservateur, sans avoir des sentiments de bienveillante justice à l'égard de l'Église ; d'être un vrai libéral, sans avoir l'intelligence complète de la liberté religieuse. Et il serait aussi déraisonnable de vouloir réveiller, chez les monarchistes constitutionnels, des préventions surannées, qu'il serait peu juste de mesurer la responsabilité des acteurs d'hier, d'après les idées plus larges qui ont cours aujourd'hui.

La France n'est pas le seul pays où de tels progrès se sont accomplis. Rien ne paraissait plus naturel aux tories anglais du commencement du siècle, que de se refuser à ouvrir aux catholiques la porte, depuis longtemps fermée pour eux, du parlement. Or, quel est maintenant celui de leurs successeurs qui ne regarderait comme odieuse et absurde la seule pensée de retirer le bill d'émancipation? Et s'il se trouvait, au delà de la Manche, quelque ennemi fanatique de l'Église romaine capable de faire une telle proposition, tolérerait-on, à la Chambre des lords ou aux Communes, qu'il assimilât son extravagance intolérante aux opinions soutenues, avant l'émancipation, par lord Wellington, lord Castlereagh et tous leurs amis? Tel de nos ministres actuels ne mérite pas d'être mieux accueilli, ni d'être pris plus au sérieux, quand il prétend s'autoriser, pour ses desseins d'oppression, de la conduite suivie autrefois par certains hommes d'État de la monarchie parlementaire. Si ceux-ci vivaient encore, ils seraient les premiers à protester contre l'outrage et l'outrecuidance d'un tel rapprochement : « Vous n'êtes pas notre héritier, — diraient-ils avec une sévérité dédaigneuse ; — vous êtes l'héritier de ces révolutionnaires que nous avons toujours détestés; il nous a suffi précisément de les voir en face et sans voile, après 1848, pour nous dégager de nos préjugés, pour nous éclairer sur la nécessité du secours catholique et par suite de la liberté religieuse ; c'est contre ces hommes que nous avons fait la loi de

1850, comme c'est contre vous que nous la défendrions. » Dans le silence de ces anciens que la mort nous a ravis, cette réponse et cette protestation seront faites au besoin par leurs descendants légitimes, par ceux qui sont demeurés fidèles, — non aux erreurs passagères et partielles dans lesquelles nulle opinion n'est jamais assurée de ne pas tomber à quelque moment, — mais à la partie saine, haute et durable de leurs traditions ; ils sauront renvoyer, avec indignation, ces prétendus imitateurs de leurs ancêtres aux seuls modèles dont ils puissent se réclamer, c'est-à-dire, en France, aux Jacobins ; hors frontière, à M. Falk de Berlin, ou à M. Carteret de Genève.

C'est assez, c'est même trop s'occuper des controverses actuelles. Nous craindrions de rabaisser et de rétrécir une étude qui prétend être œuvre d'histoire, non de polémique. Ces controverses ont pu être l'une des raisons qui nous ont déterminé à mettre aujourd'hui en œuvre des documents réunis et des recherches commencées auparavant en vue d'un travail plus étendu et plus général ; mais elles n'ont aucune place dans ce livre. On y raconte le passé ; on n'y discute pas le présent. Non qu'il convienne de se désintéresser des conclusions que chacun en peut tirer pour la crise actuelle, des arguments qu'y rencontre la bonne cause ; seulement, ces arguments et ces conclusions ressortiront du seul exposé des idées et des événements. Il suffit d'écrire sincèrement cette histoire, sans se préoccuper d'autre chose que d'être exact dans les faits et juste envers les hommes, pour être assuré que nul n'y trouvera une justification de certaines entreprises contemporaines, et il n'est certes pas à craindre qu'aucun gouvernement retire de cette expérience d'hier, une fois bien connue, le moindre encouragement à préférer, dans les questions religieuses, la guerre à la paix, la persécution à la liberté.

Novembre 1879.

CHAPITRE PREMIER

LA RÉACTION RELIGIEUSE
AUX DÉBUTS DE LA MONARCHIE DE JUILLET

1830-1841

I. L'irréligion maîtresse après 1830. Tentative et échec du journal l'*Avenir*. Le catholicisme vaincu et compromis. — II. Lacordaire à Notre-Dame, en 1835. Retour des âmes vers la religion, à la suite et sous le coup de la révolution de Juillet. Témoignages et explication de ce retour. — III. Part de la jeunesse dans le mouvement religieux. Les étudiants catholiques et Ozanam. — IV. En quoi la prédication de Lacordaire convenait aux hommes de son temps. Contradictions qu'il rencontre. Sa retraite en 1836. — V. Le mouvement religieux continue. Le P. de Ravignan à Notre-Dame. Lacordaire et le rétablissement des Dominicains en France. — VI. Pendant ce temps, M. de Montalembert arbore le drapeau catholique à la Chambre des pairs. Son isolement et son courage. L'impression qu'il produit et l'attitude qu'il prend.

I

Dans la première moitié de la monarchie de Juillet, — soit au début, pendant la lutte dramatique de Casimir Perier et du ministère du 11 octobre contre le parti révolutionnaire, soit plus tard, de 1836 à 1840, lors de cette confusion impuissante à laquelle les compétitions d'ambitions rivales et la mêlée de partis disloqués paraissaient avoir réduit le régime parlementaire, — on eût cherché vainement la question religieuse parmi celles qui occupaient les hommes politiques. Ceux-ci se croyaient, à cette époque, indifférents, ils se fussent dits volontiers supérieurs, aux préoccupations de ce genre. Cette question ne se posa et ne s'imposa qu'en 1841, dans la première année du long ministère de M. Guizot. Elle n'était pas en réalité aussi subite et imprévue qu'elle put le paraître alors au monde officiel, distrait et absorbé, depuis 1830, d'abord par des périls visibles et pressants, ensuite par des querelles de personnes singulièrement ardentes, quoique stériles. Si, en effet, on y avait regardé de plus près, on aurait observé qu'en dehors du cercle un peu étroit où se concentrait la vie politique, il s'était opéré un travail intime au fond des âmes, et une sorte d'évolution dans l'attitude des catholiques français vis-à-vis de la société moderne : prélude, quelquefois imparfaitement aperçu par les contemporains, de la campagne de la liberté d'enseignement, mais dont l'historien doit tout d'abord rappeler les phases successives, s'il veut faire bien connaître et comprendre cette campagne elle-même.

On sait ce que la religion était devenue en France, sous le coup de la révolution de 1830 et de la réaction contre la politique de Charles X : le catholicisme vaincu au même titre que la vieille monarchie dont on affectait de le croire solidaire, tandis que le voltairianisme se jugeait appelé partager la victoire du parti libéral; les croix détruites par les mêmes mains que les fleurs de lys l'Archevêché saccagé en même temps que les Tuileries ; partout, dans la presse, dans la caricature, au théatre, une débauche et comme une représaille d'impiété ; — des évêques chassés par l'émeute ; Mgr de Quélen réduit à se cacher, durant plusieurs mois, dans Paris, ainsi qu'un missionnaire en Corée; d'autres prélats, comme accablés sous le poids de leur défaite et intimidés par leur impopularité, qui « se tenaient cois [1] », et ne sortaient guère, ni moralement, ni matériellement, de leurs palais épiscopaux ; des séminaires fermés et le recrutement clérical menacé d'interruption ; l'impossibilité pour les ecclésiastiques insultés, maltraités, de se montrer en soutane dans les rues ; le principal organe de l'Eglise de France conduit à déclarer que le clergé était frappé « d'une sorte de mort civile [2] » ; les préventions et les haines ne désarmant pas même devant l'épouvante du choléra ; les prêtres avides de dévouement, obligés de se déguiser et de subir, dit l'un d'eux, « d'incroyables avanies », pour se glisser dans les hôpitaux auprès des mourants, et le fléau régnant avec je ne sais quoi de plus hideux et de plus désolé sur ce peuple qui paraissait être sans Dieu jusque devant la mort ; — les foules d'en bas devancées et entraînées dans l'irréligion par les classes d'en haut ; des « messieurs bien mis » se mêlant aux

---

[1] Expression de M. Louis Veuillot. (*Rome et Lorette*, t. Ier, p. 40.)
[2] *Ami de la Religion* du 2 juillet 1831.

dévastateurs de Saint-Germain-l'Auxerrois ; la présence d'un jeune homme dans une église provoquant, au dire d'un contemporain, presque autant de surprise que « la visite d'un voyageur chrétien dans une mosquée d'Orient » ; partout, dit un autre, le sentiment que « le christianisme est mort » ; beaucoup de conservateurs d'accord sur ce point avec les révolutionnaires, et le plus illustre, le plus ferme des défenseurs de l'ordre à cette époque, Casimir Perier, disant à des prêtres, sans intention hostile, comme s'il mentionnait avec indifférence un fait qu'il croyait incontestable : « Le moment arrive, où vous n'aurez plus pour vous qu'un petit nombre de dévotes[1] » ; — le gouvernement, vis-à-vis de la religion, sans passion agressive, mais, au début du moins, sans intelligence de ses devoirs ni même de ses vrais intérêts ; désireux, ne serait-ce que pour s'épargner un embarras, de contenir ou de limiter les violences impies, seulement y faisant preuve de la défaillance qui était alors la marque de toute sa politique, et moins disposé encore à se compromettre contre la révolution, quand les droits de Dieu étaient en jeu, que quand il s'agissait des siens propres ; laissant passer les désordres de la presse ou de la rue,

[1] Ce propos a été rapporté plus tard par Mgr Devie, évêque de Belley, dans une lettre adressée, en 1843, au ministre des cultes. Il avait été, dit le prélat, tenu publiquement « à plusieurs ecclésiastiques de sa connaissance ». (*Vie de Mgr Devie*, par M. l'abbé Cognat, t. II, p. 225.)

avec une telle faiblesse, parfois une telle complaisance, qu'on l'accusait, à tort probablement, de voir sans déplaisir détournée vers une église l'insurrection qu'il redoutait pour le Palais-Royal ; docile d'ailleurs à sanctionner en quelque sorte l'œuvre de l'émeute, à supprimer administrativement les croix que celle-ci avait détruites, à fermer les temples qu'elle avait pillés, à lancer des mandats d'amener contre les prélats qu'elle avait pourchassés ; par réaction contre la dévotion impopulaire d'un roi ayant suivi dans les rues les processions du jubilé un cierge à la main, un autre roi hésitant, dans ces premiers temps, à prononcer le mot de « Providence » et présidant, dans le Panthéon paganisé, aux cérémonies d'un culte officiel, où la *Marseillaise* et la *Parisienne*, chantées par les artistes de l'Opéra, remplaçaient les psaumes de David ; une monarchie qui se laissait louer « de ne pas faire le signe de la croix », et qui consentait à supprimer l'image du Christ dans les salles des tribunaux criminels ; presque plus aucun signe public d'une société chrétienne, si bien que M. de Montalembert a pu dire : « Jamais et nulle part on n'avait vu une nation aussi officiellement antireligieuse », et que M. de Salvandy écrivait alors : « Il y a quelques mois on mettait partout le prêtre ; aujourd'hui on ne met Dieu nulle part[1]. »

---

[1] *Seize mois, ou la Révolution et les Révolutionnaires*, 1831.

Au lendemain et dans la fièvre même de la révolution, une tentative éclatante, hardie, bien extraordinaire pour l'époque, avait été faite par le journal l'*Avenir*. Tirer le catholicisme de sa situation de vaincu, le dégager des ruines de la Restauration, lui faire prendre, comme d'assaut, sa place dans la société nouvelle, chercher pour lui, dans le droit commun et la liberté, une force qu'il ne pouvait plus trouver dans la faveur du gouvernement et une popularité que cette faveur ne lui avait jamais attirée, tel était le dessein de ce nouveau journal. Dans ses colonnes, en tête desquelles brillait cette belle divise : *Dieu et la liberté*, que de talent et d'inexpérience, de bonne foi et de passion, d'aperçus prophétiques et de chimériques illusions! Lacordaire et Montalembert, y apportaient l'élan de leur jeunesse et la fraîcheur de leur premier enthousiasme; mais Lamennais, aigri et fatigué par le long chemin qu'il avait déjà fait à travers tant d'opinions opposées, y mêlait la note plus triste de son exaltation assombrie, de son dépit amer et de son éloquente irritation. Sous l'influence de cette nature absolue et violente qui poussait tout à l'extrême et à l'absurde, et aussi sous l'action, toujours funeste, de l'esprit révolutionnair régnant alors, le mouvement fut bientôt exa géré, faussé, dévoyé. On y vit apparaître ce j ne sais quoi de présomptueux et de déréglé, sign certain d'un prompt avortement. Dans son empo tement à réagir contre « l'union du trône et l'autel », l'*Avenir* poursuivait le divorce absolu de l'Eglise et de l'Etat. Parler de liberté ne lui suffisait pas ; il lui fallait proclamer le droit divin de la licence. Il répudiait le vieux gallicanisme monarchique, mais il se jetait dans la chimère d'une théocratie inconnue à Rome. S'il se dégageait du parti royaliste, c'était pour courtiser la démocratie et la république. Son désir de voir le clergé sympathiser avec toutes les causes généreuses l'égarait dans le rêve violent et parfois sanglant d'une sorte de révolution universelle, sur laquelle planerait la croix et à laquelle présiderait la Papauté. Ainsi se trouvaient promptement obscurcies les vives lueurs que l'*Avenir* avait d'abord paru jeter. Il s'aliénait les évêques et une bonne partie du clergé, qui, naturellement prévenus contre les idées nouvelles, s'en sentaient encore plus éloignés quand ils les voyaient mêlées à tant d'exagérations et d'erreurs. Enfin, couronnant toutes leurs témérités, ses rédacteurs finissaient par contraindre eux-mêmes Rome, qui voulait se taire, à parler et à les condamner.

Une âme périt dans cette catastrophe, l'âme de Lamennais. Pendant que s'écroulait cette renommée qui appartenait plutôt à l'époque antérieure, et dont la ruine s'ajoutait à toutes celles du passé, que devenaient ces écrivains plus jeunes, semblant renfermer en eux, non plus la gloire d'une société tombée, mais l'espérance religieuse des nouvelles générations? Lacordaire, le premier, se

refusa à suivre plus longtemps le maître, dans une voie qui conduisait à la révolte : il brisa avec lui ; mais combien meurtri, isolé, désorienté, déraciné, sans foi en lui-même et suspect aux autres ! « Je rapportais, a-t-il écrit plus tard, une célébrité où il me semblait que j'avais perdu ma virginité sacerdotale, bien plus que je n'avais acquis de renom, une apparence de trahison à l'égard d'un homme illustre et malheureux, enfin mille incertitudes, mille contradictions dans le cœur, aucun ancien ami et pas un nouveau... Il y a des moments où le doute nous saisit, où ce qui nous a paru fécond nous semble stérile, où ce que nous avons jugé grand n'est plus qu'une ombre sans réalité. J'étais dans cet état ; tout croulait autour de moi, et j'avais besoin de ramasser les restes d'une secrète énergie naturelle pour me sauver du désespoir [1]. »
Le jeune Montalembert, moins prompt à se dégager, se débattait dans la plus douloureuse des in-

---

[1] *Testament du P. Lacordaire*, p. 72. — Lacordaire, du reste, est souvent revenu sur la désolation de cet instant de sa vie ; on sentait quelle impression profonde et douloureuse il en avait conservée. Il a dit, par exemple, dans sa notice sur Ozanam : « Frappé de la foudre à l'entrée de ma vie publique, séparé d'un homme illustre en qui j'avais cru trouver le génie de la conduite avec celui de la pensée, j'errais au dedans de moi, dans des incertitudes douloureuses et de terribles prévisions. » Ailleurs, parlant de Mme Swetchine, dont l'ingénieuse et tendre sollicitude lui fut alors si secourable : « J'abordais, dit-il, au rivage de son âme, comme une épave brisée par les flots. »

certitudes : d'une part les fascinations du génie, les illusions généreuses de son amitié, rendue plus tendre et plus dévouée par le malheur ; de l'autre les inspirations de sa droite conscience et les sollicitations d'amis éclairés. Quand, après deux années d'angoisses, à la vue d'une apostasie qui ne cherchait plus à se dissimuler, il rompit à son tour ce lien si cher à son cœur et si flatteur à son intelligence, ce fut pour tomber dans le même vide, dans la même désespérance que naguère Lacordaire : il se déclarait perdu, vaincu à jamais, proclamait que « tout était fini pour lui » et que « sa vie était à la fois manquée et brisée ».

Cette campagne avortée paraissait donc avoir eu pour principal résultat, de compromettre irrémédiablement les idées et les hommes par lesquels la cause religieuse avait chance de se relever. Après cet effort malheureux, le catholicisme, en France, semblait être retombé plus bas, dans un état humainement plus désespéré. Aussi le silence se faisait-il autour de lui, silence plus inquiétant encore que les cris de haine et de colère ; car qui eût oublié les promesses éternelles aurait pu croire que c'était le silence de l'oubli et du tombeau.

II

Trois ans ne se sont pas écoulés depuis la condamnation de l'*Avenir*, et voici qu'en 1835 la vieille basilique de Notre-Dame est remplie d'une foule immense et inaccoutumée. Sous ses voûtes si longtemps désertes et dont la solitude avait été à peine interrompue, depuis un demi-siècle, par les pompes officielles de l'Empire et de la Restauration ou par les profanations de l'impiété révolutionnaire, six mille hommes, jeunes pour la plupart, représentant toute la vie intellectuelle de l'époque et toutes les espérances de l'avenir, se pressent pour entendre la parole d'un prêtre. A les considérer seulement pendant les heures d'attente, causant, lisant des livres profanes, déployant des journaux, tournant le dos à l'autel, on reconnaît bien que cette réunion n'est pas composée de gens habitués à fréquenter les églises. C'est vraiment la société nouvelle du dix-neuvième siècle, telle qu'elle est sortie de la révolution de 1830, en quelque sorte déchristianisée; c'est elle qui, après avoir assisté indifférente ou même souriante, au sac de Saint-Germain-l'Auxerrois, vient former, quatre ans plus tard, autour d'une chaire chrétienne, un auditoire tel qu'on n'en avait peut-être pas vu depuis saint Bernard; c'est elle qui rétablit ainsi ses relations interrompues avec la religion, et, par sa seule affluence, donne au catholicisme, naguère proscrit ou, ce qui est pis, oublié, un témoignage tout nouveau d'importance et de popularité : transition subite du mépris à l'honneur, dont les chrétiens, ayant connu les deux époques, avant et après 1835, n'ont pu se rappeler ensuite l'émotion et la surprise, sans sentir « leurs yeux se mouiller de larmes involontaires » et sans « tomber en actions de grâces devant Celui qui est inénarrable dans ses dons »[1]. Pour compléter le contraste et faire mieux mesurer le chemin parcouru, le prélat qui préside à ces cérémonies, et sous la bénédiction duquel la foule s'incline respectueuse, est ce même archevêque, hier chassé de son palais saccagé et réduit à se cacher dans sa ville épiscopale. L'orateur, quel est-il? Quel est celui dont le nom a attiré cette foule, dont la parole la retient et en fait un auditoire si fixe, si indestructible, qu'il devait survivre à tous les changements de choses et d'hommes, et qu'il subsiste encore aujourd'hui? Quel est celui dont l'éloquence incomparable charme, saisit, émeut, transforme ces curieux, d'abord frivoles ou même hostiles, et les conquiert, si ce n'est tout de suite à la foi complète et active, du moins au respect et au souci des vérités religieuses, à la sympathie pour l'Eglise? Quel est l'acteur principal de cet événement, l'un des plus extraordinaires et des plus décisifs dans l'histoire religieuse de la France moderne, puisque de là date le mouvement qui devait ramener au christianisme les anciennes classes dirigeantes? C'est précisément ce jeune prêtre qui s'échappait naguère meurtri, suspect et découragé, des ruines de l'*Avenir* : l'abbé Lacordaire! Il vient de passer trois ans dans la mo-

---

[1] Lacordaire, *Notice sur Ozanam*.

notoriété obscure et solitaire d'une vie de travail, de prière et de pacification, à peine interrompue par des conférences prêchées dans la petite chapelle d'un collège. Sans impatience de paraître et de se relever humainement de son échec, il attendait l'heure de Dieu [1]. N'est-ce pas vraiment cette heure qui a sonné, quand Mgr de Quélen, suivant une inspiration trop étrangère à la direction habituelle de ses idées pour n'être pas providentielle, a subitement et presque brusquement offert à l'ancien rédacteur de l'*Avenir* la chaire de Notre-Dame?

D'où venait l'auditoire? Par quelle évolution cette foule, si hostile en 1830 et 1831, s'est-elle trouvée, en 1835, disposée à rentrer dans une église? Depuis quelques années et à la suite même de la révolution de Juillet, s'était opéré dans les âmes un travail trop intime pour être remarqué des spectateurs distraits, mais qui n'échappait pas aux observateurs rendus clairvoyants par leur souci même des choses religieuses. Dès le 11 avril 1833, Mme Swetchine écrivait : « Depuis dix-sept ans que je connais Paris, je n'y avais encore vu ni une telle affluence dans les églises, ni un tel zèle. » Et elle ajoutait, en dépit de ses préférences royalistes : « Combien la Restauration, avec ses impulsions

---

[1] Il écrivait le 30 juin 1833 : « Vivre solitaire et dans l'étude, voilà mon âme tout entière... L'avenir achèvera de me justifier, et encore plus le jugement de Dieu... Un homme a toujours son heure : il suffit qu'il l'attende et qu'il ne fasse rien contre la Providence. »

religieuses, avec les exemples de ses princes, a été loin d'obtenir de tels résultats ! » Elle écrivait encore, l'année suivante :

De tous les centres de l'erreur, nous arrivent de brillantes conquêtes faites par la vérité. Chaque coupable folie engendre quelque généreux défenseur de la foi. Ces saints-simoniens, sur lesquels vous aviez vu jeter tant de blâme et tant de ridicule plus juste encore, sont une pépinière comme une autre d'âmes parmi lesquelles Dieu choisit ses élus... Ce mouvement existait bien avant la révolution de 1830 ; mais c'est elle qui, sans aucun doute, lui a donné plus d'essor. *O altitudo!* L'esprit de contradiction, l'amour-propre ou même la délicatesse, affranchis de la crainte du soupçon de quelque avantage politique, ont mis beaucoup de gens à l'aise.

Vers la même époque, M. de Tocqueville exposait, dans une lettre fort curieuse, écrite à un de ses amis d'Angleterre qui l'avait interrogé sur ce sujet, l'état religieux de la France [1]. Après avoir indiqué comment toutes les faveurs des Bourbons envers le clergé n'avaient fait que le rendre plus impopulaire et qu'exciter davantage l'irréligion, il ajoutait, en parlant de ce qui avait suivi 1830 :

Du moment où le clergé eut perdu son pouvoir politique, et dès qu'on crut apercevoir qu'il était plutôt menacé de persécution que l'objet de la faveur du gouvernement, les haines qui l'avaient poursuivi

---

[1] Lettre écrite en mai 1835. *Corresp. inédite*, t. II, p. 48.

pendant toute la Restauration, et qui du prêtre étaient passées à la religion, ces haines commencèrent à s'attiédir d'une manière visible. Cela n'eut pas lieu tout à coup et en tous lieux. Les instincts irréligieux, que la Restauration avait créés ou fait renaître, se montrèrent souvent sur quelques points du territoire. Mais en prenant l'ensemble du pays, il fut évident que le mouvement de réaction, qui allait entraîner les esprits vers les idées religieuses, était commencé. Je pense qu'à l'époque où nous sommes arrivés ce mouvement n'échappe plus à personne. Les publications irréligieuses sont devenues extrêmement rares (je n'en connais même pas une seule). La religion et les prêtres ont entièrement disparu des caricatures. Il est très rare dans les lieux publics d'entendre tenir des discours hostiles au clergé où à ses doctrines. Ce n'est pas que tous ceux qui se taisent ainsi aient conçu un grand amour pour la religion ; mais il est évident qu'au moins ils n'ont plus de haines contre elle. C'est déjà un grand pas. La plupart des libéraux, que les passions irréligieuses avaient jadis poussés à la tête de l'opposition, tiennent maintenant un langage tout différent de celui qu'ils tenaient alors. Tous reconnaissent l'utilité politique d'une religion, et déplorent la faiblesse de l'esprit religieux dans la population.

En 1837, le mouvement catholique a acquis assez d'importance pour que M. Saint-Marc Girardin s'écrie, à la tribune de la Chambre des députés: « Messieurs, que vous le vouliez ou non, depui six ans, le sentiment religieux a repris un ascen dant que nous n'attendions pas; » et cherchant comment s'est accompli ce qu'il ne craint pas d'appeler une « résurrection », il y montre l'œuvre non du « pouvoir », mais de la « liberté »[1].

Suffit-il, pour expliquer cette « résurrection » si rapide et si surprenante, de rappeler les méfiances disparues depuis que le clergé était dégagé de toute attache politique et de toute faveur officielle? Il y avait d'autres mobiles moins extérieurs, plus intimes et peut-être plus efficaces encore. La raison humaine, un moment exaltée de sa pleine victoire,

---

[1] Cette transformation que déterminaient, dans les sentiments religieux de la nation, la situation même faite au clergé par le régime nouveau et la façon dont il y conformait son attitude, a été indiquée, avec précision et autorité, par M. l'abbé Meignan, aujourd'hui évêque de Châlons. Il a écrit, en rappelant les souvenirs de cette époque : « Sans doute le clergé n'avait point pour lui la force; s'il se fût montré un seul instant provocateur, il eût été infailliblement écrasé; mais il triompha par ce mélange de fermeté et de conciliation, de force et de douceur, par ce désintéressement, cette humilité, cette abnégation que la religion seule inspire. Il n'arracha point les armes à ses ennemis, mais ceux-ci les déposèrent eux-mêmes. On ne saurait dire combien le prêtre grandit promptement dans l'estime des populations calmées, par la déclaration qu'il fit de rester étranger à toute préoccupation politique, par le devoir qu'il s'imposa de pratiquer une franche neutralité, par l'activité, l'intelligence, la discrétion dont il fit preuve, en organisant, partout où il pouvait, des œuvres de charité, en ouvrant des asiles, des ateliers, des écoles, par le zèle qu'il déploya à instruire, à consoler, en un mot par le simple exercice de son pieux ministère. » — (D'UN MOUVEMENT ANTIRELIGIEUX EN FRANCE, *Correspondant* du 25 février 1860.)

en était devenue singulièrement embarrassée. Elle était effrayée du vide qu'avaient fait ses destructions, humiliée et troublée de son impuissance à rien construire pour remplir ce vide. Que de déceptions douloureuses et salutaires venaient chaque jour, dans tous les ordres de faits et d'idées, punir et éclairer l'orgueil de cette raison révoltée ! En même temps, l'ébranlement de toutes choses, l'agitation universelle, suites de la révolution, rendaient plus désirables et plus nécessaires à chaque âme, la paix et la stabilité intérieures. Où les trouver, si ce n'est dans la religion ? Et cette religion, il ne pouvait être question, après l'avortement ridicule du messie saint-simonien, de la chercher ailleurs que dans le christianisme. M. de Sacy, qui avait été, sous la Restauration, un « libéral » et un « voltairien » — lui même en a fait la confession dans ses vieux jours [1], — écrivait, en 1835, cette page, expression éloquente du malaise ressenti par les esprits nobles de ce temps :

Le dix-huitième siècle a eu le plaisir de l'incrédulité ; nous en avons la peine ; nous en sentons le vide. En philosophie comme en politique, c'est un beau temps que celui où tout le monde est de l'opposition. On se laisse aller au torrent... Il ne s'agit que de savoir le mot d'ordre ; avec cela, on est fêté, caressé, adoré partout ; on a du talent, de la vertu ; c'est l'opinion qui s'idolâtre dans ses moindres re-

[1] *Notice sur M. Doudan.*

présentants. Oui, mais gare le réveil, c'est le moment où il n'y a plus rien à attaquer, rien à détruire,... le moment où il faut compter avec soi-même et voir un peu où l'on en est avec ses idées, ce que l'on ne croit plus et ce que l'on croit encore, et où l'on s'aperçoit trop souvent, non sans surprise, que l'on a fait le vide en soi-même et autour de soi, et que, dans le temps où l'on croyait acquérir les idées nouvelles, on chassait tout bonnement des idées acquises. Ce jour du réveil, c'est notre époque!... Le sentiment vrai, c'est le sentiment du vide ; c'est un besoin inquiet de croyance ; c'est une sorte d'étonnement et d'effroi, à la vue de l'isolement où la philosophie du dix-huitième siècle a laissé l'homme et la société : l'homme aux prises avec ses passions, sans règle qui les domine, aux prises avec les chances de la vie, sans appui qui le soutienne, sans flambeau qui l'éclaire ; la société aux prises avec les révolutions, sans une foi publique qui les tempère et les ramène du moins à quelques principes immuables. Nous sentons notre cœur errer comme un char vide qui se précipite. Cette incrédulité, avec laquelle le dix-huitième siècle marchait si légèrement, plein de confiance et de folle gaieté, est un poids accablant pour nous ; nous levons les yeux en haut, nous y cherchons une lumière éteinte, nous gémissons de ne plus la voir briller [1].

Le travail religieux qui s'opérait alors dans les intelligences a été également décrit et analysé par M. Guizot, dans un article d'une inspiration fort

---

[1] *De la Réaction religieuse.* (*Variétés*, t. II.)

élevée que la *Revue française* publiait en 1838, sous ce titre : *L'état des âmes*. L'auteur montra comment ses contemporains avaient appris des événements à quoi s'en tenir sur les illusions orgueilleuses et généreuses du dix-huitième siècle ; ils étaient devenus plus sages et plus modestes ; mais « sans comprendre encore la raison de leur sagesse » ; ils étaient « plus domptés que convaincus » ; de là leur abattement et leur sécheresse ; leur tort était de ne pas regarder, au delà de ce monde, « ce qu'il y a de divin » ; il leur fallait revenir à la religion : là les conduisaient toutes les leçons de l'expérience. M. Guizot constatait que ce retour était commencé, non consommé ; et voulant marquer le point où l'on en était alors, il écrivait : « Les âmes sérieuses mêmes sont encore obscures et agitées... Pourtant nous sommes rentrés dans la voie. L'homme ne se précipite plus loin de Dieu ; il s'est retourné vers l'orient ; il y cherche la lumière... Ce n'est pas encore l'adoration, mais la crainte de Dieu, ce commencement de la sagesse. » Quelques années plus tard, le comte Molé, mesurant le chemin que venaient de faire les intelligences, depuis 1830, disait : « L'esprit humain, après avoir décrit sa parabole, est arrivé promptement à cette extrémité des choses humaines, où se terminent tous les enthousiasmes, et où la profondeur du mécompte amène parfois une salutaire réaction. »

D'ailleurs, chez ceux-là mêmes qui avaient ét les chefs et les guides de cette jeune génération naguère si orgueilleusement confiante dans ses forces propres et si dédaigneuse du catholicisme, on pouvait noter le découragement, l'hésitation et parfois les premiers symptômes d'une conversion religieuse. Quel était à cette époque le sentiment intime et dominant de l'homme qui, par son talent, par l'élévation de son esprit et de sa doctrine, par sa sincérité, avait le plus contribué à éloigner de la foi l'élite de ses contemporains, de Théodore Jouffroy? Quel mal secret marquait alors son front d'une tristesse si inconsolable et donnait à sa parole un accent si poignant? C'était l'impuissance douloureuse et découragée du rationalisme. Il l'avouait loyalement et mélancoliquement. Et bientôt, à la veille de sa mort [1], le même homme qui, sous la Restauration, avait écrit, dans le *Globe*, le trop fameux article : *Comment les dogmes finissent*, tristement désabusé, sinon pleinement guéri de son incrédulité, disait avec une sorte de repentir : « Je ne suis pas de ceux qui pensent que les sociétés modernes peuvent se passer du christianisme; je ne l'écrirais plus aujourd'hui » ; et dans le même temps, parlant des inventions de la raison émancipée : « Tous ces systèmes ne mènent à rien ; mieux vaut mille et mille fois un bon acte de foi chrétienne [2]. »

Partout donc, et dans les régions naguère les

---

[1] Il est mort en 1842.
[2] Propos rapportés par M. A. de Margerie, *Correspondant* du 25 juillet 1876.

plus acquises à la libre pensée, on rencontrait l'indice de cet ébranlement des intelligences, de ce désenchantement de l'incrédulité, de ce besoin de religion; partout on entrevoyait ces regards tournés vers Dieu : conséquences inattendues d'une révolution qui, en facilitant et précipitant la révolte de la raison humaine, avait rendu ses déboires plus prompts et plus sensibles. Un tel état des âmes ne les préparait-il pas à entendre le nouveau saint Paul qui venait prêcher, dans l'Athènes moderne, « le Dieu inconnu » ? Aussi conçoit-on l'indicible frémissement, le murmure ému qui parcourut l'auditoire si mélangé de Notre-Dame, quand, dès son premier discours, Lacordaire, de sa voix vibrante, lui jeta brusquement ce cri, répondant si directement aux nécessités et aux souffrances de ceux qui l'écoutaient : « Assemblée, assemblée, que me demandez-vous, que voulez-vous de moi? La vérité? Vous ne l'avez donc pas en vous-mêmes, puisque vous la cherchez ici ! »

III

Dans la lettre où, dès 1835, il décrivait le mouvement catholique, M. de Tocqueville a noté un fait, entre tous, significatif et consolant. « Le changement le plus grand, disait-il, se remarque dans la jeunesse. Depuis que la religion est placée en dehors de la politique, un sentiment religieux, vague dans son objet, mais très puissant déjà dans ses effets, se découvre parmi les jeunes gens. Le besoin d'une religion est un texte fréquent de leurs discours. Plusieurs croient ; tous voudraient croire. » Et il citait, à l'appui de son assertion, « les cinq mille jeunes gens » qui, disait-il, se pressaient, cette année même, à Notre-Dame, pour entendre l'abbé Lacordaire. M. Saint-Marc Girardin, bien placé pour observer les étudiants, s'écriait vers la même époque : « Je vois la jeunesse cherchant, au milieu des désordres du siècle, où se prendre et se retenir, et demandant aux croyances de ses pères, si elles ont un peu de vie et de salut à lui donner ». Ce fait frappait même des observateurs plus frivoles : la femme d'esprit qui, sous le nom du vicomte de Launay, écrivait « le Courrier de Paris » du journal la *Presse*, Mme Emile de Girardin, constatait ce retour des générations nouvelles, et, signe du temps, s'en félicitait. « C'est plaisir, disait-elle, de voir cette jeunesse française venir d'elle-même, indépendante et généreuse, chercher des enseignements, apporter des croyances, au pied de ces mêmes autels, où jadis on ne voyait que des fonctionnaires publics en extase... Dites, n'aimez-vous pas mieux cette jeune France, instruite et religieuse, que cette jeunesse Touquet [1] que nous avions autrefois et qui a fourni tous nos

---

[1] Allusion au libraire Touquet, ancien officier de l'Empire, éditeur, sous la Restauration, du Voltaire Touquet, des Evangiles Touquet, de la Charte Touquet, et

grands hommes d'aujourd'hui » ? Comment ne pas espérer, ajoutait-elle, « d'un pays où la jeunesse prie et espère [1] » ?

D'ailleurs, dès le lendemain de 1830, dans ce monde des écoles, dont la partie la plus bruyante était alors engagée si avant dans les agitations révolutionnaires, il s'était formé un petit groupe d'étudiants catholiques. Presque tous venaient de la province, où la religion s'était mieux conservée qu'à Paris. Ardents à confesser leur foi et à déployer leur drapeau, prêts à souffrir en martyrs ou à combattre en chevaliers, ils étaient cependant enfants de leur siècle, étrangers aux partis du passé, soucieux de rester en sympathie et en communion avec les aspirations libérales de leur contemporains. Y avait-il, dans quelque village d la banlieue, à Nanterre par exemple, une de ce processions publiques devenues si rares à cett époque, ils allaient gaiement, humblement et fiè rement s'y joindre, à l'ébahissement des paysan Se produisait-il en Europe quelque incident o étaient engagés les droits de la conscience et l liberté religieuse, ils signaient des adresses ou d protestations. Ils fondaient des conférences c philosophie et d'histoire, pour traiter les questioi intéressant le passé et l'avenir de l'Eglise, et ils

autres publications de propagande « libérale » et volt rienne.

[1] 15 mars 1837.

provoquaient leurs camarades non chrétiens à des débats courtois, dans lesquels, grâce à leur zèle et à leur union, ils avaient généralement l'avantage. S'ils entendaient, à la Sorbonne ou au Collège de France, un professeur attaquer la croyance ou l'honneur catholiques, ils lui adressaient une réponse ferme, étudiée, respectueuse ; celle-ci souvent était lue, discutée, parfois elle était applaudie de l'auditoire, ou même amenait les excuses et la rétractation du maître. « Messieurs, — disait avec étonnement M. Jouffroy, en 1832, après un incident de ce genre, — il y a cinq ans, je ne recevais que des objections dictées par le matérialisme ; les doctrines spiritualistes éprouvaient la plus vive résistance. Aujourd'hui les esprits ont bien changé, l'opposition est toute catholique [1]. » Fait étrange, en effet, si peu de temps après la révolution ! Dans la jeunesse, c'était désormais du côté des croyants qu'on prenait l'offensive ; là étaient l'action, l'entrain, la vie et jusqu'à l'attrait de la nouveauté ; à eux les espoirs généreux qui naguère avaient animé la génération rationaliste du *Globe,* à eux de rêver le glorieux triomphe de leurs idées et de s'écrier à leur tour : « Nous touchons à une grande époque [2] ! »

---

[1] Lettre d'Ozanam du 25 mars 1832.
[2] C'est ce qu'écrivait vers cette époque, le jeune Pierre Olivaint, tout récemment converti (*Vie du P. Olivaint,* par le P. Clair, p. 158). Dans cette même lettre, Pierre Olivaint disait : « Je serais infini, si je te racontais ce que font à Paris des jeunes gens du monde ; j'en connais

Ces étudiants catholiques reconnaissaient pour chef un jeune Lyonnais de vingt ans, à l'âme haute et modeste, ardente et pure, tendre et vaillante, qui faisait déjà aimer et qui devait bientôt illustrer le nom d'Ozanam. En quittant le pieux foyer de sa famille pour entrer seul dans ce Paris de 1831, où le catholicisme était répudié, il lui avait semblé qu'il tombait « au milieu d'un abîme vide et muet [1] ». Mais s'il sentait vivement les misères de son siècle, il l'aimait et en espérait beaucoup. Dans une lettre enthousiaste, écrite peu d'années après, en 1835, à un de ses amis de province, il se comparait, lui et ses camarades catholiques, aux « chrétiens des premiers temps, jetés au milieu d'une civilisation corrompue et d'une société croulante » ; puis il ajoutait :

A des maux égaux, il faut un égal remède. La terre s'est refroidie ; c'est à nous, catholiques, de ranimer la chaleur vitale qui s'éteint, c'est à nous de recommencer aussi l'ère des martyrs. Car être martyr, c'est chose possible à tous les chrétiens ; être martyr, c'est donner sa vie en sacrifice, que le sacrifice soit consommé tout d'un coup comme l'holocauste, ou qu'il s'accomplisse lentement, et qu'il fume nuit et jour sur l'autel ; être martyr, c'est donner au ciel tout ce qu'on a reçu : son or, son sang, son âme tout entière.

quelques-uns qui, l'année dernière, ont empêché plus de cinquante suicides. »

[1] *Notice sur Ozanam,* par Lacordaire.

L'humanité d'alors lui apparaissait semblable au voyageur dont parle l'Evangile :

Elle a aussi été assaillie par des ravisseurs, par les larrons de la pensée, par des hommes méchants qui lui ont ravi ce qu'elle possédait : le trésor de la foi et de l'amour, et ils l'ont laissée nue et gémissante, couchée au bord du sentier. Les prêtres et les lévites ont passé, et cette fois, comme ils étaient des prêtres et des lévites véritables, ils se sont approchés de cet être souffrant et ils ont voulu le guérir. Mais dans son délire, il les a méconnus et repoussés. A notre tour, faibles samaritains profanes, osons cependant aborder ce grand malade. Peut-être ne s'effrayera-t-il point de nous. Essayons de sonder ses plaies et d'y verser de l'huile ; faisons retentir à son oreille des paroles de consolation et de paix ; et puis, quand ses yeux se seront dessillés, nous le remettrons entre les mains de ceux que Dieu a constitués les gardiens et les médecins des âmes [1]...

Qui n'admirerait la hardiesse généreuse et éloquente de ce programme d'étudiant ? A certains accents, il semble qu'on retrouve quelques-unes des bonnes inspirations de l'*Avenir*. En effet, Ozanam et ses amis avaient été les lecteurs, parfois émus, de ce journal ; s'ils paraissent s'être tenus à l'écart de Lamennais, ils aimaient, en 1832 et dans les années suivantes, à se réunir dans le salon du jeune comte de Montalembert, et allaient, vers

---

[1] Lettre du 23 février 1835.

la même époque, frapper à la porte de la chambre de couvent où Lacordaire cherchait la solitude et la paix. Et cependant que de différences entre l'apostolat ardent, mais modeste, réglé, de ces adolescents, et l'entreprise que Lamennais avait marquée de sa nature violente, troublée et présomptueuse ! Ozanam voulait-il indiquer comment, le cas échéant, il comprendrait l'opposition à la tyrannie : « les *Prisons* de Silvio Pellico, disait-il, et non les *Paroles d'un Croyant* ». Il n'avait pas la prétention de refaire à lui seul et du premier coup le monde : « Nous autres, écrivait-il, nous sommes trop jeunes pour intervenir dans la lutte sociale. Resterons-nous donc inertes, au milieu du monde qui souffre et qui gémit ? Non, il nous est ouvert une voie préparatoire ; avant de faire le bien public, nous pouvons essayer de faire le bien de quelques-uns ; avant de régénérer la France spirituelle, nous pouvons soulager quelques-uns de ses pauvres ; aussi je voudrais que tous les jeunes gens de tête et de cœur s'unissent pour quelque œuvre charitable[1]. »

Nous voilà loin de Lamennais ; et tandis que ce dernier, après l'échec de sa brillante tentative, s'abîmait, en laissant compromis les nobles esprits et les idées justes qui avaient été mêlés à son entreprise, Ozanam et ses amis faisaient humblement de bonnes œuvres qui se trouvaient être, à

---

[1] Lettre du 21 juillet 1834.

leur insu, de grandes œuvres ; ils fondaient, en 1833, la Société de Saint-Vincent-de-Paul ; ils avaient aussi les premiers, dès cette même année, l'idée des conférences de Notre-Dame, et c'était après leurs démarches réitérées que l'archevêque de Paris se décidait, deux ans plus tard, à commencer cette grande prédication. Des écoliers étaient ainsi les promoteurs de deux événements qui devaient à la fois marquer le rôle transformé du catholicisme dans la société moderne, et exercer l'influence la plus efficace sur le retour religieux des nouvelles générations. Trop modestes pour se croire une mission importante, ils ne songeaient qu'à se sanctifier eux-mêmes par la visite des pauvres, ou à s'édifier en entendant la parole de Dieu. A peine les remarquait-on, mêlés aux auditeurs de Lacordaire, plus enthousiastes que tous autres à célébrer son succès, s'écriant, avec Ozanam, au sortir de Notre-Dame : « Voilà qui nous met du baume dans le sang [1] » ; bien peu nombreux sans doute, au milieu de la foule des curieux, des indifférents ou des hostiles qui les enveloppaient, mais y représentant le ferment sacré qui devait faire lever toute la pâte.

IV

En janvier 1834, quand Ozanam et ses camarades étaient allés demander, pour la seconde fois,

[1] Lettres d'Ozanam du 2 mai 1834.

à Mgr de Quélen, l'ouverture des conférences de Notre-Dame, ils avaient insisté pour obtenir un enseignement qui traitât les questions actuelles, et qui « sortît du ton ordinaire des sermons ». En effet, si, depuis 1830, la société nouvelle s'était peu à peu inclinée vers les choses religieuses, il fallait cependant, pour qu'elle les comprît et consentît seulement à les entendre, qu'on lui en parlât dans une langue et qu'on les lui présentât sous une forme appropriées à ses goûts et à son état d'esprit. L'archevêque avait accueilli les jeunes pétitionnaires avec une bonté paternelle, mais son point de vue était absolument différent. Aussi, dans cette année 1834, au lieu de l'apostolat tout nouveau rêvé par Ozanam, il avait fait prêcher à sa cathédrale une série de sermons, conçus par lui, sur les vieux plans et d'après les modèles anciens. En dépit du talent des orateurs, parmi lesquels était l'abbé Dupanloup, le résultat avait été nul. Cette parole n'avait ni touché le cœur, ni même atteint l'oreille du public.

Tout autre se montra Lacordaire, quand, l'année suivante, l'archevêque, revenant soudainement à l'idée suggérée par les étudiants catholiques, l'appela dans la chaire de Notre-Dame. Ne savait-on pas déjà, avant de l'entendre, qu'il était fils de son siècle, qu'il en avait partagé les souffrances, les espoirs, les illusions, et même, dans une certaine mesure, les erreurs; si bien qu'il pouvait dire « que toute sa vie antérieure, jusqu'à ses fautes, lui avait préparé quelque accès dans le cœur de son pays et de son temps » ? Sans doute, c'était toujours la même éternelle vérité qu'il prêchait, mais il prétendait lui donner « une jeunesse de formes et d'idées, nullement incompatible avec son immuable antiquité ». Ses mains hardies, parfois presque téméraires, brisaient le moule ancien de la prédication. Et surtout, à l'entendre, on reconnaissait un contemporain, qui, la veille, avait ressenti les troubles auxquels il voulait arracher ses auditeurs, qui partageait encore les plus pures et les plus nobles de leurs aspirations. Loin de vouloir les ramener en arrière, la prédication qu'il leur faisait entendre pouvait être justement appelée « une prédication pleine d'espérance ». Il n'était pas jusqu'aux locutions familières, aux néologismes tout modernes, qui, en s'échappant de cette chaire étonnée en quelque sorte de les entendre, ne causassent à l'homme du monde « le même plaisir que fait au voyageur en pays lointain, l'accent subitement reconnu du pays natal[1] ». Aussi Lacordaire a-t-il pu écrire un jour : « J'ose dire que j'ai reçu de Dieu la grâce d'entendre ce siècle que j'ai tant aimé, et de donner à la vérité une couleur qui aille à un assez grand nombre d'esprits. »

Prétendons-nous que son goût fût toujours absolument pur ? Proposerons-nous sa méthode comme

---

[1] Expression du prince Albert de Broglie dans son discours de réception à l'Académie française.

un modèle sûr et permanent à ceux qui s'adresseraient à un autre public et qui surtout n'auraient pas son génie ? Non, mais cette prédication était merveilleusement adaptée aux nécessités du moment, et le meilleur éloge à en faire est de rappeler l'impression saisissante et ineffaçable qu'elle a produite sur les contemporains, le nombre des âmes auxquelles elle a fait faire le premier pas sur la route qui devait les ramener à Dieu. Aussi bien, la vue même de ces résultats extraordinaires n'arrachait-elle pas à M. de Quélen, l'homme le moins ouvert, par nature et par situation, aux idées modernes, un cri public d'admiration et de reconnaissance ? Ne le voyait-on pas, à la fin de la première station, se lever en face de la chaire et remercier solennellement Dieu d'avoir suscité, pour les hommes de son temps, celui qu'il ne craignait pas d'appeler un « prophète nouveau » ?

L'hommage que Lacordaire recevait ainsi du représentant le plus éminent du vieux clergé, n'empêchait pas qu'il ne rencontrât de ce côté des contradictions très vives et parfois douloureuses [1]. Il fallait s'y attendre. Dans cette entreprise si nouvelle et si hardie, tout — procédés, formules, doctrines, jusqu'à la personne et aux antécédents du jeune prêtre ultramontain et libéral qui y présidait — était fait pour troubler les habitudes, choquer

---

[1] Sur ce sujet délicat nous ne pouvons que renvoyer à la *Vie du P. Lacordaire*, par M. Foisset. On ne saurait consulter un témoin plus sage et plus sûr.

les idées, froisser les affections du vieux clergé royaliste, gallican, accoutumé à chercher le salut de l'Église et de la société dans un retour plus ou moins complet à l'ancien régime; tout était fait pour inquiéter la sagesse timide, routinière et vieillissante de ceux qui voulaient surtout éviter « de donner du mouvement aux esprits ». La politique n'était pas étrangère à cette émotion : l'idée seule de voir tenter une grande action religieuse, en dehors et au-dessus du parti royaliste, paraissait à plusieurs une sorte de renversement des traditions, une façon à la fois sacrilège et révolutionnaire de séparer ce qui devait rester étroitement uni. En réalité la question qui se débattait et que le succès même des conférences paraissait trancher, était celle de savoir si un changement considérable allait être apporté dans l'attitude des catholiques, en face de la France du dix-neuvième siècle, en face des partis et des écoles qui la divisaient. Lacordaire le comprenait : « Notre clergé, disait-il, est divisé en deux partis : l'un veut l'ancienne Église de France avec ses maximes et ses méthodes, l'autre croit que la France est dans un état irrémédiablement nouveau. Je suis l'homme non encore reconnu, mais enfin l'homme possible de cette dernière fraction; on le sent, et des haines de détail prises dans des souvenirs s'unissent aux haines profondes des partis [1]. »

[1] Lettre du 3 janvier 1837.

On vit alors une opposition sourde, insaisissable, mais obstinée, s'attacher à toutes les démarches, à toutes les paroles de l'orateur. Les mécontents racontaient qu'il « n'osait pas même nommer Jésus-Christ en chaire » ; qu'il prêchait des « doctrines empreintes de l'esprit d'anarchie » ; on le qualifiait de « tribun », de « républicain forcené », de « révolutionnaire relaps ». Il se rencontrait même des vicaires généraux pour censurer les doctrines du prédicateur comme hétérodoxes. « Je sentais tout autour de moi, écrivait Lacordaire, une fureur concentrée qui cherchait quelque part une issue à son mauvais vouloir. Le Pape me mettrait la main sur la tête pendant toute ma vie, que je ne perdrais pas une injure, une calomnie, pas une mise en suspicion souterraine. » M. de Quélen était assailli de dénonciations qui mettaient sa naturelle irrésolution et ses penchants contradictoires à une épreuve embarrassante ; par ses idées, par son origine, il était avec le clergé d'ancien régime ; d'autre part il aimait le prêtre qu'il avait patronné dans ses disgrâces ; il était fier de l'orateur brillant auquel il avait ouvert la carrière ; ce grand succès, dont il avait sa part, consolait son cœur d'évêque si longtemps éprouvé, et il n'était pas insensible à cette popularité qui rejaillissait un peu sur lui. De là des alternatives d'appui et d'abandon qui faisaient dire à Lacordaire : « L'archevêque a eu des moments sublimes pour moi ; mais c'est un fardeau sous lequel il ploie sans le vouloir. » Malgré ses succès, le jeune prédicateur souffrait d'être si âprement attaqué et si imparfaitement soutenu. La faveur du public ne l'empêchait pas de se sentir isolé au milieu des hostilités qui l'enveloppaient. Il prit alors, en plein triomphe, à la fin de la station de 1836, le parti d'interrompre ses conférences, et d'aller chercher à Rome la paix dans le présent et la force pour l'avenir. Il comprenait d'ailleurs, a-t-il écrit plus tard, qu'il n'était pas « assez mûr encore pour fournir la carrière d'un seul trait ».

V

Ne pouvait-on pas craindre qu'une retraite si brusque ne fît perdre ce qui avait été gagné pendant ces deux années ? que dans le sein du clergé elle ne rendît aux idées et aux tactiques d'ancien régime le crédit que le succès des conférences leur avait enlevé ? que dans le public elle n'arrêtât et peut-être ne fît reculer le mouvement religieux ? Il n'en fut rien. L'évolution, dont la prédication de Notre-Dame avait donné le signal, continua à s'accomplir dans l'attitude des catholiques; Lacordaire avait été, sur ce point, plus complètement et plus définitivement vainqueur que lui-même n'avait pu s'en rendre compte, dans la fumée de la bataille. L'élan donné à la vie chrétienne ne se ralentit pas. Chaque année l'affluence était plus grande dans les églises. On relevait dans les campagnes les croix de missions abattues en 1830. Les processions publiques étaient rétablies dans plusieurs des villes où elles avaient été interdites. Des œuvres nouvelles de prières, de charité, de propagande, se fondaient. Sur plusieurs points s'ouvraient des monastères nouveaux de Trappistes et de Chartreux, parfois aux applaudissements des « libéraux » eux-mêmes, comme pour la Chartreuse de Blosserville, près de Nancy. Un jeune prêtre angevin, ancien disciple de Lamennais, l'abbé Guéranger, qui, dès 1833, s'était installé à Solesmes, avec quelques compagnons, pour renouer en France la grande tradition bénédictine, y prenait l'habit monastique en 1836; et l'année suivante, une décision pontificale déclarait le monastère, ainsi ressuscité, chef d'une congrégation nouvelle de l'ordre de Saint-Benoît, la « congrégation de France », qui était reconnue héritière des anciennes congrégations de Cluny, de Saint-Maur et de Saint-Vannes. Les statistiques de la librairie constataient le nombre croissant des livres de piété ou de théologie, des ouvrages de tout genre publiés par des écrivains catholiques. Les prédications de MM. Cœur, Dupanloup, Deguerry, sans avoir le retentissement de celles de Lacordaire, s'imposaient assez à l'attention publique pour que les journaux, les plus étrangers d'ordinaire aux choses ecclésiastiques, jugeassent nécessaire de s'en occuper. Enfin les conférences de

Notre-Dame, elles-mêmes, n'étaient pas interrompues par le départ de l'orateur qui les avait créées, et le Père de Ravignan montait à son tour dans cette chaire qu'il devait occuper pendant de longues années.

L'impression fut différente, mais elle ne fut ni moins profonde, ni moins efficace, ni moins ineffaçable. Tout contribuait à la produire : le talent du nouvel orateur ; son accent d'une conviction imposante ; l'autorité en quelque sorte visible de sa vertu ; cette physionomie, cette attitude d'une noblesse si sainte qu'on a pu dire : « quand le P. de Ravignan paraît en chaire, on ne sait vraiment s'il vient de monter ou de descendre » ; et jusqu'à ce fameux signe de croix qu'il traçait lentement et grandement sur sa poitrine, après le silence du début, et qui était à lui seul une prédication. Sans doute, il eût été impuissant à faire ce que Lacordaire venait d'accomplir ; il n'aurait pas su trouver la note inattendue et saisissante de ce cri d'appel qui avait pénétré au plus intime d'un siècle désaccoutumé des choses religieuses et souffrant, à son insu, d'en être privé ; ce n'est pas lui qui aurait, du premier coup, attiré en foule les générations nouvelles sur le chemin de l'église qu'elles avaient oublié ; mais il arrivait à son heure pour compléter l'œuvre de son prédécesseur. Celui-ci avait eu pour mission, comme il le disait, de « préparer les âmes à la foi ». Le P. de Ravignan les y faisait entrer davantage. Aussi, —

tout en restant, autant que le permettait la nature différente de son esprit, dans le genre créé par Lacordaire, tout en gardant les mêmes ménagements pour les susceptibilités et les préjugés de l'époque, tout en bravant les critiques et les dénonciations de ceux qui ne lui épargnaient guère plus qu'à son devancier le reproche de ne pas oser être assez chrétien, — il faisait peu à peu avancer ses auditeurs sur le chemin qui devait les conduire du porche au sanctuaire du temple. Chaque année, il était consolé par des progrès nouveaux : non seulement des sympathies d'opinion, mais des conversions d'âmes. La foi gagnait dans les régions qui avaient paru lui être le plus inaccessibles. A l'École normale, par exemple, se formait un groupe de catholiques, la plupart récents convertis des conférences de Notre-Dame. On avait commencé par les appeler « la bande des niais » ; mais bientôt ils imposaient à tous respect et sympathie par leur vertu et leur sincérité généreuse : foyer singulièrement ardent de foi, de charité et de propagande chrétienne, dont la chaleur et la lumière gagnaient jusqu'aux professeurs[1]. En 1839, le P. de Ravignan pouvait écrire au Père général de la Compagnie de Jésus :

J'ai reçu bien des lettres consolantes, aucune anonyme ou injurieuse. J'en ai reçu une très bien tour-

---

[1] Parmi ces jeunes gens plusieurs se firent prêtres : trois notamment devinrent jésuites, Pitard, Verdière et Olivaint, le futur martyr de la rue Haxo.

née, au nom des élèves de philosophie du lycée Saint-Louis, à Paris. Les proviseurs et professeurs de l'Université menaient presque tous leurs élèves de philosophie aux conférences. Il paraît qu'une bonne influence en résultait. Vingt élèves de la grande École normale universitaire de Paris sont, depuis un an ou deux ans, chrétiens pratiquants : eux et d'autres suivent avec intérêt les conférences. On en parle dans un bon sens à l'École... [1]

Dans cette même année, Ozanam écrivait à Lacordaire, alors à Rome :

Vous le savez, sans avoir besoin de l'entendre répéter encore, le mouvement auquel vous donnâtes, du haut de la chaire de Notre-Dame, une si puissante impulsion, n'a pas cessé de se propager parmi les multitudes intelligentes. J'ai vu de près ces hommes du carbonarisme républicain, devenus d'humbles croyants, ces artistes aux passions ardentes, qui demandent des règlements de confrérie. J'ai reconnu cette désorganisation, ce discrédit de l'école rationaliste, qui l'a réduite à l'impuissance, et qui force ses deux principaux organes, la *Revue française* et la *Revue des Deux Mondes*, à solliciter la collaboration des catholiques, ou, comme le dit M. Buloz, des honnêtes gens. En même temps que M. de Montalembert parvient à réunir dans la Chambre des pairs une phalange disposée à combattre pour le bien, M. de Carné assure qu'une cinquantaine de voix s'accorderont bientôt en faveur

---

[1] *Vie du P. de Ravignan*, par le P. de Ponlevoy.

des questions religieuses, à la Chambre des députés. D'un autre côté, la petite Société de Saint-Vincent-de-Paul voit grossir ses rangs d'une façon surprenante : une conférence nouvelle s'est formée d'élèves des Écoles normale et polytechnique ; quinze jeunes gens, composant environ le tiers du séminaire de l'Université, ont demandé, comme une faveur, de passer deux heures chaque dimanche, leur seul jour de liberté, à s'occuper de Dieu et des pauvres. L'année prochaine, Paris comptera quatorze conférences, nous en aurons un nombre égal en province : elles représenteront un total de plus de mille catholiques impatients de marcher à la croisade intellectuelle que vous prêcherez [1].

Après plusieurs années de ces progrès continus, le P. de Ravignan put enfin ajouter aux conférences la retraite de la semaine sainte et cette grande communion de Notre-Dame qui furent vraiment sa création propre [2] : couronnement de cette magnifique campagne et signe le plus éclatant de la rentrée de Dieu dans la société de 1830. L'effet en fut immense ; ce spectacle, si extraordinaire dix ans après la révolution de Juillet, arrachait au plus sceptique des observateurs ce cri d'étonnement et aussi de déplaisir :

Il faut parler de la semaine de Pâques. Décidément toutes les réactions sont complètes et triom-

---

[1] Lettre du 26 août 1839.
[2] La retraite fut inaugurée en 1841, et la communion générale en 1842.

phantes. La foule, à Notre-Dame, était prodigieuse.
M. de Ravignan prêchait trois fois par jour. On s'y
pressait, on s'y foulait, on y pleurait. Je ne sais
combien l'on comptera de communions pascales,
mais je crois que le chiffre n'aura jamais monté si
haut, depuis cinquante ans. Le clergé est organisé,
actif et zélé, la société indifférente, mais avide d'é-
motions et de *quelque chose*. Personne ne lui offre
rien ; la philosophie n'existe pas, ou elle se proclame
l'amie de la religion et de l'orthodoxie quand même.
Dans cet état, incertitude, curiosité, engouement,
on se pousse dans un sens, et, si l'on n'y prend
garde, cela devient sérieux : l'entraînement suit.
Les vieux peuples, comme les vieilles gens, sont
tentés de revenir à leurs *patenôtres* et de n'en plus
sortir. Se pourrait-il que la France finalement fût
catholique, comme Bénarès est hindoue, par impuissance d'être autre chose [1] ?

Pendant que le P. de Ravignan continuait et
développait la première œuvre de Lacordaire,
celui-ci était conduit à en entreprendre une autre,
non moins importante, dans l'histoire de la restauration religieuse en France. Il rencontrait à Rome,
sans l'y avoir cherchée, la vocation monastique.
Ce n'était pas seulement, chez lui, le désir de
trouver, dans un couvent, la règle et le point
d'appui qui lui avaient tant manqué, aux heures
d'agitation et d'isolement de sa jeunesse sacerdo-

---

[1] Sainte-Beuve, *Chroniques parisiennes*, p. 21. Ces chroniques étaient envoyées, en 1843, à la *Revue suisse*.

tale; son dessein, d'un intérêt plus général et plus français, était de faire rentrer les moines, la tête haute, dans son pays [1]. Tentative singulièrement hardie, en face des préventions de l'époque ! Mais Lacordaire croyait tout possible sur le terrain si nouveau où il s'était placé, et où, par l'exemple même de son succès, il cherchait et peu à peu parvenait à attirer l'Église. La faculté, pour un citoyen libre, d'observer la règle et de porter le costume de Saint-Dominique, il ne la sollicita pas du gouvernement comme une faveur; il la réclama de l'opinion publique comme un droit, et adressa, en 1839, « à son pays » ce fameux « Mémoire pour le rétablissement en France des Frères Prêcheurs », d'un accent éloquent et original, fier et caressant, audacieux et habile, où l'homme moderne apparaissait sous le froc antique, où il parlait de liberté et faisait appel à toutes les idées contemporaines, en poursuivant la restauration d'une institution du treizième siècle, liée aux souvenirs impopulaires de l'inquisition. Une fois de plus, Lacordaire vit sa tactique couronnée d'un plein succès. Il ne gagna pas seulement le concours de plusieurs disciples, recrutés précisément dans la

[1] Lacordaire avait été sans doute devancé, dans le rétablissement des ordres monastiques en France, par dom Guéranger qui, comme on l'a dit plus haut, s'était établi à Solesmes dès 1833, et avait revêtu l'habit de Saint-Benoît en 1836. Mais cet événement n'avait pas eu de retentissement; il avait été en quelque sorte tout local.

partie de la jeunesse qui avait le plus pris goût aux idées nouvelles ; le jour venu, dans les premières semaines de 1841, il put, sous son nouveau costume, traverser la France étonnée, mais généralement sympathique et respectueuse, intéressée par ce que cette hardiesse avait de vaillant, flattée par la confiance témoignée en sa tolérance et en sa justice. Arrivé à Paris, il fit plus encore, pour prendre solennellement possession de la liberté qu'il venait de reconquérir : violentant quelques timidités amies, il parut dans la chaire de Notre-Dame, avec sa robe blanche et sa tête rasée, ayant à ses pieds dix mille hommes, parmi lesquels tous les chefs du gouvernement et de l'opinion ; et alors, sous ce froc du moyen âge, il prononça, par un contraste voulu, le plus moderne de ses discours, celui sur « la vocation de la nation française ».

Après cela, n'était-il pas fondé à dire, en montrant sa robe blanche : « Je suis une liberté » ? Il venait, par ce coup d'éclat, d'arracher au pays lui-même ce que les pouvoirs publics n'eussent pas sans doute voulu ni osé accorder du premier coup ; il avait gagné devant l'opinion le procès, non seulement des dominicains, mais de tous les ordres religieux. Les jésuites, qui jusqu'alors ne s'étaient établis en France que d'une façon équivoque et en se prêtant à une sorte de dissimulation convenue, ne furent pas les derniers à en profiter : dès l'année suivante, pour la première fois, en annonçant les conférences de Notre-Dame, on dit le « Père de Ravignan » et non plus « l'abbé de Ravignan ». Quel progrès, si l'on se reporte au lendemain de 1830, et même à la Restauration ! Le nouveau moine, lors de sa rentrée en France et de son discours à Notre-Dame, avait été invité chez le ministre des cultes ; il y avait dîné en froc. On raconte que l'un des convives, ancien ministre de Charles X, M. Bourdeau, se penchant vers son voisin : « Quel étrange retour des choses de ce monde, dit-il ! Si, quand j'étais garde des sceaux, j'avais invité un dominicain à ma table, le lendemain, la chancellerie eût été brûlée. »

Aussi, peu de temps après, un prêtre éminent repassait dans son esprit les changements inespérés, accomplis, depuis 1830, dans l'ordre religieux ; il considérait les âmes ramenées vers Dieu par l'effet même de l'agitation et du trouble qui avaient paru d'abord les en éloigner, le clergé cessant d'être suspect par suite de sa ruine politique, et retrouvant, grâce à une attitude nouvelle, une popularité plus fructueuse que n'avait jamais pu l'être la faveur officielle. Alors conduit, contraint en quelque sorte, à reprendre la pensée, si étrange au premier abord, qui avait été déjà indiquée, en 1834, par Mme Swetchine, il constatait que « la révolution de Juillet avait été, sans le vouloir, la première origine de la réaction religieuse[1]. » Les

---

[1] L'abbé Dupanloup, *De la Pacification religieuse*, 1845.

adversaires eux-mêmes étaient réduits à confesser ce retour si inattendu. L'un d'eux, M. Dubois, l'ancien fondateur du *Globe*, disait, vers 1840, à un élève de l'École normale : « Mes sentiments sont bien connus, j'ai toujours combattu le catholicisme ; mais, je ne puis me le dissimuler, il se prépare pour lui un siècle aussi beau et plus beau peut-être encore que le treizième [1]. » Or, c'était le même homme qui, en 1831, visitant, comme inspecteur général de l'Université, le collège de Rennes, s'était écrié, après avoir rendu au passé de la religion catholique un hommage d'une hautaine bienveillance : « Messieurs, nous marchons vers une grande époque, et peut-être assisterons-nous aux funérailles d'un grand culte [2]. »

VI

Pendant que Lacordaire ramenait les générations nouvelles dans les églises, son frère d'armes de l'*Avenir*, le comte de Montalembert, travaillait à faire reprendre aux catholiques la place qu'ils avaient perdue dans le monde politique. C'est le 14 mai 1835, au moment même où finissait la première station de Notre-Dame, que le jeune pair

---

[1] Ce propos est rapporté dans une lettre du jeune Pierre Olivaint. (*Vie du P. Olivaint*, par le P. Clair, p. 158.)
[2] *Ami de la Religion* du 4 août 1831.

prononçait son *maiden speech* dans la Chambre haute.

Lui aussi, il avait dû sortir de l'arène, pour reprendre haleine, après le faux départ de l'*Avenir*. Seulement, ces années de retraite que le prêtre avait passées, isolé et comme immobile, dans sa chambrette d'aumônier de la Visitation, le gentilhomme les avait employées à parcourir les grandes routes d'Allemagne et d'Italie, se passionnant partout à la recherche des vestiges, jusqu'alors mal compris et imparfaitement goûtés, des grands siècles catholiques, particulièrement des monuments artistiques du treizième et du quinzième siècle. Le hasard des voyages — où le poussait peut-être l'agitation d'un esprit encore mal remis des excitations et des secousses de la crise récente — lui avait fait rencontrer, dans un coin de la Hesse, les traces, presque complètement effacées par la haine protestante et par l'oubli populaire, du culte dont avait été l'objet « la chère sainte Élisabeth ». Séduit et indigné, touché et conquis, il avait fait de la royale sainte la dame de ses pensées, de son imagination, de ses études ; il s'était armé son chevalier, pour venger cette mémoire méconnue, pour ranimer cette dévotion éteinte, et avait trouvé dans la présence constante de cette charmante et douce vision la direction de son esprit, la paix de son âme, la consolation de ses déchirements et de ses déceptions, et comme le bienfait d'une sérénité supérieure venue du passé et descendue du ciel.

Mais cette vie d'érudit ou de dilettante chrétien ne pouvait longtemps suffire à une nature aussi militante. Ce n'était pas seulement dans l'histoire, c'était dans les luttes présentes et quotidiennes de la vie publique qu'il voulait relever le nom catholique. Quand, au lendemain de la révolution de Juillet, il avait vu « la croix arrachée du fronton des églises de Paris, traînée dans les rues et précipitée dans la Seine, aux applaudissements d'une foule égarée », il s'était promis de poursuivre la revanche de ces jours d'humiliation et d'outrage. Il le rappelait plus tard à la tribune : « Cette croix profanée, s'écriait-il, je la ramassai dans mon cœur, et je jurai de la servir et de la défendre. Ce que je me suis dit alors, je l'ai fait depuis, et, s'il plaît à Dieu, je le ferai toujours [1]. » C'était pour tenir ce serment de ses vingt ans, que le jeune pair, qui avait été, après 1830, l'un des derniers à recueillir le bénéfice de l'hérédité bientôt abolie, s'empressait, dès que son âge le lui permettait, de siéger dans la Chambre haute et de prendre part à ses débats [2].

On ne saurait s'imaginer aujourd'hui de quel courage, de quelle audace même, un homme politique devait alors faire preuve, pour se poser en

---

[1] Discours du 14 avril 1845.
[2] Les pairs admis par droit d'hérédité n'avaient voix délibérative qu'à trente ans; mais ils pouvaient siéger et parler dès vingt-cinq ans.

chrétien. M. de Montalembert, rendant hommage, en 1855, à la mémoire de l'un des rares pairs qui s'étaient joints à lui, au comte Beugnot, a rappelé « l'impopularité formidable qu'il fallait braver, au sein des classes éclairées et du monde politique, quand on voulait arborer ou défendre les croyances catholiques... » « Personne, ajoutait-il, ou presque personne, parmi les savants, les écrivains, les orateurs, les hommes publics, ne consentait à se laisser soupçonner de préoccupations ou d'engagements favorables à la religion... L'impopularité qu'il s'agissait d'affronter n'était pas seulement cette grossière impopularité des masses, ces dénonciations quotidiennes des journaux, ces insultes et ces calomnies vulgaires qui sont la condition habituelle des hommes de cœur et de devoir dans la vie publique... Mais il fallait de plus entrer en lutte avec tous ceux qui se qualifiaient d'hommes modérés et pratiques, avec la plupart des conservateurs non moins qu'avec les révolutionnaires, avec l'immense majorité, la presque unanimité des deux Chambres, avec une foule innombrable d'honnêtes gens aveuglés, et, ce qui était bien autrement dur, avec une élite d'hommes considérables qui avaient conquis une réputation enviée, en rendant d'incontestables services à la France, à l'ordre, à la liberté. Enfin il fallait braver, jusque dans les rangs les plus élevés de la société française, un respect humain, dont l'invincible intensité a presque complètement disparu dans les luttes et les périls que nous avons traversés depuis lors[1]. »

En parlant ainsi de M. Beugnot, M. de Montalembert ne pensait-il pas à ses propres débuts? Quand, en 1835, il entra à la Chambre haute, avec le dessein d'y défendre la cause catholique, il s'y trouva absolument isolé : il ne pouvait même pas s'appuyer sur les légitimistes, plus favorables aux idées religieuses, mais dont sa coopération à l'*Avenir* l'avait publiquement séparé. Les hommes, d'ordinaire, hésitent à se compromettre pour une cause, lorsqu'ils savent devoir être seuls à la défendre; l'inutilité probable de leur effort sert d'excuse à leur défaut de courage. Tout autre était le jeune comte de Montalembert. Il semblait avoir le goût des causes vaincues : plus elles lui paraissaient désespérées, abandonnées de tous, plus il se sentait porté vers elles, plus il trouvait d'attrait et d'honneur à s'y montrer fidèle et dévoué. *Sans espoir ni peur*, disait une vieille devise de

---

[1] Ailleurs, M. de Montalembert a écrit, en faisant allusion à la même époque : « On vit ensemble, pendant des années entières, dans un corps politique, dans un tribunal, dans un conseil ou une assemblée quelconque, et l'on est tout étonné, de découvrir un jour, par quelque hasard, qu'on a, pour collègue ou pour voisin, un homme qui croit à la vérité catholique, et qui pratique sa croyance, sans que personne s'en doutât : tant l'organisation sociale laisse chez nous peu de place à la foi religieuse, tant elle en rend la profession inutile, impopulaire, dangereuse ou ridicule. » (*Œuvres polémiques*, t. I; p. 343.)

ses ancêtres. « Je confesse, déclarera-t-il fièrement vers la fin de sa vie, que je ne suis pas tout à fait étranger à ces *instincts rétifs* que les sophistes repus reprochent aux ennemis vaincus de César... J'aurais joui du succès tout comme un autre : mais j'ai su m'en passer. Une âme un peu haute, dit Vauvenargues, aime à lutter contre le mauvais destin : le combat plaît sans la victoire... J'ai toujours défendu les faibles contre les forts ;... et nul ne pourra dire que j'ai conspiré avec la fortune et attendu, pour servir les idées ou les personnes, qu'elles fussent victorieuses et toutes-puissantes [1]. » N'est-on même pas autorisé à penser que l'abaissement de la religion, au lendemain de la révolution de Juillet, fut l'un des motifs de la passion généreuse avec laquelle il arbora le drapeau catholique? N'est-ce pas lui qui, à vingt et un ans, devant le sac de Saint-Germain l'Auxerrois, avait déclaré se sentir au cœur « une ardeur nouvelle, une ardeur sanctifiée par la douleur », pour cette foi outragée? « S'il nous eût été donné de vivre au temps où Jésus vint sur la terre et de ne le voir qu'un moment, écrivait-il alors, nous eussions choisi celui où il marchait couronné d'épines et tombait de fatigue vers le calvaire ; de même nous remercions Dieu de ce qu'il a placé le court instant de notre vie mortelle, à une époque où sa sainte religion est tombée dans le malheur et l'abais-

---

[1] Avant-propos des *Discours* de M. de Montalembert.

ement, afin que nous puissions lui sacrifier plus omplètement notre existence, l'aimer plus tendrement, l'adorer de plus près [1]. »

Grand fut l'étonnement des vénérables pairs, ces sceptiques d'origine, encore refroidis par l'expérience, ces survivants du dix-huitième siècle, blasés davantage par les révolutions du dix-neuvième, quand ils virent se lever, au milieu d'eux, ce jeune croyant si enthousiaste. L'entrée dans la cour du Luxembourg d'un chevalier portant l'armure du moyen âge et la croix sur la poitrine ne leur eût pas paru plus étrange et moins raisonnable. Avec son nouveau champion, la religion ne se présentait plus dans une attitude humble, voilée et résignée; elle avait quelque chose de hardi, on eût presque dit de cavalier. Toutefois il se mêlait à cette hardiesse une sorte de bonne grâce fière et modeste qui l'empêchait de paraître outrecuidante : « Je ne descendrai pas de cette tribune — disait le jeune orateur, en terminant un des premiers discours où il revendiquait les droits du clergé — sans vous exprimer le regret que j'éprouverais, si je vous avais paru parler un langage trop rude ou trop étranger aux idées qui y sont ordinairement énoncées. J'ai espéré que vous m'excuseriez d'avoir obéi à la franchise de mon âge, d'avoir eu le courage de mon opinion. Quoi qu'il en soit, j'aime mille fois mieux

---

[1] *Avenir* du 19 février 1831.

qu'il me faille vous demander pardon ici publiquement de vous avoir fatigués ou blessés par mes paroles, que demander pardon, dans le secret de ma conscience, à la vérité et à la justice, de les avoir trahies par mon silence [1]. » Ce langage surprenait les nobles pairs, mais ne leur déplaisait pas ; ils ressentaient une sorte de curiosité indulgente pour les audaces imprévues de celui dont la jeunesse leur rappelait une hérédité regrettée ; leur tolérance ratifiait la liberté qu'il avait prise de tout dire, et lui permettait de troubler, par une vivacité inaccoutumée dans cette enceinte, le calme décent, la froide politesse de leurs délibérations : souriant aux saillies et même aux écarts de son éloquence impétueuse, « comme un aïeul, à la vivacité généreuse et mutine du dernier enfant de sa race [2]. »

Du reste, si le jeune pair n'était pas déjà, à vingt-cinq ans, l'orateur éminent et complet des discours sur le Sunderbund ou sur l'expédition de Rome, ce n'en était pas moins un spectacle plein d'intérêt et de charme, de contempler ce talent dans la fraîcheur de sa fleur première et de le suivre ensuite dans son rapide épanouissement ; talent vif, alerte, ardent, où se mêlaient le sarcasme et l'enthousiasme, la fierté provocante et la générosité sympathique. M. de Montalembert

[1] Discours du 19 mai 1837.
[2] Expression du prince Albert de Broglie, dans son discours de réception à l'Académie française.

travaillait beaucoup ses discours ; il les lisait alors,
comme avaient fait plusieurs orateurs de la Restauration, entre autres Royer-Collard et le général
Foy ; plus tard seulement, il prit le parti de réciter,
ensuite de parler surs imples notes. Mais il lisait avec
une aisance et une chaleur qui rendaient sa lecture
presque aussi entraînante qu'une improvisation.
Il avait peu de geste ; la voix y suppléait, souple,
claire, vibrante, admirablement faite pour l'ironie
ou le pathétique, avec un de ces accents qu'on
n'oubliait plus ; et par-dessus tout, ce je sais quoi
d'aisé dans la véhémence, de noble dans la passion,
de naturel dans la hauteur, qui révèle la race, et
qui donne à l'éloquence aristocratique un caractère
à part auquel n'atteignent jamais ni la faconde de
l'avocat, ni la solennité du professeur, ni la déclamation du rhéteur.

M. de Montalembert n'appartenait pas à un parti
politique ; il ne pouvait être contredit, quand il se
défendait « d'avoir jamais combattu systématiquement aucun ministère ». Cependant alors, dans
beaucoup de questions, il paraissait en harmonie
avec les hommes de gauche. Son premier discours,
en 1835, avait été une attaque contre les lois de
septembre sur la presse. Et surtout dans la politique étrangère, avec quelle amertume il reprochait
au gouvernement « les humiliations » de la France !
Ces exagérations d'un libéralisme un peu jeune,
ces exaltations d'un patriotisme parfois plus généreux que clairvoyant et sensé, étaient comme un

reste de l'*Avenir*, qui devait s'atténuer avec le temps et avec l'âge. D'ailleurs, il y avait là, chez M. de Montalembert, à côté d'entraînements très sincères, de convictions très ardentes, une part de tactique : pour faire sortir les catholiques de leur état d'isolement, d'impopularité et de proscription morale, pour leur refaire une place digne dans le monde politique, il lui paraissait utile que l'orateur, connu pour être leur champion, se montrât un libéral aussi hardi, un patriote aussi susceptible, un défenseur aussi dévoué des nations opprimées, un ami aussi ardent de toutes les causes généreuses, enfin un citoyen aussi intéressé aux affaires publiques, qu'aurait pu l'être aucun homme engagé dans le mouvement du siècle. Une telle attitude lui était d'autant plus facile que ces sentiments étaient naturellement les siens. De là tous ces discours qui se succèdent sur la liberté de la presse, sur la Pologne, la Belgique, l'Espagne ou la Grèce, sur les réformes philanthropiques en matière d'esclavage, de régime des aliénés ou de travail des enfants dans les manufactures. Rarement, dans ces premières années, il aborde les questions religieuses proprement dites : à peine, de temps à autre, engage-t-il quelque rapide escarmouche sur l'aliénation des terrains de l'Archevêché, sur un appel comme d'abus, ou sur le régime des petits séminaires. Mais, ne vous y trompez pas, c'est le catholicisme qu'il a toujours en vue, même quand il traite d'autres sujets ; ces discours sont en réalité pour lui des préludes, une façon de préparer le monde politique et de se préparer lui-même à sa mission spéciale, à celle qu'il avait proclamée le jour où, à vingt ans, devant la Chambre des pairs, il avait voué sa vie à la cause de la liberté religieuse et particulièrement de la liberté d'enseignement [1].

[1] Discours prononcé le 20 septembre 1831, dans « le procès de l'Ecole libre ».

CHAPITRE II

LE GOUVERNEMENT ET LE MOUVEMENT CATHOLIQUE

1830-1841.

I. Les chefs du mouvement catholique se séparent du royalisme. Jugement de leur attitude. — II. Sagesse et réserve politiques de la plupart des évêques, après 1830. Mgr de Quélen. Le clergé se rapproche de plus en plus de la monarchie de Juillet. Il y est poussé par la cour romaine. — III. Politique religieuse du gouvernement. Violences et vexations du début. Cette politique s'améliore. Ses lacunes et ses progrès. L'opinion est plus favorable au clergé. — IV. Les hommes d'État et la question religieuse. Un écrit de M. Guizot et un discours du roi. — V. Raisons politiques et parlementaires qui doivent déterminer, en 1841, le gouvernement à s'emparer de la question religieuse et à satisfaire les catholiques. — VI. Le péril social et le désordre intellectuel, à cette époque. Nécessité de la religion pour y remédier.

I

« Êtes-vous bien sûr que l'abbé Lacordaire ne soit pas un carliste ? » demandait, en 1837, Louis-Philippe à M. de Montalembert. C'était une prévention habituelle aux hommes de 1830, de soupçonner le « carlisme » là où ils voyaient quelque ardeur de propagande religieuse. N'eût-il pas été en effet assez naturel, après la conduite des vainqueurs de Juillet envers le clergé, que celui-ci se rapprochât de l'opposition de droite, et que la réaction religieuse prît une direction hostile au pouvoir? Et cependant le contraire s'était plutôt produit. En dépit des plaintes du vieux parti légitimiste, dénonçant ce qui lui paraissait une défection et une ingratitude, l'un des caractères du nouveau mouvement catholique était sa séparation du royalisme, et ceux qui étaient à sa tête affectaient, à l'égard de la monarchie de Juillet, une attitude parfois bienveillante, toujours sans hostilité préconçue. Rien donc ne justifiait l'alarme un peu méfiante dont la question du roi paraissait l'indice, et le doute émis prouvait qu'à la cour on était mal informé des choses ecclésiastiques.

Quels étaient, par exemple, les sentiments politiques du prédicateur de Notre-Dame? « Après cinquante ans que tout prêtre français était royaliste jusqu'aux dents, écrivait Lacordaire, j'ai cessé de l'être; je n'ai pas voulu couvrir de ma robe sacerdotale un parti ancien, puissant, généralement honorable, mais enfin un parti. » N'avait-il pas été un jour jusqu'à dire, dans une réunion de jeunes gens, au grand scandale des légitimistes : « Qui se souvient aujourd'hui des querelles anglaises de la rose rouge et de la rose blanche? » Il n'était pas pour cela devenu « républicain », « démocrate », ou « philippiste », comme le lui reprochaient les royalistes mécontents. Dès 1832, il avait protesté contre l'espèce d'alliance que Lamennais paraissait vouloir conclure avec le parti républicain, et cette opposition avait été l'un des motifs de sa rupture. « Je n'ai jamais écrit une ligne ni dit un mot, lit-on dans une de ses lettres, qui puisse autoriser la pensée que je suis un démocrate. » Il se vantait d'autre part de « n'avoir pas voulu davantage se donner au gouvernement nouveau », estimant que les vrais hommes d'Église « ont toujours tenu, vis-à-vis du pouvoir humain, une conduite réservée, noble, sainte, ne sentant ni le valet, ni le tribun ». Aussi écrivait-il, dès 1834 : « Quelques-uns au moins me comprennent ; ils savent que je ne suis devenu ni républicain, ni juste-milieu, ni légitimiste, mais que j'ai fait un pas vers ce noble caractère de prêtre, supérieur à tous les partis, quoique compatissant à toutes les misères. » Il se félicitait d'être sorti « du tourbillon fatal de la politique, pour ne plus se mêler que des choses de Dieu et, par les choses de Dieu, travailler au bonheur lent et futur des peuples ». Mais, si Lacordaire pouvait se défendre avec raison de « s'être donné » à l'opinion régnante, celle-ci du moins n'avait sujet de lui reprocher aucune hostilité. Dans sa *Lettre sur le Saint-Siège*, ne louait-il pas « les dispositions bienveillantes que Louis-Philippe montrait pour la religion » ? Dans son discours sur la *Vocation de la nation française*, ne rendait-il pas hommage à la prépondérance de la « bourgeoisie », à laquelle il rappelait en même temps ses devoirs envers le Christ ? Enfin, quand il était question, pour la première fois, de rétablir les dominicains en France, ne pouvait-il pas, tout en maintenant, en dehors des questions de parti, la neutralité et la dignité de son rôle de prêtre, faire donner au gouvernement l'assurance qu'il n'éprouvait à son égard que des sentiments de « justice » et de « bienveillance [1] » ?

M. de Montalembert, homme politique, était tenu à moins de réserve : aussi se séparait-il plus nettement du parti légitimiste et se ralliait-il plus ouvertement à la monarchie nouvelle. Dans presque tous ses discours, de 1835 à 1841, il se déclarait « partisan sincère de la révolution de Juillet, ami loyal de la dynastie qui la représentait [2] ». C'était même dans les termes les plus sévères et les plus durs qu'il désavouait certains procédés de l'opposition royaliste [3] ; et il pouvait dire en 1841 : « Personne, à dater du jour où j'ai abordé pour la première fois cette tribune, n'a brisé plus complètement que moi avec les regrets et les espérances du parti légitimiste [4]. » Dès 1838, il exposait, dans la *France contemporaine*, ce que devaient être, selon lui, les « *Rapports de l'Église catholique et du gouvernement de Juillet* » : il engageait les catholiques à « accepter » le pouvoir nouveau « comme un fait établi et consommé, et, sans se livrer à lui, en abdiquant, au contraire, cette

---

[1] Montalembert, *Notice sur le P. Lacordaire*.
[2] Voir notamment les discours du 8 septembre 1835, du 19 mai 1837, du 6 juillet 1838 et du 14 avril 1840.
[3] Voir, par exemple, le discours du 11 janvier 1842.
[4] Discours du 31 mars 1841.

idolâtrie monarchique qui, sous une autre race, a été si impopulaire et si stérile, à apporter au pays un concours digne et fécond ». Une telle conduite lui paraissait conforme à l'exemple du Saint-Siège et aux principes constants de l'Église, « qui n'a jamais proclamé la prétendue *orthodoxie* politique qu'on voudrait lui imputer ». D'ailleurs, tout en reconnaissant qu'il y avait encore beaucoup à demander au gouvernement, M. de Montalembert estimait que « nulle part, si ce n'est en Belgique, l'Église n'était plus libre qu'en France »; et il se plaisait à témoigner publiquement de sa confiance dans la bonne volonté de la jeune monarchie et dans les bienfaits de la liberté.

Tels étaient aussi les sentiments de cette jeunesse, où il fallait chercher l'expression la plus vivante de la réaction religieuse. N'était-ce pas tout d'abord une façon de trancher avec les anciennes habitudes, que cette fondation de la Société de Saint-Vincent-de-Paul, où l'on déclarait ne vouloir constituer que « le parti de Dieu et des pauvres », et d'où l'on excluait absolument cette préoccupation politique, mêlée plus ou moins, sous la Restauration, à toutes les associations pieuses et charitables ? « J'ai, sans contredit, pour le vieux royalisme, écrivait Ozanam, le 21 juillet 1834, tout le respect que l'on doit à un glorieux invalide, mais je ne m'appuierai pas sur lui, parce qu'avec sa jambe de bois il ne saurait marcher au pas des générations nouvelles. » Il ajoutait, le 9 avril 1838 : « Pour nous, Français, esclaves des mots, une grande chose est faite : la séparation de deux grands mots qui semblaient inséparables, le trône et l'autel. » Le 21 février 1840, il exposait ainsi ses opinions politiques : « Je n'ai pas foi à l'inamissibilité du pouvoir. Les dynasties ont, à mes yeux, une mission dont l'accomplissement fidèle est la garantie de leur durée, dont l'infraction entraîne leur déchéance. D'ailleurs, les questions de personnes, celles même de constitutions, me semblent d'un médiocre intérêt en présence des problèmes sociaux qui dominent l'époque présente. Je dois à l'étude mieux approfondie du catholicisme un sincère amour de la liberté et l'abjuration de ce culte inintelligent du passé auquel on façonnait notre enfance, dans les collèges de la Restauration. »

Quand M. Louis Veuillot prendra, en 1843, la direction de l'*Univers* et en formulera le programme, l'inspiration sera la même : « Après un demi-siècle d'incomparables désastres, dira-t-il, nous comprenons tous les deuils, mais nous n'y voulons pas ensevelir notre liberté. Nous ne demandons rien pour nous-mêmes, nous ne voulons rien regretter ; nous n'aimons pas la destruction, nous ne glorifions pas les destructeurs ; cependant ces destructeurs sont nos frères. » Et plus loin : « Sans outrager aucun linceul, nous laissons mourir ce qui meurt et ce qui veut mourir. » Quelques années après, cet écrivain, ayant occasion de rappeler quels avaient été les sentiments des catholiques sous la monarchie de Juillet, disait : « On avait, même en politique, une conduite générale bien arrêtée : l'absence de toute hostilité systématique contre le pouvoir. On admettait 1830 avec sa Charte, son roi, sa dynastie, et l'on se bornait à tâcher d'en tirer parti pour la liberté de l'Église. La résolution était formelle de n'aller ni à droite ni à gauche, de ne faire aucun pacte avec le parti légitimiste, aucune alliance avec aucune nuance du parti révolutionnaire [1]. »

Dirons-nous que les hommes du mouvement religieux eussent également raison sur tous les points ? S'ils étaient, par exemple, grandement fondés à vouloir dégager le catholicisme d'une solidarité temporelle, d'une alliance politique, qu'avait rendues naturelles et honorables une longue communauté de gloire et de malheurs, mais qui étaient devenues, dans l'état nouveau de la France, périlleuses pour les deux causes, — peut-être ne faisaient-ils pas toujours la rupture d'une main assez légère et assez douce. Peut-être aussi avaient-ils, dans la vertu propre du libéralisme et dans les dispositions des hommes qui le représentaient, une confiance excessive, à laquelle les faits ne devaient pas toujours donner raison, et dont la généreuse candeur est de nature à faire parfois un peu sourire l'expérience vieillissante et triste-

---

[1] Articles sur le « parti catholique », publiés par l'*Univers*, en juin 1856.

ment désabusée de notre génération. On venait de constater et d'éprouver quels inconvénients présentait la formule, naguère exaltée, de « l'union du trône et de l'autel » : était-on assuré que la devise du nouveau parti, « catholique avant tout, » ne risquât pas aussi, dans l'avenir, d'être mal interprétée et d'aboutir à cette variante, dénoncée plus tard par M. de Falloux : « catholique indifférent à tout et prêt à tout » ? Était-il sans danger pour le clergé de se trouver privé de toute tradition politique, au milieu de nos agitations et de nos changements, et ne pouvait-on pas craindre qu'un jour telle fraction de ce clergé ne fût tentée de remplacer, par des dépendances moins honorables et aussi périlleuses, la vieille foi royaliste dont on l'avait détaché? Sans doute ces considérations ne peuvent faire contester l'utilité, la nécessité de l'œuvre entreprise par M. de Montalembert et ses amis; mais elles nous rappellent comment chaque question est toujours plus complexe, la vérité plus partagée entre les divers partis, qu'on n'est disposé à le croire dans le premier entraînement des réactions. Et l'on comprend alors pourquoi l'histoire est d'ordinaire amenée à porter des jugements moins absolus que les contemporains.

D'ailleurs, si nous avons rappelé les contradictions qui séparaient, après 1830, les légitimistes et les hommes du mouvement religieux, ce n'est pas pour ranimer une querelle éteinte, encore moins avec le dessein de prendre parti, après coup, dans un conflit qui a perdu tout intérêt, n'ayant plus aujourd'hui de raison d'être. La cause de ce conflit avait été dans la situation passagère des divers partis sous la Restauration et sous la monarchie de Juillet. Depuis 1848, la défaite commune a pacifié bien des animosités, dissipé bien des malentendus, redressé bien des erreurs, comblé bien des fossés qu'on croyait être des abîmes. Les légitimistes, comprenant mieux chaque jour qu'il était de leur devoir et de leur avantage de servir la religion et non de s'en servir, sont bientôt devenus les plus ardents à seconder, à continuer cette campagne de liberté religieuse, entreprise d'abord en dehors d'eux. Ce changement s'est produit dès les dernières années du règne de Louis-Philippe, lors des luttes sur la question de l'enseignement. Ne suffit-il pas de rappeler que M. de Falloux a été le principal auteur de la loi de 1850? Aussi, quand M. de Montalembert, vers la fin de sa vie, retrouvait, en publiant ses discours et ses écrits d'autrefois, la trace de ses anciennes vivacités contre les royalistes, était-il presque tenté de leur en demander pardon, et tenait-il au moins à proclamer que ceux-ci étaient devenus, depuis lors, « les champions les plus éloquents et les plus intrépides de la liberté religieuse et de l'indépendance de l'Église[1] ». Si donc nous avons tenu à mettre en lumière

[1] Avant-propos, placé en tête du premier volume des *Discours* de M. de Montalembert (1860).

l'absence d'hostilité préconçue et même le mouvement spontané de confiance et de sympathie qui marquaient la conduite de ces catholiques envers la monarchie de 1830, c'est uniquement pour faire ressortir les raisons que devait avoir le gouvernement de considérer sans déplaisir et sans prévention cette réaction religieuse. Une telle observation n'était pas inutile pour aider à mesurer les responsabilités dans le conflit qui éclatera bientôt.

II

Sans doute, tous les membres du clergé ne partageaient pas, sur le parti royaliste et sur la monarchie de Juillet, les idées de Lacordaire et de Montalembert. En 1830, beaucoup avaient pour les Bourbons une affection, et ressentaient de leur chute un regret que les outrages de la presse, les violences de l'émeute, l'hostilité méprisante de l'opinion, les vexations, ou tout au moins l'indifférence peu respectueuse de l'administration, n'étaient pas faits pour affaiblir. Chez la plupart néanmoins, ces sentiments, demeurés au fond des cœurs, ne se traduisirent par aucun acte d'hostilité, n'empêchèrent ni la soumission loyale, ni même une sorte de bonne volonté conciliante envers le nouveau gouvernement. Ainsi se conduisirent notamment la généralité des évêques. L'un des membres les plus éclairés de l'épiscopat actuel a rendu, à la sagesse de ses prédécesseurs de 1830, un juste hommage : « Éprouvé sous la main sévère de Dieu, a écrit M. Meignan, depuis évêque de Châlons, le clergé de France ne désespéra point de l'Église. Il prit une attitude humble, mais digne; il revint à son rôle conciliateur, à sa vie laborieuse et cachée. Tel on l'avait vu au retour de l'exil, tel il parut au lendemain de 1830. Jamais l'épiscopat français ne montra plus de sagesse et plus de véritable grandeur [1]. » Écoutez, en effet, les conseils que les évêques donnaient à leurs prêtres, au lendemain de la révolution, quand la blessure faite à leurs vieilles affections était encore saignante :

Ne prenez aucune part aux discussions politiques, et ne vous passionnez pas, comme les enfants des hommes, pour des intérêts qui seraient étrangers à la mission spirituelle dont vous êtes chargés. Prenez garde qu'en associant imprudemment des pensées profanes aux maximes saintes, pures et innocentes de la religion, vous ne la rendiez le jouet de tous les intérêts et de toutes les passions humaines. (Lettre de l'archevêque de Tours.)

Évitons avec soin les discussions politiques : vu la disposition des esprits, elles ne peuvent qu'enfanter la division et le désordre. Voyons dans les événements les dispositions de cette Providence

---

[1] *D'un mouvement antireligieux en France,* par M. l'abbé Meignan. *Correspondant* du 26 février 1859.

qui, maîtresse de l'univers, le fait mouvoir à son gré. Contentons-nous de demander au Seigneur que sa volonté s'accomplisse pour ses plus grandes gloires et notre salut. (Lettre de l'archevêque de Sens.)

On veut se passer de nous, messieurs, eh bien, tenons-nous calmes dans cette espèce de nullité... Rendons-nous utiles par nos prières à ceux qui ne veulent pas de nos services, et cependant tenons-nous prêts à nous dévouer de nouveau et aux jeunes et aux vieillards, lorsque l'expérience aura dissipé certaines préoccupations. L'attitude du clergé de France, dans les circonstances actuelles, malgré les calomnies et les bruits absurdes qu'on a si perfidement propagés, a dû prouver jusqu'à l'évidence que ce n'est pas contre la liberté civile que nous combattons, mais contre l'impiété, dont il semble qu'on affecte injustement de la rendre inséparable. Ce n'est pas telle forme de gouvernement que nous soutenons ; mais nous cherchons, nous désirons avant tout le maintien de la paix, la conservation de la religion catholique, dont la foi et la discipline peuvent s'unir à tous les genres de gouvernement... Continuons de nous tenir en dehors des mouvements contradictoires qui agitent la France... N'oublions jamais l'objet principal de notre ministère ; respectons et observons les lois ; prenons peu de part aux événements journaliers qui agitent le monde ; ne froissons les opinions libres de personne. (Lettres de l'évêque de Belley.)

Tel était aussi le langage des évêques de Strasbourg, de Troyes, d'Angers, des vicaires capitulaires d'Avignon. Ceux des prélats qui avaient à se plaindre de quelque vexation, ou à résister à quelque prétention abusive, le faisaient sans éclat agressif, parfois même avec une sorte de timidité. Leurs réclamations étaient plus tristes qu'irritées. Le clergé régulier ne recevait pas de ses chefs d'autres instructions : le 17 mai 1833, le P. Roothan, général des jésuites, écrivait au P. Renault, provincial de France : « Je finis par ce qui me tient le plus à cœur, dans les circonstances actuelles. Que tous aient le plus grand soin de se tenir enfermés dans la sphère de notre vocation : notre devise est : *Pars mea Dominus*. Nous n'avons aucune mission pour nous mêler des choses d'ici-bas. » Aussi l'*Ami de la Religion*, qui cependant, par ses sentiments intimes, se rattachait à la Restauration, faisait-il, dès le mois d'octobre 1830, au nom de l'Église de France, dont il était l'organe, la déclaration suivante : « A l'exemple des premiers fidèles, les chrétiens peuvent dire qu'il n'y a point parmi eux de partisans de Niger, d'Albin et de Cassius... Ils ne demandent aux rois de la terre qu'une vie tranquille, afin de pratiquer les vertus qui leur donnent l'espérance d'une vie meilleure et de biens plus durables. »

A peine pourrait-on noter une conduite différente chez quelques personnages ecclésiastiques, plus engagés avec le régime tombé, ou plus maltraités par le régime nouveau. De ce petit nombre fut l'archevêque de Paris, Mgr de Quélen. Chassé par l'émeute de son palais deux fois saccagé, il avait dû se cacher pendant plusieurs mois, entendant, de sa retraite, crier dans la rue les titres ignobles et obscènes des pamphlets dirigés contre lui. Les passions irréligieuses et révolutionnaires de l'époque avaient fait de ce prélat comme le bouc émissaire du clergé royaliste. Pourquoi lui plus qu'un autre ? Sans doute, par ses sentiments personnels comme par les traditions de sa vieille race bretonne, il était attaché aux Bourbons ; mais il n'avait pas joué, dans les affaires de la Restauration, le rôle actif et compromettant de tel de ses collègues : il pouvait déclarer que « la politique ne lui avait jamais confié ses secrets » et qu'il « n'en avait jamais connu les ressorts [1] ». Ses adversaires étaient eux-mêmes obligés de lui rendre sur ce point témoignage [2]. Rien donc n'expli-

---

[1] Lettre pastorale du 6 mai 1832.
[2] M. Baude, le préfet de police qui avait, au moment du sac de Saint-Germain l'Auxerrois et de l'Archevêché, décerné un mandat d'amener contre Mgr de Quélen, lui délivrait quelques jours après, le 19 février 1831, à titre de réparation, l'attestation suivante : « ... Je déclare que, pour apprécier la valeur des imputations que la rumeur publique faisait peser sur Mgr l'Archevêque, j'ai dû faire sur ses relations des recherches multipliées. Il en est résulté la preuve la plus évidente que, depuis plus de trois ans, terme au delà duquel j'ai jugé inutile de pousser les investigations, Mgr l'Archevêque est demeuré complètement étranger à toute combinaison politique, et s'est exclusivement renfermé dans les devoirs et les vertus de son état. » (D'Exauvillez, *Vie de Mgr de Quélen*, t. II, p. 78.)

quait l'impopularité passionnée dont il était l'objet, sinon ce rôle d'expiation qui semble attaché, de notre temps, au siège épiscopal de Paris, et qui est comme la marque, toujours douloureuse, parfois sanglante, de sa prééminence.

L'archevêque n'avait pas commencé par se montrer hostile : il avait, au début, sous le déguisement alors nécessaire à sa sécurité, fait visite à la reine et au roi ; il avait ordonné de célébrer des services pour les morts de Juillet. Mais bientôt devant les mauvais procédés de l'administration, et surtout devant l'espèce de sanction qu'elle donnait aux violences de l'émeute, en fermant Saint-Germain l'Auxerrois et en achevant, malgré ses protestations, la démolition de son palais épiscopal, il prit, à l'égard du pouvoir, cette attitude froide, dédaigneuse, et parfois, dans les détails, un peu boudeuse, qu'il devait garder, non sans quelque obstination, jusqu'à sa mort. L'Archevêché et les Tuileries furent, sinon en état de guerre ouverte, du moins dans la situation de deux puissances qui ont interrompu leurs relations diplomatiques. Les légitimistes s'attachaient naturellement à donner aux actes ou aux abstentions de l'archevêque le caractère d'une protestation politique, et M. de Quélen qui, comme gentilhomme, partageait leurs regrets, leurs répugnances et leurs aspirations, les laissait faire. Cette conduite n'était pas sans inconvénient pour les intérêts religieux du diocèse, mais elle était, après tout, politiquement assez excusable ; et nul, dans les régions officielles, n'avait le droit, ni de s'en beaucoup étonner, ni de s'en effaroucher.

D'ailleurs, ces hostilités publiques contre le pouvoir, déjà rares dans le monde ecclésiastique au lendemain de la révolution, le devenaient plus encore à mesure qu'on s'en éloignait, que les haines s'apaisaient, que le gouvernement, mieux inspiré ou plus fort, assurait davantage à l'Église, sinon la protection, du moins la paix et la liberté. Plus que jamais, le clergé s'appliquait à se tenir en dehors des luttes politiques. Le 7 octobre 1837, à l'occasion d'élections générales, l'évêque du Puy écrivait aux prêtres de son diocèse : « Si vous êtes jaloux de conserver la paix de votre âme, l'affection et l'estime de vos ouailles, éloignez-vous des élections. Mettez une garde sur vos lèvres, pour ne pas dire un seul mot de blâme ou d'approbation sur les vues des candidats. » Il invitait même les prêtres électeurs à ne pas user de leur droit : « Votre politique n'est pas de ce monde », leur disait-il. L'âge ou la maladie faisait disparaître, les uns après les autres, les derniers tenants du clergé d'ancien régime. Aussitôt M. de Quélen mort, en 1840, les vicaires capitulaires de Paris se joignaient aux corps constitués, pour complimenter Louis-Philippe à l'occasion de sa fête. Un témoin autorisé rappelait, quelques années plus tard, comment peu à peu le clergé s'était ainsi rapproché du gouvernement nouveau. « En 1830, disait-il, nous nous sommes tus, nous avons attendu, mais nous ne nous sommes pas éloignés. Les funestes événements de l'année suivante, si douloureux pour la religion, ne nous firent même pas sortir de cette réserve; nous laissâmes faire le temps, et, sous son influence, on ne peut nier qu'en 1837 un rapprochement notable ne se fût opéré. » Il rappelait alors « cette bonne volonté qui, pendant sept ou huit années, était allée au-devant du gouvernement », ces sentiments « qui étaient déjà de l'affection et du dévouement » ; il invoquait, du reste, avec confiance les témoignages des ministres des cultes, dont plusieurs étaient arrivés avec de graves préventions, mais qui tous « avaient avoué que leurs relations avec le clergé les avaient détrompés et leur avaient laissé les plus heureux souvenirs. » C'est que, disait-il, si le clergé « n'aime pas, ne doit pas aimer les révolutions, il les accepte cependant à mesure qu'elles se dépouillent de leur caractère » ; les faits qui en sont issus « se régularisent pour lui, à mesure qu'ils s'améliorent [1] ».

Pendant que les vieilles idées politiques étaient partout en déclin dans l'Église de France, l'école nouvelle, celle dont l'orateur de Notre-Dame était le représentant le plus en vue, y faisait au contraire de rapides progrès. Ozanam les signalait à Lacordaire, en 1839, et celui-ci se félicitait « des

[1] L'abbé Dupanloup, *Première lettre à M. le duc de Broglie*, 1844.

modifications produites dans la direction du clergé et dans les opinions de plusieurs hommes qui avaient contribué à lui faire une fausse position. » C'est, ajoutait-il, « un mouvement général qui devient partout visible [1]. » L'année suivante, Ozanam écrivait à un autre de ses amis :

Il est évident que le mouvement qui se produisit sous des formes diverses, tour à tour faible ou violent, pusillanime ou indiscret, philosophique et littéraire, le mouvement qui a amené le *Correspondant*, la *Revue européenne*, l'*Avenir*, l'*Université*, les *Annales de philosophie chrétienne*, l'*Univers*, les conférences de Notre-Dame, les bénédictins de Solesmes, les dominicains de l'abbé Lacordaire, et jusqu'à la petite Société de Saint-Vincent-de-Paul — faits assurément très inégaux d'importance et de mérite — il est évident, dis-je, que ce mouvement, corrigé, modifié par les circonstances, commence à entraîner les destinées du siècle. Justifié d'abord par le prosélytisme qu'il a exercé sur les incroyants, par l'affermissement de la foi dans beaucoup d'âmes, qui, sans lui peut-être, l'auraient perdue, fortifié par l'adhésion successive des membres les plus distingués du sacerdoce, le voici encouragé par le patronage du nouvel épiscopat ; et la triple nomination de MM. Affre, Gousset et de Bonald, sur les trois premiers sièges de France, lève nécessairement, pour le clergé, la longue quarantaine que nos idées, un peu suspectes, avaient dû subir [2]. »

[1] Lettre du 26 août et du 2 octobre 1839.
[2] Lettre du 12 juillet 1840.

La sagesse et la modération du clergé, son éloignement de toute opposition, de toute politique de parti, ne pouvaient qu'être affermis par les conseils et les instructions qui lui arrivaient de Rome. Aussitôt après la révolution de Juillet, Pie VIII, interrogé par plusieurs évêques sur la licité du serment au nouveau gouvernement et des prières pour Louis-Philippe, donna, dans un bref en date du 29 septembre 1830, une réponse affirmative : « Ce n'est pas non plus un faible sujet de joie, écrivait-il dans ce bref, que la confirmation de ce fait que notre très cher fils en Jésus-Christ, le nouveau roi Louis-Philippe, est animé des meilleurs sentiments pour les évêques et tout le reste du clergé [1]. » S'entretenant avec le docteur Caillard, que M. de Quélen lui avait envoyé pour le consulter sur ce sujet, le Saint-Père lui disait : « Les temps sont bien malheureux pour la religion, bien malheureux, monsieur le docteur ; cependant, je suis tout à fait de votre avis, il ne faut pas briser le roseau penché, et, comme vous encore, je pense qu'on ne réussira à améliorer l'état actuel des choses que par les seuls moyens de douceur et de persuasion ; aussi j'en suis tellement convaincu, que je promets d'avance, et vous pouvez le dire, qu'à moins qu'on ne vienne à attaquer la religion, tout le temps qu'il plaira à Dieu de prolonger mon pontificat, on ne verra émaner d'ici que des mesures de douceur

---

[1] *Vie de Mgr Devie,* par M. l'abbé Cognat, t. II, p. 5.

et de bienveillance. » Dans la même conversation, il exprimait le désir que M. de Quélen, après avoir prêté le nouveau serment, donnât sa démission de pair; il ne voyait aucun avantage, et trouvait beaucoup d'inconvénients, à ce qu'un évêque fût mêlé aux discussions qui devaient s'engager dans les Chambres. « Mon opinion, ajouta-t-il, dites-le bien hautement, est que le clergé ne doit en rien se mêler de politique [1]. » Grégoire XVI, qui succéda à Pie VIII le 2 février 1831, n'eut pas une autre conduite; il désapprouvait les rares membres du clergé qui gardaient, par esprit de parti, une attitude hostile envers le gouvernement. La conduite de M. de Quélen, cette sorte d'opposition dont nous avons indiqué l'origine et le caractère, lui causaient un déplaisir qu'il ne cherchait pas à dissimuler. Son secrétaire d'État, le cardinal Lambruschini, s'exprimait sur ce sujet avec une vivacité particulière, étendant son blâme au parti légitimiste tout entier [2]. Le 12 février 1837, M. de

---

[1] *Vie de Mgr de Quélen*, par d'Exauvillez, t. II, p. 45-46.
[2] Article de M. Foisset sur M. de Montalembert (*Correspondant* du 10 septembre 1872, p. 814). — Le blâme pontifical ne suffisait pas à vaincre chez le prélat l'obstination du Breton et le point d'honneur du gentilhomme. « D'une parole, — répondait Mgr de Quélen, le 9 août 1836, à l'abbé Lacordaire, qui lui avait fait connaître le mécontentement du Pape — on peut me faire changer de sentiments et d'allures, mais je ne connais que l'obéissance qui soit capable d'opérer cette métamorphose. J'espère être prêt à obéir lorsqu'on aura commandé, car alors je ne répondrai plus de rien. Toutefois je ne pense pas

Montalembert, alors en voyage à Rome, avait une audience du Pape ; l'entretien ayant porté sur M. de Quélen : « Je déplore extrêmement, dit Grégoire XVI, l'intervention de l'archevêque dans la politique ; le clergé ne doit pas se mêler de la politique. Ce n'est pas ma faute si l'archevêque se conduit ainsi. Le roi sait, l'ambassadeur sait, et vous saurez aussi que j'ai fait tout ce qui dépendait de moi pour le rapprocher du gouvernement. L'Église est amie de tous les gouvernements, quelle qu'en soit la forme, pourvu qu'ils n'oppriment pas sa liberté. Je suis très content de Louis-Philippe, je voudrais que tous les rois de l'Europe lui ressemblassent [1]. »

C'est, sans aucun doute, sous l'impression de ses paroles, que M. de Montalembert se croyait autorisé à écrire, l'année suivante, les réflexions dont il a été déjà question, sur les *Rapports de l'Église et du gouvernement de Juillet*, et à invoquer l'exemple du Souverain Pontife pour engager les catholiques à accepter la royauté nouvelle. Vers la même époque [2], le jeune pair relevait, dans les bulles pontificales récentes, les témoignages de la bienveillance du Pape envers

---

qu'on veuille en venir là : ce serait prendre sur soi une grande responsabilité. » Le 20 décembre, il mettait, comme condition à sa soumission, « qu'on lui permit de rendre publics les ordres du Pape. »

[1] Article précité de M. Foisset, p. 813.
[2] Article publié dans l'*Univers* du 7 octobre 1838.

la monarchie de 1830, et notait quelle « encourageante justice » y était rendue « au zèle de Louis-Philippe pour la religion [1]. » Si Grégoire XVI blâmait M. de Quélen et accueillait bien M. de Montalembert, ce n'est pas cependant qu'il entendît prendre parti pour la nouvelle école religieuse et en quelque sorte la cautionner. On ne devait pas s'y attendre de la part d'un pontife, par bien des points, attaché aux traditions de l'ancien régime. Eût-il été d'ailleurs plus convenable de voir le Pape se compromettre avec l'avant-garde que s'attarder avec l'arrière-garde? Sa prudence lui inspirait une conduite plus réservée : il laissait pleine liberté à Lacordaire et à Montalembert, leur témoignait personnellement une grande bienveil-

[1] Ces manifestations des sentiments de Rome, sur les affaires de France, ne laissaient pas que de causer un certain désappointement dans le monde légitimiste. « Lorsque, l'année dernière, écrivait Montalembert dans l'article mentionné plus haut, on commença à se douter en France des dispositions réelles du Saint-Siège, qu'on se permit d'affirmer qu'elles étaient pleines de bienveillance paternelle pour la dynastie et la France actuelle, qu'on s'en félicita dans l'intérêt de l'Eglise et de la conciliation des esprits, il y eut une explosion de fureur de la part de certaines feuilles, dont la politique exagérée aspire au monopole des sympathies religieuses. Elles déclarèrent que les faits que l'on citait étaient *impossibles*, et par conséquent faux; qu'il n'y avait que des débris du dix-huitième siècle et des disciples de Châtel qui pouvaient avancer de semblables indignités. L'événement a démontré de quel côté étaient alors la passion et la sincérité. »

lance, dédaignait les dénonciations qu'on lui adressait contre eux, mais sans se prononcer pour leurs thèses ou leur tactique. Il disait un jour, en souriant, à l'orateur de Notre-Dame, avec un mélange de sagesse romaine et de finesse italienne [1] : « Vous autres, Français, vous êtes hardis, entreprenants ; nous n'avons pas le même caractère. Nous devons avoir toujours l'avenir présent à l'esprit, et un long avenir : un coup mal porté a des conséquences infinies. » Admirable et profonde parole qui contient tout le secret de la politique pontificale !

III

Il ne tenait donc pas aux catholiques et au clergé, que la France ne goûtât pleinement et pour longtemps les inappréciables bienfaits d'une paix religieuse, d'un accord entre l'Église et l'État, qui eussent été également féconds pour l'une et pour l'autre. On ne pouvait attendre, en tout cas, de ceux qui avaient été traités en vaincus, à la chute de la Restauration, moins de ressentiment à l'égard de leurs vainqueurs, plus de bonne volonté et d'esprit de conciliation. Du côté du gouvernement les sentiments n'étaient pas aussi manifestes, les démarches étaient un peu hésitantes et parfois

---

[1] Le 19 avril 1841.

contradictoires; cependant on pouvait discerner chez lui, à mesure qu'il s'éloignait de la révolution, une tendance méritoire à se dégager de plus en plus, dans les choses religieuses, du mauvais esprit de 1830. La nouvelle monarchie d'ailleurs, — c'est une justice que nous lui avons déjà rendue, — ne s'était jamais, même dans les heures les plus troublées, montrée animée par elle-même d'aucun désir de persécution. Dès le 8 août 1830, au moment où Louis-Philippe constituait son premier ministère, le duc de Broglie l'entretenait de la politique à suivre, entre un clergé mécontent, hostile, et la réaction voltairienne et révolutionnaire qui déjà s'attaquait de toutes parts au catholicisme. « Un tel état des choses et des esprits, disait-il, devra nécessairement placer tout ministre des cultes dans une position délicate et doublement périlleuse ; il lui faudra tenir ferme entre deux feux, porter respect au clergé et le tenir en respect ;... il faudra surtout se garder d'engager avec lui aucun débat qui touche de près ou de loin à la controverse, sous peine, dans un temp comme le nôtre, de s'enferrer dans quelques-une de ces querelles théologiques, où l'on ne tarde pa à voir contre soi toutes les bonnes âmes, pour so tous les vauriens, et qui ne finissent jamais qu de guerre lasse. — Vous avez bien raison, interrompait le roi ; il ne faut jamais mettre le doi dans les affaires de l'Église, car on ne l'en reti pas ; il y reste. » Politique très sage et très pr dente : il ne suffirait pas cependant que les bonnes dispositions d'un gouvernement envers la religion vinssent uniquement de la crainte de se créer des embarras; la conséquence serait, en effet, que le jour où ce gouvernement croirait trouver plus d'embarras à résister qu'à céder aux passions antireligieuses, il pourrait être tenté d'y céder. Faudrait-il chercher là l'explication des défaillances des premiers ministères, devant tant de violences impies et sacrilèges, de ce laisser aller, de cette complaisance qui parfois faisait presque croire à de la complicité? L'ère des violences grossières fut courte : celle des vexations, des suspicions mortifiantes, des taquineries souvent puériles, devait se prolonger après la période révolutionnaire. C'est sous Casimir Périer qu'on interdisait, par toute la France, la procession du Vœu de Louis XIII, qu'on expulsait les trappistes de la Meilleraye, qu'on s'emparait, par mesure de police, d'une église, pour y faire rendre, malgré l'autorité ecclésiastique, les honneurs religieux à Grégoire, ancien conventionnel et évêque schismatique. A diverses reprises, sans pousser d'ailleurs les choses bien loin, les ministres successifs des cultes essayaient d'exhumer quelques-uns des articles organiques. Le budget ecclésiastique subissait des réductions, que M. Guizot qualifiait « de misérables ». Jusque dans les petits détails, le clergé se sentait mal protégé; il voyait que dans tout conflit entre le curé et le maire, celui-ci était sûr de l'emporter; les évêques se plaignaient de n'avoir plus aucun crédit. C'était du reste surtout par omission que péchait le pouvoir; la religion était sans hommage public, et, pour n'avoir plus de culte d'État, il semblait que la France eût un gouvernement, sinon hostile, du moins étranger au christianisme.

Cependant, avec le temps, les relations s'améliorèrent; le gouvernement devint plus juste, plus bienveillant. A défaut de faveur, l'Église se vit mieux assurée d'avoir la paix et la liberté. Les passions ennemies étaient contenues ou désarmaient d'elles-mêmes. Par honnêteté publique, si ce n'était par scrupule religieux, le pouvoir faisait un usage irréprochable de son droit de proposer les évêques [1]. Les œuvres catholiques étaient largement tolérées, parfois encouragées. Cette tolérance s'étendait aux congrégations elle-mêmes; des monastères et des couvents se fondaient sans obstacle; ceux qui avaient été fermés en 1830 se rouvraient. Nul ne songeait à inquiéter l'abbé Guéranger, reprenant possession de Solesme au nom des bénédictins, et M. Guizot, pendant qu'il était ministre de l'instruction publique, accordait au nouveau monastère une allocation annuelle pour la continuation de la *Gallia christiana*. Lacordaire rencontrait dans le gouvernement toute faci-

---

[1] Les écrivains ecclésiastiques les plus prévenus contre la monarchie de Juillet ont dû rendre, sur ce point, hommage à sa conduite.

lité pour les préliminaires du rétablissement des frères prêcheurs. Les jésuites, qui avaient été administrativement frappés en 1828, et violemment dispersés par l'émeute en 1830, revenaient, sans faire de bruit, mais sans se gêner, à leurs pieux travaux ; ils remplissaient les chaires et les confessionnaux ; les ministres les laissaient faire avec un sentiment mélangé d'indifférence et d'estime ; ils rendaient même parfois hommage à leur sagesse et à leur zèle ; en 1833, quelque émotion s'étant produite parce que deux jésuites étaient mandés comme précepteurs auprès du duc de Bordeaux, M. Thiers avait été le premier à rassurer le père provincial de Paris, dans les conférences qu'il avait eues avec lui à ce sujet ; après comme avant cet incident, aucune entrave n'était apportée aux œuvres de la Compagnie de Jésus[1]. Les monuments religieux étaient libéralement dotés. Peu

---

[1] Dès 1832, les hommes naguère les plus animés contre les jésuites constataient qu'ils étaient ou demeurés ou revenus et ils n'en éprouvaient aucune émotion. On lisait dans le *National* du 18 octobre 1832 : « La Restauration est tombée et avec elle les jésuites : on le croit du moins. Cependant toute la France a vu la famille des Bourbons faire route de Paris à Cherbourg et s'embarquer tristement pour l'Angleterre. Quant aux jésuites, on ne dit pas par quelle porte ils ont fait retraite ; personne n'a plus songé à eux le lendemain de la révolution de Juillet, ni pour les attaquer, ni pour les défendre. Y a-t-il, n'y a-t-il pas encore des congrégations non autorisées par les lois ? Il n'est pas aujourd'hui de si petit esprit qui ne se croie, avec raison, au-dessus d'une pareille inquiétude. »

à peu il y avait comme un retour aux mœurs chrétiennes, dans la conduite extérieure des pouvoirs publics ¹. Enfin, en 1837, M. Molé profitait du moment où il accordait une amnistie politique, pour rouvrir l'église Saint-Germain l'Auxerrois, dont la fermeture, depuis le 13 février 1831, était comme un hommage persistant à l'émeute et un outrage aux catholiques. Il faisait aussi rétablir le crucifix dans la salle de la cour d'assises de Paris : exemple bientôt suivi dans les autres cours de justice. « Le moment était arrivé, écrivait M. le premier président Séguier au *Journal des Débats*, où le garant de la justice des hommes devait retrouver la préséance sur le tribunal. » L'effet fut grand dans le monde religieux. « Vous le savez, disait alors M. de Montalembert, à la tribune de la Chambre des pairs, d'excellents choix d'évêques, des allures plus douces, une protection éclairée, une tolérance impartiale, tout cela a, depuis quelque temps, rassuré et ramené bien des esprits. Ce système a été noblement couronné par le gage éclatant de justice et de fermeté que le gouvernement vient de donner en ouvrant Saint-Germain l'Auxerrois. En persévérant dans cette

---

¹ On lit, par exemple, dans le journal inédit d'un contemporain, à la date du 12 mai 1836 : « Aujourd'hui jour de l'Ascension, les Chambres ne siégent pas, les salons du président de la Chambre et des ministres sont fermés. Cette observation d'une fête religieuse eût paru bien étrange dans les premiers temps qui ont suivi la révolution de Juillet. »

voie, il dépouillait ses adversaires de l'arme la plus puissante ; il conquérait, pour l'ordre fondé par la révolution de Juillet, les auxiliaires les plus sûrs et les plus fidèles [1] ».

Cette bienveillance du pouvoir n'était pas, il est vrai, sans quelques intermittences. Dans le discours même que nous venons de citer, M. de Montalembert se plaignait que le gouvernement, au moment où il effaçait l'œuvre de l'émeute en rouvrant Saint-Germain l'Auxerrois, la confirmât sur un autre point, en aliénant définitivement, malgré la protestation épiscopale, les terrains de l'archevêché ; il y avait à cette occasion, appel comme d'abus contre M. de Quélen. Même mesure était prise contre l'évêque de Clermont, pour le punir d'avoir refusé les derniers sacrements à M. de Montlosier. C'était aussi le ministère de M. Molé qui faisait découvrir ce fronton du Panthéon, encore plus ridicule que sacrilège, où David d'Angers associait pêle-mêle, dans les honneurs du culte officiel et de la canonisation laïque, Bichat, Voltaire, J.-J. Rousseau, le peintre David, Cuvier, la Fayette, Manuel, Carnot, Berthollet, Laplace, Malesherbes, Mirabeau, Monge, Fénelon, Bonaparte et Kléber [2]. Ne racontait-on pas enfin que la

---

[1] Discours du 19 mai 1837.
[2] C'était M. Guizot qui avait choisi David d'Angers pour faire ce travail ; il lui avait laissé toute liberté. Un peu plus tard, M. d'Argout, effrayé du programme de l'artiste, avait arrêté les travaux. Le véto fut levé par

censure théâtrale avait, le plus naturellement du monde, remplacé, dans une pièce, les mots « ce damné ministre » par « ce damné cardinal » ? C'est qu'en dépit de ses bonnes intentions, le gouvernement n'avait pas ce tact supérieur que donne, dans les rapports avec l'Église, le sentiment chrétien, et que l'habileté, ou même la droiture politique, ne saurait suppléer. M. de Montalembert le remarquait à cette époque, dans un écrit pourtant fort bienveillant et où il engageait les catholiques à se rapprocher du gouvernement : « Il manque à ce gouvernement, disait-il, un sentiment plus intime et plus hautement avoué de la valeur du pouvoir spirituel. Il lui manque le courage de reconnaître le vaste domaine de ce pouvoir, l'immortalité de cet empire et la force que lui, pouvoir temporel, pourrait en retirer. Il lui manque ce respect délicat et sincère pour la religion qui, s'il l'avait, l'empêcherait de froisser, par des torts irréfléchis, des consciences susceptibles [1]. » Il était visible que si, des deux parts, on cherchait par raison un rappro-

M. Thiers, en 1836. L'œuvre était achevée en 1837. Le ministère eut d'abord quelque hésitation à faire découvrir le fronton. Quand il s'y décida, l'émotion fut vive dans le monde religieux et, Mgr de Quélen fit une protestation publique fort véhémente, contre laquelle on n'osa prendre aucune mesure.

[1] Article publié, le 15 mai 1838, dans la *France contemporaine*. — Plus tard, M. de Falloux, racontant les origines du parti catholique, constatait « l'attitude bienveillante » du gouvernement : mais, ajoutait-il, tout en « rendant justice à la doctrine et à la charité du chris-

chement, il n'y avait pas cependant cette pleine et mutuelle confiance qui eût été nécessaire pour établir une harmonie durable. C'est ce que M. Guizot paraît avoir assez justement observé : « L'État et l'Église ne sont vraiment en bons rapports, dit-il, que lorsqu'ils se croient sincèrement acceptés l'un par l'autre, et se tiennent assurés qu'ils ne portent mutuellement, à leurs principes essentiels et à leurs destinées vitales, aucune hostilité. Telle n'était pas malheureusement, depuis 1830, la disposition mutuelle des deux puissances; elles vivaient en paix, non en intimité, se soutenant et s'entr'aidant par sagesse, non par confiance et attachement réciproque. Au sein même de l'Église officielle et ralliée au pouvoir nouveau, apparaissaient souvent des regrets et des arrière-pensées favorables au pouvoir déchu, et l'Église, à son tour, se voyait souvent en présence de l'indifférence ironique des disciples de Voltaire ou de l'hostilité brutale des séides de la Révolution [1]. »

Le gouvernement en faisait néanmoins assez pour mériter les attaques de ceux qui conservaient, contre le catholicisme, les préventions et les animosités primitives. Certains journaux « libéraux » essayaient de réveiller le fantôme du « parti prêtre », affectaient une terreur patriotique en face de ses empiétements, reprochaient amèrement au gouver-

tianisme », on « demeurait inquiet et jaloux de ce qui fait l'inspiration, la vie même de l'Eglise. »
[1] *Mémoires* de M. Guizot, t. III, p. 104.

nement, sa « courtisanerie » et ses « cajoleries » à l'égard des catholiques. Le *Siècle* publiait des articles, avec ces titres menaçants : « *Invasion du clergé, accroissement des couvents, leurs privilèges, révolte des évêques.* » Le *Constitutionnel* exprimait la crainte que la réouverture de Saint-Germain l'Auxerrois ne « devînt le prélude de concessions nouvelles aux tendances envahissantes du haut clergé ». Il dénonçait « le retour des influences sacerdotales dans le gouvernement ». « La congrégation refleurit ! » s'écriait-il. Le *Courrier français*, à la vue du développement des congrégations religieuses, rappelait les mesures prises après 1830 : « C'était bien la peine, disait-il, d'expulser les trappistes de la Meilleraye et d'Alsace, ainsi que les liguoriens. » Ce journal avait fait d'ailleurs une effrayante découverte : il s'agissait d'un billet d'enterrement, sur lequel, reprenant une vieille formule, à peu près abandonnée depuis 1830, on avait mentionné que le défunt avait été « muni des sacrements de l'Église »; le *Courrier* voyait là une « nouvelle exigence du clergé », et il ajoutait avec gravité : « Au train dont les choses marchent, nous ne sommes pas éloignés de revoir les billets de confession [1]. » M. Isambert se chargeait d'apporter à la tribune de la Chambre, l'expression de ces intelligentes et nobles alarmes, et il accusait les ministres de fai-

---

[1] Articles divers en 1838 et 1839.

blesse en face des sœurs de charité, des frères de la doctrine chrétienne, des évêques et du Pape. Mais, en dépit de toutes ces attaques, l'opinion restait froide. Dès 1835, le principal organe du gouvernement, le *Journal des Débats*, faisait, avec sévérité, la leçon à ceux qui prétendaient réveiller les vieilles préventions anticléricales, et il caractérisait ainsi cette détestable politique :

On humilierait le clergé, on l'abaisserait par tous les moyens imaginables ; on ne lui jetterait son salaire qu'à regret et avec des paroles de mépris ; on aurait bien soin de lui faire entendre qu'on espère, le plus tôt possible, se passer de lui et qu'on est fort au-dessus de toutes ces superstitions, et si le clergé s'avisait de se plaindre, on le traiterait en révolté. Ce ne sont pas de simples suppositions. Rappelez-vous ce qui s'est dit à la tribune depuis quatre ans, tout toutes les tentatives qui ont été faites pour troubler le clergé sur son avenir et pour l'humilier.

Quand un évêque était accusé d'abus devant le Conseil d'Etat, pour avoir refusé les sacrements à un mourant, les écrivains libéraux étaient les premiers à faire ressortir le ridicule d'une censure exercée par des laïques, peut-être non catholiques, sur un acte purement spirituel [1]. La Chambre accueillait mal certaines thèses antireligieuses qui

---

[1] Voir notamment les polémiques qui, à la fin de 1838, ont suivi l'appel comme d'abus dirigé contre l'évêque de Clermont, à l'occasion de la mort de M. de Montlosier.

avaient été naguère les siennes; elle interrompait impatiemment, par exemple, les avocats du divorce, et ne tolérait même pas qu'ils lui rappelassent comment, après 1830, elle avait voté deux fois de suite, à une grande majorité, contre l'indissolubilité du lien conjugal. Il n'était pas jusqu'aux mots naguère les plus redoutables, qui ne fussent devenus sans effet : les rieurs paraissaient être avec M. Saint-Marc Girardin, raillant à la tribune ceux qui avaient « peur des jésuites [1] ». M. de Lamartine était applaudi, même par la gauche, quand il s'écriait : « Il faudrait déclarer le fantôme du jésuitisme plus puissant que jamais, s'il avait la force de nous faire reculer devant la liberté. » L'opinion avait à ce point changé, que le *Journal des Débats*, qui devait, quelques années après, être le plus ardent à crier « Au jésuite ! » s'exprimait ainsi en 1839 :

Est-ce bien sérieusement que l'on redoute aujour-

[1] Comment, Messieurs, vous avez peur de cette Société sans cesse traquée et toujours immortelle? Vous avez je ne sais combien d'éditions de Voltaire, espèce d'artillerie qui combat sans cesse les jésuites; vous les avez répandues partout; vous avez plus que les anciens parlements, vous avez la tribune, tous les pouvoirs publics;... et, malgré tant de pouvoir et de puissance qui vous viennent de vos devanciers, de vous-même, de vos écrivains immortels et de vos lois, malgré tout cela, vous avez peur? Mais je ne mets pas si bas la civilisation de 89, qu'elle ait peur des jésuites !... Et quant à moi, je ne ferais jamais un aveu qui nous abaisserait à ce point dans l'opinion de l'Europe. » (Discours du 12 mars 1837.)

d'hui les empiétements religieux et le retour de la domination cléricale? Quoi! nous sommes les disciples du siècle qui a donné Voltaire au monde, et nous craignons les jésuites? Nous vivons dans un pays où la liberté de la presse met le pouvoir ecclésiastique à la merci du premier Luther qui sait tenir une plume, et dans un siècle où l'incrédulité et le scepticisme coulent à pleins bords, et nous craignons les jésuites? Nous sommes catholiques à peine, catholiques de nom, catholiques sans foi, sans pratique, et l'on nous crie que nous allons tomber sous le joug des congrégations ultramontaines? En vérité, regardons-nous mieux nous-mêmes, et sachons mieux qui nous sommes ; croyons à la force, à la vertu de ces libertés dont nous sommes si fiers. Grands philosophes que nous sommes, croyons au moins à notre philosophie. Non, le danger n'est pas où le signalent nos imaginations préoccupées. Vous calomniez le siècle par vos alarmes et vos clameurs pusillanimes [1].

Quand, dans la Chambre, M. Isambert cherchait à faire grand tapage de ce que le ministre des cultes avait assisté au premier discours prononcé par Lacordaire en costume de dominicain, et quand il évoquait, à ce propos, tout l'appareil du

[1] *Journal des Débats* du 4 janvier 1839. — Déjà, en 1835, dans l'article que nous citons plus haut, le même journal raillait ceux qui évoquaient le fantôme jésuitique. Quand il n'y aurait plus de jésuites dans le monde, disait-il, l'opposition en ferait, pour avoir le plaisir de dire que le gouvernement de Juillet favorise les jésuites... Le tour des jésuites et de la congrégation devait venir ; il est venu ; c'est tout simple. » (10 octobre 1835.)

spectre monastique, M. Martin du Nord pouvait se borner à répondre en souriant : « Je suis catholique, et il m'arrive, autant que je le puis, d'en remplir les devoirs ; oui, je l'avoue, je vais à la messe, je vais au sermon : si c'est un crime, j'en suis coupable. » D'ailleurs il redevenait de convenance et d'usage, dans les cérémonies publiques, de bien parler du clergé et de la religion, dont naguère nul ne se fût risqué à prononcer les noms ; et la chronique, rendant compte, en 1840, d'une séance académique, rapportait, en notant du reste le fait comme nouveau et extraordinaire, qu'on y avait osé proclamer que « les ministres de la religion devaient exercer une influence morale sur les choses de leur temps [1] ». Dans cette séance, M. Dupin lui-même proclamait que « le clergé français ne donnait plus d'ombrage », et qu'il « voyait chaque jour s'accroître le respect des populations et la juste considération qu'on lui portait ».

IV

Parmi les hommes d'État de la monarchie de Juillet, plusieurs ne devenaient pas seulement, dans la pratique, plus bienveillants ; ils s'élevaient jusqu'aux principes, et montraient, par un langage alors tout nouveau, qu'ils avaient acquis une in-

---

[1] Le vicomte de Launay, *Lettres parisiennes*, t. III, p. 106.

telligence plus complète de l'importance sociale de la religion. M. de Tocqueville, dans les deux parties de son livre sur la *Démocratie en Amérique*, publiées l'une en 1835, l'autre en 1840, revenait sans cesse sur cette idée, que plus le régime d'une nation était démocratique et libéral, plus la religion lui était nécessaire. « C'est le despotisme, disait-il, qui peut se passer de la foi, non la liberté... Que faire d'un peuple maître de lui-même, s'il n'est pas soumis à Dieu ?... Si l'homme n'a pas de foi, il faut qu'il serve, et s'il est libre, qu'il croie. » M. Molé, naguère premier ministre, disait à l'Académie, en 1840 : « Le clergé sera le sublime conservateur de l'ordre public, en préparant les générations nouvelles à la pratique de toutes les vertus : car il y a moins loin qu'on ne pense des vertus privées aux vertus publiques, et le parfait chrétien devient aisément un grand citoyen ! » M. Saint-Marc Girardin ne pensait pas autrement, quand il s'écriait : « Si quelque espérance m'anime, c'est que je ne puis pas penser que la religion puisse longtemps manquer à la société actuelle. Ou vous périrez, Messieurs, sachez-le bien, ou la religion viendra encore visiter votre société ! » Aussi concluait-on de cette importance sociale de la religion, à la nécessité de l'harmonie entre les deux puissances. « Nous voulons, disait le même M. Saint-Marc Girardin, à la tribune de la Chambre, en 1837, l'accord intelligent et libre de l'Église et de l'État ; nous voulons que cesse enfin ce divorce funeste, et nous ne croyons pas que les deux pouvoirs qui soutiennent la société, le pouvoir public et le pouvoir moral, puissent longtemps rester dans une espèce de lutte, sans qu'il en résulte un grand péril pour la société. »

Mais, de tous les hommes du gouvernement de 1830, celui qui parlait avec le plus d'élévation et de justesse des choses religieuses, était M. Guizot. En 1838, il publiait, dans la *Revue française*, trois articles d'une éloquence grave et triste, qui avaient un immense retentissement [1]. C'était le cri d'alarme de la raison humaine et de la science politique, qui sentaient leur impuissance et appelaient la religion à leur aide : « Le mal est immense, disait M. Guizot ; pour peu qu'on le sonde, pour peu qu'on regarde sérieusement et de près l'état moral de ces masses d'hommes, l'esprit si flottant et le cœur si vide, qui désirent tant et qui espèrent si peu, qui passent si rapidement de la fièvre à la torpeur de l'âme, on est saisi de tristesse et d'effroi. Catholiques ou protestants, inquiétez-vous de ceux qui ne croient pas ! » Il montrait les « docteurs populaires » parlant au peuple un langage tout différent de celui que tenaient jadis ses « précepteurs religieux », lui disant que cette terre a de

---

[1] *De la Religion dans les sociétés modernes* (février 1838). *Du Catholicisme, du Protestantisme et de la Philosophie en France* (juillet). *De l'état des Ames* (octobre). Nous avons déjà eu l'occasion de citer quelque passage du dernier de ces articles.

quoi le contenter, et que, s'il ne vit pas heureux, il doit s'en prendre à l'usurpation de ses pareils ; et « l'on s'étonne, ajoutait-il, de l'agitation profonde, du malaise immense qui travaille les nations et les individus ! » Dans la religion seule est le remède ; et, entre toutes les religions, l'écrivain protestant rendait un hommage particulier au catholicisme, qu'il déclarait être « la plus grande, la plus sainte école de respect qu'ait jamais vue le monde ». Puis il ajoutait :

La religion, la religion ! c'est le cri de l'humanité en tous lieux, en tout temps, sauf quelques jours de crise terrible ou de décadence honteuse. La religion, pour contenir ou combler l'ambition humaine ! La religion, pour nous soutenir ou nous apaiser dans nos douleurs, celles de notre condition ou celles de notre âme ! Que la politique, la politique la plus juste, la plus forte, ne se flatte pas d'accomplir, sans la religion, une telle œuvre. Plus le mouvement social sera vif et étendu, moins la politique suffira à diriger l'humanité ébranlée. Il y faut une puissance plus haute que les puissances de la terre, des perspectives plus longues que celles de cette vie. Il y faut Dieu et l'éternité.

Dès lors, M. Guizot estimait qu'il fallait établir, « entre la religion et la politique, entente et harmonie ». Il insistait sur l'importance de cet accord, qu'il ne voulait « faire acheter ni à l'une ni à l'autre, par aucune lâche concession, par aucun sacrifice onéreux ». « Un respect profond, disait-il, est dû aux croyances religieuses. La politique qui ne voit pas ces faits-là, ou ne s'incline pas respectueusement quand elle les voit, est une politique futile qui ne connaît pas l'homme et ne saura pas le diriger dans les grands jours. » Et il déclarait hautement ne pas se contenter « d'un respect superficiel et hypocrite, qui couvre à peine une froideur dédaigneuse, qui résiste mal aux épreuves un peu prolongées, et qui humilie la religion, si elle s'en contente, ou l'irrite et l'égare, si elle refuse de s'en contenter ». Or le mal du moment était que, « par le cours des événements, par des fautes réciproques, l'harmonie entre la religion et la politique avait été profondément altérée,... mal immense qui aggravait tous nos maux, qui enlevait à l'ordre social et à la vie intime leur sécurité et leur dignité, leur repos et leur espérance ». Il fallait donc « guérir ce mal, rapprocher l'esprit chrétien et l'esprit du siècle, l'ancienne religion et la société nouvelle, mettre un terme à leur hostilité ». M. Guizot comprenait de quel secours pouvaient être, pour une pareille œuvre, les catholiques de la nouvelle école; aussi s'intéressait-il à leur œuvre, louait-il leurs efforts, et se félicitait-il de voir ainsi « l'esprit religieux rentrer dans le monde, pour conquérir sans usurper [1] ».

---

[1] Déjà M. Guizot avait exposé ces idées, en 1832, à une époque où les défiances étaient encore toutes vives. Après avoir rappelé au gouvernement de Juillet la néces-

On ne saurait prétendre, sans doute, que ces hautes idées fussent alors complètement comprises et partagées par tous les hommes politiques du régime de Juillet. Mais, en dépit du sourire railleur avec lequel les beaux esprits de la *Revue des Deux Mondes* parlaient alors de « l'onction », de « l'ascétisme » et des « vues si célestes » de M. Guizot, ce langage ne rencontrait aucune contradiction sérieuse ; il était écouté avec respect et sympathie ; il était reproduit par le *Journal des Débats*, la *Presse*, le *Journal général* ; il donnait le ton aux journaux du gouvernement, dont plusieurs se mettaient à parler du mouvement religieux, dans des termes d'une gravité et d'une sympathie inaccoutumées. L'un d'eux, constatant la réalité et l'importance de la réaction catholique, saluait avec respect, presque avec reconnaissance, cette « pensée d'un Dieu s'élevant sur les ruines

---

sité d'avoir la religion pour alliée, il ajoutait : « Ne nous trompons pas par les mots, il ne s'agit pas de formes polies, de respect extérieur, de pure convenance ; il faut donner au clergé la ferme conviction que le gouvernement porte un respect profond à sa mission religieuse, qu'il a un profond sentiment de son utilité sociale ; il faut que le clergé prenne confiance dans le gouvernement, sente sa bienveillance. Il lui donnera, en retour, l'appui dont je parlais tout à l'heure, et qui peut, plus qu'un autre, vous remettre en état de lutter contre les ennemis dont vous êtes investis. » (Discours du 16 février 1832.) — Cette idée préoccupait tellement M. Guizot, que, dans un discours du 16 février 1837, il revenait sur cette nécessité d'une « bienveillance sincère, respectueuse, active envers le clergé. »

des illusions terrestres » ; il reconnaissait que « ce mouvement était libre et spontané », qu'il « montait d'en bas vers la religion, ne descendait pas du gouvernement dans les masses » ; « c'est un cri de conscience, ajoutait-il, c'est un mouvement d'opinion ». Puis, s'adressant à ceux qui affectaient de s'en effrayer, il s'écriait :

En présence des inquiétudes d'une société, dans le sein de laquelle vous voyez se multiplier chaque jour des actes de violence et de folie, à l'aspect de ces listes nombreuses de suicides, d'assassinats, de désordres de toute espèce, excités par mille circonstances, au nombre desquelles, il faut compter les appétits matériels,... dites-nous-le franchement, êtes-vous sérieusement affligés de voir qu'on cherche à calmer de jeunes imaginations par des habitudes morales et religieuses!... C'est vous qui cherchez à substituer une intolérance philosophique, que vous ne réussirez pas à créer, à l'intolérance religieuse, que le bon sens national et la sagesse du pouvoir ont su réprimer [1]...

Le roi lui-même, qui, par plus d'un côté, avait paru jusqu'alors personnifier, non sans doute l'hostilité, mais l'indifférence quelque peu voltairienne de la génération de 1830, en venait à comprendre la nécessité, pour son gouvernement, de « l'appui moral » du clergé, et à le lui demander publique-

---

[1] Article reproduit par l'*Ami de la Religion* du 3 juillet 1830.

ment. Il disait le 1ᵉʳ janvier 1841, en réponse aux félicitations de l'archevêque de Paris :

Plus la tâche de mon gouvernement est difficile, plus il a besoin de l'appui moral et du concours de tous ceux qui veulent le maintien de l'ordre et le règne des lois. C'est cet appui moral et ce concours qui peuvent surtout prévenir le renouvellement de ces tentatives odieuses, sur lesquelles vous venez de vous exprimer d'une manière qui m'a si vivement touché. C'est cet appui moral et ce concours de tous les gens de bien qui donneront à mon gouvernement la force nécessaire à l'accomplissement des devoirs qu'il est appelé à remplir. Et je mets au premier rang de ces devoirs celui de faire chérir la religion, de combattre l'immoralité et de montrer au monde, quoi qu'en aient dit les détracteurs de la France, que le respect de la religion, de la morale et de la vertu, est encore parmi nous le sentiment de l'immense majorité.

A en croire même l'*Ami de la Religion*, qui disait tenir ce renseignement d'un des ecclésiastiques présents, le roi se serait servi de termes plus expressifs, montrant encore mieux l'effroi que lui causait « la vue du précipice où les doctrines d'impiété et d'anarchie entraînaient la France », et le besoin qu'il avait, dans ce péril, du secours de la religion. En lisant l'écrit de M. Guizot ou le discours de Louis-Philippe, combien on se sent loin du lendemain de 1830, de l'époque où l'homme d'État qui précédait alors M. Guizot à la tête du parti conservateur, Casimir Périer, déclarait que désormais le catholicisme pouvait à peine compter sur la fidélité de quelques rares dévotes, et où le roi n'osait même plus prononcer le mot de « Providence ! »

V

C'est alors, en 1841, — quand cette transformation inespérée de la conduite et même des idées religieuses du gouvernement, paraît en plein progrès, — que la monarchie de Juillet se trouve tout à coup saisie du problème de la liberté de l'enseignement secondaire, problème capital, dans la solution duquel sont intéressés tous les principes de la liberté de conscience et les rapports mêmes de l'État avec l'Église. Ne peut-on pas croire le moment favorable?

A la même heure, pour donner place à cette question, il semble que le vide se fasse sur la scène politique. En prenant le pouvoir, le 29 octobre 1840, M. Guizot avait eu tout d'abord beaucoup à faire pour détourner les menaces de guerre et de révolution qu'avait soulevées et accumulées l'étourderie téméraire de M. Thiers, pendant son court et désastreux ministère du 1er mars. Il avait dû, comme Casimir Périer après M. Laffitte, se donner pour but de sa politique le raffermissement de la paix et de l'ordre, également ébranlés. Mais en 1841, cette œuvre première et préliminaire est à peu près terminée : au dehors, l'entente cordiale avec l'Angleterre garantit la France contre un retour à l'isolement périlleux de 1840 ; au dedans, les partis révolutionnaires semblent découragés, et le ministère a acquis une homogénéité, une autorité parlementaire, des conditions de durée, auxquelles on n'était plus habitué depuis cinq ans. Dès lors, que va-t-on faire des loisirs qu'assure cette paix, des forces dont dispose ce gouvernement? « J'avais une autre ambition, a dit M. Guizot, que celle de tirer mon pays d'un mauvais pas. » Moins que jamais, d'ailleurs, on pouvait impunément laisser l'opinion à elle-même, sans lui donner un aliment, sans lui montrer un but. Il lui fallait, semblait-il, quelque chose d'extraordinaire et de saisissant. L'imagination nationale avait pris, dans les bouleversements révolutionnaires et les guerres impériales, des habitudes qui ne la disposaient pas à se contenter des œuvres modestes et patientes de la politique quotidienne. Ce goût d'aventures, combiné avec l'égoïsme un peu terre à terre d'une société bourgeoise, avec le scepticisme né de tant de déceptions, et avec la lassitude produite par tant de secousses, ne laissait pas que de rendre assez malaisée la tâche d'un ministre. « Il y a dans le gouvernement de ce pays, écrivait, vers cette époque, M. de Barante à M. Guizot, une difficulté radicale ; il a besoin de repos, il aime le *statu quo*, il tient à ses routines ; le soin des intérêts n'a rien de hasardeux ni de remuant. D'autre part, les esprits veulent être occupés et amusés, les imaginations ne veulent pas être ennuyées ; il leur souvient des révolutions et de l'empire [1]. »

Où donc trouver le programme qui répondrait à ces conditions presque contradictoires ? Quel serait le « cri » de cette nouvelle politique ? Pouvait-on se proposer une grande entreprise diplomatique ? L'attitude persévéramment pacifique de M. Guizot était la seule possible ; et elle était même, au point de vue de l'influence extérieure de la France, plus féconde qu'elle ne le paraissait. Mais, par le malheur de la situation, elle était alors plus sage que fière, plus utile que flatteuse. La retraite qu'il avait fallu faire après les témérités de M. Thiers, la rendait moins plaisante encore aux imaginations. « La prudence qui vient après le péril, disait à ce propos M. Guizot, est une vertu triste » ; d'autant plus triste qu'en 1840, le froissement d'amour-propre avait été pour plusieurs comme une blessure nationale, et qu'il en était résulté, dans l'esprit public, une susceptibilité maladive, portée à voir partout des humiliations. Heureux temps que celui où nos « humiliations » étaient la « convention des détroits », le « droit de visite », ou « l'affaire Pritchard ». Depuis lors, elles se sont appelées le Mexique et Sadowa, et plus tard, hélas ! de noms plus douloureux encore. Quoi qu'il en soit, l'intérêt du gouvernement n'était pas de diriger l'opi-

---

[1] Lettre du 27 octobre 1842.

nion vers ces questions étrangères, où il ne pouvait lui promettre d'avantages brillants et où il risquait même de lui faire rencontrer plus d'un sujet de mortification et d'irritation.

Devait-on donner le signal de quelque progrès libéral, de quelque réforme intérieure ? Mais l'idée de M. Guizot était précisément qu'après une révolution dont l'ébranlement se faisait encore sentir, le pays avait surtout besoin de stabilité dans les institutions ; qu'avant d'entreprendre de nouvelles conquêtes, il fallait assurer et régulariser la jouissance de celles qu'on avait faites depuis si peu de temps et qui étaient encore si précaires. Aussi refusait-il nettement de « donner satisfaction » à ce qu'il appelait « le prurit d'innovation », travaillant alors les parties les moins saines de l'opinion[1]. Il n'avait pas tort. Mais, pour sage et nécessaire qu'il fût, ce programme négatif, aboutissant obstinément à ne rien changer, fournissait peu d'aliment à l'esprit public. Au lendemain de 1830, quand la monarchie de Juillet, entre les insurrections carlistes, les barricades républicaines et les menaces de coalition, semblait chaque jour en péril de mort violente, une politique purement défensive avait suffi à occuper, à diriger, à entraîner l'opinion. Gouverner alors était ne pas périr : échapper à la foudre, éviter les écueils, tenir tête aux vents, ne fût-ce qu'en louvoyant sans avancer, c'était

---

[1] Discours du 15 février 1842.

déjà beaucoup en ces jours de tempête. Plus tard, le calme extérieur paraissant rétabli, les passagers devenaient plus exigeants, ils voulaient savoir où on les menait, ils se plaignaient impatiemment, si on ne leur promettait pas d'aborder à quelque terre nouvelle. Le mot d'ordre de la « résistance », qui, proclamé par Casimir Périer au fracas des émeutes, avait fait tant d'impression sur les conservateurs, paraissait suranné et déplacé quand il était répété dix ans plus tard, par M. Guizot, en face de périls moins visibles, sinon moins réels.

Dès lors, il se produisait dans le monde politique, un malaise étrange; il y avait en quelque sorte disette d'idées neuves, comme un vide d'esprit et de cœur qu'une grande nation ne saurait longtemps supporter. Il semblait que tout eût été dit et usé, de 1815 à 1830; au lieu de ces débats grandioses qui, sous la Restauration, avaient mis en présence, avec Foy et de Serre, Benjamin Constant et Villèle, Royer-Collard et Martignac, les principes les plus élevés, les intérêts les plus considérables, les passions les plus profondes et les plus chevaleresques, on paraissait réduit à des luttes d'ambitions personnelles, à des manœuvres de coteries. De là, ces crises énervantes qui se sont succédé presque sans interruption, de 1836 à 1840, et qui ont eu leur triste apogée, lors de la coalition. Les partis ne pouvaient plus guère se distinguer que par des noms d'hommes, et les cabinets, par les dates du calendrier. Après 1840, si le ministère était devenu plus stable, le mal n'avait pas pour cela complètement disparu, et le mécanisme parlementaire n'en semblait pas moins trop souvent fonctionner à vide. A l'approche de chaque session, les meneurs créaient la question factice sur laquelle ils jugeaient utile d'engager la bataille ; ils provoquaient autour d'elle, par les journaux, une émotion absolument hors de proportion avec son intérêt réel, et s'expliquant seulement par l'usage qu'en voulaient faire l'ambition de quelque aspirant ministre ou l'animosité de quelque groupe. Les questions étrangères, précisément par ce qu'elles avaient de mobile et d'arbitraire, se prêtaient mieux que d'autres à ces tactiques ; aussi étaient-elles devenues, à cette époque, l'objet presque unique des grandes luttes de presse et de tribune : véritable désordre qui mettait en péril les plus graves intérêts du patriotisme, et qui faussait absolument le régime représentatif.

L'admirable talent, dépensé dans ces débats, ne pouvait longtemps faire illusion sur leur vide et leur péril. Il en résultait un sentiment de fatigue, presque de dégoût qui tournait dans les masses, à l'indifférence pour la chose publique, dans les esprits élevés, à une sorte de découragement de voir établir en France le gouvernement parlementaire. Aussi, parmi ces derniers, que de plaintes à cette époque ! C'est Tocqueville, déplorant « la mobile petitesse, le désordre perpétuel et sans grandeur du monde politique », et s'attristant de vivre au milieu de « ce labyrinthe de misérables et vilaines passions », de « cette fourmilière d'intérêts microscopiques qui s'agitent en tous sens, qu'on ne peut classer et qui n'aboutissent pas à de grandes opinions communes » ; regrettant l'époque où, comme sous la Restauration, « les sentiments étaient plus hauts, les idées, la société, plus grandes » ; où « il était possible de se proposer un but, et surtout un but haut placé », tandis que désormais « la vie publique manque d'objet » ; appelant vainement « le vent des véritables passions politiques, des passions grandes, désintéressées, fécondes, qui sont l'âme des seuls partis qu'il comprenne », et poussant, à la tribune, ce cri d'alarme : « Il y a en France quelque chose qui est en péril, c'est le régime représentatif »[1]. C'est M. Rossi, écrivant dans la *Revue des Deux Mondes* : « Le présent décourage, l'avenir effraye; tout le monde se demande où l'on va, ce qu'on veut, et nul ne le sait; toute confiance a disparu; on est incertain sur toutes choses, sceptique sur tous les principes, et, quant aux personnes, il n'est plus de sentiment honorable, digne, dans les rapports d'homme à homme ; » puis, après avoir tracé ce triste tableau, se demandant si l'on a voulu « prouver à la France que le gouvernement représentatif est impossible avec notre ordre social[2] ».

[1] Lettres d'octobre 1839, 24 août et octobre 1842, discours du 18 janvier 1842.
[2] Chronique du 15 mars 1840.

C'est, dans la même revue, M. de Carné, s'écriant :
« Pourquoi ne pas avouer que la foi publique est
ébranlée dans l'ensemble du mécanisme constitutionnel [1] ? » C'est Royer-Collard, gémissant sur ce
que « la politique est maintenant dépouillée de sa
grandeur [2] ». C'est M. de Salvandy, dénonçant
« l'inexprimable lassitude de la vie publique ».
C'est M. de Rémusat lui-même, rappelant avec
mélancolie les illusions de sa jeunesse, et se défendant à peine contre les désenchantements de
l'expérience [3]. C'est M. de Lamartine, reprochant
au gouvernement de ne savoir « donner aucune
action » aux « générations qui grandissent », et
concluant par cette parole, qui n'est pas sans un
fâcheux écho, et que M. de Tocqueville devait
bientôt répéter : « La France est une nation qui
s'ennuie ! » Ainsi, de cette génération libérale qui
a tout fait, même une révolution, pour établir le
gouvernement des Chambres, s'échappe, à l'heure
même où on la croyait en pleine possession de sa
victoire, un cri de malaise, de découragement et
d'inquiétude : singulier contraste avec la confiance
hardie, l'allégresse triomphante de son entrée en
campagne, vingt ans auparavant !

Pouvait-on pousser le pays à chercher l'oubli et
la compensation des déceptions de la politique parlementaire, dans les questions économiques et les

---

[1] Livraison de septembre 1839.
[2] Lettre aux électeurs de Vitry.
[3] Etude sur Jouffroy, dans *Passé et Présent*.

progrès matériels ? On était arrivé précisément à l'époque d'une immense transformation industrielle et commerciale, et quelques amis du pouvoir semblaient parfois entrevoir de ce côté une occupation et un dérivatif pour les esprits [1]. A entendre même les saint-simoniens qui, pour ne plus exister à l'état de petite église, n'avaient pas moins inoculé leur esprit dans une partie de la société d'alors, la construction des chemins de fer constituait à peu près toute la civilisation moderne ; et les disciples d'Enfantin montraient là, avec un mélange étrange de spéculation financière et mystique, comme la propagation d'un nouvel évangile, destiné à remplacer l'ancien. Sans doute on ne saurait nier qu'il y eût, dans cet ordre de faits, beaucoup de progrès légitimes et utiles à accomplir ; mais on ne pouvait, sans compromettre gravement l'avenir des mœurs publiques, en faire l'objet principal et exclusif de la pensée et de l'activité nationales. Les amis clairvoyants de la monarchie de Juillet comprenaient ce danger, et M. de Rémusat gémissait, en 1843,

---

[1] Le *Journal des Débats* disait, le 16 octobre 1841, à propos des chemins de fer : « Qu'on y songe bien, il est d'urgence, dans l'état présent des esprits, de saisir l'opinion d'une grande pensée, de la frapper par un grand acte. Pour lutter contre le génie de la guerre, le génie de la paix a besoin de faire quelque chose d'éclatant. A l'œuvre donc, et que la question soit promptement résolue ! Il le faut, pour que l'honneur national reste sauf, et pour que la dynastie s'affermisse ; il le faut, pour le renom et la durée de nos institutions ; il le faut, pour l'ordre des rues et pour celui des intelligences. »

de voir « l'industrialisme s'appliquer à tout, régner jusque dans la vie politique et la vie littéraire ». Plus tard, M. Renan a reconnu et signalé cette « direction matérialiste »; elle n'avait pas existé, selon lui, sous la Restauration, alors que la société « songeait à autre chose que jouir et s'enrichir »; elle s'était manifestée après 1830 : véritable « décadence », dit-il, qui était « devenue tout à fait sensible vers 1840 »[1]. Avec un tel mal, avec ses conséquences nécessaires d'égoïsme individuel et de lâcheté publique, c'en serait bientôt fait de la dignité morale et de la liberté politique d'une nation. Un gouvernement ne trouverait même pas là une force suspecte : l'erreur serait grande en effet de croire qu'il peut s'appuyer exclusivement sur les intérêts. Comme l'a dit encore M. Renan, « le matérialisme en politique produit les mêmes effets qu'en morale : il ne saurait inspirer le sacrifice, ni par conséquent la fidélité ». Plus que tout autre, le régime de Juillet devait être en garde contre ce péril. Déjà ses adversaires ne reprochaient que trop à la bourgeoisie régnante, une sorte d'étroitesse d'esprit et de cœur; ils la montraient « prosternée devant le veau d'or », dénonçaient la « bancocratie », comme autrefois l'aristocratie, et commençaient à lancer, non sans exagération ni calomnie, cette accusation de « corruption », avec laquelle on préparait une révolu-

---

[1] Renan, *Réforme intellectuelle et morale de la France*.

tion, qualifiée d'avance, au nom de la prétendue austérité démocratique, de « révolution du mépris ». La prudence conseillait au moins d'éviter tout ce qui pourrait fournir des raisons, ou même des prétextes, à cette malfaisante campagne.

Le gouvernement semblait donc rencontrer une égale difficulté à laisser la scène vide et à la remplir ; il sentait et le péril de toutes les questions, et la nécessité d'en poser une. Ce problème de la liberté d'enseignement qui venait, à un pareil moment, s'emparer des esprits et s'offrir au pouvoir, n'était-il pas une indication et une faveur de la Providence ? Bien loin de l'accueillir comme un embarras nouveau à écarter par violence ou par expédient, ne fallait-il pas s'y attacher comme au moyen de sortir de tous les embarras antérieurs ? N'était-ce pas tout d'abord un noble sujet, fait pour remplacer avec avantage les querelles de personnes, les questions artificielles et les passions de circonstance ? N'était-ce pas jeter une semence féconde sur ce champ parlementaire qui paraissait stérilisé à force d'avoir été moissonné ? N'était-ce pas rajeunir le programme un peu vieilli et usé de la politique conservatrice ? N'était-ce pas agrandir et élever ce qu'il y avait d'un peu étroit et abaissé dans cette société bourgeoise, et apporter le meilleur contrepoids à la prépondérance des préoccupations matérielles ? N'était-ce pas une politique singulièrement vaste, large et féconde, que celle qui eût entrepris à la fois de créer les chomins de fer et de relever, par la liberté, l'éducation morale et religieuse du pays ? N'était-ce pas une occasion de donner aux hommes d'État d'alors cette moralité, cette grandeur, ce prestige, qu'ils ne peuvent avoir quand rien n'indique chez eux le souci des principes supérieurs, et dont M. Guizot, dès 1832, regrettait l'absence et sentait le besoin pour la monarchie de Juillet [1] ? Une telle réforme n'était-elle pas précisément celle qui ne devait point effrayer un ministère opposé aux innovations, et la liberté religieuse n'était-elle pas celle à laquelle on pouvait faire la part la plus large, se confier avec le plus de sécurité : « la moins redoutable de toutes les libertés, disait le comte Beugnot, puisqu'elle n'est réclamée que par des hommes de paix et de bonne volonté ? » Loin d'augmenter ainsi l'instabilité, qui était comme le mal constitutionnel de ce régime issu d'une révolution, ne la diminuait-on pas ? En gagnant, pour la royauté de 1830, l'adhésion et la reconnaissance des catholiques satisfaits, ne corrigeait-

---

[1] « La religion donne à tout gouvernement un caractère d'élévation et de grandeur qui manque trop souvent sans elle. Je me sens obligé de le dire : il importe extrêmement à la révolution de Juillet de ne pas se brouiller avec tout ce qu'il y a de grand et d'élevé dans la nature humaine et le monde. Il lui importe de ne pas se laisser aller à rabaisser, à rétrécir toutes choses. Car elle pourrait fort bien à la fin se trouver rabaissée et rétrécie elle-même. L'humanité ne se passe pas longtemps de grandeur. » (Discours du 16 février 1832.)

on pas cette faiblesse morale qui résultait de l'hostilité des hautes classes, demeurées fidèles au parti légitimiste? En enlevant aux royalistes la possibilité de se poser, contre le gouvernement, en champions de la liberté religieuse, ne leur retirait-on pas le moyen le plus efficace de rafraîchir leur programme et de recruter, dans la meilleure partie des générations nouvelles, leur armée affaiblie?

VI

Des considérations plus graves encore devaient alors déterminer le gouvernement à saisir cette occasion d'un accord plus intime avec les forces catholiques, d'une liberté d'action plus grande concédée à la religion. C'est la tentation du régime représentatif, à raison même de l'intérêt de ses débats et de ses luttes pour les nobles esprits, que ses hommes d'État ne regardent guère au-delà ou au-dessous des assemblées. Tentation singulièrement dangereuse, et qui expose acteurs ou spectateurs à être surpris, au beau milieu du drame parlementaire, par l'irruption soudaine de terribles trouble-fête. Or, si à l'époque même où nous sommes arrivés, vers la fin des dix premières années de la monarchie de Juillet, on jetait les yeux et prêtait l'oreille en dehors de ce qui s'appelait « le pays légal », que voyait-on, qu'entendait-on? On voyait surgir et grandir le spectre du moderne socialisme, et on entendait « un bruit de voix tel qu'on n'en avait jamais connu, ces voix s'élevant toutes ensemble pour réclamer, comme leur droit, ce qui leur manquait, ce qui leur plaisait ». Sans doute, il y a eu de tout temps des utopistes rêvant je ne sais quel remède aux maux qui résultent de l'inégale distribution des richesses. Mais ces fantaisies n'avaient rien d'agressif. Le saint-simonisme lui-même, — bien qu'il ait servi, en quelque sorte, de transition entre la chimère inoffensive des Salente d'autrefois et la réalité destructive du socialisme contemporain, bien qu'il contînt en germe toutes les erreurs et toutes les convoitises des sectes plus récentes, — était demeuré cependant un mouvement pacifique, étranger aux partis politiques. Ce qui était nouveau, dans l'agitation dont on commençait à noter les symptômes vers 1840, c'était le rêveur devenant tribun, la secte transformée en faction, et la thèse d'école en mot d'ordre d'une insurrection. L'utopie faisait alliance avec les passions démagogiques, poursuivait par la violence révolutionnaire la réalisation immédiate de ses plans, et trouvait dans l'immense prolétariat industriel, né, à cette époque même, de la transformation économique, des souffrances pour entretenir, aviver ses appétits et ses haines, des demi-instructions pour se prendre à ses sophismes, des forces pour mettre en œuvre ses desseins de renversement. Alors Louis Blanc, avec sa rhétorique venimeuse, commençait à dénoncer, dans son livre de l'*Organisation du travail*, la bourgeoisie comme l'obstacle au bonheur populaire ; alors Proudhon, avec sa brutalité goguenarde et tapageuse, avec son audace sophistique, faisait son entrée, en proclamant : « La propriété, c'est le vol » ; alors le faux bonhomme Cabet séduisait les niais avec les mensonges de son Icarie ; alors pullulaient les associations, les publications communistes, et partout il se faisait, dans le peuple des villes et des campagnes, une propagande toute nouvelle de négation antireligieuse et antisociale ; Proudhon lui-même en déclarait « les progrès effrayants » ; « c'est maintenant seulement, disait-il, que l'esprit de 93 commence à s'infiltrer dans le peuple [1] ». Il suffisait d'ailleurs de sortir un peu du palais Bourbon, pour voir le mal et entendre la menace. Henri Heine, en 1840, avait l'idée de parcourir les ateliers du faubourg Saint-Marceau, et

---

[1] Proudhon, après avoir constaté que le peuple commençait à ne plus vouloir de baptêmes, de premières communions, de mariages ni d'enterrements religieux, après avoir indiqué tout ce qui pourrait amener un jour l'avènement de ces « prolétaires jacobinisés », signalait la propagande socialiste faite par les membres des sociétés secrètes, « à la barbe du parquet ». « Je connais personnellement à Lyon et dans la banlieue, disait-il, plus de deux cents de ces apôtres qui tous font la mission en travaillant. C'est un fanatisme éclairé et d'une espèce plus tenace qu'on n'en ait jamais vu. En 1838, il n'y avait pas à Lyon un seul socialiste ; on m'affirme qu'ils sont aujourd'hui plus de dix mille... » (Lettre du 13 août 1844. *Correspondance* de Proudhon, t. II, p. 132.)

ce sceptique était épouvanté des passions « démoniaques » qu'il y voyait fermenter [1]. Revenant sur le même sujet, l'année suivante, il disait : « Le jour n'est pas éloigné, où toute la comédie bourgeoise en France, avec ses héros et ses comparses de la scène parlementaire, prendra une fin terrible au milieu des sifflements et des huées, et on jouera ensuite un épilogue intitulé : *Le règne des communistes* [2]. » Si ce travail redoutable s'accomplis-

[1] « J'y trouvai plusieurs nouvelles éditions des discours de Robespierre et des pamphlets de Marat, dans les livraisons à deux sous, l'*Histoire de la Révolution*, par Cabet, la *Doctrine et la conjuration de Babœuf* par Buonarotti, etc..., écrits qui avaient comme une odeur de sang; — et j'entendis chanter des chansons qui semblaient avoir été composées dans l'enfer et dont les refrains témoignaient d'une fureur, d'une exaspération, qui faisaient frémir. Non, dans notre sphère délicate, on ne peut se faire aucune idée du ton démoniaque qui domine dans ces couplets horribles; il faut les avoir entendus de ses propres oreilles, surtout dans ces immenses usines où l'on travaille les métaux, et où, pendant leurs chants, ces figures d'hommes demi-nus et sombres battent la mesure avec leurs grands marteaux de fer sur l'enclume cyclopéenne. Un tel accompagnement est du plus grand effet; de même que l'illumination de ces étranges salles de concert, quand les étincelles en furie jaillissent de la fournaise. Rien que passion et flamme, flamme et passion ! » (Lettre du 30 avril 1840, *Lutèce*, p. 29.) — On sait que les lettres rassemblées dans ce volume avaient été adressées à la *Gazette d'Augsbourg*.

[2] Lettre du 11 décembre 1841, *Lutèce*, p. 209 et sq. — Heine ajoutait : « Les doctrines subversives se sont emparées en France des classes inférieures. Il ne s'agit plus de l'égalité des droits dans l'Etat, mais de l'égalité

sait en quelque sorte sous terre, il se produisait de temps à autre comme des crevasses qui laissaient entrevoir la flamme du volcan et même échapper quelque éruption de lave incandescente : ainsi, en 1840, lorsque Arago proclamait, pour la première fois à la tribune, la nécessité de « l'organisation du travail », et que des grèves menaçantes et simultanées apportaient à cette déclaration leur sinistre commentaire; ainsi en 1841, lors des révélations qu'amenait l'instruction de l'attentat de Quénisset contre le jeune duc d'Aumale. Le monde politique prêtait alors un moment l'oreille; il poussait un cri d'alarme et de terreur; le *Journal des Débats* déclarait que la question n'était pas de savoir comment serait résolu tel problème parlementaire, mais « s'il y aurait un ordre social ». Puis, au bout de peu de jours, chacun se laissait reprendre par les luttes de coterie, et oubliait le mal.

D'ailleurs, qu'y pouvaient faire les hommes d'État, réduits à leurs seules forces ? L'école économique, avec sa thèse du laisser faire, était trop sèche, trop froide, pour satisfaire des aspirations fondées sur le besoin, pour désarmer des passions alimentées par la souffrance. Quelle autorité avait, pour prêcher la résignation dans le dénûment,

---

des jouissances sur cette terre... La propagande du communisme possède un langage que chaque peuple comprend : les éléments de cette langue universelle sont aussi simples que la faim, l'envie, la mort : cela s'apprend facilement. »

cette bourgeoisie qu'on dépeignait chaque jour au peuple tout affamée de pouvoir, d'argent et de jouissance ? Heine, qui était loin d'être un mystique et un sentimental, constatait cette débilité d'une société qui, pour résister au communisme, « ne possédait, malgré toute sa puissance, aucun appui moral en soi », qui « ne se défendait que par une plate nécessité, sans confiance en son droit, même sans estime pour elle-même, absolument comme cette ancienne société dont l'échafaudage vermoulu s'écroula lorsque vint le fils du charpentier [1] ». Pour cette résistance, il n'y avait qu'une force, la religion. Le socialisme était la contradiction de toute la doctrine du christianisme; il était, suivant un de ses docteurs, « une tentative pour matérialiser et immédiatiser la vie future et le paradis spirituel des chrétiens [2] » ; il mettait tout le bonheur sur terre, avertissant ceux qui ne le trouvaient pas, que la faute en était aux hommes et aux institutions. A ce redoutable sophisme, on ne pouvait opposer que la pleine vérité chrétienne; elle seule donnait au pauvre l'explication et l'espérance qui lui faisaient accepter sa souffrance, au riche la compassion et le renoncement nécessaires pour aborder et résoudre le problème social. Aussi voyait-on les hommes de la nouvelle école catholique empressés à s'occuper de ce problème que

[1] Lettre du 25 juin 1843 (*Lutèce*, p. 380).
[2] Stern, *Histoire de la Révolution de* 1848.

négligeaient tant de leurs contemporains. Dès 1837, Ozanam, considérant d'un côté « le camp des pauvres, de l'autre le camp des riches, dans l'un l'égoïsme qui veut tout retenir, dans l'autre l'égoïsme qui voudrait s'emparer de tout », demandait « qu'au nom de la charité, les chrétiens s'interposassent entre les deux camps, qu'ils allassent, transfuges bienfaisants, de l'un à l'autre, obtenant des riches beaucoup d'aumônes, des pauvres beaucoup de résignation », qu'ils se fissent « médiateurs » entre « un paupérisme furieux et désespéré » et « une aristocratie financière dont les entrailles s'étaient endurcies » ; et alors, dans le rêve généreux de sa jeunesse, il voyait « cette charité paralysant, étouffant l'égoïsme des deux partis, diminuant chaque jour les antipathies ; les deux camps se levant, jetant leurs armes de colère et marchant à la rencontre l'un de l'autre, non pour se combattre, mais pour se confondre, s'embrasser et ne plus faire qu'une bergerie sous un seul pasteur, *unum ovile, unus pastor* [1] ».

La nécessité de cette intervention du christianisme et des chrétiens s'imposait à tous les esprits réfléchis. N'était-ce pas la vue du mal social et de l'impuissance de tous les autres remèdes qui poussait M. Guizot à jeter, en 1838, à la religion cet appel d'une éloquence si désespérée [2] ? Quand,

---

[1] Lettres du 9 mars 1837 et du 12 juillet 1840.
[2] Voir la citation que nous avons déjà faite de cet écrit, plus haut, p. 93.

en 1848, le danger dévoilé apparaîtra aux plus aveuglés dans sa brutalité terrible, n'est-ce pas au catholicisme que, pressée par l'instinct du salut, cette nation, naguère si sceptique, adressera la prière des disciples : « Seigneur, sauvez-nous, nous périssons ? » Mais fallait-il attendre que le mal fût consommé pour aller demander ce secours ? Ne fallait-il pas le faire au moment même où, comme vers 1840, éclataient les premières menaces ? Ne fallait-il pas surtout se bien rendre compte que chaque entrave apportée à l'action religieuse était une force de plus donnée à la perversion socialiste ? Sur la fin de son règne, Louis-Philippe, amené par l'expérience à regarder les événements d'un peu plus haut qu'il ne le faisait peut-être au début, disait mélancoliquement à M. Guizot : « Vous avez mille fois raison ; c'est au fond des esprits qu'il faut combattre l'esprit révolutionnaire ; car c'est là qu'il règne ; mais, pour chasser les démons, il faudrait un prophète. » Ce prophète que le roi ne paraissait pas connaître et qu'il semblait désespérer de trouver, il était là, auprès de lui : c'était l'Église qui avait reçu du Christ le pouvoir de « chasser les démons » aussi bien des sociétés que des individus.

Convient-il maintenant de quitter un moment la sphère politique et sociale, qui constituait plus immédiatement le domaine du gouvernement, pour jeter un regard sur les régions intellectuelles, dont de vrais hommes d'Etat ne devraient cependant pas se désintéresser ? Là encore on rencontrerait le sentiment du même vide et du même besoin. Qu'était devenue cette génération littéraire, si brillamment entrée en campagne vers 1820, avec le dédain du passé et la confiance dans l'avenir, ayant fait serment de réussir là où ses pères avaient échoué, résolue à tout refaire, s'étant crue et ayant paru vraiment l'avant-garde d'un grand siècle ? Qu'était devenu le rationalisme du *Globe*, qui avait célébré, avec une politesse hautaine, les funérailles du christianisme ? Qu'était devenu le romantisme qui s'était annoncé si bruyamment comme devant renouveler le théâtre, la poésie, le roman, toutes les branches de l'art ? Partout beaucoup de talents, mais des talents faussés, pervertis, stérilisés ; des écoles dissoutes ; le désordre ou l'impuissance ; l'anarchie ou le découragement ; tout ébranlé et rien de fondé. A l'époque où nous sommes arrivés, Lamartine a brisé les cordes de sa lyre ; le drame romantique, né d'hier, est plus caduc que la vieille tragédie classique ; le roman, systématiquement immoral et antisocial, est tombé, dans sa descente rapide, de George Sand et de Balzac à Eugène Suë ; les chevaliers de l'art libre ont pour disciples les industriels du roman-feuilleton ; la confiance orgueilleuse des prophètes de la raison émancipée a abouti au désespoir de Rolla, au cynisme de Vautrin ou à la gouaillerie de Robert Macaire ; M. Jouffroy se consume dans la désolation de son impuissance philosophique, n'entrevoit un peu de lumière qu'en se rapprochant du foyer de vérité chrétienne dont, jeune homme, il s'était éloigné, et meurt de cette blessure morale, en laissant échapper comme l'aveu d'une entreprise manquée ; M. Cousin doit sans doute à ce côté de sa nature qui a fait dire de lui à Sainte-Beuve : « c'est un sublime farceur », d'avoir moins souffert que Jouffroy et de dissimuler plus habilement son échec ; mais il a déserté sa chaire, il cherche dans la politique, auprès de M. Thiers, et s'apprête à trouver dans la littérature, aux pieds des femmes du grand siècle, des distractions souvent passionnées ; l'éclectisme, moribond dans ses grandeurs officielles, voit avorter entre ses mains cette belle réaction spiritualiste du commencement du siècle, qu'il a empêchée de remonter jusqu'à son terme logique, le christianisme, et qu'il a arrêtée en quelque sorte à mi-côte, sur une pente où l'esprit humain ne pouvait trouver aucune assiette pour rien fonder, et surtout aucun point d'appui pour résister au vieux matérialisme et au jeune positivisme.

Aussi du monde des lettres, plus encore peut-être que du monde politique, s'échappe-t-il alors une plainte désenchantée. A la vue de ce qu'il appelle une « anarchie intellectuelle », un « gâchis immense », un « vaste naufrage », Sainte-Beuve, rappelant le brillant départ de « cette génération si pleine de promesses », s'écrie : « Ne sera-t-on en masse et à le prendre au mieux qu'une belle déroute ? » Il fait cet aveu : « Passé un bon moment de jeunesse, tous, plus ou moins, nous sommes sur les dents, sur le flanc » ; puis il conclut : « Décidément l'esprit humain est plutôt stérile qu'autre chose, — surtout depuis juillet 1830 [1]. » Le mot de « déroute » est aussi celui qui vient sous la plume de M. de Rémusat, l'un des princes de la jeunesse de 1820, et il est réduit à déplorer « la dispersion funeste des forces morales de la société [2] ». Jouffroy compare les deux pentes de sa vie, celle qu'il avait montée, jeune et confiant, sous la Restauration, et celle qu'il descend depuis : la première « riante, belle, parfumée, comme le printemps » ; la seconde « avec ses aspects mélancoliques, le pâle soleil qui l'éclaire et le rivage glacé qui la termine » ; et il ajoute, en parlant de cette seconde pente : « Si nous avons le front triste, c'est que nous la voyons [3]. » Augustin Thierry dénonce « l'espèce d'affaissement qui est la maladie de la génération nouvelle », et gémit à la vue de « ces âmes énervées qui se plaignent de manquer de foi et ne savent où se prendre [4] ». Un critique plus jeune, M. Saint-René Taillandier n'est pas moins attristé ; il constate cette stérilité maladive qu'il attribue à « l'infa-

---

[1] *De la littérature industrielle* (1839). — *Dix ans après en littérature* (1830). — *Quelques vérités sur la situation en littérature* (1843). — *Chroniques parisiennes* (1843).

[2] *Passé et Présent.*

[3] Discours prononcé à une distribution de prix, vers 1840, cité par M. Taine, dans son livre des *Philosophes du dix-neuvième siècle.*

[4] Préface de *Dix ans d'études historiques.*

tuation » d'une littérature qui, « après avoir débuté avec enthousiasme, s'est arrêtée tout à coup, dès le commencement de sa tâche, et s'est adorée avec une confiance inouïe [1] ». Le secret de cet avortement, tous le reconnaissent plus ou moins explicitement, il est surtout dans le défaut d'une règle morale supérieure et d'une foi divine. De là, le désordre de tant de révoltes, le scandale de tant de corruption; de là, le scepticisme découragé ou ricanant, et la dégradation de la littérature industrielle; de là, les humiliations et les douleurs de la raison émancipée et impuissante. Or cette règle et cette foi, qui peut les rendre à ces esprits troublés? Le christianisme seul.

Ainsi, de quelque côté que le gouvernement prête alors l'oreille, s'il sait comprendre le gémissement plus ou moins distinct qu'arrache à cette société, le sentiment universel de ses déceptions et de ses besoins, il doit y discerner ce cri qu'avait recueilli M. Guizot : « la religion ! la religion ! » Et puisqu'à cette époque même, par une heureuse coïncidence, l'une des plus graves et des plus fécondes entre toutes les questions religieuses, celle de l'enseignement s'offre, s'impose à lui, ne va-t-il pas la résoudre dans cet esprit d'accord et de bienveillance réciproque qui paraissait être celui des catholiques, et que, à plusieurs symptômes, on pouvait espérer être celui du pouvoir? Ne

---

[1] Article publié par la *Revue des Deux Mondes*, en 1847.

va-t-il pas saisir cette occasion de donner largement au christianisme, non pas une faveur qu'on ne demandait plus et qui serait compromettante pour tous, mais cette liberté que réclamaient seule, les chefs du nouveau mouvement religieux, et qui était conforme aux principes du régime politique d'alors ? N'a-t-il pas, pour l'encourager, l'exemple tout récent des hommes d'État anglais, qui viennent précisément d'assurer le bonheur de leur patrie et l'honneur de leur nom, en imposant aux vieux préjugés protestants l'émancipation des catholiques ? Enfin, cette œuvre de justice ne l'aidera-t-elle pas précisément à trouver ce dont il a le plus besoin en ce moment : une direction pour la politique désorientée, un rajeunissement des débats parlementaires, une force morale pour la monarchie qui souffre de son origine révolutionnaire, un préservatif contre le matérialisme politique vers lequel n'est que trop portée la bourgeoisie régnante, la seule arme efficace contre la menace grandissante du socialisme, le redressement des intelligences dévoyées et la consolation des âmes souffrantes ? En un mot, n'est-ce pas la meilleure chance d'écarter, s'il en est temps encore, la banqueroute imminente de la plupart des espérances politiques, sociales, intellectuelles, qui avaient animé l'ambitieuse et brillante génération de 1820, dont on avait cru, en 1830, saluer le triomphe définitif, et dont, en 1840, on pouvait craindre l'avortement universel ?

CHAPITRE III

LES CATHOLIQUES ET LES PREMIÈRES LUTTES POUR LA LIBERTÉ DE L'ENSEIGNEMENT

(1830-1844)

I. La promesse de la liberté d'enseignement dans la Charte de 1830. Le procès de l'école libre. La loi de 1833 sur l'instruction primaire. Le projet de 1836 sur l'instruction secondaire. Le projet de 1841 et les petits séminaires. Protestations de l'épiscopat. La lutte est engagée. — II. L'état religieux des collèges. La philosophie d'Etat. Les évêques et l'éclectisme. — III. M. de Montalembert et le programme du parti catholique. En quoi l'existence d'un parti catholique est un fait accidentel et anormal. — IV. M. de Montalembert et les évêques. Comment ceux-ci arrivent à demander la liberté pour tous. Leurs premières répugnances contre l'action publique et laïque. Timidité de Mgr Affre. Intervention décisive de Mgr Parisis. — V. M. de Montalembert agitateur incomparable. Il dépasse parfois un peu la mesure. Le charme qu'il exerce, même sur ses adversaires. — VI. Violences d'une partie de la polémique catholique. Le livre du *Monopole universitaire*. L'*Univers* et M. Louis Veuillot. Les violences sont regrettées par les catholiques les plus considérables. — VII. Le parti catholique fait brillante figure et la campagne est bien commencée. Emotion joyeuse de Lacordaire, en 1844.

I

Comment la Charte de 1830 s'était-elle trouvée contenir un article qui promettait, « dans le plus court délai possible », une loi sur « la liberté de l'enseignement »? Qui donc, dans la précipitation un peu confuse de la revision constitutionnelle, avait inséré cette disposition? On ne saurait le dire, et l'abbé Dupanloup pouvait s'écrier, quinze ans plus tard : « Oui, c'est par hasard que la liberté d'enseignement a été écrite dans la Charte. Vous qui l'avez faite, vous ne savez ni pourquoi ni comment vous y avez mis cette promesse... Nul de vous ne sait dire qui en eut l'inspiration et quelle main en a tracé, sans le comprendre, le droit imprescriptible, la parole désormais ineffaçable [1]. »

Ce n'était pas, en tout cas, l'œuvre du clergé; celui-ci n'avait pas alors voix dans les conseils du pouvoir, et les constituants improvisés qui enlevaient au catholicisme son caractère de religion d'État, n'étaient pas suspects d'avoir voulu servir ses intérêts. Pouvait-on dire d'ailleurs que les catholiques eussent été, sous la Restauration, unanimes à réclamer la liberté de l'enseignement? Sans doute, dès l'origine, plusieurs, Lamennais en tête, avaient attaqué vivement l'Université, dénoncé ses écoles comme « les séminaires de l'athéisme » et « le vestibule de l'enfer », réclamé pour tous, et surtout pour l'Église, le droit d'enseigner ; sans doute, après les ordonnances de 1828, cette idée avait fait quelque progrès parmi les partis de droite, et on la trouvait très nettement formulée dans le *Correspondant*, fondé en 1829. Mais elle était demeurée comme une thèse d'avant-garde, non encore adoptée par ceux qui, dans le gouver-

---

[1] *De la Pacification religieuse* (1845).

nement ou dans le clergé, paraissaient avoir le plus qualité pour parler au nom de la religion. Quand les royalistes avaient été au pouvoir, pendant le ministère de M. de Villèle, ils avaient borné leurs efforts, avec plus de zèle que d'adresse et de succès, à faire pénétrer une inspiration chrétienne dans l'Université : c'est dans ce dessein que la direction en avait été remise à Mgr Frayssinous. Quant aux évêques, ils s'étaient montrés exclusivement préoccupés de développer les petits séminaires qu'une ordonnance de 1814 avait placés sous leur seule autorité, et qui, grâce au régime de tolérance bienveillante interrompu en 1828, devenaient peu à peu de véritables collèges ecclésiastiques, partageant en fait, avec ceux de l'État, le monopole de l'instruction secondaire. Au contraire, la liberté d'enseignement était alors proclamée et revendiquée par la nouvelle école libérale, par M. Benjamin Constant dans des écrits divers [1], par M. Dunoyer dans le *Censeur* [2], par M. Dubois et M. Duchâtel dans le *Globe* [3] : ces

---

[1] Voir notamment le *Mercure* d'octobre 1817.

[2] Dès 1818, M. Dunoyer combattait le monopole universitaire comme « l'une des plus criantes usurpations » du despotisme impérial, et réclamait la pleine liberté, telle que l'ont revendiquée plus tard les catholiques. (*Œuvres de Dunoyer*, t. II, p. 46 et sq.)

[3] Voir notamment le *Globe* du 17 mai, du 5 juillet et du 6 septembre 1828. Dans un article publié le 21 juin 1828, M. Dubois invitait les amis des jésuites « à se lever pour l'abolition du monopole. » « Les amis de la liberté, disait-il, ne manqueront pas à l'appel. » Mais il

écrivains y étaient arrivés par logique et par sincérité de doctrine, par réaction contre le despotisme impérial, et aussi un peu par crainte que l'Université ne prît un caractère ecclésiastique, sous la direction de M. Frayssinous. Dans le barreau, MM. Renouard, O. Barrot, Dupin, ne pensaient pas autrement [1]. La *Société de la morale chrétienne*, dont les membres principaux étaient le duc de Broglie, M. Guizot et Benjamin Constant, mettait au concours, en 1830, un *Mémoire en faveur de la liberté d'enseignement*. A la même époque, dans le *National*, M. Thiers attaquait violemment le corps universitaire auquel il reprochait d'être « monopoleur et inique [2] ». Aussi, au milieu de la révolution, le 31 juillet 1830, La Fayette, dans sa proclamation aux habitants de Paris, mettait-il la liberté d'enseignement au nombre des conquêtes populaires. C'est donc évidemment de ce côté qu'il faudrait chercher la main inconnue qui a fait insérer, dans l'article 69 de la Charte, la promesse de cette liberté.

Quoi qu'il en soit de cette origine mystérieuse, où, derrière le hasard apparent, il est permis d'apercevoir la réalité providentielle, une fois la pro-

---

ajoutait : « N'espérons pas d'eux cette preuve de loyauté; cette confiance dans la bonté de leur cause, ils se garderont bien de la donner. »

[1] M. Renouard, dans des *Considérations sur les lacunes de l'éducation secondaire en France* (1824), parlait du « dogme de la liberté d'éducation».

[2] *National* du 6 mai 1830.

messe faite, les catholiques furent les premiers à s'en emparer et à en demander l'exécution. Ce fut l'une des revendications de l'*Avenir* : manifestes, polémiques, pétitions, débats judiciaires, tout fut employé par Lamennais et ses disciples, pour provoquer quelque agitation autour de cette question. On sait à quel procédé, singulièrement nouveau dans nos mœurs françaises, eut alors recours Lacordaire, assisté de MM. de Montalembert et de Coux. Quel lecteur du *Correspondant* ne connaît cet épisode du « procès de l'École libre », qui de loin nous apparaît comme une charmante et vive légende, marquant l'âge héroïque de nos luttes pour la liberté religieuse? Ce prêtre et ce gentilhomme annonçant qu'ils ouvrent, malgré la loi et en vertu de la Charte, une classe pour les enfants pauvres[1]; le futur orateur de Notre-Dame transformé en maître d'école; la leçon interrompue par le commissaire de police; une scène de résistance légale, aboutissant au procès souhaité; M. de Montalembert appelé à la pairie par la mort de son père, et la Chambre haute devenue compétente pour juger le jeune pair et ses complices; les prévenus se défendant eux-mêmes avec une éloquence précoce, saisissant cette occasion de confesser leur foi religieuse et libérale avec une audace pleine de grâce et de générosité; et, pour dénouement de ce petit drame, une condamnation bénigne à

---

[1] En avril 1831.

100 francs d'amende! Toutefois, il ne semble pas que cet épisode ait produit alors sur le public toute l'émotion qu'il éveille aujourd'hui, chez ceux qui en lisent le récit. L'originalité de la démarche frappait peu une curiosité qui était alors blasée par tant d'excentricités nées de l'agitation révolutionnaire. Les hommes d'État et les pouvoirs publics étaient trop préoccupés de la terrible bataille qu'ils livraient sous les ordres de Casimir Perier, pour discerner ce qu'il y avait, au fond, de sérieux dans ce qui semblait une fantaisie de jeunes gens. Du côté des catholiques, la question, un moment soulevée, disparut en quelque sorte au milieu des ruines de l'*Avenir*, et plusieurs années devaient s'écouler avant qu'on osât reprendre une thèse compromise par cette origine. Ce fut donc comme un coup de feu isolé, à peine entendu dans le tapage général; tout au plus quelques têtes s'étaient-elles retournées un instant; mais on n'avait pas réussi à engager la bataille.

Rien n'indiquait, d'ailleurs, qu'une bataille serait nécessaire et que le gouvernement ne s'exécuterait pas de lui-même. Lors du « procès de l'École libre », le procureur général, M. Persil, avait dit, dans son réquisitoire : « Quand nous invoquons le monopole universitaire, nous nous appuyons d'une législation expirante, dont nous hâtons de tous nos vœux la prompte abrogation. » Aussi, à peine fut-on sorti des embarras et des luttes du début, que

M. Guizot, devenu, à la fin de 1832, ministre de l'instruction publique, se donna pour tâche de réaliser les promesses de la Charte. Il commença par l'instruction primaire, qu'organisa la fameuse loi du 28 juin 1833. La place qui y était accordée à la religion n'était pas suffisante : le ministre avait fait, à regret, ce sacrifice aux préjugés régnants. Mais du moins la liberté promise était, pour le premier degré de l'enseignement, loyalement établie, le monopole supprimé, la concurrence ouverte à tous. Aussi, dans les luttes qui vont remplir la fin de la monarchie de Juillet, ne sera-t-il jamais question de l'instruction primaire. On ne s'en occupera de nouveau qu'après 1848, quand, à la vue des instituteurs devenus en grand nombre des précepteurs de socialisme et de démagogie, les anciens voltairiens de 1830 comprendront, avec effroi, combien il avait été imprudent de marchander à la religion sa part d'influence dans les écoles du peuple [1].

Pour l'instruction secondaire, le problème était plus délicat et plus irritant. D'après la législation existante, l'Université avait seule le droit d'enseigner et de faire passer les examens. Les institutions privées ne pouvaient exister à côté d'elle

---

[1] Pour saisir, sur le vif, l'expression de cet effroi et, pour ainsi dire, de ce remords, il convient de se reporter à ce que M. Thiers a dit, à ce sujet, dans la commission d'enseignement de 1849.

qu'avec son agrément, sous son autorité, et dans les conditions qu'il lui plaisait d'imposer. Seuls, les petits séminaires lui échappaient, placés, depuis 1814, sous la dépendance des évêques, au même titre que les grands séminaires. Encore n'était-ce qu'une sorte de faveur précaire, accordée par ordonnance, et pouvant être retirée ou limitée de même. Tout y était combiné d'ailleurs pour empêcher ces établissements de faire concurrence aux collèges ; le nombre des élèves était limité ; ceux-ci étaient obligés de porter le costume ecclésiastique, et ne pouvaient se présenter au baccalauréat qu'en justifiant avoir fait leur rhétorique et leur philosophie dans un établissement de l'État : dernière condition, chaque jour plus gênante, en présence du nombre croissant des carrières à l'entrée desquelles on exigeait le diplôme de bachelier. Cette législation n'était-elle pas à refaire en entier ?

« Une seule solution était bonne, a dit plus tard M. Guizot : renoncer complètement au principe de la souveraineté de l'État en matière d'instruction publique, et adopter franchement, avec toutes ses conséquences, celui de la libre concurrence entre l'État et ses rivaux, laïques ou ecclésiastiques, particuliers ou corporations. C'était la conduite à la fois la plus simple, la plus habile et la plus efficace... Il valait beaucoup mieux, pour l'Université, accepter hardiment la lutte contre des rivaux libres, que de défendre, avec embarras, la domination et le privilège contre des ennemis acharnés ¹. » Mais qui eût voulu suivre alors cette grande politique se fût heurté à beaucoup de prétentions et de préventions, aux situations acquises des membres de l'Université, comme aux méfiances encore toutes vives, soulevées, dans le public, contre le clergé et surtout contre les jésuites. Aussi M. Guizot, dans le projet déposé en 1836, n'osait-il pas présenter la réforme complète et définitive qu'il eût désirée. Néanmoins il posait nettement le principe de la liberté, permettait la concurrence à tous les rivaux possibles de l'Université, prêtres ou laïques, sans exclure personne, sans imposer à qui que ce soit de conditions particulières : projet, après tout, plus large que ceux qui devaient être ultérieurement proposés en 1841, 1844 ou 1847. La commission de la Chambre était entrée dans le même esprit, et son rapporteur, M. Saint-Marc Girardin, quoique universitaire, se montrait animé du libéralisme le plus loyal, le plus respectueux des choses religieuses, le plus intelligemment soucieux d'établir l'accord entre l'Église et l'État. Bien loin d'accepter de mauvaise grâce le principe de la liberté d'enseignement, il disait dans son rapport :

J'ose dire qu'avant la Charte elle-même, l'expérience et l'intérêt même des études avaient réclamé la liberté de l'enseignement : il y a plus, ils l'avaient obtenue, et là, comme ailleurs, il est vrai de dire que c'est la liberté qui est ancienne et l'arbitraire qui

¹ Guizot, *Mémoires*, t. III, pp. 102, 103.

est nouveau. Je ne veux point prouver le principe de la liberté d'enseignement, puisqu'il est reconnu par la Charte. Je veux seulement montrer que cette liberté nécessaire aux progrès des études a toujours existé sous une forme ou sous une autre. Les études ont besoin d'émulation... Autrefois la concurrence était entre l'Université de Paris et les diverses congrégations qui s'étaient consacrées à l'instruction de la jeunesse : émanées de principes différents, animées d'un esprit différent, l'Université de Paris et les congrégations luttaient l'une contre l'autre, et cette lutte tournait au profit des études. Aussi, quand, en 1763, les jésuites furent dispersés, un homme qu'on n'accusera pas de préjugés de dévotion, Voltaire, avec son bon sens et sa sagacité ordinaires, regrettait l'utile concurrence qu'ils faisaient à l'Université. « Ils élevaient, dit-il, la jeunesse en concurrence avec les universités, et l'émulation est une belle chose. »

Plus loin, M. Saint-Marc Girardin abordait de front la prévention régnante, la peur des jésuites :

Ce que beaucoup de bons esprits craignent de la liberté de l'enseignement, c'est bien moins l'influence qu'elle pourra donner aux partis politiques, que l'influence qu'elle va, dit-on, donner au clergé. Les prêtres, les jésuites vont, grâce à cette loi, s'emparer de l'éducation. Dans la loi sur l'instruction secondaire, nous n'avons voulu créer ni privilège ni incapacité. Le monopole de l'enseignement accordé aux prêtres serait, de notre temps, un funeste anachronisme; l'exclusion ne serait pas moins funeste. La loi n'est faite ni pour les prêtres ni contre les prêtres : elle est faite, en vertu de la Charte, pour tous ceux qui voudront remplir les conditions qu'elle établit. Personne n'est dispensé de remplir ces conditions, et personne ne peut, s'il a rempli ces conditions, être exclu de cette profession. Dans le prêtre, nous ne voyons que le citoyen, et nous lui accordons les droits que la loi donne aux citoyens. Rien de plus, mais rien de moins. Nous entendons parler des congrégations abolies par l'État, et qui, si nous n'y prenons garde, vont envahir les écoles. Nous n'avons point affaire, dans notre loi, à des congrégations ; nous avons affaire à des individus. Ce ne sont point des congrégations que nous recevons bachelier ès lettres et que nous brevetons de capacité : ce sont des individus. Nous ne savons pas, nous ne pouvons pas savoir si ces individus font partie de congrégations ; car à quel signe les reconnaître ? comment s'en assurer ?... Pour interdire aux membres des congrégations religieuses, la profession de maître et d'instituteur secondaire, songez que de précautions il faudrait prendre, de formalités inventer ; quel code tracassier et inquisitorial il faudrait faire ; et ce code, avec tout l'appareil de ses recherches et de ses poursuites, songez surtout qu'il suffirait d'un mensonge pour l'éluder.

Il est curieux de voir comment, à cette époque, les principes de liberté, de justice, de bon sens et de saine politique étaient ainsi proclamés par un universitaire éminent, rédacteur du *Journal des Débats*, et ami peu suspect de la monarchie de

1830. S'ils avaient alors triomphé, tout conflit eût été prévenu ; et même encore aujourd'hui, ce langage ne semble-t-il pas renfermer la doctrine sur laquelle devraient s'accorder tous les esprits justes et libres [1] ?

Le gouvernement ne pouvait reprocher alors aux catholiques de se montrer trop exigeants, de ne pas lui tenir compte des difficultés qu'il rencontrait, et de ne pas répondre, par une bonne volonté égale, à celle qu'il leur témoignait. « Le clergé, a dit plus tard l'abbé Dupanloup, se tut profondément : je me trompe, il ressentit, il exprima une juste reconnaissance, et c'est à dater de cette époque qu'il se fit, entre l'Église de France et le gouvernement, un rapprochement depuis longtemps désiré et qui fut solennellement proclamé [2]. »

---

[1] C'est au cours de la discussion que M. Saint-Marc Girardin eut occasion de prononcer, sur l'importance sociale de la religion, sur le désir et l'espérance qu'il avait de la voir reprendre possession des âmes, sur la nécessité de mettre fin au divorce qui séparait l'Église et l'État et de pratiquer envers le clergé une politique de justice, de bienveillance et de respect, les paroles que nous avons déjà citées. M. Guizot fit aussi, dans ce débat, des déclarations analogues.

[2] *De la Pacification religieuse.* — M. de Montalembert, lui aussi, a rappelé, après coup, dans un de ses discours, le bon accueil fait au projet de M. Guizot. Il disait le 12 juin 1845 : « Vous avez présenté, en 1836, une loi pleine de tolérance, pleine de générosité, contre laquelle pas une voix ne s'est élevée au sein du clergé... Il fallait continuer dans cette voie, et tout aurait été sauvé. »

Sans doute, dans la discussion qui s'ouvrit à la Chambre, en 1837, l'Université fut vivement attaquée ; on lui reprocha d'être un instrument de despotisme, de donner une mauvaise éducation morale; on se plaignit que le projet eût accordé à la liberté une part trop étroite : mais ces critiques n'étaient pas faites par des catholiques ; elles venaient des hommes de gauche, qui n'avaient pas encore oublié que la liberté d'enseignement avait été un des articles de leur programme et qu'ils l'avaient eux-mêmes introduite dans la Charte [1].

Pouvait-on donc espérer que la question allait être résolue du premier coup, sans conflit entre l'État et l'Eglise, comme elle l'avait été pour l'instruction primaire ? C'eût été ne pas compter avec les préjugés de cette masse d'esprits courts et médiocres qui en étaient restés aux vieux ressentiments d'avant 1830. Un député, M. Vatout, proposa un amendement par lequel tout chef d'établissement était tenu, non seulement de prêter le serment politique, mais encore de jurer qu'il n'appartenait à aucune association ou corporation non autorisée. L'amendement fut repoussé au nom de la commission par M. Dubois, l'ancien rédacteur du *Globe;* le ministre eut le tort de ne pas croire nécessaire ou possible de le combattre à la

---

[1] Voir notamment les discours de MM. Arago, Salverte, de Tracy, de Sade, Charles Dupin, de Lamartine.

tribune; et après un débat très sommaire, nullement en rapport avec la gravité du sujet, cette disposition se trouva votée, malgré la commission et le ministère, sans qu'aucun homme considérable fût venu l'appuyer. La peur des jésuites avait suffi. « C'était, a dit M. Guizot, enlever à la loi proposée son grand caractère de sincérité et de droit commun libéral;... en restreignant expressément, surtout pour l'Église et sa milice, la liberté que la Charte avait promise, on envenimait la querelle au lieu de la vider [1]. » La conséquence fut qu'on laissa tomber la loi, sans la porter à la Chambre des pairs. Ainsi, non par le fait des catholiques, mais par l'intolérance de leurs adversaires, le gouvernement échouait dans cette première tentative. Ce fut un malheur et la cause originaire de tous les conflits qui devaient éclater plus tard.

Pour le moment, cependant, le clergé ne sortit pas de son attitude pacifique. On a vu comment, à cette époque, une politique bienveillante et parfois réparatrice l'avait disposé à plus de confiance dans la monarchie de Juillet. Il continuait donc à attendre silencieusement qu'on voulût bien exécuter la promesse de la Charte. Les ministères successifs n'y songeaient guère alors, absorbés qu'ils étaient par des crises parlementaires incessantes, préludes de la trop fameuse coalition. A peine, en 1839, commença-t-on, du côté des catholiques, à parler tout

---

[1] *Mémoires*, t. III, p. 108, 109.

haut de cette liberté, si longtemps ajournée. M. de Montalembert en disait un mot à la Chambre des pairs [1]. L'archevêque de Toulouse profitait de la visite du duc d'Orléans, pour se plaindre des entraves apportées aux écoles religieuses : « A un si grand mal, disait-il, un seul remède : liberté d'enseignement, mais liberté donnée à tous et d'une manière franche et loyale [2]. » En 1840, il se formait, sous la présidence d'un ancien Lamennaisien, l'abbé Rohrbacher, une société ecclésiastique pour « dénoncer le monopole universitaire à la France libérale et à la France catholique ». Mais c'étaient des faits isolés et sans retentissement. La grande masse des catholiques demeurait dans l'expectative. Ceux d'entre eux qui s'occupaient le plus de la question ne pensaient pas à engager une campagne d'opposition ; ils tâchaient d'arriver, par des négociations pacifiques, à une transaction entre le clergé et l'Université. M. de Montalembert fut mêlé assez activement aux pourparlers de ce genre, engagés, en 1839 et en 1840, avec MM. Villemain et Cousin qui s'étaient succédé

---

[1] Discours du 23 mai 1839.
[2] L'*Ami de la Religion* du 19 septembre 1839. — Lacordaire, dans une lettre à Ozanam, notait ce fait comme le signe du changement qui se faisait dans les idées du vieux clergé. « L'archevêque de Toulouse, disait-il, celui qui a été le promoteur de la censure contre l'abbé de Lamennais et ses amis ! C'est le cas de s'écrier avec Joad :

Et quel temps fut jamais si fertile en miracles ? »

8.

au ministère de l'instruction publique. L'esprit de conciliation, qui paraissait régner de part et d'autre, avait fait un moment espérer le succès; mais, chaque fois, les ministres tombèrent avant que rien fût conclu. Ces négociations furent reprises, lorsque le cabinet du 29 octobre 1840 fut constitué et sorti de ses premières difficultés. Les réclamations des catholiques, sans avoir pris encore de caractère hostile, devenaient plus pressantes. Enfin, en 1841, un nouveau projet fut déposé.

Ne devait-on pas s'attendre à ce qu'il fût au moins aussi satisfaisant que le projet de 1836? On était plus loin encore des préjugés et des passions de 1830. Tout, depuis, avait tendu à rapprocher ceux qui étaient naguère séparés. Nous avons dit ailleurs combien, à cette date, toutes les raisons politiques, sociales, et même les raisons de tactique parlementaire, devaient déterminer des ministres clairvoyants et prévoyants à résoudre cette question dans un esprit large, libéral et bienveillant, à saisir cette occasion de contenter les catholiques, d'augmenter l'action de la religion, et de s'assurer son concours. Enfin le principal ministre était M. Guizot qui avait fait la loi de 1833, présenté la loi de 1836, et qui, dans toutes les circonstances, avait admirablement parlé de l'importance sociale du christianisme. Et cependant ces espérances, qui semblaient si fondées, devaient être déçues. Que s'était-il donc passé? M. Guizot, absorbé dès lors par les grands débats parlementaires et par la direction des affaires extérieures, n'avait-il pas eu le tort de laisser tout faire au ministre de l'instruction publique, M. Villemain, plus homme de lettres qu'homme d'État et d'un esprit plus vif que large ? L'Université, mise en éveil par les attaques dont elle avait été l'objet en 1837, n'avait-elle pas pesé sur le ministre, en faisant appel à l'attachement naturel que devait avoir pour elle un de ses professeurs les plus renommés ? Celui-ci, connaissant imparfaitement le monde ecclésiastique, s'était-il rendu un compte exact de la portée de sa loi, de l'émotion qu'elle devait soulever, et surtout de la force de résistance dont étaient devenus capables les catholiques naguère si humiliés, si dociles, si peu disposés aux luttes publiques ? Dans cet acte qui devait avoir de graves et lointaines conséquences, qui commençait la guerre là où la paix était si désirable et semblait si désirée, n'y avait-il pas, sûrement chez M. Guizot, peut-être aussi chez M. Villemain, plus de négligence et d'inadvertance que d'hostilité voulue et préméditée ? N'était-ce pas la conséquence d'une lacune, déjà signalée dans les dispositions de ce gouvernement qui, tout en souhaitant sincèrement de se rapprocher du clergé, n'avait pu encore acquérir le sens complet des susceptibilités de la conscience, l'intelligence large et le respect délicat des choses religieuses ?

Quoi qu'il en soit d'ailleurs des sentiments des divers ministres, qu'il y aura lieu d'étudier de plus près, à mesure que la lutte les mettra à l'épreuve et en relief, l'effet produit par le projet de 1841 fut mauvais. Les dispositions en étaient et en parurent rédigées dans un esprit tout différent de celui qui avait inspiré M. Guizot en 1836. L'exposé des motifs, à l'encontre du rapport de M. Saint-Marc Girardin, semblait contester jusqu'au principe posé dans la Charte. « La liberté de l'enseignement, y lisait-on, a pu être admise en principe par la Charte, mais elle ne lui est pas essentielle, et le caractère même de la liberté politique s'est souvent marqué par l'influence exclusive et absolue de l'État sur l'éducation de la jeunesse. » Les exigences de grades et les autres conditions compliquées, gênantes, parfois blessantes, imposées aux concurrents de l'Université, rendaient à peu près illusoire, dans la situation où chacun se trouvait alors, la liberté nominalement concédée. Il semblait que ce projet fût marqué du vice le plus propre à détruire tout l'effet d'une réforme libérale, le manque de sincérité. « Là où le principe de la liberté d'enseignement est admis, a écrit fort justement M. Guizot, il doit être loyalement mis en pratique, sans effort ni subterfuge pour donner et retenir à la fois. Dans un temps de publicité et de discussion, rien ne décrie plus les gouvernements que les promesses trompeuses et les mots menteurs[1]. » Et cependant, s'il n'y avait eu que ce défaut, l'opposition n'eût peut-être pas été bien

---

[1] Guizot, *Mémoires*, t. VII, p. 377.

bruyante, tant on était alors, du côté des catholiques, peu disposé à livrer bataille. Mais le ministre avait commis la faute de toucher aux petits séminaires : son projet leur enlevait l'espèce de privilège, chèrement acheté, qui les avait laissés jusqu'ici sous la direction exclusive des évêques; il les soumettait au droit commun de la loi nouvelle et les plaçait sous la juridiction de l'Université. Une telle mesure eût pu se comprendre si ce droit commun avait établi une liberté sincère : mais tel n'était pas le cas, et, en fait, les évêques estimaient, non sans raison, que les conditions du régime nouveau compromettraient l'existence des écoles ecclésiastiques et leur rendraient notamment à peu près impossible de trouver des professeurs.

On attaquait ainsi l'épiscopat sur le terrain étroit, modeste, strictement enclos qu'on lui avait réservé, en dehors du large domaine de l'Université; on l'atteignait directement, au point le plus sensible, en entravant le recrutement même du sacerdoce, ce recrutement devenu si nécessaire après la stérilité de l'époque révolutionnaire, et rendu si difficile par les conditions de la société moderne. Jusqu'alors les évêques s'étaient tenus à l'écart des polémiques relatives à la liberté d'enseignement, thèse un peu nouvelle pour leurs habitudes d'esprit; d'ailleurs, par un reste de cette intimidation qui, au plus vif de l'impopularité de 1830, les avait empêchés de se montrer en soutane dans les rues, ils avaient répugné à toute démarche qui les eût fait sortir du sanctuaire et descendre pour ainsi dire sur la place publique, en pleine mêlée des partis. Mais, cette fois, c'était dans ce sanctuaire même qu'ils se croyaient menacés. Ils ne purent se contenir. Spontanément, sans y être poussés par aucun homme politique, par aucun journal, en dehors même de M. de Montalembert, qui ne fut pour rien dans ce premier mouvement[1], la plupart laissèrent échapper un cri public d'alarme et de protestation. Les journaux se trouvèrent remplis, pendant plusieurs mois, des lettres que les prélats adressaient, l'un après l'autre, au gouvernement, presque toutes d'un ton grave et triste, quelques-unes d'un accent plus vif et presque comminatoire[2]. Ébranlé par cette plainte générale de l'épiscopat, mal accueilli d'ailleurs par la commission de la Chambre plus libérale que le ministre, non soutenu par le gouvernement surpris et désap-

---

[1] Rappelant plus tard ce qui s'était passé alors, M. de Montalembert déclarait qu'avant le projet de 1841, bien loin de pousser à la guerre, il s'était employé à établir une entente entre l'Église et l'État. « Un projet de loi, ajoutait-il, a été présenté en 1841, projet contre lequel tout l'épiscopat a réclamé avec raison, *mais sans que j'y fusse pour rien*; et à dater de ce moment la lutte a été engagée. » (Discours du 11 juin 1845.)

[2] En 1842, M. de Montalembert disait que 56 évêques étaient « descendus dans l'arène ». J'en ai compté 49 dont les protestations publiques sont citées ou mentionnées dans l'*Ami de la Religion* de 1841. Il y avait alors 76 évêques. Presque toutes ces protestations ont été réunies dans une brochure publiée par le *Journal des Villes et Campagnes* (chez Pillet aîné, 1841).

pointé de l'orage qu'il avait soulevé, le projet fut retiré avant d'avoir été même l'objet d'un rapport.

Mais les conséquences de cette tentative maladroite et malheureuse devaient survivre au retrait de la loi : sans le vouloir, et presque sans s'en douter, on se trouvait placé en face de l'Église, dans une situation toute nouvelle ; on avait fait sortir les évêques de l'expectative muette, patiente, presque confiante, où, malgré le vote de 1837, ils s'étaient renfermés depuis dix ans ; on avait fait naître l'agitation, dans une région naguère calme et silencieuse ; on avait commencé la bataille sur un sujet où les catholiques étaient disposés à garder la paix, pourvu qu'on les traitât seulement comme M. Guizot l'avait fait en 1833, pour l'instruction primaire, et l'avait voulu faire en 1836, pour l'instruction secondaire. Dans l'entraînement et l'excitation croissante de la bataille, sous l'impression des coups donnés et reçus, il ne restera bientôt plus rien des dispositions réciproques de conciliation, de bienveillance et de confiance qui avaient paru naguère animer l'Église et l'État. Et qui peut dire désormais à quoi se limitera cette lutte commencée? Pour apprendre à combattre en faveur des intérêts généraux, il faut, d'ordinaire, avoir été d'abord frappé dans ses intérêts particuliers. C'est un peu ce qui est arrivé aux évêques : en les atteignant dans leurs petits séminaires, on va les conduire à défendre la liberté complète de l'enseignement.

Sans doute, leurs protestations contre le projet de 1841 portaient principalement, presque exclusivement, sur les dispositions relatives à leurs écoles cléricales; à peine, sous forme de prétérition timide, indiquaient-elles les défauts du projet, en ce qui concernait les établissements libres; quelques prélats déclaraient même, comme l'archevêque de Tours, que cette dernière question n'était pas de leur ressort. Mais attendez : le champ de bataille ne tardera pas à s'élargir.

II

Ceux des évêques qui, suivant l'entraînement d'une polémique une fois engagée, se hasardèrent bientôt à sortir du cercle où les avait enfermés la défense de leurs petits séminaires, le firent tout d'abord pour examiner la valeur morale et religieuse de cette éducation universitaire à laquelle on paraissait ne vouloir permettre aucune concurrence, et surtout aucune concurrence ecclésiastique. Telle fut la première forme du débat : ce n'était pas la moins délicate ni la moins irritante. Mais fallait-il s'étonner que des prélats, principalement préoccupés du soin des âmes, fussent conduits tout d'abord à envisager la question à ce point de vue? On ne peut nier que l'état religieux des collèges, depuis lors bien modifié, ne fût de nature à émouvoir leur sollicitude. Les témoignages abonderaient[1] : nous n'en retiendrons que deux, produits au moment même où les évêques commençaient à se plaindre et émanés de personnages peu suspects de partialité pour le clergé catholique. Voici ce qu'écrivait alors un protestant, ancien élève de l'Université, M. Agénor de Gasparin :

L'éducation religieuse n'existe réellement pas dans les collèges... Je me souviens avec terreur de ce que j'étais au sortir de cette éducation nationale. Je me souviens de ce qu'étaient tous ceux de mes camarades avec lesquels j'avais des relations. Étions-nous de bien excellents citoyens ? Je l'ignore ; mais assurément nous n'étions pas des chrétiens ; nous n'avions pas même les plus faibles commencements de la foi et de la vie évangélique [2].

---

[1] On pourrait rappeler notamment ce qu'ont dit le P. Lacordaire, le P. Gratry et M. de Montalembert, de cette épreuve du collège dans laquelle la foi des deux premiers avait succombé.

[2] Pendant que M. de Gasparin s'exprimait ainsi, dans son ouvrage sur *les Intérêts généraux du protestantisme en France*, un pasteur protestant, M. Coquerel, dans une lettre à l'archevêque de Lyon, prenait, au contraire, parti pour l'enseignement universitaire ; il constatait qu'aucun ministre de l'Église réformée ne s'était plaint : « Notre tranquille silence, ajoutait-il, rassurera plus que les vives censures n'alarmeront, et l'on tirera de ce contraste cette irrésistible conséquence, que le protestantisme n'a nulle peur de la philosophie, et que le catholicisme, au contraire, dès qu'il se fait ultramontain et jésuite, ne peut vivre avec elle. »

M. Sainte-Beuve, bien placé pour observer les faits, et moins suspect encore, écrivait en 1843 :

> L'archevêque de Paris pourtant a raison sur un point. En masse, les professeurs de l'Université, sans être hostiles à la religion, ne sont pas religieux. Les élèves le sentent, et de toute cette atmosphère, ils sortent, non pas nourris d'irréligion, mais en indifférents... Quoi qu'on puisse dire pour ou contre, en louant ou en blâmant, on ne sort guère *chrétien* des écoles de l'Université... Les collèges produisent des lycéens bien appris, éveillés, de bonnes manières, et qui deviennent aisément de gentils libertins. Le sentiment moral inspire peu les gros bonnets, les chefs, et tout le corps s'en ressent [1].

Puis, parlant des « horreurs » racontées par les écrivains catholiques sur « les mœurs de l'Université », M. Sainte-Beuve ajoutait : « Sur les mœurs (entre nous) ne pas trop crier à la *calomnie;* moi, je ne crie qu'à la *grossièreté.* » Sans doute c'était le mal du temps, plus encore que la faute de tels ou tels hommes et surtout de tel ou tel gouvernement. L'Université était l'image de la société, telle que l'avaient faite le dix-huitième siècle et la Révolution. L'état des collèges n'avait pas été meilleur sous la Restauration, au temps de M. Frayssinous. Peut-être avait-il été pire, et la religion

---

[1] *Chroniques parisiennes*, p. 100 et 122. — Voir aussi, p. 127, ce que M. Sainte-Beuve dit, à un autre point de vue, de l'éducation morale de l'Université.

s'y était-elle trouvée plus impopulaire, à raison même des efforts que le gouvernement tentait alors pour la propager [1]. Cependant, depuis 1830, à côté de cette situation générale, sur laquelle il était plus naturel de gémir qu'il n'était aisé d'y remédier, il s'était produit un fait particulier qui donnait précisément prise aux critiques de l'épiscopat. Une doctrine, une école, paraissait régner sur l'Université et en quelque sorte la personnifier : c'était l'école « éclectique », qui prétendait s'appeler « la philosophie », comme l'Église s'appelait le christianisme. A défaut de la religion d'État supprimée, on avait une « philosophie d'État ». Tel est le nom même que lui donnaient des rationalistes indépendants. « La tendance de cet éclectisme, écrivait encore M. Sainte-Beuve, a été de se rédiger en une sorte de religion philosophique officielle », et il ajoutait que « les esprits vraiment libres n'y trouvaient pas plus leur compte que les catholiques orthodoxes [2]. » M. Cousin et ses amis se présentaient comme une « église

---

[1] Les douloureuses confidences du P. Lacordaire, du P. Gratry et de M. de Montalembert se rapportent aux collèges de la Restauration. On peut voir, d'ailleurs, dans un mémoire rédigé, peu avant la révolution de Juillet, par les aumôniers des collèges de Paris, des détails navrants, et pour ainsi dire l'effrayante statistique des naufrages dans lesquels périssaient les âmes des jeunes collégiens. (Voir des extraits de ce mémoire, dans la *Vie du P. Lacordaire*, par M. Foisset, t. I, p. 86 à 91.)

[2] *Chroniques parisiennes*, p. 211.

laïque » — le mot est d'eux — ayant reçu du gouvernement et de la société de 1830, pour former les jeunes intelligences, des pouvoirs et une mission analogues à ceux qui étaient contenus dans la parole du Christ aux apôtres : *Ite et docete*. Prétention qui peut paraître singulière, à l'heure même où l'un des plus illustres maîtres de cette philosophie, M. Jouffroy, était réduit à en confesser l'impuissance, les déceptions douloureuses et presque tragiques. Mais si le chef de l'éclectisme, M. Cousin, n'avait pu réellement créer une doctrine, il avait su du moins créer une école — ses adversaires disaient une coterie — manœuvrant avec discipline sous ses ordres, sachant s'emparer des postes importants du monde intellectuel et les défendre contre les prétentions rivales ou les révoltes intérieures. Avec quel esprit de domination, quelle jalousie de toute indépendance, quel ressentiment de toute contradiction, quelle impétuosité de passion, presque naïve parfois dans sa dureté et dans son absence de scrupules, le maître exerçait sa dictature spirituelle, on le devine, pour peu qu'on prête l'oreille aux échos discrets de l'Université elle-même, ou qu'on surprenne les confidences de ceux qui approchaient alors ce « philosophe » d'une compagnie à la fois si séduisante et si redoutable [1].

[1] Voir, par exemple, les plaintes publiées alors par un professeur de collège : (*l'École éclectique et l'école française*, par M. Saphary, professeur de philosophie au collège

L'omnipotence incontestée de l'école éclectique faisait peser sur elle une responsabilité que les défenseurs de l'Université eux-mêmes étaient les premiers à reconnaître [1]. Ainsi les évêques furent conduits à lui demander compte du mal d'irréligion qui régnait dans les collèges. Si l'éclectisme avait heureusement réagi contre le sensualisme du dix-

Bourbon). Voir aussi ce que disent du caractère dominateur et passionné de M. Cousin, M. Doudan, dans l'abandon de ses lettres intimes (lettre du 5 mars 1842), et M. Sainte-Beuve, dans l'épanchement malicieux de ses *Notes et Pensées* (à la fin du t. XI des *Causeries du Lundi*). Voir enfin la conduite de M. Cousin envers le jeune Herscheim, l'un des libres penseurs les plus hardis de l'École normale, mais qui avait cru pouvoir penser aussi librement sur la philosophie du maître que sur le christianisme. (*Vie du P. Olivaint*, par le P. Clair, p. 65 à 72.)

[1] Le *Journal des Débats* disait, le 6 novembre 1842, dans un jour de franchise indépendante : « L'école éclectique, pour l'appeler par son nom, est aujourd'hui maîtresse, et maîtresse absolue des générations actuelles. Elle occupe toutes les chaires de l'enseignement; elle en a fermé la carrière à toutes les écoles rivales; elle s'est fait la part du lion; elle a tout pris pour elle, ce qui est assez politique, mais ce qui est un peu moins philosophique. Le public a donc le droit de demander compte à cette école du pouvoir absolu qu'elle a pris, et que nous ne lui contestons pas d'ailleurs. Elle a beaucoup fait pour elle, nous le savons; mais qu'a-t-elle fait pour le siècle, qu'a-t-elle fait pour la société? Où sont ses œuvres, ses monuments, les vertus qu'elle a semées, les grands caractères qu'elle a formés, les institutions qu'elle anime de son souffle? Il est malheureusement plus facile de s'adresser ces questions que d'y répondre. »

huitième siècle, s'il avait répudié l'impiété haineuse ou ricanante, s'il se proclamait même parfois, avec M. Cousin, l'ami et l'allié de l'Église, il n'en demeurait pas moins un pur rationalisme, n'acceptant ni le surnaturel ni la révélation divine ; il n'accordait guère au christianisme qu'une politesse dédaigneuse ; il affectait d'y voir « la plus belle », mais « la dernière des religions », une institution utile pour la partie de l'humanité qui ne sait pas encore réfléchir, mais inférieure à la philosophie, et destinée à être remplacée par elle à mesure que les intelligences se développeraient : idée indiquée dans cette phrase fameuse, et alors souvent citée, de M. Cousin : « La philosophie est patiente, elle sait comment les choses se sont passées dans les générations antérieures, et elle est pleine de confiance dans l'avenir. Heureuse de voir les masses, le peuple, c'est-à-dire à peu près le genre humain tout entier, entre les bras du christianisme, elle se contente de leur tendre doucement la main, et de les aider à s'élever plus haut encore. » Il eût fallu n'avoir aucune opinion de ce qu'est une Église convaincue de la divinité de son institution et de la vérité de sa doctrine, pour croire qu'elle pouvait reconnaître à cette philosophie la suprématie que celle-ci réclamait, et se contenter à côté d'elle, au-dessous d'elle, du domaine abaissé et rétréci où on la tolérait avec une bienveillance hautaine et transitoire. Les évêques devaient surtout juger une telle doctrine dangereuse pour l'éducation de jeunes intelligences. La courtoisie même du langage, les professions extérieures d'amitié et de respect, ne pouvaient-elles pas leur paraître un péril de plus, en prêtant à l'équivoque et en contribuant à endormir la vigilance de parents qu'une négation plus brutale eût au contraire avertis ?

Aussi les plaintes épiscopales étaient-elles chaque jour plus émues. Elles prenaient même un caractère de particulière vivacité dans les écrits de l'évêque de Chartres, Mgr Clausel de Montals, prélat de la vieille école, gallican et royaliste, d'un caractère fort respecté, et dont l'âge n'avait pas attiédi l'ardeur. C'est lui surtout qui porta la parole dans cette première phase de la lutte ; il prodiguait les lettres et les réponses, les accusations et les apologies, et s'attaquait personnellement à MM. Cousin, Jouffroy, Damiron ou autres chefs de l'école officielle, avec une véhémence qui, pour être parfois excessive, n'était que l'expression d'une très sincère conviction et d'un zèle tout apostolique. En 1843, l'archevêque de Paris, Mgr Affre, intervint à son tour dans la controverse : il combattait le rationalisme d'État d'un ton plus froid, plus posé, gardant une modération qui n'ôtait rien à la fermeté et à l'efficacité de son argumentation, parlant des personnes avec une courtoisie parfaite, évitant de généraliser certains reproches, faisant largement la part de la raison, désavouant les violences et les exagérations de certaines polémiques.

Bien loin de prendre, envers l'Université et ses membres, le ton agressif de quelques-uns de ses collègues, il protestait « de ses dispositions bienveillantes » pour cette institution; dès 1841, il écrivait dans une lettre publique : « Je suis pour la liberté, parce que l'épreuve ne peut en être funeste aux hommes distingués que l'Université possède en si grand nombre. C'est avec sincérité que, dans une autre occasion, j'ai loué leurs talents, la bonté de leurs méthodes, l'exactitude de leur discipline, et tout ce qui donne une si juste célébrité à leurs écoles. » Il voyait sans doute le mal et le péril : seulement il ne voulait pas l'envenimer au lieu de le guérir; il s'attachait à ne rien exagérer et à tenir compte de tout ce qui pouvait être une excuse ou une atténuation. Sa pensée tout entière apparaissait d'ailleurs mieux encore dans des observations confidentielles qu'il adressait à cette époque, de concert avec six autres prélats, à tous les évêques de France. On trouve là, ce nous semble, l'appréciation la plus exacte et la plus équitable de ce qu'était alors, au point de vue religieux, l'enseignement de l'Université. On y lisait notamment :

Les torts que les écrivains catholiques signalent, sont réels; ils ont donné, de l'impiété des membres qui occupent dans l'Université les emplois les plus éminents, les preuves les plus irrécusables. Il suffit, pour s'en convaincre, de lire les ouvrages cités. C'est se moquer du public que de soutenir sérieusement que les ouvrages de MM. Cousin, Jouffroy et Damiron, etc., ne sont pas contraires au catholicisme. Les feuilles religieuses, loin d'exagérer l'immoralité des collèges, ont dissimulé sa gravité et son étendue, parce qu'il était impossible de dire la vérité tout entière. Il est vrai que, pour rendre leur critique moins sanglante, ils auraient pu l'adoucir par certaines considérations. En jugeant la situation religieuse et morale des collèges et des pensions placés sous le régime de l'Université, ils auraient dû tenir plus de compte qu'ils ne l'ont fait, des obstacles opposés par les familles et par la disposition générale des esprits à une éducation solidement chrétienne... Le tort le plus grave des professeurs de l'Université est moins encore dans leur empressement à répandre de mauvaises doctrines, que dans le spectacle d'une vie qui laisse deviner aisément l'absence de foi et de sentiments sincèrement chrétiens. C'est une profession négative de la religion catholique, ou même du christianisme, qui ne peut produire dans l'esprit des enfants que l'indifférence pour toute espèce de culte et de croyance. L'aumônier dont le ministère est réduit aux faibles proportions d'un enseignement accessoire, tel, par exemple, que celui de la langue allemande, échouera toujours contre cette impiété muette qui frappe tous les regards. Le tort, ainsi atténué, est assez grave encore. Or on peut affirmer, sans crainte de se tromper, qu'il est presque général. Parmi les exceptions, les unes sont aggravantes, puisqu'il y a malheureusement des professeurs qui enseignent sans détour le mépris de la religion; les autres sont honorables et formées par des professeurs que distinguent leur attachement à la foi et leurs vertus. Les journaux religieux auraient pu dire, à la décharge de l'Université, que depuis quelques années, à Paris du moins, les proviseurs manifestent de meilleures dispositions, que les professeurs s'imposent plus de réserve, que les élèves sont moins mal disposés. Mais combien le mal est grand encore ! Il est immense dans les maîtres d'étude, chargés cependant de l'éducation, puisqu'ils président à la prière, au travail, à la police des dortoirs, aux récréations, aux promenades.

L'archevêque ajoutait, en parlant des doctrines philosophiques de l'école dominante :

Il n'y a pas un professeur de l'Université qui n'ait reçu ces doctrines, soit dans les cours des collèges royaux, soit dans ceux de l'École normale. Ces doctrines sont la source réelle de l'indifférence qu'ils professent. Elle est communiquée aux élèves par les exemples des professeurs d'humanités, avant que les professeurs de philosophie la leur insinuent d'une manière plus directe. Si on nous reprochait de caractériser trop sévèrement l'enseignement philosophique de l'Université, nous répondrions qu'il suffit au chrétien le moins instruit de le comparer avec nos dogmes, pour le trouver antichrétien [1].

Tous ne savaient pas garder la modération un peu froide de Mgr Affre. L'évêque de Belley, in-

[1] Voir le texte complet de ces observations confiden-

digné de faits graves qui lui étaient signalés dans plusieurs collèges, employait le langage singulièrement énergique des Écritures, pour détourner « les fidèles d'envoyer leurs enfants dans les *écoles de pestilence* ». Chez d'autres, la controverse prenait un caractère plus personnel ; par exemple, dès février 1842, l'archevêque de Toulouse, Mgr d'Astros, dénonçait et réfutait, dans un mandement, les doctrines manifestement antichrétiennes d'un professeur à la faculté de cette ville, M. Gatien Arnould. La presse religieuse s'engageait avec ardeur dans cette voie : les plaintes faites contre l'enseignement de M. Ferrari à Strasbourg, de M. Bersot à Bordeaux, obligeaient le ministre à suspendre ces deux cours ; l'*Univers*, dans une lettre à M. Villemain, dénonçait nominativement dix-huit professeurs [1]. Des publications diverses, plusieurs violentes ou même grossières, sur lesquelles il y aura lieu de revenir plus tard, accusaient les professeurs de l'Université, et l'Université elle-même, d'une sorte de conspiration d'athéisme et d'immoralité. En 1843, le cardinal de Bonald, archevêque de Lyon, en venait à menacer publiquement de retirer les aumôniers des

---

tielles dans la *Vie de Mgr Devie*, par M. l'abbé Cognat, t. II, p. 405 et sq.

[1] C'étaient : MM. Cousin, Jouffroy, Charma, Gatien Arnould, Nisard, Ferrari, Labitte, Bouillier, Jules Simon, Michelet, Lerminier, Joguet, Quinet, Philarète Chasles, Michel Chevalier, J. Ampère, Laroque, Damiron. (Lettre du 31 mars 1842.)

collèges, si l'on y donnait un enseignement contraire à la doctrine catholique; et les évêques de Châlons, de Langres et de Perpignan, s'associaient à cette démarche.

On conçoit sans doute comment, dans l'effroi du péril couru par tant de jeunes âmes, dans l'émotion des confidences douloureuses qu'ils recevaient sur l'état intérieur de tel ou tel collège [1], des évêques se trouvaient peu à peu conduits à ces polémiques. Pour réveiller d'ailleurs les consciences de leur torpeur, pour alarmer et mettre en mouvement les catholiques, peut-être était-il nécessaire que la lutte commençât ainsi. Des dissertations plus politiques sur la liberté pour tous, ou plus savantes sur les vertus de la concurrence, n'eussent probablement pas produit, à ce moment, les mêmes résultats. Toutefois, ce genre de débat n'était pas sans inconvénient : il semblait aboutir à une accusation d'indignité, portée par le clergé, contre l'Université. On blessait et on soulevait ainsi un puissant et redoutable esprit de corps. La lutte risquait de s'irriter et de se rapetisser dans les querelles de personnes. Les polémistes subalternes, une fois lancés dans cette voie, devaient être tentés d'accuser à tort et à travers, sur des témoignages pas toujours assez éclairés, et de s'engager dans des dénonciations passionnées

---

[1] Voir les lettres non publiées écrites par Mgr Devie, évêque de Belley, au garde des sceaux (*Vie de Mgr Devie*, t. II, p. 215 à 226).

qui ont d'ordinaire assez mauvaise apparence et sont peu propres à gagner la sympathie des spectateurs indifférents. Il importait donc que le débat, commencé à l'occasion du projet de 1841, ne demeurât pas renfermé dans les questions un peu étroites et dangereuses, sur lesquelles il avait d'abord naturellement et peut-être nécessairement porté.

III

Ici apparaît l'action du jeune pair qui avait, dès 1830, à vingt ans, prononcé le serment d'Annibal contre le monopole universitaire, et qui, depuis 1835, attendait et préparait l'occasion de faire reprendre aux catholiques position dans la vie publique. L'émotion ressentie par les évêques, à la vue des dispositions du projet de 1841, relatives aux petits séminaires, s'est produite spontanément, en dehors de M. de Montalembert. Mais celui-ci s'en empare aussitôt, afin d'amener le clergé et les fidèles sur le terrain, nouveau pour eux, où il veut les voir se placer. Quelle conclusion tirera-t-on de l'insuffisance religieuse de l'enseignement universitaire ? S'attachera-t-on à modifier et à améliorer cet enseignement? M. de Montalembert met les catholiques en garde contre une telle illusion. Il ne croit pas que l'Université puisse « représenter autre chose que l'indifférence en matière de religion » : il « ne lui en fait pas crime ; c'est le résultat de l'état social ». Seulement, il n'admet pas que cette éducation soit imposée à ceux qui se préoccupent de conserver la foi de leurs enfants. Aussi, la seule conclusion à laquelle il veuille faire tout aboutir est la liberté d'enseignement, la même, déclare-t-il, dont on jouit pour l'instruction primaire : la liberté pour tous ; il désavoue hautement, devant ses adversaires, la moindre arrière-pensée de monopole pour le clergé, et il montre à ses amis combien il serait « impossible » de « vouloir refaire de la France un État catholique, telle qu'elle l'a été depuis Clovis jusqu'à Louis XIV [1] ».

Si M. de Montalembert parle, lui aussi, du caractère antichrétien de l'enseignement universitaire, ce n'est donc pas pour se perdre en controverses sur les doctrines philosophiques, ni en récriminations irritées ou plaintives contre les personnes, c'est uniquement pour y trouver la raison qui doit pousser les catholiques à invoquer la liberté. Il n'entend pas qu'on s'attarde à ce point de départ : c'est sur la thèse libérale qu'il désire voir porter tout l'effort. Il cherche ainsi à modifier quelque peu la direction donnée d'abord à la lutte, par l'émotion des sollicitudes épiscopales. Cette intention apparaît clairement d'ailleurs, dans le langage que tenait alors, en commentant un des

---

[1] Voir les discours prononcés par M. de Montalembert à la Chambre des pairs, le 1ᵉʳ mars et le 6 juin 1842.

manifestes de M. de Montalembert, l'un de ses plus sages et plus fermes amis, M. Foisset :

> Le salut est dans l'action politique, non dans les doléances religieuses. Le moment est venu de se rappeler le mot de saint Paul : *Civis romanus sum.* C'est comme citoyens en effet que les catholiques doivent réclamer, et qu'ils finiront par obtenir justice. Voyez O'Connell : certes les vœux des évêques d'Irlande l'accompagnent dans la lutte, mais sa ligne d'opération (qu'on me passe ce terme) est toute politique... Pourquoi ne suivons-nous pas ce grand exemple ? Pourquoi s'épuiser en récriminations contre les hommes du monopole ?... Que ne demandons-nous tous d'une seule voix, tous d'un même cœur, la liberté belge, qui n'est que l'application loyale des principes inscrits dans la Charte française ? Voilà un but simple, saisissant, nettement défini [1].

De ces conseils, comme de l'exemple invoqué, il ressort qu'on ne se contentait pas de pousser les catholiques à soutenir une thèse libérale : on voulait surtout les voir agir. Cette liberté d'enseignement si nécessaire, il ne fallait pas l'attendre humblement de la bienveillance du gouvernement. « Depuis trop longtemps, dit M. de Montalembert, les catholiques français ont l'habitude de compter sur tout, excepté sur eux-mêmes... La liberté ne se reçoit pas, elle se conquiert. » Il sait quelles ressources on peut trouver dans les institutions

---

[1] *Correspondant*, t. IV, p. 443.

dont la France était en possession ; il connaît cette atmosphère dans laquelle un monopole et une injustice ne pouvaient longtemps se maintenir, cette sonorité qu'avaient à cette époque toute protestation et toute plainte publiques, cette logique qui s'imposait aux plus rebelles et par laquelle la liberté appelait nécessairement la liberté : aussi engage-t-il ses coreligionnaires à se servir de ces institutions, au lieu de conserver pour elles « une défiance absurde ou une indifférence coupable ». Avec la presse, la tribune et le pétitionnement, que ne peuvent-ils pas faire? Alors reviennent sans cesse sur ses lèvres et sous sa plume les noms de cette Irlande, où il avait voyagé tout jeune en 1830, où il avait approché le grand agitateur au glorieux lendemain de l'Émancipation, et de cette Belgique à laquelle son mariage l'a si étroitement attaché. On ne saurait s'imaginer à quel point ces deux exemples agissent sur son esprit et possèdent en quelque sorte son imagination. C'est là qu'il faut chercher l'origine de sa tactique [1]. Il montre aux catholiques français, peu habitués à se servir des

---

[1] Plus tard, en 1847, quand O'Connell mourant traversa la France pour se rendre à Rome, et que Montalembert lui rendit hommage à la tête d'une députation de catholiques, il lui rappela comment, tout jeune, « il avait recueilli ses leçons ». Puis, lui montrant combien ces leçons avaient fructifié depuis lors en France, il ajoutait : « Nous sommes tous vos enfants, ou, pour mieux dire, vos élèves. Vous êtes notre maître, notre modèle, notre glorieux précepteur. »

armes de la liberté et surtout à s'y confier, comment, par ces seules armes, O'Connell et Félix de Mérode avaient donné à la cause religieuse des succès et une popularité jusque-là inconnus. Ou bien, repassant une seconde fois la Manche, il propose encore comme modèle la ligue formidable qui vient d'être fondée par Cobden, contre les *corn laws* et qui, à ce moment même, remue toute l'Angleterre. Lui aussi, il veut créer une « ligue » et soulever une « agitation ». Trop souvent, dit-il, les catholiques français ont été « à la queue d'autres partis »; qu'ils constituent eux-mêmes un parti; qu'au lieu de continuer à être « catholiques *après tout* », ils soient « catholiques *avant tout* », ayant pour programme exclusif, auquel tout serait subordonné, la liberté de l'enseignement. Si, à eux seuls, ils ne sont qu'une minorité, ils formeront du moins presque partout, cet appoint d'où dépend la majorité, et ils la porteront du côté où l'on donnera un gage à leur cause. C'est sans doute se séparer du gouvernement et des partis existants; mais, ajoute M. de Montalembert, on ne comptera avec les catholiques que du jour où ils seront pour tous « ce qu'on appelle en style parlementaire un embarras sérieux [1] ».

Cette idée d'un « parti catholique » était toute nouvelle en France, et il eût fallu remonter jus-

---

[1] Voir notamment la brochure sur le *Devoir des catholiques dans la question de la liberté d'enseignement* (1843).

qu'à la Ligue pour trouver un précédent. Elle a été fort discutée depuis lors, surtout quand on a pu craindre qu'elle n'eût des applications et des corollaires de nature, il faut bien l'avouer, à lui faire quelque tort. Interprétée, en effet, comme certains semblaient disposés à le faire, elle n'eût tendu à rien moins qu'à fausser complètement le rôle des catholiques dans la vie publique, en les réduisant à un état permanent de minorité étroite, exclusive, étrangère en quelque sorte aux préoccupations du reste du pays, et eût produit ainsi un résultat diamétralement opposé à celui-là même qu'avait poursuivi M. de Montalembert [1]. Avant tout, il ne faut pas perdre de vue que, dans la pensée de son fondateur, l'existence de ce parti était un fait accidentel, passager, anormal, qui tenait aux conditions particulières de la société po-

---

[1] Mgr Guibert, actuellement archevêque de Paris, faisait allusion à cette notion faussée du « parti catholique », quand il disait, en 1853, dans une lettre célèbre « au sujet du journal l'*Univers* » : « Ils (les rédacteurs de l'*Univers*) se sont appelés le *parti catholique*, expression tout à fait malsonnante, car il ne doit jamais y avoir de parti dans l'Église. On conçoit que, dans un pays où les catholiques sont en petit nombre, comme en Angleterre et dans quelques États d'Allemagne, on donne cette qualification à une minorité qui combat pour ses droits; encore n'est-ce pas elle qui se la donne, elle la reçoit de ses adversaires. Mais, se présenter devant la France catholique sous le nom de *parti catholique*, c'est évidemment s'isoler, faire une scission, ou du moins une chose dont on cherche la raison, sans pouvoir la trouver. » (*Œuvres pastorales* de Mgr Guibert, t. I, p. 357.)

litique de 1830. Où en avait été la raison d'être ?
Ce n'était pas seulement dans ce fait que les catholiques avaient des droits considérables à revendiquer. Il y avait plus : aucun des deux grands partis qui se disputaient le pouvoir et l'influence, ne paraissait alors disposé à appuyer, ou seulement à écouter ces revendications. On se trouvait en face de conservateurs qui se méfiaient de la religion, au lieu d'y chercher le fondement de toute politique conservatrice ; de libéraux qui ne comprenaient pas que la liberté religieuse était la plus sacrée de toutes les libertés. Cette anomalie passagère, qui tenait au malheur des temps, était la cause, souvent indiquée par M. de Montalembert lui-même, de la formation d'un parti spécial. Comment les catholiques qui voyaient dans la liberté d'enseignement la nécessité capitale et urgente du moment, se seraient-ils contentés d'apporter leur concours à des opinions qui, l'une et l'autre, ne se souciaient pas de cette réforme ? Ne pouvaient-ils pas se croire autorisés à profiter de l'isolement où on les laissait, pour s'organiser à part, avec une sorte d'égoïsme que justifiait l'indifférence ou l'hostilité des autres ? Ne devaient-ils pas chercher, un peu par tous les moyens, à s'imposer à ceux qui ne voulaient pas s'occuper d'eux, à stimuler leur négligence, à forcer leur dédain, à violenter leur mauvaise volonté ? Ils le faisaient avec d'autant moins de scrupules et de périls, qu'à cette époque, dans ce pays légal un peu artificiel formé par le

suffrage restreint, les questions débattues entre les partis politiques, paraissaient être surtout des questions de personnes, de circonstances, au-dessus ou à côté desquelles on pouvait momentanément se placer sans faillir au patriotisme.

Mais n'était-il pas évident que cette conduite ne devait point survivre aux conditions exceptionnelles qui l'avaient motivée et justifiée? M. de Montalembert le comprendra lui-même, quand, après 1848, il se trouvera en face d'un parti conservateur que des désenchantements et des terreurs salutaires auront dépouillé de ses préventions antireligieuses, quand il verra engager sous ses yeux une bataille où sera en jeu l'existence même de la société. Il ne se posera plus alors en chef d'un parti distinct et isolé, presque indifférent à ce qui ne serait pas son programme particulier : il se mêlera à ceux-là mêmes qu'il combattait la veille, pour former avec eux « le grand parti de l'ordre », ne réclamant que l'honneur de combattre en tête, de donner et de recevoir les premiers coups. En faisant ainsi largement son devoir de citoyen, il rencontrera d'ailleurs, comme par surcroît, le succès de sa cause spéciale. En effet, si l'existence du parti catholique avait été nécessaire pour poser la question de la liberté d'enseignement, l'attitude différente, prise après 1848, permettra seule de la résoudre, en rapprochant ceux qui pouvaient former une majorité, et en les conduisant, de part et d'autre, à ces transactions qui doivent, à leur heure, remplacer les revendications exclusives et les résistances aveugles.

Est-il besoin d'indiquer laquelle des deux conduites suivies, avant et après 1848, peut aujourd'hui nous servir de modèle? N'est-il pas manifeste, qu'à considérer la situation actuelle des catholiques, leurs relations avec les partis en présence, à voir où ils rencontrent leurs adversaires et leurs amis, les analogies sont avec la seconde époque? N'est-il pas naturel, en particulier, pour défendre la loi de 1850, que nous nous efforcions de reproduire, autant que possible, les conditions d'alliance, d'action commune, dans lesquelles elle a été votée, et non de recommencer l'initiative exclusive et isolée qui avait pu être nécessaire au début? Désormais, sans doute, par le fait même de nos adversaires, la lutte politique tend à devenir principalement religieuse, et, à les entendre eux-mêmes, il semblerait que les mots « catholique » et « anticatholique », ou, pour parler leur langage, « clérical » et « anticlérical », dussent devenir comme les marques distinctives des deux armées en présence. Nous n'aimons pas et nous n'acceptons pas ces dénominations; mais, en tout cas, si l'on employait, à tort selon nous, le mot de « parti catholique », il signifierait tout autre chose que sous la monarchie de Juillet. Ce serait, comme actuellement en Belgique, le grand parti conservateur avec toutes ses nuances, amené, par l'attaque même, à mettre en tête de son programme la défense des intérêts religieux aussi bien de la société que des individus. Au moment même où se présentait pour la première fois l'idée du parti catholique, ces remarques n'étaient peut-être pas inutiles, afin de prévenir les rapprochements à contre-temps et les maladroites imitations, contre lesquelles, dès le début de cette étude, nous avions tenu à mettre les esprits en garde.

IV

En appelant les catholiques à combattre par la liberté et pour la liberté, M. de Montalembert reprenait une des idées de l'*Avenir*. Seulement l'*Avenir* avait procédé comme les entreprises révolutionnaires, agitant toutes les questions à la fois ; faisant table rase du passé, pour réorganiser, d'un seul coup et sur des bases absolument nouvelles, les rapports de l'Église et de l'État ; prodiguant, comme à plaisir, les formules alarmantes ou irritantes ; apportant sur chaque point des solutions extrêmes. Cette fois, on s'en tient à une question précise, soulevée par les événements eux-mêmes, admirablement choisie pour intéresser toutes les consciences et faire faire aux catholiques, sans trop d'alarme, l'expérience d'une tactique libérale ; on ne touche au problème plus large de la situation de l'Église dans la société moderne que dans la mesure où les faits l'imposent, sans l'étendre témérairement et sans sortir des conclusions pratiques, simples et limitées.

Ce n'est pas le seul point par lequel on se distingue de l'*Avenir* : les anciens compagnons de Lamennais avaient le souvenir trop présent et trop douloureux d'une des causes principales de leur échec, pour vouloir tenter quelque chose en dehors de l'épiscopat. « Rien, écrivait alors Lacordaire à M. de Montalembert, ne peut réussir, dans les affaires religieuses de France, que par les évêques ou du moins avec leur concours [1]. » Mais solliciter les chefs du clergé d'entrer dans une campagne si nouvelle pour eux, de s'associer à une tactique rendue plus suspecte encore par l'abus qu'en avait fait Lamennais; demander à des prélats, habitués jusqu'alors à voir l'Église en possession d'immunités et de faveurs, de se confier désormais aux libertés du droit commun, n'était-ce pas leur proposer une sorte de révolution ?

Déjà sans doute, ils avaient dû être préparés à cette révolution par les réflexions faites, depuis 1830, sur les déboires du passé et sur les nécessités du présent, par les exemples venus du dehors, notamment d'Irlande et de Belgique, par la leçon éclatante que renfermait le succès de Lacordaire. Avant même le projet de 1841, M. de Montalembert avait obtenu de Mgr Affre une lettre dans laquelle celui-ci, se plaçant en face de la société

---

[1] Lettre du 30 septembre 1844.

actuelle, se prononçait nettement pour la liberté d'enseignement, liberté donnée à tous les citoyens comme au clergé [1]. A la même époque, l'archevêque de Bordeaux déclarait que l'épiscopat demandait « la liberté pour tous », qu'il ne voulait « d'autre privilège que le droit commun [2] »; et le cardinal de Bonald, archevêque de Lyon, inaugurant une formule qui devait être souvent employée, réclamait « la liberté d'enseignement telle qu'elle existe en Belgique [3] ». Dans les protestations si nombreuses que les évêques dirigèrent contre le projet de 1841, on pourrait relever plusieurs déclarations semblables [4]. Le plus grand nombre cependant ne parlèrent alors que des petits séminaires : ils paraissaient désirer, pour ces établissements,

[1] Lettre à M. de Montalembert, du 25 février 1841.
[2] Note du 9 février 1841, adressée au ministre de l'instruction publique et aux membres des deux Chambres.
[3] Lettre à M. Villemain, du 5 mars 1841.
[4] L'archevêque de Tours : « Nous eussions désiré la liberté pour tous, sans privilège, comme sans exception pour personne ». — L'évêque d'Amiens : « L'Église ne demande ni privilège ni monopole, elle ne demande que le droit commun; mais le droit commun dans la liberté, non le droit commun dans la servitude. » — L'évêque de Nantes : « Liberté pour tout le monde, laïques ou ecclésiastiques, libres d'élever autel contre autel, d'opposer les méthodes aux méthodes, les écoles aux écoles. » — L'archevêque d'Albi et ses suffragants : « La liberté d'enseignement franche et entière. » — L'évêque du Mans : « La liberté non seulement pour nous, mais pour tout le monde..., une liberté franche et loyale, comme en Belgique. » — L'évêque de Saint-Flour : « La liberté telle que l'entendent nos voisins de Belgique. »

plutôt le maintien et le développement du privilège qu'un régime de droit commun. Ceux-là mêmes qui exprimaient le vœu d'une liberté générale ne le faisaient le plus souvent que d'une façon accessoire, et laissaient voir qu'ils seraient prêts à transiger si on améliorait la situation de leurs écoles ecclésiastiques : disposition d'esprit qui devait se retrouver encore, en 1842 et 1843, chez quelques-uns même des prélats les plus fermes[1]. Les habiles du gouvernement désiraient vivement que l'épiscopat s'engageât dans cette voie. Aussi M. de Montalembert n'était-il pas sans inquiétude : il mettait le clergé en garde contre le piège que lui tendaient ceux qui cherchaient à lui faire sacrifier la liberté générale de l'enseignement, au prix de faveurs accordées à ses petits séminaires, faveurs douteuses, précaires, toujours révocables par ordonnances. Il s'efforçait d'intéresser sa conscience et son honneur à ne pas accepter le partage humiliant et funeste par lequel, pour assurer tant bien que mal l'éducation de ses ministres, il livrerait celle des fidèles ; il le détournait de se laisser confiner dans la sacristie, comme s'il n'avait rien à voir dans le reste

[1] Cette disposition apparaît, par exemple, dans une lettre écrite en 1843, par Mgr Devie, évêque de Belley, à M. le garde des sceaux : et pourtant le prélat était, à ce moment, engagé dans un conflit assez aigu avec le gouvernement, à l'occasion précisément du mandement où il avait qualifié les collèges d'*écoles de pestilence*. (*Vie de Mgr Devie*, par l'abbé Cognat, t. II, p. 222 à 224.)

de la société[1]. Sa parole fut entendue, et bientôt l'épiscopat quitta lui-même le point de vue trop étroit où l'avait d'abord placé le souci exclusif de ses petits séminaires. Aussi les évêques de la province de Paris pouvaient dire, en 1844, dans un mémoire adressé au roi : « Nous ne parlerons même pas, Sire, de nos petits séminaires, parce que la question n'est plus là aujourd'hui. Elle y était encore, il y a trois ans ; elle n'était même presque que là pour nous. Moins éclairés sur le véritable état des choses, nous ne pensions guère qu'à stipuler les intérêts de nos écoles cléricales. Maintenant, nous demandons davantage, parce que l'expérience s'est accrue, parce que la lumière s'est faite [2]. »

Sur ce premier point, M. de Montalembert ne pouvait donc qu'être satisfait. Mais il demandait plus aux évêques : il leur demandait d'en appeler directement, ouvertement, à l'opinion, des hésitations ou des résistances du gouvernement; de descendre, en quelque sorte, sur la place publique, pour prendre leur part dans l'agitation légale qu'il voulait provoquer à l'instar de l'Irlande et de la Belgique. C'était un rôle auquel l'épiscopat ne semblait guère préparé par ses antécédents. Sous

---

[1] Voir notamment la brochure de M. de Montalembert sur le *Devoir des catholiques dans la question de la liberté d'enseignement*.

[2] *Recueil des actes épiscopaux relatifs au projet sur l'instruction secondaire*, t. I, p. 29 (1845).

l'Empire, l'Église de France, encore meurtrie de la persécution révolutionnaire, éblouie par les bienfaits du Concordat, « n'avait eu juste que le courage nécessaire pour ne pas sacrifier à la toute-puissance du maître du monde, la majesté et la liberté du Souverain Pontife [1] ». Sous la Restauration, elle n'avait pas songé à s'adresser à d'autres qu'aux princes qu'elle aimait et dans lesquels seuls, elle espérait. Après 1830, l'embarras de son impopularité, l'instinct des périls auxquels l'aurait exposée, à un pareil moment, la moindre apparence d'intrusion dans la politique, lui avait inspiré une sorte de timidité patiente, attristée plus souvent qu'irritée. Ces habitudes gênaient l'ardeur de M. de Montalembert : il était disposé parfois à les qualifier sévèrement. On ne saurait nier qu'il n'y eût là quelque faiblesse, tout au moins un défaut d'éducation publique : il faudrait se garder cependant de trop blâmer la réserve, peut-être excessive, des évêques ; cette lente hésitation, avant de se jeter ouvertement dans des agitations qui, pour avoir un objet religieux, n'en risquent pas moins de devenir ou de paraître des luttes de parti, était après tout conforme à la mission de l'Église ; et il valait mieux, en pareil cas, pécher par excès, que par défaut de prudence.

Le *leader* du parti catholique avait précisément l'ennui de rencontrer cette hésitation sur le prin-

---

[1] *Testament* du P. Lacordaire.

cipal siège de l'épiscopat français, chez Mgr Affre qui avait succédé à Mgr de Quélen en 1840. Si le nouvel archevêque était dégagé des attaches politiques du vieux clergé, il partageait ses répugnances pour les éclats de la vie publique moderne; il avait conservé, dans les rapports avec le gouvernement, les anciennes habitudes d'action discrète, en quelque sorte silencieuse et cachée. Il avait gardé, de Saint-Sulpice, cette maxime que « le bien ne fait pas de bruit et que le bruit ne fait pas de bien ». Son esprit plus solide et plus sensé que brillant, sa nature froide, tout, jusqu'à son défaut d'extérieur et sa gaucherie de manières, semblait peu fait pour lui donner le goût d'agir à la façon du P. Lacordaire ou de M. de Montalembert. Ce n'était certes ni le courage, ni le souci de la dignité ou des intérêts de l'Église qui lui manquaient, et il devait le prouver en plus d'une circonstance ; mais il croyait plus convenable et plus efficace de les défendre par des réclamations non publiques. Aussi le voit-on, à plusieurs reprises, au début des luttes pour la liberté d'enseignement, recommander à ses collègues non l'abstention, mais le secret. « On ne pense pas — écrivait-il, en 1843, dans une note confidentielle, communiquée à tous les évêques de France — qu'il soit à propos de publier aucune critique de l'Université par la voie des mandements ou même de la presse. On croit que des lettres, dans le sens de ces observations, seraient le seul moyen à employer, du moins en commençant, *peut-être toujours*[1]. » Il était facile de lui répondre qu'on avait usé de cette discrétion depuis 1830, et que le résultat en avait été nul. D'ailleurs, à ce propos même, se produisit un incident bien fait pour montrer ce qu'avait d'un peu puéril cette recherche du secret sous un régime de presse libre. La note « confidentielle », dans laquelle Mgr Affre détournait ses collègues de toute publicité, tombait peu de temps après aux mains de ses adversaires et était imprimée dans les pamphlets de MM. Libri et Génin. Une autre fois, l'archevêque, mettant en pratique ses propres conseils, adressait, de concert avec ses suffragants, un mémoire secret au roi[2] : quelques jours ne s'étaient pas écoulés, qu'à son grand déplaisir il retrouvait le mémoire en tête des colonnes de l'*Univers*[3].

---

[1] Voir le texte complet de cette note, dans la *Vie de Mgr Devie*, par l'abbé Cognat, t. II, p. 405 et sq.

[2] *Actes épiscopaux*, t. I, p. 9 et sq.

[3] Chez un évêque, un seul, il est vrai, le cardinal de la Tour-d'Auvergne, évêque d'Arras, la répugnance pour l'action publique était telle, qu'il écrivit à son clergé, le 14 janvier 1844, une lettre où il disait : « ... Je vous conjure, monsieur le curé, de ne signer aucune pétition collective. Le clergé ne peut trop rester étranger à des mesures que la véritable sagesse ne dicte point et qu'une judicieuse discrétion pourrait blâmer. Je vous préviens du reste, monsieur le curé, que je veille, pour mon diocèse, sur les intérêts qu'on veut ainsi soutenir; je suis en instance auprès du gouvernement pour cet objet, que je regarde comme très important et même très grave. »

Dans l'agitation à laquelle M. de Montalembert conviait le clergé, il était une autre nouveauté qui, non moins que la publicité, troublait les habitudes, inquiétait la prudence de plusieurs évêques et de Mgr Affre en particulier : pour la première fois, des laïques partageaient en quelque sorte avec l'épiscopat la direction de la défense de l'Église, et y avaient même, à raison de la nature des luttes, le rôle le plus en vue, l'initiative prépondérante. Ces répugnances se manifestèrent principalement quand il fut question de constituer un comité, aux mains duquel devait être concentrée toute l'action. Les négociations furent singulièrement laborieuses. Certains prélats étaient tentés de voir là une atteinte à l'organisation de l'Église, et l'un des plus respectés, l'archevêque de Rouen, Mgr Blanquart de Bailleul, n'allait-il pas jusqu'à écrire à M. de Montalembert que « les laïques n'avaient pas mission de défendre la religion ? » C'était, sans contredit, exagérer une idée juste, et mal comprendre les conditions des luttes que l'Église est obligée de soutenir dans la société moderne. Et cependant qui oserait affirmer, aujourd'hui, que tout fût vain dans l'appréhension un peu timide, éveillée alors, chez certains évêques, par l'intervention des laïques? Qui nierait que, à côté d'avantages réels et surtout de nécessités supérieures, il n'y eût là un danger sérieux; qu'on ne pût craindre de voir ainsi, peu à peu, s'établir dans l'Église, à côté et quelquefois presque au-dessus de la hiérarchie ecclésiastique, une influence passionnée, bruyante, une autorité tyrannique, sans responsabilité, sans garantie de sagesse, de science et d'assistance surnaturelle?

Du côté du gouvernement, on n'ignorait pas ces répugnances d'une partie du clergé pour la campagne publique et laïque entreprise par M. de Montalembert. Le ministre des cultes, dans sa correspondance avec les évêques, touchait volontiers cette corde : il s'appliquait à entretenir, à exciter leur méfiance ; il leur donnait à entendre que tout irait bien mieux, que les solutions satisfaisantes seraient plus vite trouvées, si l'on n'avait affaire qu'à « la sagesse » et à « la prudence » de l'épiscopat. Tout était compromis, ajoutait-il, par cette action tapageuse, irritante, du « parti religieux », par cette prétention des laïques de se mettre à la place des autorités ecclésiastiques. De telles insinuations pouvaient n'être pas toujours sans effet : aussi M. de Montalembert s'employait-il vivement à déjouer cette tactique auprès des évêques. C'est dans ce dessein qu'il leur faisait un tableau piquant de ce que devenaient les plaintes confidentielles et les démarches isolées :

Un évêque arrive à Paris, le cœur chargé d'amertume et de tristesse par la connaissance qu'il a de l'état déplorable de l'instruction publique dans son diocèse ; il se rend au château, écoute un auguste interlocuteur qui, de son côté, écoute fort peu ou n'écoute point ; il recueille les touchantes paroles d'une reine si grande par sa piété et par ses épreuves, mais dont le plus grand malheur, assurément, serait de voir sa piété servir de voile à l'indifférence ou à l'hostilité du pouvoir contre l'Église. Il descend ensuite vers le ministre, et, là, comme plus haut, ne reçoit que des expressions vagues de sympathie et de confiance dans l'avenir, des promesses sans garantie et sans valeur. On porte, lui dit-on, les intérêts de la religion dans son cœur ; on désire les servir de son mieux ; mais les difficultés sont grandes, les esprits sont échauffés ; il faut surtout se garder du zèle imprudent qui gâte tout ; les choses s'arrangeront ; le gouvernement est animé des meilleures intentions ; le bien se fera petit à petit ; le projet de loi sera présenté très prochainement, pourvu toutefois que le ministère ne soit point gêné par les déclamations inopportunes du *parti religieux ;* sur quoi l'on accorde quelque faveur insignifiante et passagère. L'évêque s'en va, en pensant peut-être qu'après tout, ce ministre n'est pas si mauvais qu'on le dit. Le ministre se félicite, avec ses confidents, de ce qu'après tout, avec de bonnes paroles, on peut venir à bout de la majorité *sage et prudente* de l'épiscopat : et pendant ces conversations, comme avant, comme après, le monopole s'étend et s'enracine de plus en plus [1].

A lui seul, M. de Montalembert serait-il parvenu à changer complètement les habitudes du haut clergé, à vaincre ses hésitations et ses répugnances ? Il eut la fortune de rencontrer, dans les

---

[1] *Du devoir des catholiques dans la question de la liberté de l'enseignement* (1843).

rangs mêmes de l'épiscopat, un très utile et très puissant allié. Rien n'avait fait pressentir le rôle qu'allait jouer Mgr Parisis. Nommé évêque de Langres à quarante ans, en 1834, il s'était renfermé dans son ministère pastoral ; il passait plutôt alors pour être peu favorable aux idées nouvelles, et s'était montré au début « l'un des plus chauds adversaires » de Lacordaire [1]. Mais, en 1843, un voyage en Belgique, où il fut en rapport avec l'évêque de Liége [2], lui fit comprendre, par une sorte de révélation, le rôle qui convenait à l'Église dans la société moderne. A peine de retour en France, il commença la publication de ces brochures qui devaient, pendant toute la lutte, se succéder si rapides, suivant chaque incident, chaque phase nouvelle de la bataille [3]. L'attitude qu'il y

---

[1] *Correspondance du P. Lacordaire avec M*^{me} *Swetchine*, p. 392.

[2] Ce prélat avait publié, en 1840, sous ce titre : *Exposé des vrais principes sur l'instruction publique*, un livre qui avait exercé une influence considérable en Belgique.

[3] Voici une liste, que nous ne prétendons pas être complète, des écrits alors publiés par Mgr Parisis : Quatre *Examens* sur la question de la liberté d'enseignement (1843 et 1844) ; — trois *Lettres à M. le duc de Broglie* (1844) ; — trois *Examens* sur la question de la liberté de l'Église : 1° *Des empiétements*, 2° *Des tendances*, 3° *Du silence et de la publicité* (1845 et 1846) ; — *Des gouvernements rationalistes et de la religion révélée, à propos de l'enseignement ;* — *Lettre à M. de Salvandy* (1847) ; — *Cas de conscience à propos des libertés réclamées par les catholiques* (1847). De 1848 à 1850, il publiera d'autres ouvrages, notamment de *Nouveaux cas de conscience*.

prenait était, sur tous les points, celle que conseillait M. de Montalembert.

Tout d'abord Mgr Parisis s'attache à enlever au débat ce caractère de querelle entre le clergé et l'Université, que les premières manifestations des évêques tendaient trop à lui donner. « On s'obstine, dit-il dès son premier écrit, à répéter que nous ne défendons que la cause du clergé ; il faut bien faire voir que nous défendons la cause de tous, même la cause de ceux contre qui nous réclamons » ; et plus loin : « On dit qu'à l'occasion de la liberté d'enseignement il y a guerre entre l'épiscopat et l'Université. Cela peut être, mais ce n'est qu'un résultat de la question, ce n'est pas la question elle-même... L'épiscopat combat pour la France autant que pour l'Église,... pour la Charte constitutionnelle en même temps que pour l'Évangile. » Il n'invoque pas le droit divin des successeurs des apôtres, mais la liberté promise à tous les Français : c'est comme citoyen qu'il réclame ce qu'on a refusé à ceux qui se présentaient comme prêtres. Le titre même de sa première brochure indique qu'il entend « examiner » la liberté d'enseignement « *au point de vue constitutionnel et social* ». Conduit à étudier, d'une façon plus générale, l'attitude du clergé dans la France nouvelle, il désavoue toute arrière-pensée légitimiste. « Les prêtres, dit-il dans le *Deuxième examen*, qui, par leur éducation, leurs relations, leurs souffrances, étaient attachés à l'ancien ordre de choses, deviennent plus rares tous les jours. Un nouveau clergé s'élève et se répand, étranger aux révolutions, acceptant, sans regret et sans point de comparaison, les faits accomplis, comprenant mieux peut-être l'état social actuel, mais aussi, par cela même, sentant plus vivement le besoin de la pleine liberté de son ministère. » Et il ajoute dans le même ordre d'idées : « Nous laisserons les morts ensevelir les morts. » La société, telle que les siècles l'ont faite, il l'accepte, la mettant seulement en demeure d'appliquer les principes qu'elle a posés en dehors de l'Église et quelquefois contre elle, cherchant et trouvant, dans les libertés qu'elle a établies, le moyen de défendre la cause religieuse. Bientôt même, il traitera, en quelque sorte *ex professo*, cette question alors si nouvelle et demeurée si actuelle et si brûlante. Le titre seul de ce nouvel écrit en indique l'objet et l'esprit : *Cas de conscience à propos des libertés exercées ou réclamées par les catholiques, ou accord de la doctrine catholique avec la forme des gouvernements modernes* [1]. Dès le début, l'auteur y expose qu'il a rencontré deux sortes de contradicteurs : des adversaires qui l'accusent « de professer, en fait de liberté, ce qu'il ne croit pas », et des amis qui « lui reprochent de professer ce qu'il ne doit point ». Il répond aux uns et aux autres, en examinant suc-

---

[1] Chez Lecoffre et Sirou (1847). Malheureusement ce livre est épuisé, ou a été retiré du commerce.

cessivement sept « cas de conscience », touchant la liberté des cultes, la religion d'État, le culte public, la séparation de l'Église et de l'État, la liberté de la presse, la liberté de l'enseignement, le journalisme profane et religieux. Sur toutes ces questions, il donne, des enseignements de l'autorité religieuse et notamment de l'Encyclique *Mirari*, une interprétation faite pour dissiper bien des malentendus, pour désarmer bien des préjugés; tout en se plaçant avec soin en dehors des exagérations révolutionnaires, des thèses absolues que cette Encyclique avait condamnées dans l'*Avenir*, il montre que la doctrine catholique laisse place au libéralisme pratique le plus large, et permet l'accord le plus fécond entre les prêtres de l'antique Église et les citoyens de la France nouvelle. Sa conclusion est que, dans les circonstances actuelles, « tout bien pesé, nos institutions libérales, malgré leurs abus, sont les meilleures et pour l'État et pour l'Église », que « dans ces circonstances, la publicité et la liberté sont plus favorables à la vérité et à la vertu que le régime contraire » et que, dès lors, « les catholiques doivent accepter, bénir et soutenir, chacun pour sa part, les institutions libérales qui règnent aujourd'hui sur la France ». Pour lui, « la grande œuvre des temps modernes » doit être « la solution pratique du problème dont il a essayé d'offrir les principes élémentaires, et qui se résume en ce peu de mots : l'union des droits de l'Église et des libertés publiques. »

Bien loin d'hésiter à prendre part à l'agitation légale que recommandait M. de Montalembert, l'évêque de Langres s'attache à dissiper, sur ce point comme sur les autres, les scrupules du clergé. Dès son *Second examen*, il répond, avec force, à ceux qui, du dedans ou du dehors, blâmaient une telle conduite comme inconvenante et téméraire. C'est dans le même dessein qu'il publiera plus tard une brochure spéciale, sous ce titre : *Du silence et de la publicité*. Il se charge aussi de rassurer ceux des évêques qui s'effarouchaient de l'intervention des laïques ; en 1844, il écrit deux lettres publiques à M. de Montalembert [1], la première pour affirmer l'accord de l'épiscopat avec le noble pair, la seconde pour établir, par les raisons les plus sérieuses, la nécessité de ce concours des laïques dans notre société moderne ; il y réfute directement ceux qui objectaient le défaut de « mission », engage solennellement M. de Montalembert à « persévérer dans la voie où il est courageusement entré », lui déclare qu'il est « tout ensemble, le centre et l'âme de l'action catholique dans toute la France », et termine par ces graves paroles : « Vos plus dures épreuves ne vous viendront peut-être pas de vos adversaires naturels : vous vous rappellerez alors ce que saint Paul eut à souffrir de ses compatriotes et de ses faux frères, *periculis ex genere... periculis in falsis fratri-*

---

[1] Lettres du 25 mai et du 15 août 1844.

bus. Mais le jour de la justice viendra, même en ce monde, et alors la honte sera pour les aveugles et les lâches, la gloire et la récompense, pour les hommes de cœur et de foi. »

A si peu de distance de la Restauration, presque au lendemain de la condamnation de l'*Avenir*, une telle attitude et un tel langage étaient, de la part d'un évêque français, choses singulièrement nouvelles. L'effet fut considérable. Au début des controverses, en 1841 et 1842, le vieil évêque de Chartres avait, par l'ardeur et la fréquence de ses écrits, paru à la tête du clergé militant. Mais on sentit bientôt que la note si différente de l'évêque de Langres était la vraie, la mieux appropriée à l'état des esprits et des institutions, que sa parole plus froide, aussi ferme, mais moins désolée, plus politique et pour ainsi dire moins cléricale, portait davantage. C'est que Mgr Parisis était vraiment l'évêque de son temps, tandis que Mgr Clausel de Montals, tout respecté, courageux, apostolique qu'il fût, représentait une génération vieillie et dépassée. En même temps que par son ton modéré, simple, par son allure grave, mais dégagée de toute solennité et de toute lourdeur inutiles, par son intelligence des préoccupations modernes, l'évêque de Langres plaisait aux gens du monde et aux hommes d'État, il éclairait et rassurait les consciences ecclésiastiques par une science des principes, une précision de doctrine et une rigueur de méthode qui rappelaient le théologien. Aussi a-t-on pu dire qu'il était alors « le premier évêque de France[1] ». A sa suite, les autres prélats s'engagèrent, chaque jour plus résolus et plus nombreux, sur le terrain où les appelait M. de Montalembert. Leurs manifestations publiques se multiplièrent[2]. On sentit bientôt que l'épiscopat avait pris définitivement position et qu'il ne reculerait plus. Il semblait presque parfois qu'on eût plutôt à modérer qu'à exciter son libéralisme, par exemple quand l'évêque d'Ajaccio faisait cette déclaration d'une générosité que les esprits froids et sceptiques trouveraient peut-être exagérée : « Si la liberté ne doit pas triompher dans la lutte, j'estime qu'il vaut mieux succomber avec elle que de lui survivre. Nous ne voulons être libres qu'à la condition de l'être avec tout le monde, nous confiant à la Providence pour l'heure où il lui plaira de nous affranchir tous[3]. »

V

Il était d'autant plus précieux à M. de Montalembert d'avoir gagné le plein concours des évê-

---

[1] Expression de M. Foisset.
[2] Voir, à la fin du tome II des *Actes épiscopaux relatifs au projet de loi sur l'instruction secondaire,* la liste des écrits d'évêques publiés de la fin de 1841, au commencement de 1844. Or, tandis qu'en 1842, il y en avait 8, dont 5 de l'évêque de Chartres, on en compte 24 en 1843, et 5 dans le seul mois de janvier 1844. Ce sera bien autre chose quand le projet de 1844 aura été déposé.
[3] Lettre du 21 mai 1844.

ques, qu'il lui fallait d'autre part lutter contre la mollesse des catholiques laïques. Eux non plus n'avaient pas pris dans le passé l'habitude des résistances publiques. Un esprit de conservation mal comprise les avait plutôt accoutumés à une sorte de docilité, ou, tout au moins, de résignation silencieuse. Par une humilité bizarre, que l'Évangile ne commandait pas, ils semblaient avoir accepté que l'activité, la parole bruyante, l'influence, le pouvoir, fussent généralement du côté de leurs adversaires. Combien d'entre eux, d'ailleurs, que le respect humain détournait de se poser ouvertement en chrétiens! « Les catholiques en France, écrivait alors M. de Montalembert, sont nombreux, riches, estimés; il ne leur manque qu'une seule chose, c'est le courage. » Et ailleurs : « Jusqu'à présent, dans la vie sociale et politique, *être catholique* a voulu dire rester en dehors de tout, se donner le moins de peine possible et se confier à Dieu pour le reste. » Ou bien encore : « Les catholiques de nos jours ont, en France, un goût prédominant et une fonction qui leur est propre : c'est le sommeil. Dormir bien, dormir mollement, dormir longtemps, et, après s'être un moment réveillés, se rendormir le plus vite possible, telle a été jusqu'à présent leur politique. »

Pour secouer cette torpeur des laïques, comme tout à l'heure pour écarter les scrupules des évêques, M. de Montalembert déployait une activité et une énergie passionnées. Ses colères contre les pusillanimes étaient terribles. Il avait de ces cris, on dirait presque de ces gestes incomparables, comme en trouvent les capitaines-nés pour enlever les soldats hésitants en pleine bataille. Du reste, il regardait comme sa tâche propre de rendre aux catholiques la confiance et le courage dont ils avaient perdu l'habitude. « C'est là mon métier, écrivait-il, et je le ferai jusqu'au bout[1]. » Pas un instant il ne laisse languir le combat. Rien ne l'arrête. A la fin de 1842, la santé ébranlée de Mme de Montalembert l'oblige à quitter la France et même l'Europe, pendant deux années. Ni la préoccupation ni la distance ne refroidissent un moment son zèle. Il stimule, dirige de loin ses amis. De Madère, il lance, vers la fin de 1843, cette fameuse brochure sur le *Devoir des catholiques dans la question de la liberté d'enseignement*, qui est vraiment le manifeste et contient tout le programme du nouveau parti. Et surtout de quel accent il y presse les hésitants, réchauffe les tièdes, malmène les lâches ! Écoutez l'explosion de la fin :

Si vous vous laissez tromper par les paroles tantôt doucereuses, tantôt insolentes et hautaines, des chefs de l'Université ; si vous vous endormez avec une béate confiance dans je ne sais quelles promesses cent fois démenties ; si, chaque fois qu'il s'élève parmi vous des voix désintéressées et intrépides pour flétrir la tyrannie, vous criez au danger et à l'imprudence,

[1] Lettre du 7 juillet 1844.

alors, vous pouvez y compter, cette tyrannie durera et se fortifiera en durant. Comptez-y aussi, vous serez punis de votre lâcheté et de votre mollesse dans votre postérité : le germe infect qui vous effraye se transmettra et se propagera de génération en génération, et les enfants de vos enfants seront exploités, comme l'ont été leurs pères, par des rhéteurs, des sophistes et des hypocrites. Dormez maintenant, si vous le pouvez, ilotes volontaires, en présence d'un tel avenir : mais cessez de vous plaindre, en dormant, d'un mal dont le remède prompt et facile est entre vos mains, et subissez en silence le sort que vous aurez voulu et que vous aurez mérité.

M. de Montalembert menait cette campagne avec toute l'ardeur, on pourrait presque dire avec tout l'emportement de la jeunesse : pas tant la jeunesse de l'âge — bien qu'il eût alors à peine trente-quatre ans — que la jeunesse du cœur. Loin de s'en défendre, il s'en vantait à la tribune[1]. Il se serait plutôt mis en garde contre une sagesse prématurée. « Vous êtes trop vieux, disait-il à M. de Carné qui refusait de se laisser entraîner dans le mouvement de l'*Avenir;* à vingt-cinq ans vous parlez toujours comme si vous en aviez cinquante[2]. » Tel d'ailleurs il est resté jusqu'à la fin, même aux heures les plus sombres de la maladie et de la déception. Qui de nous ne l'a entendu, presque mourant, reprocher aux hommes de notre

[1] Discours du 26 avril 1844.
[2] *Souvenirs de ma jeunesse,* par M. de Carné.

génération fatiguée, désabusée par tant d'expériences, de ne savoir plus être jeunes, et, tout bouillonnant de l'impuissance où le réduisait la souffrance, leur jeter ce cri :

Donnez-moi vos vingt ans, si vous n'en faites rien !

Rare vaillance, merveilleusement appropriée à l'œuvre de 1843, alors qu'il s'agissait de mettre en campagne une minorité qui devait compenser son petit nombre par son ardeur, d'entraîner des catholiques non habitués à l'action, et de forcer l'attention d'une société indifférente ou dédaigneuse pour les questions religieuses ! M. de Montalembert était un incomparable agitateur. Avait-il au même degré cette sagesse qui ne dépasse jamais la mesure ? Dans son horreur des tièdes et des timides, prenait-il toujours garde de ne pas aller, de son côté, trop vite et trop loin ? Dans sa préoccupation de pouvoir se rendre, « au déclin d'une vie de dévouement et d'honneur, le témoignage d'avoir méprisé les conseils pusillanimes de la prudence humaine [1] », avait-il un souci suffisant de cette même prudence qui, après tout, est une noble et grande vertu, digne de figurer à côté de l'honneur et du courage ? En donnant aux catholiques militants une vie propre, une organisation à part, l'habitude de se sentir les coudes et de ne plus être mêlés aux in-

[1] *Du devoir des catholiques dans la question de la liberté d'enseignement.*

différents ou aux ennemis, en les rendant confiants
en eux-mêmes et hardis à arborer leur drapeau,
ne risquait-il pas de les séparer trop du reste de
la société et de leur donner un peu l'apparence
d'une secte excentrique et batailleuse? Ce qui lui
paraissait nécessaire pour enlever ses troupes, ne
pouvait-il pas quelquefois irriter par trop ses adversaires, ou, ce qui était plus fâcheux, effaroucher les spectateurs des régions moyennes? Pour
relever ses coreligionnaires de leur attitude trop
humiliée et trop humble, n'était-il pas tenté de
pousser la fierté jusqu'à la provocation, le mépris
du respect humain jusqu'à la bravade? S'il avait
répudié les erreurs de l'*Avenir*, n'en avait-il pas
conservé certaines habitudes d'esprit, un goût de
la véhémence dans la forme et des exigences trop
absolues dans le fond? Notre admiration pour M. de
Montalembert n'éprouve aucun embarras à reconnaître qu'éminent par certaines qualités, celles qui
étaient précisément alors le plus nécessaires, il a pu
posséder d'une façon moins complète les qualités
pour ainsi dire opposées. On sentait que l'homme
qui devait écrire plus tard avec un accent si saisissant : « Je suis le premier de mon sang qui
n'ait guerroyé qu'avec la plume; mais qu'elle de-
vienne un glaive à son tour! » était en effet d'une
race de guerriers plutôt que de diplomates [1]. Il

---

[1] C'est ce qui faisait dire à M. Thiers, causant avec
Mgr Dupanloup, cette parole que rapportait naguère un

semblait d'ailleurs que lui-même fût le premier à s'en rendre compte. « Je ne suis qu'un soldat, écrivait-il au plus fort de la lutte, tout au plus un chef d'avant-garde. Nous avons une place à remporter : la liberté. Ceux qui y sont entrés avant nous ne veulent pas nous y laisser pénétrer ; mais la brèche est faite, il faut l'escalader. J'y succomberai très probablement, mais je servirai de marchepied à mes successeurs ; de cette façon nous arriverons à la crête du rempart. Ce *nous* ne veut pas dire *moi*, mais qu'importe[1] ? » Il pressentait qu'un jour viendrait où il faudrait d'autres qualités, et, d'avance, le soldat cédait, pour ce jour, la place aux diplomates. « Nous savons bien, disait-il, que d'autres moissonneront là où nous aurons semé... Dans toutes les grandes affaires de ce bas monde, il y a deux espèces d'hommes : les hommes de bataille et les hommes de transaction, les soldats qui gagnent les victoires, et les diplomates qui passent les traités, qui reviennent chargés de décorations et d'honneurs, pour voir passer les soldats aux Invalides[2]. »

Les meilleurs amis de M. de Montalembert eux-mêmes avaient parfois le sentiment qu'il dépassait quelque peu la mesure. Lacordaire n'était pas

---

des témoins de la mort de l'éminent prélat : « M. de Montalembert est un grand guerrier ; M. de Falloux est un grand homme d'État. »

[1] Lettre du 7 juillet 1844.
[2] *Du devoir des catholiques dans les élections* (1846).

entré personnellement dans la lutte ; il se consacrait exclusivement au rétablissement des Dominicains, autre moyen, et non le moins efficace, de servir la cause de la liberté religieuse ; mais il était de cœur avec son ami. Dans les conseils qu'il lui adressait, il l'exhortait principalement « à ne pas vouloir tout à la fois, à ne pas se lancer dans des théories sans fond ni rive, et surtout à ne pas fournir aux ennemis un prétexte de crier sur les toits qu'on voulait renverser de fond en comble la société française ». Cet homme, au premier abord si ardent, si passionné, croyait beaucoup à la force de la patience ; de l'épreuve de l'*Avenir* il avait rapporté le sentiment très vif du péril des exagérations. « Regarde, avait-il écrit à M. de Montalembert, au moment où il s'était séparé de Lamennais, regarde dans l'histoire de nos troubles quels sont ceux dont la mémoire est demeurée pure : ceux-là seuls qui n'ont jamais été extrêmes. Tous les autres ont péri dans l'estime de la patrie. » Et plus tard : « Le *modus in rebus* est une des choses à quoi je m'applique le plus, étant persuadé que la mesure est à la fois ce qu'il y a de plus rare et ce qui contient le plus de force. » Or la guerre contre l'Université lui paraissait menée d'une façon « un peu âpre et égoïste. » « La nature, écrivait-il à M. de Montalembert, a mêlé à mon énergie un ingrédient d'extrême douceur qui me rend malpropre à l'âpreté de presque tous ceux que je vois manier nos intérêts. » Il se préoccupait beaucoup

« des tièdes, des indifférents, des politiques et de la masse flottante ». N'allait-on pas les effrayer, les aliéner? Ne faudrait-il pas leur montrer davantage « le désir de la paix et l'esprit de conciliation ? » Il craignait aussi qu'on ne prît une attitude trop militante vis-à-vis du pouvoir, et il souhaitait qu'à cet égard on « rentrât dans la voie de conciliation suivie depuis 1830[1] ». Ozanam, dont la position était assez délicate entre l'Université à laquelle il appartenait et les amis dont il partageait la foi et les aspirations, était également disposé à trouver qu'on avait commencé la bataille un peu vite et qu'on la poussait un peu vivement. L'idée même du « parti catholique » l'inquiétait : « Je ne voudrais pas qu'il y eût un *parti* catholique, disait-il, parce qu'alors il n'y aurait plus une nation qui le fût. »

Plus tard, du reste, M. de Montalembert n'a pas été le moins empressé à faire sa confession, avec une loyauté à la fois humble et fière. Dès 1849, dans son célèbre discours sur la loi de la presse, il éprouvait le besoin de faire une sorte de *meâ culpâ* public, pour avoir poussé trop loin, contre la monarchie de Juillet, son opposition dans les questions religieuses. Les écrivains de l'*Univers* ayant critiqué cette expression d'un repentir que, pour leur part, ils ne ressentaient pas, M. de Mon-

---

[1] Lettres diverses, citées par M. de Montalembert et par M. Foisset, dans leurs ouvrages sur le P. Lacordaire.

talembert précisa sa pensée : il ne répudiait sans doute pas la cause pour laquelle il avait combattu, mais il se reprochait de n'avoir pas suffisamment « apprécié toutes les intentions de ses adversaires, pris compassion de leurs difficultés », et de n'avoir pas assez veillé à « ne jamais séparer le désir de la paix des ardeurs de la guerre [1] ». Quelques années après, en rassemblant ses écrits et ses discours de cette époque, il désavouait « les exagérations, les personnalités que les habitudes des anciennes polémiques rendaient à peine excusables, les emportements non seulement de la parole, mais de la pensée, commandés par la passion du moment, démentis par l'expérience du lendemain [2]. » Il semble donc qu'on obéisse à M. de Montalembert, en ne dissimulant pas ce qu'il a spontanément reconnu et regretté avec une si noble franchise. Par là, cette grande et brillante figure n'est ni diminuée ni obscurcie; son image n'en est que plus vraie, plus vivante, et, par suite, plus empreinte de cette séduction qui agissait tant sur ses contemporains, sur ses adversaires eux-mêmes.

C'est que tout, chez lui, jusqu'à ces légers défauts, se présentait avec un caractère particulier de dignité aristocratique, de sincérité vaillante, pure et désintéressée. Dans ses exagérations, rien

[1] Montalembert, *Discours*, t. III, p. 218 à 222 et 227-228.
[2] *Avant-propos* des *Discours* de M. de Montalembert, t. I, p. xiv et xx.

d'étroit, de raide, d'obstiné, et Berryer pourra lui dire un jour : « Vous n'êtes pas un homme absolu ; vous êtes un homme résolu. » Dans ses plus grandes vivacités de forme, combien on se sent loin de ces violences amères, grossières, méchantes, trop fréquentes dans nos luttes publiques, où les mœurs de la démocratie envahissent même la polémique de ceux qui se donnent pour mission de la combattre. Les coups qu'il portait, si rudes fussent-ils, étaient comme les coups de lance que les chevaliers se donnaient dans les tournois : pour coûter parfois la vie à l'adversaire, ils ne révélaient aucune passion basse chez les champions, et pouvaient être applaudis des nobles dames assises autour de l'arène. Aussi, ceux-là mêmes qu'attaquait si vivement M. de Montalembert, pour peu qu'ils eussent l'âme haute, ne se défendaient pas d'éprouver à son égard estime et sympathie. Tel était notamment M. Guizot. En pleine bataille, il remerciait l'orateur catholique de ce que « son opposition était une opposition qui avait le sentiment de l'honneur et pour ses adversaires et pour elle-même » ; il ajoutait, non sans mélancolie : « Nous n'y sommes pas accoutumés, depuis quelque temps [1]. » Plus tard, les luttes finies, parlant dans une région plus sereine, l'ancien ministre de Louis-Philippe rappelait à M. de Montalembert qu'il recevait à l'Académie, quelle impression

---

[1] Discours du 2 août 1847.

il avait ressentie autrefois en le rencontrant :

Des pensées si sérieuses avec des émotions si vives, tant de gravité dans le cœur avec tant d'ardeur dans l'imagination, votre foi profonde et naïve, votre physionomie, votre langage plein en même temps de réflexion et de passion, et votre extrême jeunesse laissant éclater toutes ces richesses de votre nature, avec son inexpérience impétueuse, ses grands désirs et ses beaux instincts, tout cela vous donnait, monsieur, un caractère original et plein d'attrait qui, dès ce jour, me saisit vivement et me fit pressentir pour vous un noble avenir.

Puis, faisant allusion aux controverses de la liberté d'enseignement, M. Guizot ajoutait :

Malgré tant et de si graves dissentiments, je n'ai jamais cessé, monsieur, de ressentir pour vous l'intérêt et le goût que vous m'aviez d'abord inspirés. Au milieu des luttes de la vie publique, et quoique souvent atteint de vos coups et forcé de vous porter aussi les miens, j'ai toujours eu l'instinct d'une secrète sympathie qui unissait au fond, du moins dans leur but intime et dernier, nos vœux et nos efforts, sentiment dont probablement vous ne vous êtes guère douté, que je n'écoutais point quand j'avais à vous combattre, mais que j'ai plus d'une fois retrouvés au moment même du combat, et que je prends plaisir à vous exprimer aujourd'hui [1].

[1] Dans une autre cérémonie académique, M. Guizot disait de M. de Montalembert, qu'il « laissait dans l'esprit des spectateurs tranquilles », de ceux-là mêmes

Quels lutteurs que ceux qui, après le combat, sont capables de s'adresser et dignes de recevoir de pareils hommages !

VI

Les hautes et charmantes qualités qui, chez M. de Montalembert, rendaient noble et aimable la véhémence elle-même, ne se retrouvaient pas malheureusement chez tous ses alliés. On rêverait volontiers pour les défenseurs de l'Église une supériorité constante de dignité et de charité. On voudrait pouvoir dire de chacun d'eux ce que Lacordaire a écrit d'Ozanam : « Il fut doux pour tout le monde et juste envers l'erreur. » Mais faut-il s'étonner et se scandaliser, si la réalité n'est pas toujours conforme à cet idéal? Déjà, sous la Restauration, Lamennais avait introduit dans la polémique religieuse, des habitudes de violence, de sarcasme et d'outrage, qui étaient de nature à corrompre le goût d'une partie du clergé [1]. On s'en aperçut, quand la lutte pour la liberté d'enseignement s'anima, à la violence regrettable de certains écrits. L'un des plus retentissants fut un ouvrage, d'abord anonyme, publié sous ce titre :

dont il « choquait la sagesse », une « impression de satisfaction bienveillante ».

[1] On me permettra de renvoyer, sur cette influence mauvaise de l'exemple de Lamennais, à ce que j'ai dit ailleurs dans mes études sur la Restauration. Voir *Royalistes et Républicains*, p. 255.

le Monopole universitaire, destructeur de la religion et des lois. Plus tard, l'abbé Des Garets y apposa son nom; mais il n'en était pas le véritable, ou tout au moins l'unique auteur. L'archevêque de Paris, à ce moment même, reprochait à l'écrivain d'avoir « confondu des hommes dont il aurait dû séparer la cause, fait des citations dont l'exactitude matérielle ne garantissait pas toujours l'exactitude quant au sens, et pris un ton fort injurieux, ce qui était une manière fort peu chrétienne de défendre le christianisme ; à ces inconvénients il avait ajouté celui de mal choisir son temps, ses expressions et ses adversaires, de porter ses coups au hasard et de gâter ainsi, par des torts accessoires, une cause bonne en elle-même [1] ». Quelques pamphlets du même goût suivirent, entre autres le *Simple coup d'œil* de l'abbé Védrine et le *Miroir des collèges*. On ne saurait mettre sur le même rang le *Mémoire à consulter* de l'abbé Combalot, l'un des prédicateurs les plus populaires et les plus zélés de cette époque ; le talent et l'inspiration étaient d'un autre ordre ; toutefois cet écrit ressemblait plus à l'imprécation d'un prophète de l'ancienne loi, qu'à la discussion d'un prêtre de la nouvelle ; et le fougueux auteur ne dépassait-il pas la mesure, quand il paraissait exclure toute éducation laïque, quand

---

[1] *Observations sur la controverse élevée au sujet de la liberté d'enseignement,* par Mgr Affre (1843).

il conseillait aux évêques de mettre en interdit les chapelles des collèges et de ne pas accepter leurs élèves à la première communion?

Ici nous rencontrons l'action d'un journal qui, en parlant chaque matin, devait contribuer plus que toute autre publication à donner le ton aux polémiques religieuses. L'*Univers* n'avait pas alors, dans le clergé, tout le crédit dont il jouira plus tard : son autorité était contestée; mais déjà il devait à son principal rédacteur d'être de beaucoup le plus en vue des journaux catholiques. La part qu'il a prise à la campagne pour la liberté d'enseignement a été trop importante pour pouvoir être passée sous silence. Fondé, peu après 1830, par l'abbé Migne, il avait eu successivement plusieurs rédacteurs en chef, entre autres un homme qui s'est fait un nom estimé dans la presse religieuse et royaliste, M. de Saint-Chéron; mais, au moment même où la lutte religieuse devenait vive, il lui arrivait un collaborateur, ancien journaliste ministériel, converti de la veille au catholicisme, qui apportait, avec le dévouement ardent et enthousiaste du croyant, l'expérience et l'énergie d'un lutteur aguerri. Ce nouveau venu, malgré les résistances opposées par certains patrons du journal, en devint aussitôt le maître par le droit d'un talent supérieur : et désormais on put dire que l'*Univers* était M. Louis Veuillot. Contraint par les nécessités mêmes du sujet de parler de l'œuvre et de l'homme, il convient de le faire, en laissant de côté tout ressentiment des controverses qui ont pu s'élever plus tard. Aussi bien, ces controverses n'étaient-elles pas encore nées à cette époque, et n'y avait-il, entre M. Veuillot et M. de Montalembert, aucune contradiction sur les questions de doctrines qui devaient plus tard les diviser. Les écrivains de l'*Univers* ne le cédaient alors à personne en ardeur, peut-être en illusion libérale, et un moyen assuré de s'exposer à leurs plus terribles représailles eût été de paraître douter de leur sincérité sur ce point [1].

L'entrée en scène de M. Veuillot donnait aux catholiques ce qu'ils n'avaient plus dans la presse quotidienne, depuis l'*Avenir* : un polémiste alerte, vigoureux, tel qu'aucun autre journal n'en possédait à cette époque; un écrivain né, dont la langue pleine de trait et de nerf, et dont la verve de franc jet, avaient, on l'a remarqué avec raison, quelque

---

[1] On lit par exemple dans l'*Univers* du 21 janvier 1845: « Cherchant à concilier les besoins du catholicisme avec les entraînements les plus légitimes de ce siècle, qui est le nôtre et que nous acceptons, nous avons fait retentir d'une voix convaincue,... un cri d'alliance entre l'Évangile et la Charte... Dieu et la liberté ! » Et plus loin, l'*Univers* se vantait d'avoir crié : « Vive la liberté des cultes, vive la liberté de la presse, vive la liberté des associations, vive la Charte ! » Le 9 juillet suivant, il disait : « Les catholiques veulent et demandent la liberté pour tout le monde »; et le 20 juillet : « Nous aimons plus la liberté que nous ne redoutons le mal qu'elle peut faire. » On pourrait multiplier à l'infini ces citations.

chose du parler des servantes de Molière ; un satirique habile et implacable à saisir et parfois à créer les ridicules, et qui se servait, au nom de la religion, de cette ironie dont elle avait eu si souvent à souffrir ; un batailleur courageux, hardi à prendre l'offensive, se faisant détester, mais écouter et craindre, donnant à un parti, jusqu'alors humilié, le plaisir de tenir à son tour le verbe haut, d'avoir le dernier mot, et quelquefois le meilleur, dans les altercations de la presse, satisfaction par certains points analogue à celle qu'avaient procurée aux catholiques, dans les régions plus élevées des luttes parlementaires, la hardiesse chevaleresque et les fiers défis de M. de Montalembert. L'avantage était grand, et nous ne prétendons certes pas en rabaisser le prix ! Mais, si brillante qu'elle fût, la médaille n'avait-elle pas un revers ? C'est la marque de l'importance et du talent de M. Veuillot, qu'il créait un genre nouveau de polémique religieuse et fondait une école. Ce genre et cette école ont fait trop de bruit et sont aujourd'hui trop connus pour qu'il soit besoin de les définir et de les apprécier. Le moins qu'on en pourrait dire, n'est-ce pas que le journal tendait ainsi parfois à devenir un pamphlet quotidien, et qu'on n'y paraissait pas toujours assez soucieux de ne point contredire la fameuse parole de M. Guizot : « Le catholicisme est la plus grande, la plus sainte école de respect qu'ait jamais vue le monde » ?

Rendons cette justice à M. Veuillot, qu'il n'y

avait pas eu chez lui préméditation. Au début, dans la fraîcheur attendrie de sa conversion et dans la candeur de ses premières impressions de néophyte, il s'était fait un tout autre idéal de la polémique chrétienne; il disait, en 1843, à la fin de l'espèce de manifeste où il exposait « le programme de l'*Univers* » :

Nous n'aimons pas la destruction, nous ne glorifions pas les destructeurs; cependant ces destructeurs sont nos frères. Rien ne nous empêchera d'aller vers eux, pour les amener, par un langage qu'ils puissent comprendre, dans les bras ouverts de l'Église, notre mère commune, où se sont disciplinés bien d'autres barbares que n'avaient pu soumettre ni l'éloquence ni l'épée... Sans fermer les yeux sur le mal, nous ne ravageons pas le champ par trop de hâte à détruire cette ivraie que le père de famille veut bien laisser croître jusqu'à la moisson. Notre rôle est le combat dans la patience et la charité [1].

Admirable programme, qui fait beaucoup d'honneur à celui qui en a eu l'inspiration, ne fût-ce qu'un moment ! Mais l'écrivain qui l'avait tracé, avec une sincérité de résolution dont on n'a nulle raison de douter, se trouva bientôt entraîné dans des voies différentes. Il y fut poussé tout d'abord par la nature même de son talent. Ces esprits de franche race gauloise, chez lesquels déborde si naturellement la sève des écrivains du seizième

---

[1] *Mélanges* de M. Veuillot, t. II, p. 6 et 7.

siècle et en qui on croit reconnaître parfois la descendance littéraire de Rabelais, ont peine à sacrifier aux convenances mondaines ou même à la charité chrétienne, la tentation et le plaisir d'un mot bien trouvé, d'un mordant sarcasme, d'une caricature amusante et meurtrière, d'une invective vivement troussée. Plus la lutte s'anime, plus on risque de voir le tempérament l'emporter : chez eux, ce n'est pas tant la colère qu'une sorte d'enivrement d'artiste ; ils en veulent moins à la victime qu'ils ne se complaisent dans l'art avec lequel elle est exécutée. Ainsi M. Veuillot était conduit, un peu aux dépens du prochain, à se reprendre aux jouissances batailleuses dont il avait acquis naguère l'habitude dans le journalisme profane, trouvant dans l'ardeur très sincère de sa foi nouvelle moins une leçon de douceur qu'une raison de se livrer à ces polémiques avec une conscience plus tranquille et plus satisfaite. Ne connaissait-on pas déjà, aux siècles de foi profonde, mais rude, de ces convertis qui s'imaginaient donner la mesure de leur dévouement à l'Église par le degré de vigueur avec lequel ils maltraitaient les infidèles, ou même parfois ceux qui n'étaient pas fidèles à leur guise ? Lacordaire était d'un sentiment différent quand il déclarait que le premier devoir de « l'homme converti » était « d'avoir pitié » ; autrement, ajoutait-il, « ce serait comme si le centurion du Calvaire, en reconnaissant Jésus-Christ, se fût fait bourreau, au lieu de se frapper la poitrine ».

Il ne faudrait pas pourtant, dans la direction donnée à la polémique, imputer tout à un homme et méconnaître ce qui vient du public religieux. Ce n'est pas que ce genre nouveau n'ait soulevé d'abord plus d'une alarme et d'une répugnance, dans les parties élevées de ce public, principalement chez les évêques et jusque chez quelques-uns des propriétaires de l'*Univers* [1]; M. Veuillot lui-même parlait alors avec impatience de ces catholiques qui « s'accrochaient à ses vêtements pour le retenir, criant qu'il les compromettait [2]. » Mais il avait compris d'instinct que derrière cette élite de délicats était une foule dont le goût était moins fin et la passion plus violente, derrière l'aristocratie épiscopale, la grande démocratie cléricale, ces fils de paysans qui, en si grand nombre, occupent et honorent aujourd'hui les presbytères de nos campagnes ou même de nos villes : race forte, saine et féconde, dans laquelle il est heureux de voir l'Église se recruter, mais qui n'était raffinée ni par nature ni par éducation ; elle préférait la verve agressive du nouveau journal à la sagesse somnolente du vieil et respectable *Ami de la religion*, ou à l'impartialité un peu terne du *Journal des villes et campagnes*, et trouvait, avec plaisir, dans ces rudes représailles de la plume, la revanche de tant d'humiliations injustement

---

[1] Foisset. *Vie du P. Lacordaire*, t. II, p. 95 et sq.
[2] *Univers*, 25 mai 1843.

subies, la consolation de déchéances douloureusement senties. C'est à ces masses profondes du clergé populaire que M. Veuillot s'adressait directement, en quelque sorte par-dessus la tête des évêques ; c'est sur elles qu'il s'appuyait, en cela beaucoup plus « moderne », plus démocrate qu'il ne croyait l'être et que ne l'étaient en face de lui, à cette époque, les hommes politiques du suffrage restreint. Entre elles et lui s'établit bientôt une étroite communication et comme une action réciproque. Ce rôle joué par la presse religieuse était un fait grave dans l'histoire de l'Église de France ; on assistait à l'avènement d'une puissance nouvelle dont on ne voyait pas bien la place dans la hiérarchie de la société catholique, et dont le danger possible n'échappait pas aux intéressés clairvoyants, surtout aux évêques [1]. Mais il y avait là une force considérable, et chacun en pouvait juger alors, à la popularité étendue, profonde et passionnée, que la cause de la liberté d'enseignement acquérait auprès du clergé, lecteur de l'*Univers*.

C'était ce qu'on serait presque tenté d'appeler le côté révolutionnaire de l'homme qui a, toute sa vie, avec autant de passion que de sincérité, com-

---

[1] Telle a été, pendant plusieurs années, la préoccupation de nos prélats les plus éclairés : et le désordre qui pouvait en résulter a été signalé, quelques années plus tard, en 1853, dans une lettre déjà citée de Mgr Guibert, aujourd'hui archevêque de Paris. (*Œuvres pastorales*, t. I, 356 et sq.)

battu et maudit la révolution. Dans cette contradiction apparente, n'y avait-il pas une part d'origine qu'il serait injuste de ne pas mettre en lumière, et dont il convient de tenir compte? Question plus personnelle, plus intime, mais que l'écrivain nous a, en quelque sorte, invités à aborder, en publiant sur soi un livre dont l'accent rappelle parfois les confessions des grands convertis[1]. Lui-même nous y a raconté, avec une franchise qui ne lui coûtait ni ne le rabaissait, la douloureuse et émouvante histoire de ses premières années. Lui-même nous a fait connaître comment, fils d'ouvriers honorables, mais sans instruction et sans religion, il avait reçu ses premières impressions, enfant, dans les pauvres leçons et les exemples détestables de l'école mutuelle, « l'infâme école mutuelle », a-t-il écrit, puis au milieu des propos cyniques d'une étude d'avoué où il était petit clerc; jeune homme, dans les polémiques violentes du journalisme, où il avait été jeté presque sans préparation, et où chacun, disait-il, n'avait guère d'autre « foi » que celle de ses « besoins » et de ses « intérêts ». Lui-même nous a révélé n'avoir pu garder de ce qu'il appelait tous ces « mauvais chemins » un seul souvenir pur, tendre et consolant, fût-ce celui de sa première communion, et n'en avoir remporté, au contraire, que des sentiments de mépris amer pour les hommes, de révolte

---

[1] *Rome et Lorette*; voir notamment l'*Introduction*.

irritée contre la société : sentiments d'autant plus profonds et douloureux qu'ils s'étaient gravés dans une âme d'enfant. On en pourrait juger au seul accent avec lequel il rappelait l'effet produit sur lui par cette « société sans entrailles » et « sans intelligence », à laquelle « il ne devait rien », par le spectacle « des oppressions, des distances iniques et injurieuses du hasard de la naissance, heureux pour d'autres, insupportable pour lui ». Si radicale qu'avait été sa conversion, si renversant qu'avait été le coup de la grâce dans ce nouveau chemin de Damas, si entier qu'était son dévouement à sa foi nouvelle et son désir d'y conformer désormais sa conduite, tout le vieil homme avait-il été détruit chez lui? Le pli imprimé à cette intelligence, dès le jeune âge, avait-il été complètement effacé? Qui sait s'il ne faudrait pas remonter jusque-là pour trouver l'origine de certaines notes qui rendaient, par exemple, les âpretés de M. Veuillot si différentes des vivacités de M. de Montalembert? Quand, dans la chaleur de ces luttes vaillantes et brillantes, le rédacteur de l'*Univers* maltraitait si fort les hommes de 1830 et les lettrés de l'Université, on était parfois tenté de se demander si, à côté du chrétien néophyte qui se faisait un pieux devoir d'immoler les voltairiens sur ses nouveaux autels, il n'y avait pas aussi, à son insu, quelque chose du démocrate d'origine, de l'ancien révolutionnaire par éducation et par souffrance, qui se plaisait à frapper sur le bourgeois? Après avoir dit ce qu'avait de fâcheux la nouvelle polémique religieuse, il était équitable, croyons-nous, d'indiquer cette explication : elle est, dans une certaine mesure, une excuse pour M. Veuillot, innocent après tout du malheur de son premier âge, et les souvenirs douloureux qu'il a été le premier à faire connaître, en inspirant compassion pour l'enfant, ne peuvent qu'adoucir le jugement porté sur l'homme. Faut-il ajouter qu'en montrant comment certains caractères un peu compromettants de cette polémique étaient en partie imputables à une première éducation intellectuelle faite en dehors du catholicisme, on décharge aussi, à un autre point de vue, la cause religieuse elle-même?

C'est le souci de cette cause qui faisait tant regretter aux catholiques les plus considérables et les plus éclairés, le ton de certaines brochures et de certains journaux. De ce sentiment il importe d'indiquer brièvement les témoignages, non pour insister sur le tort de quelques écrivains, mais pour dégager la responsabilité du catholicisme et mettre en relief la mauvaise foi de ceux qui voulaient le rendre solidaire des excès de quelques-uns de ses défenseurs. Il était notoire alors que la majorité des évêques n'approuvait pas le tour donné aux polémiques, et s'inquiétait de l'effet produit sur la partie de l'opinion qu'il y avait chance et nécessité de conquérir[1].

---

[1] Foisset, *Vie du P. Lacordaire*, t. II, p. 99.

« L'amertume du langage aliène les cœurs, disait à ce propos M. Affre ; combien d'hommes, jusqu'alors paisibles spectateurs de ces luttes, se sont irrités et sont descendus dans l'arène pour défendre leurs droits si violemment attaqués ! combien de personnalités injurieuses dont plusieurs étaient de graves injustices ! Des hommes sincèrement chrétiens ont été traités comme des impies. » Ayant su que M. Saint-Marc Girardin avait été attaqué, l'archevêque se hâtait de lui rendre visite, en réparation de ce tort. Conseils, menaces de désaveu, essais de comités de direction, il avait recours à tout, mais vainement, pour obtenir de l'*Univers* plus de modération et de mesure [1]. Il jugea même nécessaire de blâmer publiquement quelques écrits, notamment le *Monopole universitaire*. Mais, peu de jours après, l'*Univers* publiait deux documents : le premier était une protestation dans laquelle M. Des Garets déclarait « ne pouvoir accepter le blâme » de l'archevêque de Paris ; le second, une lettre par laquelle l'évêque de Chartres louait le pamphlet en question, critiquait la démarche de son métropolitain et croyait devoir informer le public que ce titre de métropolitain, n'était qu'une « prééminence honorifique, n'entraînant point de supériorité quant à l'enseignement ». M. Affre fut fort ému de cet incident : y trouvait-il le premier signe d'un dés-

---

[1] Foisset, *Vie du P. Lacordaire*, t. II, p. 95 à 98.

ordre dont il avait eu le pressentiment dès qu'il avait vu l'importance prise par la presse, dans l'intérieur même de l'Église? Il en demeura, dit un de ses biographes, « pâle et défait pendant plusieurs jours ». S'il ne valait mieux abréger ces souvenirs d'anciennes dissidences entre catholiques, on pourrait citer les pages où le « premier évêque de France » à cette époque, M. Parisis, après avoir rendu hommage à la haute mission et aux grands services du journalisme religieux, lui adressait les plus graves et les plus sévères avertissements [1]. Bornons-nous à un dernier témoignage d'une autorité particulière. Le P. de Ravignan ne dissimulait pas qu'il désapprouvait certaines polémiques ; dénoncé, à ce propos, auprès du P. Roothaan, général des jésuites, il lui écrivait :

Quand le livre du *Monopole* parut, je ne sais si j'ai appelé la situation créée par ce livre *malheur immense ;* mais j'y ai vu, avec les esprits les plus graves, les plus dévoués à l'Église et à la Compagnie, un obstacle à des résultats que le mouvement religieux prononcé semblait amener plus paisiblement. J'ai blâmé en ce sens les formes injurieuses du livre. J'ai pu exprimer des craintes sur les conséquences. Quant à l'existence de la Compagnie en France, je savais toute l'irritation des hommes du pouvoir contre nous à ce sujet. J'ai pu dire et penser que cette publication ainsi faite était dangereuse, inop-

---

[1] *Cas de conscience,* p. 213 à 215.

portune peut-être ; je ne crois réellement pas avoir dit ni pensé autre chose.

Et le P. Roothaan lui répondait : « J'ai maintenant le cœur tranquille et dilaté. Votre conduite a été celle d'un véritable enfant de la Compagnie. *Vous n'avez fait, à l'égard du* Monopole, *que ce que j'ai fait moi-même* [1]. »

Le général des jésuites exprimait d'ailleurs, en cette circonstance, le sentiment dominant à la cour romaine. Dès 1843, le nonce désavouait les polémiques violentes, dans ses conversations avec M. Guizot [2]. Et quelques années plus tard, l'une des premières paroles de Pie IX sera pour mettre les catholiques français en garde contre les entraînements auxquels plusieurs d'entre eux n'avaient pas toujours su résister. « Il faut, dira-t-il, continuer à réclamer la liberté d'enseignement avec fermeté, avec courage, *mais aussi avec charité*. Nous autres, quand nous combattons, nous

---

[1] *Vie du P. de Ravignan*, par le P. de Pontlevoy, t. II, p. 272 à 274.

[2] Nous lisons, à la date du 4 juin 1843, dans un journal inédit rédigé par un homme qui occupait alors un poste élevé au ministère des affaires étrangères : « Le nouveau nonce est venu spontanément déclarer à M. Guizot que la cour de Rome désapprouvait les attaques injustes et passionnées dirigées contre le corps universitaire. Il a blâmé sans réserve la polémique violente du journal l'*Univers*, faisant remarquer d'ailleurs qu'il ne contenait pas un seul ecclésiastique parmi ses rédacteurs. »

devons le faire toujours avec la confiance en Dieu dans le cœur, et la confiance en Dieu inspire toujours la charité[1]. »

VII

C'est assez nous arrêter sur ces imperfections inévitables dans les choses humaines, et qui ne doivent pas nous détourner de saisir et d'admirer l'ensemble du mouvement. Le mieux eût été sans doute que la lutte ne fût pas nécessaire, et que la conciliation se fît dans les conditions où elle avait été acceptée, en 1833, pour l'instruction primaire, et où elle avait été tentée, en 1836, pour l'instruction secondaire. Mais du moment où cette lutte est engagée, ne semble-t-il pas, à voir où en sont les catholiques, au commencement de 1844, après les premières années de tâtonnement et de mise en train, qu'on assiste à un beau départ, que l'impulsion est vivement donnée et la direction bien prise? Le jeune *leader* a le droit d'être fier des résultats obtenus. Les évêques ont surmonté définitivement leurs scrupules ; presque tous, ils se jettent les uns après les autres dans la bataille, acceptant le terrain nouveau, les armes d'abord suspectes, qu'on leur offrait ; et tout à l'heure, quand sera déposé

---

[1] Ces paroles ont été rapportées par l'abbé Dupanloup, auquel elles avaient été adressées, dans une brochure publiée en 1847, sous ce titre : *Du nouveau projet de loi sur la liberté d'enseignement*.

le nouveau projet de M. Villemain, on verra quelle sera l'unanimité et l'énergie de leur intervention. Le clergé paroissial proteste publiquement contre ceux qui cherchent à le séparer des évêques. De nombreuses brochures, des écrits de divers genres révèlent l'activité et l'élan des esprits : tous, grâce à Dieu, ne ressemblent pas à ceux qu'il nous a fallu blâmer ; bientôt même les publications du P. de Ravignan et de l'abbé Dupanloup vont donner à la polémique catholique un accent dont la dignité s'imposera aux adversaires eux-mêmes. La presse religieuse se développe et se fortifie [1]. On com-

---

[1] Voici quel était, vers 1843, l'état de la presse catholique : l'*Univers* avait environ 2800 abonnés, il en avait 1800 en 1842 et en aura 6000 en 1845. — Le *Journal des villes et campagnes* faisait peu de polémique, mais il avait environ 6500 abonnés, desservants ou maires de communes rurales. — L'*Ami de la Religion*, très modéré, légèrement gallican à la façon du vieux clergé, peu sympathique à l'*Univers*, comptait 1700 lecteurs. — Il faut ajouter la presse royaliste, la *Quotidienne* (3000 abonnés), rédigée par M. Laurentie, dévouée à la liberté d'enseignement, tout en désirant absorber le « parti catholique » dans le parti légitimiste, et la *France* de MM. Lubis et Dollé (1400 abonnés). Quant à la *Gazette de France* (3500 abonnés) sous la direction fantasque de M. de Genoude, elle contrariait souvent la campagne de la liberté religieuse.— Parmi les revues, il faut signaler les *Annales de philosophie chrétienne* de M. Bonnety, et l'*Université catholique*, ayant chacune environ 700 lecteurs. La plus importante était le *Correspondant*, qui venait d'être reconstitué en 1843, et où écrivait l'élite des publicistes catholiques. — En province, il y avait une vingtaine de journaux catholiques, presque tous légitimistes.

mence à faire circuler et signer des pétitions. Un conseil de jurisconsultes s'est constitué. Enfin, après des pourparlers laborieux, la direction du mouvement se concentre aux mains d'un comité composé de laïques et présidé par le comte de Montalembert : derrière ce comité, se groupent tous les catholiques agissants.

Quelle ardeur ! et surtout, — en dépit des divergences que nous avons signalées et qui portaient sur le ton, non sur le fond de la polémique, — quelle union ! Les légitimistes, qui avaient été d'abord en méfiance à l'égard de la nouvelle école religieuse, sont presque tous venus, avec un intelligent et généreux oubli des ressentiments passés, prendre rang dans l'armée catholique ; leurs orateurs défendent la liberté d'enseignement à la tribune de la Chambre des députés, et l'un des signataires des ordonnances de 1828, M. de Vatimesnil, accepte noblement, à côté et au-dessous de M. de Montalembert, la vice-présidence du « comité pour la liberté religieuse ». Plus de ces vieilles divisions d'ultramontains et de gallicans ; plus de ces méfiances, naguère si vives, contre le libéralisme, et de ces controverses provoquées par les imprudences de l'*Avenir !* Prêtres et laïques, tous sont dévoués à la papauté et confiants dans les institutions modernes. Tous, suivant la belle expression du P. Lacordaire parlant du P. de Ravignan, « servent la liberté chrétienne sous les drapeaux de la liberté civile ». Et ceux qui soutiennent le combat n'ont pas le déplaisir d'entendre, au plus fort de la bataille, un ami contester publiquement la légitimité même des armes dont ils se servent ; ils ne risquent pas, pendant qu'ils font bravement face à l'ennemi du dehors, de voir une partie de ceux même qu'ils défendent les fusiller par derrière. Dans ce noble élan vers la liberté, n'y a-t-il jamais, chez aucun des orateurs ou des écrivains, quelque formule trop absolue ? Reste-t-on toujours en deçà de la limite, délicate à fixer, qui sépare l'hypothèse politique de la thèse théologique ? Ce n'est pas le lieu de le rechercher : nous faisons de l'histoire non de la doctrine. En fait, on ne saisit alors aucune plainte, aucune dissidence. Les principes sont posés, avec une autorité reconnue de tous, par l'évêque de Langres. Quant aux laïques, soumis avec bonne foi et simplicité à tous les enseignements de l'Église, ardemment dévoués au Saint-Siège, ils acceptent, ils respectent la vérité catholique tout entière, cherchant seulement, pour la défendre, des moyens qui aient action sur les contemporains, en imposent aux adversaires et attirent la sympathie des spectateurs sans parti pris.

Au même moment, comme pour augmenter encore l'éclat et la popularité de la cause catholique, les prédications de Notre-Dame, qui avaient été le point de départ du mouvement, reçoivent un nouveau développement. Vers la fin de 1843, le P. Lacordaire, alors arrivé à la pleine maturité de son talent, remonte, à côté du P. de Ravignan, dans cette chaire qu'il avait quittée en 1836 et où, cinq ans après, il n'avait paru qu'en passant. Les hommes de ce temps ont cette fortune incomparable d'entendre le dominicain pendant l'Avent et le Jésuite pendant le Carême, tous deux attirant des foules chaque jour plus nombreuses, plus émues, plus conquises. Les stations de Paris ne suffisent pas au zèle infatigable des deux éloquents apôtres ; ils vont remuer par leur parole les grandes villes de province, et l'enthousiasme public y prend parfois des proportions et un caractère plus extraordinaires encore. Il n'est pas jusqu'aux régions universitaires, jusqu'à l'antique Sorbonne, où dans ces jours vraiment privilégiés les catholiques ne reparaissent alors avec honneur. Le savant M. Lenormant y confesse courageusement sa foi religieuse en face d'un public à dessein ameuté. À côté de lui, nous retrouvons Ozanam, le plus jeune, non le moins éloquent ni le moins populaire des professeurs de la faculté [1], sur la tombe duquel un de ses anciens, M. Victor Leclerc, pourra dire qu'il était « cher à la jeunesse, aimé de ses con-

---

[1] Ozanam était arrivé, en 1841, à la suppléance de M. Fauriel, par son succès éclatant dans le premier grand concours d'agrégation. Il devint professeur titulaire en 1844. On me permettra d'ailleurs de renvoyer, pour ce qui regarde l'enseignement d'Ozanam, à l'article publié par mon ami, M. François Beslay, dans le *Correspondant* du 25 décembre 1863.

frères, honoré de tous » ; grâce à la loyauté charmante, à la chaleur attendrie et sympathique de sa parole, il parvient à faire applaudir par la jeunesse un enseignement dont il ne craint pas de faire une apologie du christianisme et la réfutation des impiétés tombées des chaires voisines [1].

Grand spectacle, bien extraordinaire pour qui se rappelle quelles étaient en France, peu d'années auparavant, les humiliations du catholicisme! Aussi comprend-on que l'un des hommes qui ont le plus contribué à ce changement, Lacordaire, le considère avec émotion, et qu'il laisse échapper, dans les lettres de cette époque, ces cris de joyeuse reconnaissance et d'espoir triomphant :

Quelle différence entre 1834 et 1844! Il a suffi de dix ans pour changer toute la scène... Ce que nous avons gagné, dans cette dernière campagne, en vérité, en force, en avenir, est à peine croyable. Quand même la cause de la liberté de l'enseignement serait perdue pour cinquante ans, nous avons gagné plus

[1] Ozanam écrivait, le 5 juin 1843 : « Pendant que M. Michelet et M. Quinet attaquaient le catholicisme même sous le nom de jésuitisme, j'ai tâché de défendre, dans trois leçons consécutives la papauté, les moines, l'obéissance monastique. Je l'ai fait devant un auditoire très nombreux, composé de ce même public qui la veille trépignait ailleurs. Pourtant je n'ai pas vu de tumulte, et en continuant l'histoire littéraire d'Italie, c'est-à-dire d'une des plus chrétiennes contrées qui soient sous le soleil, je rencontrerai à chaque pas, et je n'éviterai jamais l'occasion d'établir l'enseignement, les bienfaits, les prodiges de l'Église. »

qu'elle-même, parce que nous avons gagné l'instrument qui nous la procure [1].

Ce succès rappelle à Lacordaire l'époque de ses premiers espoirs, suivis d'une si prompte déception ; il revoit l'élan et la chute de l'*Avenir ;* dans l'émotion de ce souvenir et de ce contraste, sa pensée se reporte vers son ancien maître : « Si ce pauvre abbé de Lamennais avait voulu attendre, s'écrie-t-il, quel moment pour lui !... Il suffisait d'être humble et confiant dans l'Église... Plus jeunes et plus simples, nous avons accepté la direction de l'Église ; nous avons reconnu avec droiture nos exagérations de style et même d'idées, et Dieu... a daigné ne pas nous briser et même se servir de nous. » Aussi son humilité considère-t-elle, avec reconnaissance, « la grande récompense donnée à la soumission » et, avec effroi, « le châtiment terrible infligé à la révolte [2] ». Mais ce qui le réjouit le plus, c'est de voir qu'on est « en veine d'union et d'unité générales » :

Avez-vous remarqué que c'est la première fois, depuis la Ligue, que l'Église de France n'est pas divisée par des querelles et des schismes ? Il n'y a pas quinze années encore, il y avait des ultramontains et des gallicans, des cartésiens et des mennaisiens, des jésuites et des gens qui ne l'étaient pas, des

---

[1] Lettres du 15 mai et du 25 juin 1844.
[2] Lettres du 11 mars et du 23 juin 1844.

royalistes et des libéraux, des coteries, des nuances, des rivalités, des misères sans fond ni rive ; aujourd'hui tout le monde s'embrasse, les évêques parlent de liberté et de droit commun, on accepte la presse, la Charte, le temps présent. M. de Montalembert est serré dans les bras des jésuites ; les jésuites dînent chez les dominicains ; il n'y a plus de cartésiens, de mennaisiens, de gallicans, d'ultramontains ; tout est fondu et mêlé ensemble. Voilà, je vous l'avoue, un incroyable spectacle, un vrai tour de force de la Providence, et la lutte sur la liberté d'enseignement n'eût-elle servi qu'à produire ce résultat, il faudrait encore la bénir à jamais. Il y a donc un clergé de France, un clergé qui parle, qui écrit, qui se concerte, qui fait face aux puissances, professeurs, journalistes, députés et princes, un clergé sorti des voies passées, ne s'adressant plus au roi, mais à la nation, à l'humanité, à l'avenir. Quatorze ans et une occasion ont suffi pour cela. *O altitudo!* Et que les voies de Dieu ne sont pas nos voies ! Je ne crois pas que l'histoire ecclésiastique présente nulle part une aussi surprenante péripétie. Ah ! chère amie, où allons-nous donc, et qu'est-ce que Dieu prépare ? Que devons-nous voir un jour [1] ?

Généreuse confiance, dont l'accent seul suffit à révéler qu'alors, au début de 1844, les catholiques se sentaient à l'une de ces heures de grands espoirs, pendant lesquelles on est heureux d'avoir vécu, dussent-elles être suivies plus tard de dou-

---

[1] Lettre du 16 juin 1844.

loureuses déceptions. Ils n'étaient pas les seuls du reste à être frappés de la grandeur du spectacle. Un homme peu disposé à donner aux choses, et surtout aux choses religieuses, plus d'importance qu'elles n'en avaient réellement, M. Sainte-Beuve, reconnaissait, à la fin de 1843, que là était désormais l'intérêt de la politique : « Cela m'a tout l'air, disait-il, d'une question qui vient se poser et se fonder pour longtemps ». Il constatait l'attitude si nouvelle du clergé, et il était obligé de confesser que « l'armée catholique était assez bien rangée en bataille, réclamant cette liberté d'enseignement qui, une fois obtenue, lui rendrait sa sphère d'action et sa carrière d'avenir ». C'étaient « les gens du siècle, les philosophes, » qu'il avait besoin de mettre en garde contre leur étonnement « de retrouver le clergé français si puissant [1] ». Que se passait-il en effet de cet autre côté du champ de bataille, chez les adversaires de la liberté d'enseignement? C'est ce qu'il importe maintenant d'examiner, avant de rechercher quelle suite devait avoir la campagne si brillamment commencée.

[1] *Chroniques parisiennes*, p. 117, 118.

CHAPITRE IV

LES DÉFENSEURS DU MONOPOLE ET LA DIVERSION TENTÉE CONTRE LES JÉSUITES.

1841-1844

I. L'Université défend son monopole. Comment l'éclectisme répond aux reproches des catholiques. Ses protestations d'orthodoxie ne sont pas prises au sérieux. Renaissance du voltairianisme. Effroi et plaintes de la philosophie officielle. — II. Les « libéraux » renient la liberté quand elle est demandée par les catholiques. Ils prennent l'offensive contre le « parti prêtre ». La polémique contre les livres des cas de conscience. — III. Les jésuites depuis 1830. Explosion contre eux en 1842. Qui avait donné le signal? Raison de cette diversion. Le catholicisme attaqué sous le nom de jésuitisme. — IV. La question des jésuites au Collège de France. Ce qu'avaient été jusqu'alors M. Quinet et M. Michelet. Leurs leçons contre les jésuites. Le scandale de ces cours. Leur caractère antichrétien et révolutionnaire. — V. La défense des catholiques au sujet des jésuites. Le P. de Ravignan et son livre de *l'Existence et de l'Institut des Jésuites*. Étendue et raison de son succès.

I

Dans ces premières années de la lutte, quels étaient les défenseurs du monopole? Que faisaient-ils? Offraient-ils un spectacle aussi intéressant que la petite armée catholique? Retrouvait-on chez eux le même élan, la même nouveauté généreuse dans les doctrines, la même hardiesse à se dégager des préjugés rétrogrades, la même résolution habile et heureuse à choisir le terrain du combat, et, en tout, ce je ne sais quoi qui révèle la cause en progrès et présage le succès d'avenir? Il semblait, surtout au premier moment, que ce fût l'Université qui soutînt le combat et fît face au clergé. Elle ne s'était pas encore approprié les idées si larges sur la liberté d'enseignement, développées dès 1836, par un de ses membres les plus dévoués et les plus éminents, M. Saint-Marc Girardin [1]. Elle se cramponnait, au contraire, à son monopole avec un égoïsme craintif, et M. Sainte-Beuve ne pouvait s'empêcher de relever alors le caractère « mesquin » de ces « anxiétés de pot-au-feu [2] ». Fallait-il être beaucoup surpris de cette attitude? Les nuits du 4 août sont rares dans l'histoire des privilégiés. D'ailleurs, le tour pris à l'origine par une partie de la polémique catholique, la façon dont celle-ci avait poursuivi, en quelque sorte, la déchéance de l'Université pour cause d'indignité religieuse et morale, par-dessus tout, les dénonciations irritantes du livre sur le *Monopole universitaire*, étaient de nature, en blessant les amours-propres, à provoquer, de la part de la corporation tout entière, une résistance plus passionnée. C'était, avec les luttes actuelles, une différence capitale qu'il im-

---

[1] Voir le rapport de M. Saint-Marc Girardin sur le projet de 1836, chap. III, § 1.
[2] *Chroniques parisiennes*, p. 148-149.

porte tout d'abord de marquer. Aujourd'hui, parmi ceux qui attaquent la liberté d'enseignement, nous voyons des politiciens engagés dans des manœuvres de partis, des jacobins affamés de despotisme, des sectaires enivrés de haine antireligieuse : mais nous ne voyons pas l'Université. Éclairée par trente ans d'expérience sur l'innocuité, bien plus, sur l'avantage et l'honneur de la libre concurrence, elle se tient à l'écart, et si quelqu'un de ses membres se mêle à la lutte, c'est le plus souvent pour se ranger du côté de la liberté [1].

La première attaque de l'épiscopat et de la presse catholique avait porté, on s'en souvient, sur l'enseignement philosophique. Les représentants de cet enseignement témoignèrent une grande surprise de se voir accusés au nom du christianisme. Ils se posèrent presque en persécutés, tout au moins en pacifiques que des voisins contraignaient à la lutte par leur esprit d'empiétement et de querelle. Ils oubliaient volontairement que le conflit était principalement imputable à ceux qui avaient, depuis dix ans, obstinément entravé l'exécution de la promesse de la Charte, qui avaient fait échouer, en 1837, la transaction offerte par le gouvernement et acceptée des catholiques, qui, en 1841, avaient imposé à M. Villemain son malencontreux projet et fait ainsi sortir l'épiscopat

---

[1] C'est ce qu'ont fait MM. Jourdain, Bouillier, Albert Duruy, etc.

de la réserve patiente où il se fût volontiers maintenu. M. Cousin surtout affecta des airs d'innocence méconnue et indignée. On l'entendit affirmer à la tribune du Luxembourg, avec la solennité émue de sa parole, qu'il « ne s'enseignait aucune proposition qui pût directement ou indirectement porter atteinte à la religion catholique [1] ». Sans doute, depuis qu'il était passé de l'opposition au pouvoir, le chef de l'éclectisme, désireux de jouir en paix de l'autorité acquise, avait, sans rien désavouer ni rectifier, laissé dans l'ombre les parties agressives ou les lacunes suspectes de sa doctrine; il avait même fait des avances de courtoisie au christianisme [2]. Peut-être aussi y était-il poussé par cet attrait qui devait, jusqu'à la dernière heure, le rapprocher davantage de la vérité religieuse, sans le déterminer cependant à faire le pas suprême. Mais ces politesses de tactique ou ces velléités incomplètes lui permettaient-elles de crier à la calomnie et presque à l'ingratitude, quand les catholiques dénonçaient l'insuffisance et le péril de sa philosophie? L'autorisaient-elles, suivant l'expression de M. de Montalembert, à « traiter l'Eglise de France comme une protégée qui s'émancipe » ?

Ses protestations n'avaient pas, du reste, la

---

[1] Discours du 12 mai 1843.
[2] Un indépendant, M. Taine, a fait une peinture assez piquante et quelque peu irrévérente de cette évolution de M. Cousin. (*Les Philosophes du dix-neuvième siècle*, p. 306.)

chance d'en imposer beaucoup, non seulement aux évêques, mais aux spectateurs les moins suspects de partialité catholique. M. Sainte-Beuve trouvait étrange la prétention de l'éclectisme, « ce scepticisme déguisé », de prendre place à côté de la religion, comme autrefois le cartésianisme, et la défiance du clergé lui paraissait fort naturelle. « L'éclectisme, ajoutait-il plaisamment, ne serait en réalité qu'un compagnon habile qui, tout en respectant l'autre, finirait, j'en demande bien pardon, par le dévaliser... Au bout de quelque temps de ce voyage entre bons amis, le catholicisme se trouverait fort dépourvu et amoindri : il le sent, aussi n'accepte-t-il pas les avances, et il tire à boulets contre l'ennemi qui a beau se pavoiser de ses plus pacifiques couleurs. La force des choses l'emporte [1]. » Un autre jour, il racontait à ce propos une piquante anecdote :

On se souvient encore et l'on raconte que, dans son zèle pour la christianisation au moins apparente et officielle de l'Université, Cousin avait, il y a quelques années, rédigé — oui, rédigé de sa propre et belle plume — un catéchisme. Cet édifiant catéchisme était achevé, imprimé déjà, et allait se lancer dans tous les rayons de la sphère universitaire, quand on s'est aperçu tout d'un coup, avec effroi, qu'on n'y avait oublié que d'y parler d'une chose, d'une seule petite chose assez essentielle chez les

---

[1] *Chroniques parisiennes*, p. 150-152.

catholiques : quoi donc ? du *purgatoire*. Il fallut vite tout arrêter, détruire toute l'édition ; les philosophes, en fait de théologie, ne pensent pas à tout [1].

Le même observateur croyait parfois retrouver dans cette tactique quelqu'un de ces traits qui lui faisaient dire, un jour, de l'éloquent philosophe : « C'est un sublime farceur. » Il écrivait, à la date du 24 mai 1843 :

Voir, dans les *Débats* d'aujourd'hui, l'allocution de Cousin à l'Académie des sciences morales, à propos du Spinoza de Saisset, et la phrase sur la *divine providence*, avec force inclinaison de tête. C'est cette religion officielle de l'éclectisme et du charlatanisme qui est un peu impatientante. Là où d'autres disent les saintes Écritures, Cousin dit les *très* saintes Écritures [2].

C'est à propos de cet incident académique que Henri Heine s'écriait avec Figaro : « Qui trompe-t-on ici ? » et il reprochait à M. Cousin, que cependant il admirait fort, ce qu'il appelait son « hypocrisie » et son « jésuitisme [3] ». D'autres libres penseurs s'exprimaient plus brutalement, témoin Proudhon, qui écrivait le 9 mai 1842 :

---

[1] *Chroniques parisiennes*, p. 119.
[2] *Ibid.*, p. 53.
[3] Lettre du 8 juillet 1843, adressée à la *Gazette d'Augsbourg*. (*Lutèce*, p. 386.)

J'aurais voulu qu'au moins un des universitaires dénoncés, au lieu de crier à la calomnie, répondît hardiment : « Non je ne suis plus catholique, et vous, vous êtes stupides. » Mais ces messieurs ont préféré faire comme Voltaire, qui écrivait contre l'infâme, tout en faisant ses *pâques*. — C'est Cousin qui a fait la plus triste figure ; quoi de plus ignoble que de l'entendre dire qu'il croit à la Trinité, voire à l'Incarnation, et citer en preuve deux ou trois lambeaux de phrases platoniques sur le *logos*, ce *logos* qui n'eut jamais le sens commun ? Tout cela est indigne [1].

M. Cousin avait du malheur : à l'heure où il s'efforçait de faire prendre au sérieux ses protestations, celles-ci étaient contredites par la franchise imprudente de plusieurs de ses professeurs. Au moment où il tâchait de convaincre les autres et où il se persuadait peut-être lui-même de l'orthodoxie de sa doctrine, ses plus chers disciples, soit dans leur enseignement, soit dans leurs écrits et jusque dans leurs réponses aux critiques catholiques, laissaient voir le scepticisme qui était au fond et surtout au terme de cette doctrine ; ils trahissaient leur hostilité dédaigneuse à l'égard de cette Église si savamment caressée par le maître. Chaque jour les catholiques aux aguets pouvaient relever quelque fait de ce genre. A cette époque, la publication des fragments posthumes de M. Jouf-

---

[1] *Correspondance* de Proudhon.

froy ne donnait-elle pas un démenti plus retentissant encore à ceux qui soutenaient que la philosophie officielle était pour le moins inoffensive au point de vue religieux? La séparation douloureuse du christianisme y apparaissait et y était comme confessée en des pages mémorables et navrantes. Vainement l'éditeur, disciple de M. Cousin, M. Damiron, avait-il, afin de se conformer à la tactique du maître, mutilé le texte, et en avait-il retiré les négations par trop vives, il n'avait pu en effacer assez pour que la rupture n'éclatât pas à tous les yeux; la maladresse même de cette mutilation, bientôt découverte et dénoncée avec fracas par des libres penseurs plus hardis, n'avait fait que mettre davantage en lumière ce qu'on avait cherché à dissimuler.

Il était dans l'Université une école qui, rebelle à l'éclectisme, ne se gênait pas pour dévoiler et railler ce qu'elle appelait les timidités hypocrites de la philosophie d'État. La *Revue indépendante* était fondée pour servir d'organe à cette école. Par une sorte de malice, elle reproduisait, en tête de son premier numéro, le fameux article que le plus illustre allié de M. Cousin, Jouffroy, avait publié, en 1825, dans le *Globe*, sous ce titre : *Comment les dogmes finissent*. M. Génin, ancien élève de l'École normale et professeur de faculté, polémiste durement passionné, des écrits duquel M. Sainte-Beuve disait alors : « C'est âcre, violent et du pur dix-huitième siècle, » — raillait, dans cette revue,

« les hommages d'une sincérité suspecte » rendus par l'éclectisme à la religion, et « les efforts pour concilier, du moins en public, le catholicisme et la philosophie ». Tel était aussi le langage de M. Quinet, qui venait de quitter la faculté des lettres de Lyon pour le Collège de France. Avant même d'avoir pris l'attitude violente que nous aurons plus tard à signaler, il protestait contre « les concessions trompeuses » de la philosophie officielle, et il ajoutait :

La philosophie s'est vantée d'être orthodoxe; déguisant ses doctrines, elle a souvent affecté le langage de l'Église; après l'avoir bouleversée au siècle dernier, elle a prétendu, dans celui-ci, la réparer sans la changer. Dans cette confusion des rôles, que de pensées, que d'esprits ont été faussés ! et pour résultat quelle stérilité !.. Que devenait la philosophie sous son masque de chaque jour? Obligée de détourner le sens de chacune de ses pensées, se ménageant toujours une double issue, l'une vers le monde, l'autre vers l'Église, parlant à double entente, elle retournait à grands pas vers la scolastique... Il faut même à un certain point, féliciter l'Église de s'être lassée la première de la trêve menteuse que l'on avait achetée si chèrement de part et d'autre...

Puis, faisant allusion aux protestations d'orthodoxie prodiguées par M. Cousin, au nom de l'Université, il ajoutait : « A-t-on bien songé cependant à quoi l'on s'engage quand on parle d'un enseignement strictement catholique [1] ? »

A ces dissidents se joignait M. Libri. Ce réfugié italien, de vive et souple intelligence et de petite moralité, qui devait se faire plus tard un renom criminel par son trop de goût pour les livres de nos bibliothèques, était alors en grande faveur dans le monde universitaire. Sa fortune avait été singulièrement rapide : naturalisé Français, il était devenu bientôt, et presque coup sur coup, membre de l'Institut, professeur à la faculté des sciences et au Collége de France, membre du Conseil académique de Paris, officier de la Légion d'honneur. Il se jeta avec passion dans les polémiques de la liberté d'enseignement, et publia, en 1843 et 1844, sous ce titre : *Lettres sur le clergé et la liberté d'enseignement*, le plus perfide et le plus haineux des pamphlets [2]. Plus aucune trace des précautions de M. Cousin. « C'est un philosophe du dix-huitième siècle, écrivait alors M. Sainte-Beuve, qui pousse sa pointe à travers ce débat, et ne songe qu'à frapper son vieil ennemi. » La note était même un peu aiguë pour l'opinion régnante ; « c'est, disait-on, trop voltairien et trop dix-huitième siècle [3] ».

Plus, en effet la lutte s'animait, plus on voyait

---

[1] *Un mot sur la polémique religieuse.* (*Revue des Deux Mondes* du 15 avril 1842.)

[2] Quelques unes de ces *Lettres* parurent dans la *Revue des Deux Mondes*.

[3] *Chroniques parisiennes*, p. 38 et 210.

reparaître cet esprit du dix-huitième siècle que l'éclectisme s'était flatté d'avoir chassé et remplacé. On évoquait ce nom de Voltaire auquel on revient fatalement dans toute lutte de ce genre. A tort ou à raison, on prêtait à M. Thiers ce mot : « Il est temps de mettre la main de Voltaire sur ces gens-là. » Il est vrai que cet homme d'État avait peine à reconnaître, autour de lui, les descendants du philosophe de Ferney : « S'il vient un nouveau Voltaire, disait-il avec finesse dans un des bureaux de la Chambre, je souhaite qu'il ait autant de bon sens que le premier. » Et un autre délicat, M. Sainte-Beuve, écrivait, à la vue de cette campagne : « C'est bien peu imiter Voltaire que de faire cela. Que ferait donc Voltaire de nos jours ? Oh! je ne sais quoi, mais tout autre chose. » Il n'était pas jusqu'à l'Académie française qu'on ne mêlât aussi, un peu par surprise, à cette mise en scène voltairienne. En juin 1842, sur la proposition de M. Dupaty, elle mettait au concours « l'éloge » de Voltaire. Cette résolution, combattue par M. Molé et M. de Salvandy, avait été appuyée par M. Mignet, et même par M. Cousin, oublieux, en cette circonstance, des prudences de sa tactique. L'émotion fut vive, et chacun y vit une manifestation. Pour en atténuer le caractère, l'Académie substitua après coup, dans le programme du concours, le mot de « discours » à celui « d'éloge. »

Le feu duc de Broglie le disait énergiquement au roi, dans une conversation déjà citée : c'est le malheur de tous ceux qui engagent une lutte avec le clergé, d'avoir bientôt « contre eux toutes les bonnes âmes, et pour eux tous les vauriens ». L'Université en faisait alors l'épreuve; il suffisait de lire ce qui se publiait dans certaines brochures, et particulièrement ce qu'écrivaient dans les journaux les plus bruyants de ses défenseurs. Une telle polémique ne contribuait pas peu à déranger la tactique de ceux qui auraient voulu ne pas fournir de prise trop apparente aux critiques du clergé. De tout temps, parmi les membres du corps enseignant, parmi les anciens élèves de l'École normale, à côté de ces professeurs modestes, laborieux, consciencieux, tout entiers à leurs devoirs pédagogiques, il y a eu des esprits agités, ambitieux, incapables de s'en tenir aux devoirs de leur état; ceux-ci se jettent d'ordinaire dans les chemins de traverse du journalisme, y apportant, avec le talent qu'on leur a fait acquérir pour une autre œuvre, l'amertume inquiète de tous les déclassés, nous allions dire de tous les défroqués, le goût des révoltes intellectuelles et religieuses, la prétention de parler au nom du corps dans lequel ils n'ont pu rester et qu'ils compromettent au lieu de le servir. C'étaient eux qui alors, dispersés dans les divers journaux, y défendaient la cause universitaire; ils le faisaient avec une âpreté et une violence qui leur donnaient peu de droit à se plaindre de la vivacité regrettable de certains écrits catholiques et à se voiler la face devant les exagérations du livre du *Monopole*. Ils répondaient aux plus graves réclamations des prélats, en dénonçant « l'émeute épiscopale » et en parlant de « l'insolence de ces gens-là »; mais surtout ils donnaient à la polémique universitaire un caractère de plus en plus antichrétien. Tel était le langage de tous les journaux de gauche ou de centre gauche, du *National*, où écrivait M. Génin, du *Courrier français*, qui déclarait que « le clergé était un ennemi devant lequel il ne fallait jamais poser les armes », du *Constitutionnel*, rédigé encore à cette époque par les survivants du dix-huitième siècle; tel était aussi celui de la principale feuille conservatrice d'alors, de l'organe attitré du ministère, de la cour et du gouvernement : obéissant moins aux inspirations de ses patrons politiques qu'aux passions et aux ressentiments propres de plusieurs de ses rédacteurs, universitaires personnellement atteints par les plaintes des catholiques, le *Journal des Débats* faisait campagne avec les feuilles contre lesquelles il défendait chaque jour la monarchie; il refusait de voir que les passions qu'il servait ainsi étaient des passions révolutionnaires, menaçant autant le gouvernement que l'Église, et il se faisait remarquer, entre tous les autres journaux, par la vivacité de sa polémique antireligieuse, et notamment par une sorte de spécialité à reproduire le vieil accent voltairien[1]. « Voltaire, s'écriait-il, désor-

---

[1] Le *Journal des Débats* disait par exemple, quelques

mais c'est notre épée, c'est notre bouclier ! » Un des amis politiques de cette feuille, nullement favorable aux réclamations du clergé, mais observateur de sang-froid, écrivait alors, dans des notes inédites, rédigées au jour le jour : « Le *Journal des Débats* se distingue par l'ardeur, la passion voltairienne, avec laquelle il attaque le clergé. C'est tout au plus s'il a la précaution de mêler à ses arguments et à ses épigrammes quelques protestations banales et vagues en faveur de la religion. Il ramasse avec soin tout ce qui lui paraît propre à discréditer, à ridiculiser le catholicisme. » Aussi M. de Tocqueville, après avoir constaté que tous les journaux étaient « dans un paroxysme de vraie fureur » contre le clergé et contre la religion elle-même, ajoutait que, sur ce point, « les journaux du gouvernement étaient peut-être pires que ceux de l'opposition[1] ». Seul, de toute la presse, le *Journal des Débats* obtint plus tard cet honneur particulier, qu'un évêque crut devoir ordonner des prières,

---

années plus tard, en réponse à ceux qui se plaignaient des entraves apportées à la propagande chrétienne en Algérie : « C'est à tort qu'on nous fait une mauvaise réputation : on dit que nous ne croyons à rien ; le fait est que nous croyons à tout. Nous protégeons également l'Évangile et le Coran ; nous bâtissons à la fois des églises et des mosquées, et notre drapeau flotte impartialement sur la croix et le croissant. Il n'y a donc pas de danger que les musulmans nous soupçonnent de n'avoir pas de religion : car nous les avons toutes, en y comprenant la leur. »

[1] Lettre du 6 décembre 1843.

en réparation des impiétés d'un de ses articles. Ce qui paraissait sacrilège aux rédacteurs de cette feuille, c'était la moindre attaque contre l'Université, dont l'un d'eux, M. Cuvillier-Fleury, déclarait la cause « sainte » ; ces attaques causaient même à cet écrivain une telle émotion, qu'il en venait, dans un style qui, cette fois, n'avait rien de Voltaire, à les qualifier d'œuvres « de quelques plumes honteuses, trempées dans le fiel d'une réaction avortée [1] ».

Nous voilà bien au delà des limites prudentes où M. Cousin aurait voulu d'abord renfermer la justification de l'Université. Aussi l'un de ses disciples les plus autorisés, M. Saisset, finissait-il par pousser un cri d'alarme sur ce qu'il appelait la *Renaissance du voltairianisme* [2]. Il prenait sans doute beaucoup de précautions oratoires, déclarait « absoudre pleinement le voltairianisme dans le passé et ne sentir pour lui qu'une juste reconnaissance » ; il proclamait « n'admettre », pour son compte, « aucune vérité surnaturelle » et ne reconnaître « d'autre source de vérité, parmi les hommes, que la raison » ; mais il s'effrayait de voir que des alliés, plus logiques et plus impatients — on dirait aujourd'hui moins « opportunistes » — concluaient à la destruction immédiate des institutions religieuses,

---

[1] Discours prononcé par M. Cuvillier-Fleury à une réunion des anciens élèves de Louis-le-Grand, présidée par M. Villemain (22 décembre 1844).
[2] *Revue des Deux Mondes* du 1er février 1845.

et il confessait, d'une façon assez naïve, la terreur ressentie par la philosophie officielle, à la vue des responsabilités qui, dans ce cas, pèseraient sur elle :

Il y a, dans le monde, deux puissances spirituelles, la religion chrétienne et la philosophie. La philosophie est-elle capable, à l'époque où nous sommes, d'exercer à elle seule le ministère spirituel ? Voilà la véritable question... Il ne s'agit pas ici d'avoir plus ou moins de courage, mais d'avoir plus ou moins de bon sens... Voilà les philosophes chargés de parler aux hommes de Dieu et de la vie future... L'homme du peuple, courbé sur le sillon, s'arrête, pour songer à Dieu, pour se relever dans cette pensée. Il sent peser sur lui le fardeau de la responsabilité morale, et le mystère de la destinée humaine. Qui lui parlera de Dieu ? Seront-ce les philosophes ? Les philosophes font des livres. Qu'importe au peuple, qui ne les peut lire, et qui, s'il les lisait, ne les comprendrait pas ?... D'ailleurs, tout besoin universel de la nature humaine demande un développement régulier. Si ce besoin est laissé à lui-même, il se déprave, il s'égare. Supposez le peuple le plus éclairé de l'Europe moderne, privé d'institutions religieuses : voilà la porte ouverte à toutes les folies. Les sectes vont naître par milliers. Les rues vont se remplir de prophètes et de messies. Chaque père de famille sera pontife d'une religion différente. Si donc la philosophie veut exercer le ministère spirituel, il faut qu'elle lutte contre cette anarchie de croyances individuelles, qu'elle donne aux hommes un symbole de foi, un catéchisme... Or ce catéchisme si nécessaire, qui le composera? Un concile de philosophes? Qui déléguera leurs pouvoirs à ces nouveaux docteurs? On peut se passer à la rigueur d'une église ou d'un pape; mais encore faut-il un évangile. Quel homme osera dire: Voilà l'évangile de l'humanité? Et, s'il en est un assez orgueilleux pour le dire, en trouvera-t-il un autre qui veuille le croire? S'il est donc une chose palpable, évidente à tout homme de bon sens, c'est que la philosophie est incapable de se charger à elle seule du ministère spirituel dans les sociétés modernes.

Les indépendants avaient beau jeu contre M. Saisset. Après l'avoir traité de « jeune homme », de « jésuite », et l'avoir déclaré digne d'écrire dans l'*Univers*, M. Génin montrait comment, au fond et de son propre aveu, le défenseur de l'éclectisme n'était pas plus chrétien que ceux qu'il blâmait; comment il voyait, ainsi qu'eux, dans le christianisme, une religion fausse; comment enfin sa thèse aboutissait à « écraser la vérité dangereuse, pour prêter la main à une imposture utile ». Puis, s'amusant des timidités contradictoires de M. Cousin, il ajoutait avec malice : « Franchement, j'avais cru l'article de M. Saisset inspiré, suggéré peut-être, par M. Cousin. Tout le monde s'y est trompé. Mais M. Cousin dément ce bruit *en termes formels* et qui ne permettent pas le doute. » Une telle polémique n'était pas faite pour déplaire aux catholiques : ceux-ci y trouvaient la confirmation de ce qu'ils avaient toujours dit sur la négation religieuse qui faisait le fond de la philosophie officielle. Et n'étaient-ils pas fondés à demander de quel droit cette philosophie, si épouvantée à la pensée de recueillir la succession de la religion détruite, prétendait, après un tel aveu d'impuissance, former seule les jeunes intelligences, et refuser aux ministres de cette religion la liberté de prendre part à l'enseignement? Ainsi, entre leurs adversaires de droite et leurs alliés de gauche, la situation des doctrinaires de l'Université était de moins en moins tenable.

II

Les partisans du monopole avaient eu peine à se défendre contre l'évêque de Chartres et contre les écrivains qui, à sa suite, avaient dénoncé l'enseignement philosophique et religieux de l'Université; étaient-ils plus heureux contre ceux qui, comme M. de Montalembert et Mgr Parisis, portaient ailleurs la controverse, et réclamaient, au nom de la Charte, de la justice, du bon sens, la liberté pour tous? Découvrait-on quelque bon argument pour justifier l'obligation, imposée à tous les enfants, de subir un enseignement que leurs parents, à tort ou à raison, trouvaient mauvais et dangereux? La thèse était au moins ingrate. Cependant un magistrat de quelque renom, héritier des légistes du bas-empire et futur théoricien du césarisme moderne, M. Troplong, lisait, en 1843 et 1844, à l'Académie des sciences morales, un mémoire sur *le pouvoir de l'État dans l'enseignement, d'après l'ancien droit public français*. Sans prendre explicitement parti dans la controverse contemporaine, il soutenait qu'autrefois, en France, l'éducation était un « droit régalien », une sorte de « propriété de l'État », et que la liberté d'enseignement était une idée toute récente. Aussitôt les « libéraux » de la presse, ne se rappelant plus que, jusqu'alors, la marque de l'ancien régime n'était pas une recommandation à leurs yeux, applaudissaient à cette thèse, opposaient à la liberté moderne le vieux droit évoqué et du reste souvent mal compris par M. Troplong. C'était merveille de voir l'aisance avec laquelle presque tous les écrivains de gauche oubliaient que la liberté d'enseignement avait été un des articles de leur programme, que leurs maîtres du *Censeur* et du *Globe* l'avaient proclamée sous la Restauration, que leurs amis l'avaient insérée dans la Charte de 1830 et s'étaient montrés les plus vifs à critiquer l'Université dans la discussion de 1837. Le *National*, en 1842, était encore un adversaire du monopole ; il déclarait alors « l'éducation » de l'État « impie, immorale, incohérente » ; c'était, à ses yeux, une « école d'égoïsme et de corruption prématurée », et « l'Université » n'était qu'une « caisse » ; mais bientôt, par haine du clergé et sous l'impulsion de son collaborateur, M. Génin, il devenait l'un des défenseurs les plus passionnés de ce monopole, et criait aux congrégations religieuses « On ne vous doit que l'expulsion! » Le *Temps*, dès 1841, demandait qu'on « déclarât, par une loi, l'incompatibilité des fonctions de prêtre avec celles de professeur». Le *Courrier français*, en février 1842, disait de ceux qu'il appelait « les prêtres intolérants » : « Qu'ils prennent garde d'éveiller chez nous cette autre espèce d'intolérance que les disciples du dix-huitième siècle montrèrent en 1793. » Les feuilles ministérielles n'avaient pas plus de scrupule, et c'était le *Journal des Débats* qui, pour se débarrasser de la promesse de la Charte, répondait allègrement que les catholiques n'avaient pas qualité pour invoquer cette Charte, faite « non pour eux et par eux, mais contre eux ». On ne trouvait guère quelque pudeur libérale que dans le *Commerce*, organe du petit groupe Tocqueville, dans la *Presse* de M. de Girardin, et, par intermittence, dans la *Réforme*, feuille radicale. Aussi, avec quel accent de mépris douloureux M. de Montalembert stigmatisait, à la tribune, cette palinodie, dont alors on avait encore la naïveté d'être surpris :

Un fait infiniment douloureux, c'est l'accueil qui a été fait à cette grande évolution de l'esprit catholique, par les hommes qui, parmi nous, ont longtemps usurpé le monopole du libéralisme. Je ne sache rien, pour ma part, de plus propre à donner une idée misérable des préventions et des passions de notre temps... Il faut le dire avec tristesse : dès que ces prétendus libéraux ont vu que la liberté pouvait et devait profiter au catholicisme, ils l'ont reniée, et ils ont évoqué contre nous toutes les traditions et toutes les ressources de la tyrannie [1]. — ... Chose étrange ! Chaque fois qu'il arrive au moindre citoyen d'élever une plainte contre ce qui le gêne ou l'opprime, aussitôt il rencontre de nombreuses sympathies... Mais chaque fois qu'un évêque, qu'un prêtre, qu'un catholique élève la voix et proteste au nom de son opinion, de sa conscience, aussitôt une meute acharnée de journalistes... se déchaîne contre lui, on cherche à présenter soit comme un forfait, soit comme une grave inconvenance, chez lui, ce qui est le droit naturel et habituel des autres citoyens [2].

Devant ces reproches accablants, on n'avait qu'à baisser la tête, et la défensive, sur ce point, ne paraissait aux champions de l'Université ni plus agréable, ni moins gênante que sur la question philosophique. Ne devaient-ils pas, dès lors, chercher à prendre l'offensive à leur tour, en choisissant quelque sujet d'attaque où la passion pût facilement l'emporter sur la raison ? Telle est l'explication des diversions où les défenseurs du monopole firent bientôt en sorte de porter tout l'effort de la lutte.

On essaya d'abord de ressusciter le vieux fantôme du « parti prêtre » dont il avait été fait si grand usage sous la Restauration. On se mit à dénoncer le clergé comme travaillant à s'emparer du monopole et à établir sa domination politique. Mais, au lendemain de 1830, avec « un gouverne-

---

[1] Discours du 13 janvier 1845.
[2] Discours du 16 avril 1844.

ment qu'on ne confessait pas »[1], il était malaisé d'éveiller, sur ce point, de bien sérieuses alarmes : d'ailleurs, à ces accusations, tous les défenseurs de l'Église, depuis les évêques jusqu'aux journalistes, opposaient le plus énergique démenti, déclarant, avec une unanimité embarrassante pour leurs adversaires, ne vouloir que la liberté et la liberté pour tous. On eut recours à une insinuation plus précise : la campagne de la liberté d'enseignement, disait-on, cachait une manœuvre carliste ; et le *Journal des Débats*, en 1843, découvrait une relation entre la publication de tel manifeste de M. de Montalembert et une visite faite par les royalistes à M. le duc de Bordeaux. Mais le pair catholique répondait victorieusement, en rappelant et en renouvelant les adhésions qu'il avait tant de fois données à la monarchie de Juillet. Les journaux se rabattaient alors sur les petits scandales, les faits divers médisants ou calomnieux ; ils racontaient ou inventaient, contre le clergé, des historiettes de captation de succession ou d'attentats aux mœurs, servant ainsi la niaiserie haineuse d'une partie du public : genre misérable de polémique, fort usité sous la Restauration, et dont avaient été chargés, au *Constitutionnel* de 1826, « les rédacteurs des articles bêtes »[2] ; mais il paraissait avoir été complètement délaissé depuis 1830.

---

[1] Expression de M. Dupin.
[2] Voir le *Parti libéral pendant la Restauration*, p. 323.

Bientôt on crut avoir découvert quelque chose de plus nouveau. Dans tous les séminaires, quand les jeunes clercs sont sur le point de recevoir le sacerdoce, pour les mettre à même d'exercer le ministère de la confession, on leur fait étudier une certaine partie de la théologie morale, celle qui traite des cas de conscience les plus délicats. Là, comme dans les thèses de droit criminel, il faut, pour définir les degrés de culpabilité et la gravité des peines, recourir à des distinctions que l'ignorant superficiel peut être tenté de regarder comme subtiles. Là, surtout quand il s'agit des péchés contre le sixième et le neuvième commandement, on est réduit à approfondir les plaies les plus honteuses de l'âme, comme il est fait, dans les livres de médecine, pour celles du corps : répugnante, mais nécessaire dissection, qui n'est pas plus immorale dans un cas que dans l'autre. Les règles de cette science, s'appliquant non à des faits créés par une imagination pervertie, mais à ceux que fournit l'expérience des confesseurs, sont réunies dans des ouvrages spéciaux, écrits en latin, pour les mieux soustraire aux mauvaises curiosités [1]. L'un de ces ouvrages tomba, en 1843, sous les yeux d'un protestant de Strasbourg qui y vit pré-

---

[1] Ce cours spécial est confié à l'un des directeurs les plus expérimentés et les plus âgés. Comme il a été dit, n'y assistent que ceux qui doivent recevoir la prêtrise dans l'année. De là le nom de *Diaconales* qui a été donné à ces pénibles, mais nécessaires leçons.

texte à un petit pamphlet qu'il publia sous ce titre : *Découvertes d'un bibliophile*. Il accusait les professeurs des séminaires d'excuser le vol, le parjure, l'adultère et jusqu'aux débauches contre nature, de pervertir la conscience et de corrompre l'imagination de leurs élèves, et il affectait l'effroi d'une pudeur indignée, à la vue des ignominies où se complaisait l'enseignement ecclésiastique. Il s'appuyait sur des citations audacieusement tronquées et dénaturées, ou sur des contresens comme on en commet toujours, quand on veut traiter au pied levé d'une science quelconque, dont on ignore l'ensemble, les principes, la méthode et même la langue.

Une telle accusation pouvait-elle un moment se soutenir? N'avait-on pas aussitôt victorieusement rétabli le texte ou le sens des citations fausses ou mal comprises? La conclusion nécessaire eût été que de tout temps le clergé avait été élevé dans des principes d'immoralité honteuse ; ne suffisait-elle pas à manifester l'odieuse absurdité de ce grief? Mais peu importait aux polémistes peu scrupuleux qui saisissaient cette occasion de représailles flatteuses à leur ressentiment, et qui n'étaient pas fâchés de faire ainsi diversion à des controverses devenues embarrassantes. « Je ne sais, écrivait alors M. Libri, de quelle source il est parti, mais certes ce trait a été lancé par une main habile, et il a eu pour résultat de forcer les pieux assaillants à défendre leur propre morale. » Aussi quel tapage dans toute la presse, contre ces « catéchismes d'impureté », où l'on s'indignait de voir les « questions traitées avec un calme, avec une sérénité de conscience qui étonneraient chez un libertin des plus dépravés ». M. Génin et M. Libri donnaient le ton, et, derrière eux, il n'était pas si mince plumitif qui ne se crût un Pascal, en pourfendant à son tour les casuistes et la casuistique. N'était-ce pas une bonne aubaine, pour tel journal, de pouvoir à la fois servir les haines et amuser la curiosité malsaine de son public, en étalant sous ses yeux les détails les plus secrets de la médecine des âmes, quitte à feindre de grands airs effarouchés, comme si l'immoralité n'était pas tout entière du fait du journal lui-même [1] ? Et l'on s'étonnait que le gouvernement ne fît pas « flétrir » par les tribunaux ces ignominies de l'éducation cléricale. Il est piquant de voir quels étaient ces moralistes scandalisés du relâchement et de la corruption théologiques. L'écrivain le plus âpre à dénoncer, chez les casuistes, ces distinctions où il prétendait trouver l'excuse de tous les crimes, et en particulier du vol, était

---

[1] L'évêque de Chartres écrivait à ce propos en 1843 : « Vous vous êtes montré semblable à celui qui, après s'être glissé dans un amphithéâtre d'anatomie, où un professeur vertueux offre à ses élèves le spectacle innocent et nécessaire des objets les plus propres par eux-mêmes à blesser la pudeur, irait, aidé de quelques-uns de ses compagnons d'impiété et de libertinage, s'emparer de tout cet appareil et le transporter effrontément sur la place publique. »

M. Libri : peut-être avait-il déjà commencé, dans nos bibliothèques, les soustractions qui devaient lui attirer, peu après, une condamnation infamante. Nul ne s'était autant complu à cette campagne que le *Journal des Débats*, nul n'avait dénoncé, d'une langue plus énergique et d'une conscience plus émue, les « honteux écarts de l'enseignement ecclésiastique », la « boue de la casuistique », la « sale et honteuse morale des traités de théologie », les « citations impures qui font frémir la morale [1] ». Or que publiait alors ce journal, non plus dans un latin barbare, scientifique et à l'usage exclusif de quelques initiés, mais en français, sollicitant, par toutes sortes d'appâts, les curiosités inavouables, spéculant sur elles dans un intérêt industriel, et se servant du crédit de son pavillon pour faire pénétrer la marchandise corruptrice dans les maisons respectables et jusque sur la table des femmes du monde ? Il publiait les *Mystères de Paris*, l'un des plus grands scandales de cette littérature du roman-feuilleton, qu'un rédacteur du *Journal des Débats* ne craindra pas, après 1848, à la vue des résultats produits, de qualifier de « satanique [2] ».

---

[1] Une autre feuille ministérielle, le *Globe*, blâmait sévèrement, en mai 1843, « les inexcusables diatribes » du *Journal des Débats*, et déclarait « qu'il n'y avait rien de plus triste et de plus inqualifiable » que sa polémique sur les cas de conscience.

[2] M. Saint-Marc Girardin, *Littérature dramatique*, t. I, p. 373.

La coïncidence était d'une précision plus accablante encore, contre ces pharisiens d'un nouveau genre : en effet, à la fin de mai 1843, au moment où il s'indignait le plus contre les hypothèses des cas de conscience, qui, disait-il, excitaient et salissaient l'imagination des jeunes clercs, le *Journal des Débats* en était arrivé au passage le plus sensuellement obscène du roman d'Eugène Sue, à cet épisode de la Cécily, que M. Sainte-Beuve appelait alors des chapitres « d'appât et d'ordure », des « scènes priapiques », et dont il écrivait, dès le 3 juin : « Les deux feuilletons des *Débats* sur Cécily ont révolté unanimement la morale publique [1]. »

Au premier abord, il semblait que ni cette indignité des accusateurs, ni l'absurdité de l'accusation, ni les réfutations nombreuses et péremptoires qui en avaient été faites, ne pussent décourager une manœuvre chaque jour plus injurieuse et plus bruyante. Au bout de quelques mois, cependant, le bon sens et le dégoût général en

---

[1] M. Sainte-Beuve, qui n'était pas un juge d'une austérité ridicule, ne trouvait pas de termes assez énergiques pour flétrir le roman accepté, publié, répandu et, en quelque sorte, patronné par le *Journal des Débats* : c'était, disait-il, une œuvre « impure », où il découvrait « un fond de Sade » dont « l'attrait principal était une odeur de crapule », et il détournait les yeux avec dégoût de ce qui lui paraissait « une plaie ignoble et livide ». (*Chroniques parisiennes*, p. 63 et 169. *Portraits contemporains*, t. III, p. 115-116, 428-429.)

avaient fait justice. Nul n'osait la continuer. Il n'en restait que le souvenir du plus honteux épisode des luttes de cette époque. Et c'est là qu'après trente-six ans les adversaires actuels de la liberté d'enseignement ont été chercher leur modèle ! C'est dans les factums de M. Libri et de M. Génin qu'ils ont ramassé des calomnies usées, démenties, jugées, abandonnées ! Seulement, aujourd'hui, ce ne sont plus quelques pamphlétaires qui accomplissent cette vilaine besogne : elle est faite, à la tribune nationale, par un homme qui parle au nom de la majorité, qui est l'ami, bien plus, le protecteur du cabinet; le ministre l'applaudit et le seconde. Le 25 janvier 1844, un personnage assez isolé et quelque peu ridicule dans son rôle d'adversaire du clergé, M. Isambert, ayant osé porter à la Chambre l'écho des calomnies odieuses répandues par la presse contre l'enseignement ecclésiastique, le ministre des cultes, M. Martin (du Nord), avait aussitôt pris la parole, et cet orateur, d'ordinaire si calme dans son universelle amabilité, avait fait entendre cette protestation, dont l'accent inaccoutumé révélait la vivacité de son émotion et de son indignation :

Il n'est pas possible de traduire ainsi, devant la Chambre, des hommes qui font tous les jours preuve d'abnégation et de désintéressement, qui sont voués aux sacrifices, à la pratique constante des devoirs les plus sacrés; il n'est pas permis, dis-je, de venir prétendre que l'éducation qu'ils donnent est une éducation pervertie, et que les doctrines qu'ils professent sont des doctrines infâmes. Messieurs, s'il en était ainsi, vous n'auriez rien autre chose à faire : il faudrait immédiatement fermer les petits séminaires, déclarer la guerre au clergé. Grâce à Dieu, il n'en est pas ainsi; les ministres de la religion sont dignes de leur sainte tâche, et tant que la confiance du roi me conservera la noble mission qui m'a été donnée, je viendrai les défendre à cette tribune, avec la conviction d'un honnête homme, d'un homme qui veut franchement que le clergé se renferme dans les devoirs qui lui sont imposés, mais qui veut aussi que justice lui soit rendue. Je désirais parler avec calme, et je demande pardon à la Chambre d'avoir cédé à quelque émotion.

Et voilà comme les politiciens, aujourd'hui au pouvoir, sont autorisés à se dire les continuateurs des hommes d'État de la monarchie de Juillet !

III

La diversion des cas de conscience avait été un moment fort vive, mais il avait fallu promptement y renoncer. On en avait imaginé une autre qui, pour n'être pas neuve, devait être plus durable. Presque dès le début, on avait jeté dans la lutte le nom des jésuites. Pourquoi? Ceux-ci s'étaient-ils mis en avant, dans les premières controverses de la liberté d'enseignement? Non. Pouvait-on redouter de leur part une domination politique, analogue à celle qu'on leur imputait sous Charles X, aux beaux jours de la « congrégation »? Pas davantage. Si, depuis 1830, ils avaient suivi et développé leurs œuvres de confession et de prédication, c'était sans bruit, sans même prendre officiellement leur nom. Ils n'enseignaient plus en France, depuis 1828, et leurs collèges de Brugelette, de Fribourg et du Passage étaient hors frontières. Nul surtout ne pouvait leur reprocher de s'être mêlés aux partis politiques. Le P. Guidée, alors provincial à Paris, écrivait, en 1838, dans une note destinée au roi, où il exposait ce qu'avaient fait les jésuites :

... Leur est-il échappé une seule parole adressée aux passions politiques? Étrangers, par inclination autant que par devoir, à tous les partis hostiles à la tranquillité publique, ils ont pour principe de se conformer aux institutions qui régissent les pays où ils vivent, et de se soumettre, avec sincérité et respect, au roi qui nous gouverne, parce que, à leurs yeux comme aux yeux de la religion, il est le représentant de la Majesté divine. Plus d'une fois, depuis 1830, la modération de leur langage et la justice qu'ils rendaient hautement aux intentions bienveillantes et aux actes émanés du pouvoir en faveur de la religion, ont étonné des esprits exaltés ou prévenus, et les ont ramenés à des sentiments de paix et d'union... Ils ne réclament que l'application du droit commun, et ils sont fondés à l'invoquer avec confiance [1].

[1] *Vie du P. Guidée,* par le P. Grandidier.

Est-ce cette conduite qui les fera bientôt accuser fort amèrement par la *Gazette de France* d'avoir plaidé à Rome la cause de la monarchie de Juillet et de lui avoir rallié une partie du clergé[1]?

Nous ne prétendons pas sans doute que les jésuites fussent tous devenus grands admirateurs du régime parlementaire et partisans des théories modernes. Nul n'avait le droit de l'exiger. Mais, en tout cas, les idées d'ancien régime n'avaient plus alors chez eux le même crédit que chez certains vieux jésuites, revenus d'exil en 1814 : changement qu'il est intéressant de voir noté par un membre même de la Compagnie : Le P. Daniel écrivait, il y a quelques années, à M. Guizot :

> Peut-être, monsieur, dans votre jeunesse, aux jours de la Restauration, auriez-vous, par hasard, rencontré, sur votre route, quelques jésuites voués, comme tous les membres du vieux clergé, comme tous les catholiques de ce temps, à la défense du trône et de l'autel, deux causes, ou, si vous aimez mieux, deux cultes qui paraissaient alors inséparables. Vétérans des combats de la foi, cruellement maltraités par la Révolution, proscrits, emprisonnés, émigrés, quelques-uns, que voulez-vous ? n'avaient pas pris goût au régime nouveau. Entrés tard dans notre ordre, ils y apportaient toutes les vertus du prêtre, mais aussi des idées toutes faites, et ces idées, ils les avaient puisées aux divers courants théologiques de leur temps, non à nos grandes et

---

[1] *Gazette de France,* du 29 décembre 1844.

larges sources doctrinales. Que vous ayez cru, monsieur, remarquer chez plusieurs d'entre eux quelque chose de rétrograde, je suis loin de m'en étonner; mais il ne faudrait pas attacher à ce fait trop d'importance. Depuis, soit dit sans la moindre métaphore, les révolutions nous ont fait voir du pays. Ils sont bien rares, dans la génération suivante, ceux d'entre nous qui n'ont pas visité au moins deux ou trois contrées de l'ancien ou du nouveau monde, et subi le contact d'autant de nationalités, d'autant de régimes politiques différents. Avec cela, monsieur, on ne s'inféode guère à une caste, à une coterie, et les préjugés de naissance ou d'éducation dont on pouvait être atteint ne jettent pas dans les esprits de profondes racines[1].

Depuis 1830, aucun ministre n'avait élevé la moindre plainte sur la conduite des jésuites. Plusieurs même, entre autres M. Thiers et M. Villemain qui devaient plus tard les combattre, leur avaient donné des témoignages particuliers de bienveillante tolérance, le premier, en 1833, lorsque l'appel de deux Pères auprès du jeune duc de Bordeaux avait causé quelque émotion, le second, vers 1837, à propos de l'ouverture, rue du Regard, d'une sorte d'école de hautes études ecclésiastiques. Si les préjugés n'avaient pas encore complètement disparu dans les parties basses de

---

[1] *La liberté de l'enseignement, les jésuites et la cour de Rome en 1845, lettre à M. Guizot, sur un chapitre de ses Mémoires,* par le P. Ch. Daniel. (1866.)

l'opinion, ils avaient du moins singulièrement perdu de leur vivacité. En 1838 et 1839, M. Isambert et quelques personnages de même esprit s'étaient alarmés des progrès des jésuites et avaient tenté de réveiller les anciennes passions. Nous avons déjà vu comment ils avaient échoué, comment M. Saint-Marc Girardin, à la tribune, et le *Journal des Débats*, dans la presse, avaient raillé dédaigneusement ceux qui avaient « peur des jésuites [1] ». D'ailleurs, parmi les esprits éclairés, on en venait, ce semble, à se demander compte des préventions historiques et doctrinales que jusqu'alors on avait reçues, sans guère les contrôler, des jansénistes et des parlementaires d'ancien régime. Ainsi commençait à se former sur cette question, naguère si brûlante et si obscurcie par la passion, le jugement plus froid, plus libre et plus équitable qui tend aujourd'hui à prévaloir chez les honnêtes gens. N'était-ce pas un symptôme de cette évolution, que de voir M. Doudan, qui était le contraire d'un dévot, écrire à M. d'Haussonville, le 10 avril 1840 :

Je lis *Port-Royal* par Sainte-Beuve. J'entends matines et laudes, mais je ne suis pas non plus de ces gens de Port-Royal. J'ai quelquefois la pensée que les jésuites ont été calomniés ; que ce terrible

---

[1] Voir les paroles de M. Saint-Marc Girardin et l'article du *Journal des Débats,* chap. II, § 3.

christianisme d'Arnauld n'a ni la grandeur, ni la lumière, ni le vaste horizon du vrai christianisme; que plusieurs de ces pauvres diables de jésuites ont voulu donner un peu d'air et de jour à ces tristes cellules où l'on tentait, à Port-Royal, d'enfermer la pensée. Je voudrais faire une suite de biographies des grands jésuites, sages, à l'esprit ouvert et bienveillant. Je suis sûr qu'en cherchant bien je trouverais de grands jésuites. Les épiciers de Paris croient que les jésuites enseignent les sept péchés capitaux. Je voudrais que le plus honnête des honnêtes gens qui croient cela ressemblât à un jésuite moyen. Nous gagnerions beaucoup en douceur, en patience, en modération dans les désirs, en pardon des injures et même en vérité dans les discours... Après cela je ne tiens pas aux jésuites.

Or c'est à ce moment que, tout d'un coup, on se remet, dans la presse dite « libérale », à crier: Au jésuite! comme sous M. de Villèle. Le *Journal des Débats* est le plus ardent de tous à agiter le fantôme dont il se moquait naguère avec tant de verve. Le pamphlet principal de M. Génin a pour titre: *les Jésuites et l'Université*, et, dans ses *Lettres*, M. Libri se pose cette question: *Y a-t-il encore des jésuites?* N'emploiera-t-on pas même bientôt, dans cette bataille l'arme nouvelle du roman-feuilleton, et ne verrons-nous pas, à la fin de 1844, M. Sue entrer en lice, avec son *Juif-Errant*[1]?

---

[1] Le *Juif-Errant* a commencé dans le *Constitutionnel* le 25 juin 1844.

Il n'est pas jusqu'aux écoliers que des défenseurs compromettants de l'Université n'aient l'inconvenance de mêler à ces querelles ; dans plusieurs collèges de Paris, en 1842, on donne pour sujet de discours français Arnauld demandant, au nom de l'Université, devant le Parlement, l'expulsion des jésuites, accablant ces derniers des accusations les plus violentes et les plus injurieuses, et faisant, par contre, un éloge enthousiaste de l'Université[1]. Que s'est-il passé? La Compagnie de Jésus a-t-elle fourni aucun grief? Non, mais il a fallu se défendre contre les partisans de la liberté d'enseignement. Et vraiment, à voir le tour que prend le débat, il semble que le sujet n'en soit plus l'Université, mais l'ordre des jésuites; ce qui faisait dire spirituellement à M. Rossi qui n'était pas de leurs amis : « Je ne sais si l'humilité chrétienne est parmi les vertus de cette congrégation, mais elle aura quelque peine à ne pas céder aux séductions de l'orgueil, tellement est grande la place qu'elle a occupée dans nos débats. » La polémique n'est pas du reste plus sérieuse que sous la Restauration : c'est la même façon de transformer les actes les plus simples de dévotion ou de charité en noirs complots, les humbles demeures des religieux en redoutables et mystérieuses forteresses. L'Archiconfrérie de Notre-Dame des Victoires,

[1] Le texte même de ce sujet de discours, tel qu'il avait été donné aux élèves, se trouve dans l'*Ami de la Religion* du 28 avril 1842.

fondée par M. Desgenettes, en dehors des jésuites, est présentée comme une terrible société secrète, dont les 50 000 affiliés sont les agents de la puissante Compagnie. « Rien ne se fait, dit gravement M. Libri, sans que les jésuites y prennent part », et il les montre ayant pied dans toutes les classes de la société, particulièrement dans « le boudoir des jolies femmes », les faisant quêter et détournant le produit de ces quêtes, pour former « *les fonds secrets de la congrégation* ». Guerres, révolutions, tout ce qui s'accomplit dans le monde est l'œuvre des jésuites. Ils ont du reste, dans leur maison mère, à Rome, « un immense livre de police qui embrasse le monde entier », et où est admirablement racontée la biographie de tous les hommes auxquels ils ont eu affaire. « Un de mes amis a vu le livre », affirme M. Libri. Registre fantastique, car on s'est amusé à calculer que, dans les conditions où le décrit M. Libri, il doit avoir 128 millions de pages. Ce sont ces sottises qui finissent par impatienter Henri Heine lui-même : il raille ceux qui attribuent tout aux intrigues des jésuites et s'imaginent sérieusement qu'il réside à Rome un général de la Compagnie qui, par ses sbires déguisés, dirige la réaction dans le monde entier. « Ce sont, ajoute-t-il, des contes pour de grands marmots, de vains épouvantails, une superstition moderne[1]. » Mais M. Libri n'en est pas moins tout

---

[1] Heine ajoutait que le véritable esprit jésuite, dans

entier à l'épouvante irritée que lui cause l'envahissement croissant de cette congrégation. Sa perspicacité ne laisse échapper aucun signe de cet envahissement; quelques églises commençaient alors à être chauffées : n'est-ce pas la preuve, demande le savant professeur, que la morale relâchée des jésuites gagne et domine tout le clergé?

On a le regret de constater que le signal de cette triste et souvent bien sotte campagne était parti d'assez haut. N'avait-il pas été donné par le grand maître de l'Université, M. Villemain, qui, le 30 juin 1842, en pleine Académie, à propos d'un concours sur Pascal, avait semblé inviter à reprendre les vieilles polémiques « contre cette Société remuante et impérieuse que l'esprit de gouvernement et l'esprit de liberté repoussent également » ? Il est vrai que la « jésuitophobie » avait, dans cet esprit si brillant et ce cerveau si faible, le caractère d'une manie maladive; et, quand bientôt M. Villemain perdra momentanément la raison, l'obsession du jésuite sera l'une des formes de sa folie. Avant même cette crise violente, il était, sur ce sujet, victime de véritables hallucinations. Il croyait

---

le mauvais sens du mot, se retrouverait plutôt chez certains champions de l'Université, notamment chez M. Villemain et M. Cousin. Du reste, comme naguère M. Doudan, il en venait à se demander si même historiquement il n'y avait pas lieu de reviser le procès des jésuites. « Ils ont été exécutés, non jugés, disait-il, mais le jour viendra où on leur rendra justice. » (Lettre du 8 juillet 1843. *Lutèce*, p. 383 à 387.)

toujours voir auprès de lui des jésuites le guettant et le menaçant. Un jour, à cette époque, il sortait, avec un de ses amis, de la Chambre des pairs où il avait prononcé un brillant discours, et causait très librement, quand, arrivé sur la place de la Concorde, il s'arrête effrayé. — « Qu'avez-vous ? » lui demande son ami, médecin fort distingué. — « Comment ! vous ne voyez pas ? — Non. » — Montrant alors un tas de pavés : « Tenez, il y a là des jésuites ; allons-nous-en. » M. Sainte-Beuve a raconté, à ce propos, l'anecdote suivante :

Un jour que Villemain avait été repris de ses lubies et de ses papillons noirs, il avait à dicter à son secrétaire, le vieux Lurat, un de ces rapports annuels qu'il fait si bien. Il se promenait à grands pas, dictait à Lurat une phrase ; puis, s'arrêtant tout à coup, il regardait au plafond et s'écriait : *A l'homme noir ! Au jésuite !* Puis, reprenant le fil de son discours, il dictait une autre phrase qu'il interrompait de même par une apostrophe folâtre, et le rapport se trouva ainsi fait, aussi bien qu'à l'ordinaire. Des deux écheveaux de la pensée, l'un était sain, l'autre était en lambeaux. Quelle leçon d'humilité ! O vanité de talent littéraire [1] !

L'exemple de M. Villemain était suivi, à l'Académie, par M. Mignet, dans la séance du 8 décembre 1842 ; à la Sorbonne, par M. Lacretelle, ouvrant, l'année suivante, son cours d'histoire. Un inspec-

---

[1] *Cahiers de Sainte-Beuve*, p. 30-31.

teur d'académie, désireux d'imiter son chef, faisait, au collège de Nevers, un discours contre la Compagnie de Jésus. Les vieilles préventions parlementaires venaient au secours des rivalités universitaires, et, en 1843, deux procureurs généraux, M. Dupin, à la cour de cassation, M. Borely, à la cour d'Aix, attaquaient les jésuites dans leurs discours de rentrée. Enfin un pair de France, homme du monde et homme d'esprit, le comte Alexis de Saint-Priest, publiait un volume d'histoire sur la suppression de l'ordre au dix-huitième siècle.

Qu'il y eût une part de préjugés sincères, nous ne le nions pas, et quelques-uns des noms que nous venons de citer en sont la preuve : toutefois, la façon dont cette attaque a éclaté de toutes parts, si subitement et sans prétexte apparent, révèle une tactique raisonnée ou instinctive. C'est une « ruse de guerre », disait alors Henri Heine, qui déclarait en même temps « cette dénomination de jésuites, appliquée aux adversaires de l'Université, aussi dépourvue de justesse que de justice ». On avait compris l'avantage de ce mot, pour soulever les passions et pour rendre impopulaire la liberté elle-même. Comme le disait M. de Montalembert, « les défenseurs du monopole ont fait ce qu'on fait dans une place assiégée ; ils ont fait une diversion habile, une sortie vigoureuse ». Aussi le comte Beugnot disait-il, à la tribune des pairs, en évoquant les souvenirs de la Restauration :

Vous vous rappelez, messieurs, la croisade que nous fîmes alors contre les jésuites ; je ne sais si mes souvenirs me trompent, mais il me semble qu'en 1828, nous poursuivions tout autre chose que les jésuites ? Aujourd'hui que veut-on dire par jésuites ? Prétend-on indiquer les deux cent six jésuites qui, au dire de quelques écrivains, existent en France ? Non, messieurs, par jésuites, on entend la concurrence au monopole de l'Université. J'admire l'Université : elle a choisi le mot le plus propre à échauffer les esprits, à les irriter, à les enflammer pour sa cause. C'est un trait d'habileté sublime ; mais enfin souvenons-nous de ce qu'il y a au fond de tout cela : c'est l'Université qui s'est fort ingénieusement rappelé 1828 en 1844.

Ce mot de jésuite paraît si commode et à lui seul si efficace, qu'on l'applique à tous ceux que l'on veut combattre. A propos des cas de conscience, a-t-on à parler des ouvrages des abbés Moullet, Sœttler, etc., on a bien soin de les appeler le « Père » Moullet ou le « Père » Sœttler, pour faire croire qu'ils appartiennent à la Compagnie de Jésus. Tout ce qu'on reproche au clergé, dans le présent ou dans le passé, on l'attribue aux jésuites, même ce pour quoi ils pourraient répondre :

Comment l'aurais-je fait, si je n'étais pas né ?

Bénédictins, dominicains, prêtres séculiers, M. Génin les appelle tous indistinctement jésuites : Lacordaire est un jésuite, et le pamphlétaire écrit, en s'adressant au chef laïque du parti catholique :

« Vous êtes le comte de Montalembert, pair de France et jésuite. » Mais alors il apparaît, chaque jour avec plus de clarté, que, contrairement aux vues premières de quelques-uns de ceux qui ont étourdiment engagé ce combat, par exemple de M. Villemain, on attaque, sous ce nom de jésuitisme, le catholicisme lui-même. C'est ce qui se produit toujours en pareille circonstance. La fiction gallicane ou janséniste, derrière laquelle on cherchait à dissimuler l'hostilité antichrétienne, était déjà bien usée sous la Restauration, quoiqu'on eût M. de Montlosier et M. Cottu, et que la société de cette époque se rattachât encore, par quelques points, aux traditions d'ancien régime. Mais, après 1830, ce déguisement est absolument démodé, et, en réalité, il ne peut plus faire illusion à personne. Aussi, répondant au *Journal des Débats* qui s'est un jour défendu d'avoir attaqué « la religion du pays » et prétend n'en vouloir qu'à « la superfétation honteuse du jésuitisme », une autre feuille ministérielle, le *Globe*, lui dit : « Soyez donc plus francs et plus hardis, ne lancez plus vos attaques obliquement, laissez là les épithètes de jésuites et de casuistes, allez droit au but, ayez la hardiesse de votre inconsidération. Osez dire aux évêques de France : Nos injures sont pour vous. » Et un allié que le *Journal des Débats* pouvait trouver compromettant, mais auquel il ne pouvait opposer aucune contradiction sérieuse, la *Revue indépendante*, s'écrie le 25 mai 1843 :

Qu'on ne se trompe pas sur le sens de la réaction qui s'est manifestée si énergiquement, ces derniers jours, contre les empiétements souterrains du jésuitisme. Le jésuitisme n'est ici qu'une vieille formule qui a le mérite de résumer toutes les haines populaires, contre ce qu'il y a de rétrograde et d'odieux, dans les tendances d'une religion dégénérée. En dépit des distinctions que l'on établit entre le clergé français et les Pères de la foi, tout le monde voit bien ce qui est au fond de cette querelle ; il s'agit en réalité de savoir qui l'emportera du catholicisme exclusif ou de la liberté, des idées anciennes ou des idées modernes, de la révolution ou de la contre-révolution.

Donc, de l'aveu de tous, il s'agit de bien autre chose que du sort d'une congrégation particulière. « C'est, selon le mot de M. de Montalembert, un grand procès qui se débat sous le pseudonyme des jésuites[1]. » D'ailleurs, qui eût pu conserver quelque doute sur le caractère que prenait de plus en plus cette lutte, en voyant ce qui se passait alors dans deux des principales chaires de l'État ?

IV

A la même heure, en 1843, deux professeurs du Collège de France, non les premiers venus, M. Quinet et M. Michelet, transformaient leurs cours en une sorte de diatribe haineuse contre les jésuites.

---

[1] Lettre inédite au P. Rozaven.

La surprise fut grande. Ce qu'on savait alors de ces deux hommes ne devait pas faire supposer qu'ils s'abaisseraient à ce rôle de pamphlétaire. Les atteintes de fièvre révolutionnaire et belliqueuse, que M. Quinet avait ressenties en 1830 et en 1840 [1], étaient considérées comme des accès passagers, dans une vie qui paraissait d'ailleurs absorbée par des travaux d'érudition et de poésie. S'il n'était pas chrétien, il n'avait pas apporté jusqu'ici, dans les choses religieuses, de passion agressive, et on croyait voir en lui un penseur noblement troublé, cherchant le Dieu qu'il souffrait d'avoir perdu. Du reste, aussi éloigné que possible de toute question pratique et contemporaine, il vivait plutôt dans les nuages, cherchant si peu les applaudissements vulgaires qu'un de ses amis pouvait dire : « Que voulez-vous? Quinet a toujours eu un talent particulier pour cacher ce qu'il fait. » « Une bonne pâte d'Allemand, écrivait de son côté Henri Heine,... et quiconque le rencontre dans les rues de Paris le prend à coup sûr pour quelque théologien de Halle qui vient d'échouer dans son examen, et qui a traîné ses pas lourds en France, afin de dissiper son humeur chagrine... Une bonne grosse face honnête et mélancolique. Redingote grise et ample, qui paraît avoir été cousue par notre pieux écrivain tailleur, Jung

---

[1] Voir, dans ses *Œuvres complètes*, les brochures qu'il a publiées à ces diverses époques.

Stilling. Des bottes qu'a ressemelées peut-être jadis le cordonnier philosophe, Jacques Bœhm. »

M. Michelet avait été jusque là considéré par les catholiques, sinon comme un des leurs, du moins comme un allié. C'était M. Frayssinous qui l'avait nommé à l'École normale, et l'on avait compté sur lui, pour y contre-balancer l'influence voltairienne de professeurs plus « libéraux ». Il avait été alors membre de la « Société des bonnes études », avec la fine fleur de la jeunesse catholique et royaliste. On l'avait choisi pour enseigner l'histoire à la fille du duc de Berry, en attendant qu'on lui donnât pour élève, après 1830, la princesse Clémentine. Nul n'avait semblé goûter plus vivement cette poésie du christianisme que Chateaubriand venait de révéler à son siècle ; nul n'avait mieux senti le moyen âge, rendu un plus tendre hommage au rôle maternel de l'Église envers la jeune Europe ; nul n'avait baisé, d'une lèvre plus émue, la croix du Colisée ou les pierres de nos cathédrales gothiques. « Toucher au christianisme ! s'écriait-il, ceux-là seuls n'hésiteraient point qui ne le connaissent pas » ; et pour exprimer la nature des sentiments que la vieille religion lui inspirait, il rappelait ce qu'il avait éprouvé auprès du lit de sa mère malade[1]. Aussi pouvait-il écrire, en 1843 : « Les choses les plus filiales qu'on ait dites sur notre vieille mère l'Église, c'est moi peut-

---

[1] *Mémoires de Luther*, préface, p. 14.

être qui les ai dites. » Du reste étranger aux passions et aux intrigues du dehors, tout entier à ses vieux documents ou à ses élèves qu'il aimait également, sorte de bénédictin soucieux de ce qu'il appelait « sa virginité sauvage », il donnait à tous, par sa personne comme par ses écrits, l'idée d'un talent dont la note dominante était une naïveté tendre et enthousiaste ; Henri Heine l'appelait alors « le doux et paisible Michelet, cet homme au caractère placide comme le clair de lune. »

Et cependant, ce sont ces deux hommes qui, à peine atteints, comme tant d'autres, par le livre du *Monopole universitaire*, bondissent furieux et deviennent, à l'étonnement de tous et au regret de leurs amis [1], les adversaires les plus vulgairement passionnés du clergé et du catholicisme. Peut-être y avait-il, dès cette époque, chez M. Quinet, un fanatisme révolutionnaire et antichrétien plus profond qu'on ne le croyait ; ses lettres, récemment publiées, révèlent en effet, de 1830 à 1843, une sorte de misanthropie irritée contre le gouvernement et la société, qui rappelle parfois la correspondance de la Mennais [2]. Quant à M. Miche-

---

[1] « C'est déchoir, écrivait alors M. Sainte-Beuve, pour un homme aussi élevé que Quinet, que de se faire controversiste anticatholique. L'auteur d'*Ahasvérus* avait mieux à faire que de se jeter sur les jésuites, comme l'a fait l'auteur du *Juif-Errant*. » (*Chroniques parisiennes*, p. 238.)

[2] *Correspondance de Quinet. Lettres à sa mère.* Voir par

let, à côté des tendresses de sa nature littéraire, il avait une sensibilité douloureuse, venant peut-être de la misère et des blessures d'amour-propre qui avaient marqué son enfance et souvent même son âge mûr. La longue et laborieuse solitude où il avait vécu sur soi, accumulant dans le silence bien des amertumes, avait ajouté à cette susceptibilité quelque chose de concentré et une sorte d'exaltation intérieure qui n'attendait que l'occasion de faire explosion. Il y avait en outre, chez lui, un grand orgueil, une vanité plus grande encore. N'est-ce pas surtout par là qu'il est tombé? Ne semble-t-il pas qu'à cette époque le démon l'ait transporté sur la montagne de la tentation, qu'il lui ait montré à ses pieds et offert, s'il voulait servir des passions mauvaises, le royaume de la basse popularité. M. Michelet crut voir là une revanche des humiliations mondaines dont il avait souffert. Il se laissa séduire, et aussitôt le vertige s'empara de lui.

Ce fut à propos des littératures méridionales de l'Europe, sujet officiel de son cours, que M. Quinet trouva moyen de faire six leçons sur les jésuites ou plutôt contre eux. Prétendant analyser et définir le jésuitisme, il s'attaqua, avec une violence extrême, aux *Exercices spirituels* de saint Ignace; par des

exemple les lettres du 2 novembre 1830, des 18 et 25 mars 1831, de septembre 1832, du 22 novembre 1837, des 14 et 29 octobre 1840, des 29 février et 15 juillet 1843.

citations mal traduites ou falsifiées qui eussent, en matière profane, déshonoré à jamais un historien aux yeux du monde savant, il chercha à rendre odieuse et ridicule cette grande méthode de vie intérieure, et montra, dans l'esprit qui en émanait, une influence mortelle à toute civilisation : « Ou le jésuitisme doit abolir l'esprit de la France, concluait-il, ou la France doit abolir l'esprit du jésuitisme. » Cette dernière œuvre était, à ses yeux, la mission propre de l'Université et la raison d'être de son monopole. Estimant que le catholicisme — il l'appelait alors le jésuitisme — était incompatible avec la Révolution, il voulait que l'État fondât une religion nouvelle, destinée à rétablir, au-dessus des divisions actuelles de sectes, l'unité morale de la nation ; l'enseignement public lui paraissait le moyen d'imposer ce nouvel évangile aux jeunes générations [1]. M. Quinet devait bientôt laisser

---

[1] Ce rôle, attribué par M. Quinet à l'enseignement d'État, apparaît dans la lettre qu'il a écrite, en 1843, à l'archevêque de Paris, en réponse à quelques critiques de ce dernier sur son cours. Un de ses disciples et apologistes, M. Chassin, dans un livre qui a uniquement pour objet d'exposer la doctrine de son maître, a dit, à propos de cette lettre : « M. Quinet posa le vrai principe de l'enseignement public, principe repris plus tard et mieux développé dans *l'Enseignement du peuple*, lequel est, non pas le partage entre une communion particulière ou même entre les diverses communions et l'État athée, mais l'État dominant, absorbant plutôt toutes les communions, tirant de lui-même une vie religieuse générale, représentant plus que le christianisme,

voir que cette religion se confondait, dans sa pensée, avec l'idée révolutionnaire. Pour le moment, soit incertitude, soit timidité, il s'en tenait à des niaiseries de ce genre : « Puisqu'on nous le demande, nous le dirons bien haut : nous sommes de la communion de Descartes, de Turenne, de Latour d'Auvergne, de Napoléon. » Qu'on ne s'étonne pas de trouver là ce dernier nom ; le bonapartisme tenait alors beaucoup de place dans la démocratie de M. Quinet, et, quand il parlera, l'année suivante, sur *l'ultramontanisme*, l'un des reproches qu'il fera à la papauté, sera de n'avoir pas délivré Napoléon, prisonnier à Sainte-Hélène [1]. Il est impossible de discuter bien sérieusement ces divagations : notons seulement que cet homme qui reprochait si amèrement au jésuitisme de n'avoir pas respecté la liberté des consciences, rêvait d'imposer à la nation, au moyen de l'enseignement monopolisé, une religion qui, pour être inventée par lui, n'en eût pas moins été la plus tyrannique des religions d'État.

De telles idées eussent toujours causé une vive émotion : mais le scandale était beaucoup plus grand, quand elles étaient professées du haut

---

la Révolution. » (*Edgar Quinet, sa vie et son œuvre*, par C. L. Chassin, p. 52.)

[1] « Où est l'homme, s'écrie M. Quinet, qui n'eût été frappé, ébranlé jusque dans le fond de son cœur, à la vue de ce Prométhée délivré du vautour par l'Hercule chrétien ! »

d'une chaire publique, dans une enceinte où devait régner la sérénité de la science, devant un jeune auditoire dont il fallait instruire l'esprit, non soulever les passions, et par un personnage qui se plaisait lui-même à dire : « Je suis un homme qui enseigne ici publiquement, au nom de l'État. » Faut-il s'étonner que l'amphithéâtre du Collège de France ressemblât parfois plus à la salle d'un club qu'à celle d'un cours? Chaque leçon était « une bataille », dit M. Chassin. La partie ardente de la jeunesse catholique, ainsi provoquée, venait protester contre les outrages que le professeur jetait à sa foi. « Plus d'une fois, raconte encore M. Chassin, entendant des cris formidables, l'administrateur accourut, par les couloirs intérieurs, jusqu'à la chaire du professeur, et, pâle d'effroi, lui conseilla de lever immédiatement la séance : « Je ne sais pas, disait-il, si ce soir il subsistera une pierre du Collège de France. » Après quelques scènes de ce genre, les étudiants catholiques, obéissant aux conseils des chefs de leur parti, notamment du P. de Ravignan, renoncèrent à ces protestations tapageuses. Au milieu des passions qu'il soulevait, M. Quinet apportait une sorte de fanatisme mystique dont on trouve la trace dans sa correspondance, se croyant un apôtre et presque un martyr, quand il faisait œuvre de détestable pamphlétaire. Il s'enivrait d'ailleurs de cette popularité bruyante. « J'ai trouvé, écrivait-il le 15 mars 1844, l'opinion, l'auditoire, si électrique, si vivant, qu'il a bien fallu se donner tout entier à la position morale qui se présentait... Nous voilà embarqués à pleines voiles et sur une grande mer. J'y suis dans le fond très tranquille, parce que je me sens dans le vrai... Enfin nous vivons, nous agissons ! Ce qui nous manque, c'est un journal tout à nous et à notre heure. »

Encore avec M. Quinet y avait-il une apparence d'enseignement, une certaine gravité chez le professeur, un plan suivi. Rien de tout cela avec M. Michelet. Chargé d'un cours d'histoire et de morale, les sujets traités par lui jusqu'alors ne le conduisaient pas à s'occuper des jésuites. Mais sa passion fantaisiste dédaignait même la feinte d'une transition ; il disait à ses élèves :

Hier encore, je l'avoue, j'étais tout entier dans mon travail, enfermé entre Louis XI et Charles le Téméraire, et fort occupé de les accorder, lorsque, entendant à mes vitres ce grand vol de chauves-souris, il m'a bien fallu mettre la tête à la fenêtre et regarder ce qui s'y passait. Qu'ai-je vu ? Le néant qui prend possession du monde, et le monde qui se laisse faire, le monde qui s'en va flottant comme sur le radeau de la *Méduse*, et qui ne veut plus ramer, qui délie, détruit le radeau, qui fait signe : à l'avenir, à la voile du salut ? non, mais à l'abîme, au vide. L'abîme murmure doucement : « Venez à moi, que craignez-vous ? Ne voyez-vous pas que je ne suis rien ? »

Et voilà pourquoi M. Michelet jugeait à propos

de parler des jésuites. Devant quel auditoire! Il suffit d'y jeter un regard, pour voir jusqu'où ce professeur faisait descendre l'enseignement. Une foule tapageuse fait queue aux portes. On se bouscule pour entrer. Dans la salle comble, en attendant le maître, on s'interpelle, on crie, on échange de grossiers lazzis, on chante la *Marseillaise*, ou *Jamais l'Anglais ne régnera*, ou des couplets de Béranger dont chaque refrain est accueilli par un hurlement : A bas les jésuites! quelquefois des chants pires encore. Un jeune homme profite d'un intermède pour déclamer des vers patriotiques, un autre quête pour la Pologne. Enfin M. Michelet fait son entrée : tête couverte de grands cheveux déjà presque blancs, figure longue et fine, bouche un peu contractée, regard ardent, et, dans toute sa physionomie, quelque chose de fébrile et de troublé. Il s'assied. Les bras pendants sous la table, il s'agite, se balance, et commence d'un ton saccadé, en style haché. Il n'est pas orateur : les mots lui viennent rares et pénibles; souvent il se gratte le menton, en paraissant attendre l'idée. Sur quoi va porter la leçon? On ne s'en doute pas. Le sait-il lui-même? Son début est parfois des plus étranges : tel jour, il parle d'un incident vulgaire qui a frappé un moment son regard. en venant au Collège de France. Il veut charmer et amuser ses auditeurs; il veut surtout les flatter et obtenir leur applaudissement, en faisant écho à leur passion du moment. Cette recherche lui attire parfois quelque mésaventure. Un jour, les jeunes gens, en l'attendant, s'étaient mis à chanter une chanson obscène qui avait pour refrain un mot ignoble, hurlé en chœur. Sur ce mot, qu'un de nos députés radicaux a récemment fait entrer dans la langue parlementaire, la porte s'ouvre, le silence se fait, et M. Michelet paraît. N'ayant entendu de loin que le vacarme, il s'imagine qu'on chantait la *Marseillaise*; empressé, suivant son usage, de s'unir aux sentiments des assistants, il commence : « Messieurs, dit-il, au milieu de ces chants patriotiques... » Un immense éclat de rire couvre sa voix, et le professeur est obligé de chercher un autre exorde, en face d'un auditoire rendu, par cet incident, plus tumultueux et plus inconvenant encore que de coutume [1].

Nul ne pourrait se flatter d'analyser les leçons de M. Michelet sur les jésuites. Il y règne une haine violente, une colère folle et furieuse, et comme une terreur grotesque, que tout révèle, jusqu'au trouble inouï du style et de la composition. « Pour bien combattre, il faut moins d'emportement », disait alors un écrivain de la *Revue des Deux-Mondes*, M. Lerminier, et il ajoutait :

---

[1] Ce dernier incident a été rapporté par M. Heinrich, dans un excellent article sur M. Michelet (*Correspondant* du 10 mars 1874). Signalons aussi, sur le même sujet, la brillante étude du vicomte Othenin d'Haussonville. (*Revue des Deux Mondes* du 15 mai et du 1ᵉʳ juin 1876.)

« En lisant ce que M. Michelet a écrit contre les jésuites, on se met parfois à prendre contre lui leur défense. » Dans toutes ces divagations agressives, rien qui puisse se saisir. Le plus souvent, le professeur s'attaque aux hypothèses que crée son imagination, aux perfidies, aux égarements, aux corruptions qu'il suppose possibles, que dès lors il prend comme réels et sur lesquels il fonde sa satire et son réquisitoire [1]. Du reste, dans cette vision troublée, tout défile et se mêle en désordre, passé, avenir et présent, philosophie, politique, peinture, Pologne, bals du quartier latin, architecture, façon dont les babys mangent de la bouillie, et presque toujours il aboutit à parler de soi ; c'est lui qui a tout fait, qui a tout vu ; il est la personnification de l'humanité ; il est le précurseur d'un nouveau Messie, s'il n'est ce Messie lui-même. Aussi M. Sainte-Beuve écrit-il à cette époque, le 28 juillet 1843 : « On voit que si Barante est le père de l'école descriptive en histoire,

---

[1] Par exemple, M. Michelet était convaincu que les jésuites cherchaient, à prix d'argent, à débaucher les jeunes gens qui suivaient son cours, « leur offrant une bourse pour acheter leur conscience ». Il parlait sérieusement des « tentatives hardies faites sous ses yeux, pour corrompre les écoles ». Il montrait, avec effroi, comment ces jeunes gens ainsi gagnés « livreraient aux jésuites la société tout entière : comme médecins, le secret des familles ; comme notaires, celui des fortunes ; comme parquet, l'impunité. » Ce fantôme était devenu pour lui une réalité, et il y revenait sans cesse.

Michelet y est le fondateur de l'école *illuminée*. Jamais le *je* et le *moi* ne s'est guindé à ce degré. C'est menaçant. » Il déclare que ce cours est « un peu burlesque, *ægri somnia* »; puis il ajoute : « Michelet ne méritait pas l'outrage : non, mais il méritait le sourire[1]. » En effet, l'impression qui domine, quand on essaye de relire après coup ces leçons, est celle du ridicule, mais d'un ridicule qui attriste plus qu'il n'égaye.

M. Michelet a néanmoins la plus haute idée de son œuvre. « Chacune de mes leçons est un poème », dit-il; il déclare « n'avoir jamais eu un sentiment plus religieux de sa mission, n'avoir jamais mieux compris le sacerdoce, le pontificat de l'histoire ». Et pourtant quoi ressemble moins à l'enseignement d'un professeur? N'est-ce pas plutôt un tribun politique, s'inspirant de la passion du jour? M. Michelet lui-même avoue qu'il préparait les notes de son cours le matin de chaque leçon. « Je ne pouvais écrire plutôt, ajoute-t-il; d'une leçon à l'autre la situation changeait, la question avançait, par la presse ou autrement. » Aussi, quelque temps après, M. Biot peut-il lui répondre

---

[1] *Chroniques parisiennes*, p. 86. — Heine, grand admirateur de M. Michelet, était cependant obligé d'avouer qu'il y avait là « une bizarrerie poussée jusqu'à la grimace, une surabondance enivrée, où le sublime touche au scurrile, et le profond à l'absurde... C'était l'œuvre, ajoutait-il, d'un historien somnambule. » (Lettre du 1ᵉʳ juin 1843. *Lutèce*, p. 355.)

dans une réunion des membres du Collège de France : « Vous êtes professeur d'histoire et de morale, et je ne trouve dans vos leçons ni histoire ni morale. » M. Michelet est d'ailleurs le premier à convenir qu'on n'apprend rien à son cours. « Au contraire, dit-il aux jeunes étudiants qui l'écoutent, c'est moi qui viens ici m'instruire, et il en doit être de même dans tous les ordres de choses : l'enfant enseigne sa mère, alors qu'elle croit l'élever; le disciple enseigne le maître; ici, messieurs, vous enseignez, vous professez, moi j'apprends. » C'était une des formes de cette flagornerie, attitude habituelle du professeur envers ses élèves. On reconnaît là ce mal de la courtisanerie populaire qui semble propre à notre démocratie, qui a perdu tant de belles intelligences, et qui accompagne le plus souvent, comme pour le châtier, un orgueil poussé jusqu'à la folie.

Triste décadence d'un brillant esprit, que rien désormais n'arrêtera plus. Le cours de 1843 a été une époque décisive et fatale dans la vie de M. Michelet. L'une des extravagances de sa dernière manière sera de prétendre distinguer deux François Iᵉʳ, l'un *avant*, l'autre *après l'abcès*, deux Louis XIV, l'un *avant*, l'autre *après la fistule :* comme on l'a dit spirituellement, on serait mieux fondé à distinguer deux Michelet, l'un *avant*, l'autre *après le jésuite*. Le second n'a rien du premier, et prend en quelque sorte plaisir à le contredire. Le talent même s'est troublé. Les défauts sont aggravés, les qualités se sont voilées. L'écrivain paraît de plus en plus sous l'empire d'une folie malsaine dans laquelle un sentiment domine : une sorte de haine satanique contre le christianisme. Ce fut une des grandes ruines morales et intellectuelles de ce siècle qui en a tant connu, et cette ruine date du jour où le professeur s'est mis à pousser le cri : Au jésuite !

L'émotion des cours de MM. Quinet et Michelet s'étendait au delà de l'enceinte du Collège de France. Les journaux publiaient, au fur et à mesure, chaque leçon. « Le soir même, disait alors M. Michelet, je cours à la presse ; elle haletait sous la vapeur, l'atelier n'était que lumière, brillante activité ; la machine sublime absorbait du papier et rendait des pensées vivantes... Je sentis Dieu, je saisis cet autel. Le lendemain j'étais vainqueur... » Ces leçons ainsi publiées « soulevaient partout, a dit un de leurs admirateurs, M. Chassin, de si ardentes discussions, que l'on pouvait croire au renouvellement de la bataille philosophique et religieuse du dix-huitième siècle. » Pour prolonger l'agitation, les deux professeurs publiaient ensemble leurs leçons de 1843, dans un volume intitulé : *les jésuites*, qui obtint aussitôt un assez vif succès de pamphlet.

Les cours de MM. Michelet et Quinet n'étaient pas alors le seul scandale du Collège de France : à côté d'eux professait Mickiewicz, poète polonais, à l'âme exaltée, à la parole tourmentée, mais non sans puissance, à l'imagination orientale et possédée d'une sorte de mysticisme révolutionnaire[1]. Sous prétexte d'enseigner la langue slave, il prêchait une religion nouvelle, le messianisme, dont l'objet devait être la délivrance de la race slave, sa régénération par les armes de la France, et la déification de Napoléon. La jeunesse se plaisait à unir ces professeurs qui tous trois, ainsi que l'a dit un apologiste de M. Michelet, M. Monod, « se croyaient appelés à une sorte d'apostolat philosophique et social. » En 1844, on faisait frapper, par souscription, une médaille où étaient gravées les trois têtes, avec cette inscription : « *Ut unum omnes sint.* » « Ce sera pour moi une gloire immortelle — disait alors M. Michelet avec la modestie qui devait désormais le caractériser — d'avoir fait partie de la trinité de ces grands hommes. » Le Collège de France avait ainsi une physionomie si inaccoutumée et si étrange, qu'au dire d'un témoin impartial cet antique établissement « ressemblait à une maison de fous ».

Ces cours, qui furent le plus grand désordre des luttes religieuses de ce temps, eurent au moins un avantage. Dès lors il ne fut plus possible de soutenir qu'en attaquant les jésuites, on ne s'en prenait pas au clergé tout entier et à la religion elle-

---

[1] « Mickiewicz, disait M. Michelet au Collège de France, c'est un saint, — c'est un Oriental, — un homme à légendes ; — c'est un saint. »

même. Les deux professeurs dédaignaient de dissimuler la vraie portée de leurs coups. M. Michelet en venait bientôt à soutenir que le christianisme était un obstacle aux progrès de l'humanité, une décadence par rapport, non seulement au paganisme, mais au fétichisme; la « cité du mal » par opposition à la Révolution, qui était la « cité du bien », et il déclarait qu'il fallait « détrôner le Christ ». Quant à M. Quinet, son apologiste, M. Chassin, nous le montre, dans son cours, poursuivant le catholicisme à travers tous les siècles, « se rangeant du côté de ses grands ennemis du dix-huitième siècle, détrônant l'Église, et décernant à la Révolution française la papauté universelle et le gouvernement des âmes ».

Cette franchise brutale dérangeait bien des tactiques. Au premier moment, tous les partisans du monopole, depuis le *Journal des Débats* et la *Revue des Deux Mondes*, jusqu'au *National* et à la *Revue indépendante*, avaient applaudi à la sortie des deux professeurs; mais les habiles ou les prudents y trouvèrent bientôt plus d'embarras que de secours. Dès l'apparition du livre des *Jésuites*, la *Revue des Deux Mondes* disait : « La publication a réussi, le coup a porté, *trop bien peut-être.* » Peu de temps après, elle se plaignait de cette « renaissance du voltairianisme », où elle voyait tout au moins une maladresse. Elle était d'ailleurs obligée de reconnaître que l'attaque était aussi faible dans le fond que violente dans la forme,

« qu'aucune des assertions de M. Michelet ne tenait contre une discussion régulière », et qu'on ne pouvait s'instruire, « en prenant M. Quinet pour guide »[1]. Protestation sans résultat, et qui manifestait, une fois de plus, quelle est l'illusion de ceux qui s'imaginent pouvoir engager une lutte contre le clergé et la maintenir dans certaines limites.

Un autre fait se dégageait des scandales du Collège de France, c'est que le mouvement soulevé contre les jésuites était en réalité un mouvement révolutionnaire, s'attaquant à la monarchie de Juillet aussi bien qu'à l'Église catholique. Dès 1843, M. Quinet ne s'écriait-il pas, du haut de sa chaire, que la question des jésuites était « l'affaire d'un trône et d'une dynastie »; et M. Michelet : « Pour chasser les jésuites, ceux qui ont chassé une dynastie en chasseraient dix, s'il le fallait encore! » A chaque incident, à chaque parole des maîtres, à chaque manifestation des élèves, ce caractère révolutionnaire apparaissait plus marqué et plus agressif. M. Michelet ne considérera-t-il pas comme une suite logique du pamphlet contre les jésuites, d'écrire, à cette même époque, son *Histoire de la Révolution*, réhabilitation de la démagogie de 93, et, au même titre que l'*Histoire* de M. Louis Blanc ou les *Girondins* de Lamartine, préambule de la

[1] Voir les articles de M. Lerminier sur les livres de MM. Michelet et Quinet (15 octobre 1843 et 1ᵉʳ août 1844), et l'article de M. Saisset sur la *Renaissance du voltairianisme* (1ᵉʳ février 1845).

révolution de 1848 ? M. Chassin, le disciple de M. Quinet, ne le loue-t-il pas de ce que, après deux ans de son cours, « la jeunesse des écoles avait cessé d'être catholique et était devenue républicaine » ? Ne montre-t-il pas cette jeunesse se mettant, sous l'action d'un tel enseignement, « en guerre ouverte avec la royauté constitutionnelle » ? Ne déclare-t-il pas, en parlant des événements de 1848, que « les cours du Collège de France peuvent être considérés comme une des causes les plus directes de ce réveil national et universel » ? Et n'ajoute-t-il pas, à propos du rôle de M. Quinet le 24 février : « Au jour de l'action, il fut à son poste; il avait, si j'ose dire, armé les âmes ; il devait donc se jeter en personne dans la bataille... Un des premiers, il entra aux Tuileries, le fusil à la main. L'alliance conclue par l'idée fut ainsi scellée dans le sang » ?

Il y a là une leçon pour les hommes d'État à courte vue qui s'imaginent que le cri : A bas les jésuites ! ne menace pas l'État, ou qui même quelquefois croient habile de détourner de ce côté les passions gênantes ou redoutables.

V

La diversion, chaque jour plus violente et plus tapageuse, tentée contre les jésuites, obligea les catholiques qui avaient pris d'abord l'offensive contre le monopole universitaire à se défendre, à leur tour, sur le terrain où on les attaquait, et qui, à raison des préjugés encore régnants, pouvait paraître moins favorable [1]. Non pas sans doute qu'on fût arrivé à produire un mouvement d'opinion bien profond. Rien de comparable à ce qu'on avait vu sous la Restauration, lors de la grande bataille contre les jésuites. Ces querelles, disait M. Sainte-Beuve, le 24 mai 1843, « sont tellement du réchauffé, qu'après quinze jours on est à bout, et que le monde, qui devient dégoûté, n'y a jamais mordu ». Il écrivait encore l'année suivante :

La passion n'est, dans tout ceci, qu'à la surface ; on a besoin d'occasion, de sujet pour s'occuper, pour se combattre, pour s'illustrer. Faute d'autre, la question des jésuites s'est offerte, et on s'y est jeté avec activité, on l'a cultivée, on l'a réchauffée et elle a produit. Production de serre chaude, après tout ! Si elle venait à manquer, on serait fort embarrassé, on ne saurait que faire de son activité, de son talent, de ses colères.

---

[1] M. de Montalembert avouait, un peu plus tard, « l'embarras » qu'avait causé aux catholiques cette évocation des jésuites : « Il y a, disait-il à la tribune, le 15 juillet 1845, des embarras pour tout le monde, il y en a dans toutes les causes de ce monde, il faut savoir les accepter. Nous avons accepté celui de l'impopularité injuste, inique, absurde, monstrueuse, qui s'attache, en vertu de préjugés invétérés, aux Jésuites ; nous l'avons accepté avec courage, avec bonheur, et, j'ose le dire, avec honneur, comme on doit accepter des embarras qui n'ont rien que d'honorable. »

Mais si les esprits libres prenaient peu au sérieux cette évocation d'un vieux fantôme usé, on devait compter avec la masse des badauds, que la répétition et la véhémence des calomnies finissaient par émouvoir. « La question des jésuites, disait encore M. Sainte-Beuve, si artificielle, si factice qu'elle soit de notre temps, est enfin inoculée, et, sans agiter, occupe. Les livres se publient coup sur coup à ce sujet, se débitent et se lisent avec intérêt et curiosité [1]. » Il fallait donc faire face à l'attaque. Journaux, revues, brochures, livres, tout fut employé. Mentionnons, entre autres, l'ouvrage du P. Cahours, *des Jésuites, par un Jésuite*, réfutation vive, railleuse sans amertume et avec belle humeur, dans laquelle M. Michelet et M. Quinet étaient pris en flagrant délit de citations fausses et d'erreurs de fait. Mais un écrit surtout effaça tous les autres : en janvier 1844, le P. de Ravignan publia son livre *de l'Existence et de l'institut des jésuites*.

Rare fortune pour la Compagnie de Jésus, de posséder alors dans ses rangs un prédicateur célèbre dont les hommes de tous les partis étaient les auditeurs assidus et les admirateurs, un religieux dont la vertu en imposait à ce point, que personne n'osait l'attaquer. A la fin de 1842, dans cette Académie où M. Villemain venait d'attaquer les jésuites, à la séance même où M. Mignet allait

---

[1] *Chroniques parisiennes*, passim.

répéter cette dénonciation, n'avait-on pas entendu faire l'éloge de « l'abbé de Ravignan » ? Et celui qui lui rendait un si solennel et public hommage, était l'un des hommes les plus considérables de l'époque, peu sujet aux entraînements irréfléchis et aux maladresses de conduite, plutôt porté contre la Compagnie par ses traditions de famille : c'était le chancelier Pasquier. M. Sainte-Beuve ne résistait pas à ce pieux prestige, et il écrivait, dans une revue protestante, le 4 avril 1844 :

> M. de Ravignan a plus que de la candeur et de l'onction ; il a une haute vertu évangélique, de l'austérité, de l'autorité ; il se tue à faire le bien ; il prêche depuis toute cette semaine, *trois fois le jour*, à Notre-Dame ; il crache le sang et continue jusqu'au bout, jusqu'à ce qu'il ait gravi tout son calvaire. Il y a du vrai chrétien dans une telle pratique [1].

Aussi les adversaires de la Compagnie, gênés par cette réputation, répandaient-ils le bruit que le P. de Ravignan allait quitter son ordre, ou répétaient-ils sur lui le mot de Royer-Collard : « Voilà un homme qui se croit jésuite, il a la candeur de croire qu'il l'est ; il est vrai que si on lui montrait ce que c'est que les jésuites, il ne le croirait pas [2]. » Le *Journal des Débats* était plus brave ; la sainteté du P. de Ravignan ne l'intimidait pas, et il s'écriait :

---

[1] *Chroniques parisiennes*, p. 200.
[2] Ce mot est rapporté par M. Sainte-Beuve, à qui il a été dit, dans son *Histoire de Port-Royal*, t. III, p. 78.

« Qu'importe que les moines de la rue des Postes ou de la rue Sala soient des saints, s'ils cachent dans les plis de leur robe d'innocence, le fléau qui doit troubler l'État ! Qu'ai-je à faire de vos vertus, si vous m'apportez la peste [1] ? »

C'était déjà beaucoup pour les jésuites, qu'un tel homme prît leur cause en main, et, au jour du péril, les personnifiât en quelque sorte devant le monde. Son nom, à lui seul, était une force et une protection ; mais de plus son petit livre était, en lui-même, excellent. Traitant successivement des *Exercices spirituels* de saint Ignace, des Constitutions, des missions et des doctrines de la Compagnie, il était une réfutation brève, simple et forte, de toutes les accusations portées. Et surtout, quel accent incomparable avait cette courte apologie, fière sans rien de provocant ni d'irritant, où l'auteur se défend sans s'abaisser au rang d'accusé : mélange singulièrement saisissant de l'humilité du religieux, qui parle par obéissance, avec un absolu détachement de tout ce qui le touche personnellement, et de la noblesse d'âme du gentilhomme, soucieux de l'honneur de son drapeau. Et quelle sérénité dans une œuvre de polémique ! A peine, par moments, un peu d'impatience, à la vue du bon sens et de la bonne foi si outrageusement méconnus, mais sans aucune pensée petite, amère,

---

[1] *Journal des Débats* du 10 mai 1845, article de M. Cuvillier-Fleury.

sans aucune animosité contre les hommes ; toujours cette politesse du langage qui, chez l'écrivain, était à la fois la marque de l'homme bien né et la manifestation d'une ardente charité chrétienne ; depuis la première page jusqu'à la dernière, une émotion où l'on ne sait ce qui domine, l'amour de la cause qu'il défend ou celui des âmes qu'il veut toucher, et, par place, des cris du cœur d'une admirable éloquence. Quel contraste avec les œuvres troublées auxquelles il répondait, et aussi, il faut le dire, avec quelques-unes de celles où avait été défendue jusqu'alors la cause catholique !

Qui ne connaît les paroles par lesquelles débutait le P. de Ravignan :

La prudence a ses lois, elle a ses bornes.

Dans la vie des hommes, il est des circonstances où les explications les plus précises deviennent une haute obligation qu'il faut remplir.

Je l'avouerai : depuis surtout que le pouvoir du faux semble reprendre parmi nous un empire qui paraissait aboli, depuis que des haines vieillies et des fictions surannées viennent de nouveau corrompre la sincérité du langage et dénaturer les droits de la justice, j'éprouve le besoin de le déclarer : je suis jésuite, c'est-à-dire religieux de la Compagnie de Jésus.

... Il y a d'ailleurs, en ce moment, trop d'ignominie et trop d'outrages à recueillir sous ce nom, pour que je ne réclame point publiquement ma part d'un pareil héritage.

Ce nom est mon nom ; je le dis avec simplicité : les souvenirs de l'Évangile pourront faire comprendre à plusieurs que je le dise avec joie.

La fin n'était ni moins noble ni moins touchante :

Que si je devais succomber dans la lutte, avant de secouer, sur le sol qui m'a vu naître, la poussière de mes pas, j'irais m'asseoir une dernière fois au pied de la chaire de Notre-Dame. Et là, portant en moi-même l'impérissable témoignage de l'équité méconnue, je plaindrais ma patrie, je dirais avec tristesse :

Il y eut un jour où la vérité lui fut dite ; une voix la proclama, et justice ne fut pas faite ; le cœur manqua pour la faire. Nous laissons derrière nous la Charte violée, la liberté de conscience opprimée, la justice outragée, une grande iniquité de plus. Ils ne s'en trouveront pas mieux ; mais il y aura un jour meilleur, et, j'en lis dans mon âme l'infaillible assurance, ce jour ne se fera pas longtemps attendre. L'histoire ne taira pas la démarche que je viens de faire ; elle laissera tomber sur un siècle injuste tout le poids de ses inexorables arrêts. Seigneur, vous ne permettrez pas toujours que l'iniquité triomphe sans retour ici-bas, et vous ordonnerez à la justice du temps de précéder la justice de l'éternité.

Dans la publication du P. de Ravignan, il y avait plus qu'une belle parole, il y avait un grand acte. Jusqu'à présent les jésuites ne s'étaient défendus, en quelque sorte, que par la vieille méthode, attendant tout de la tolérance du gouvernement sollicitée sans bruit, faisant parler d'eux le moins possible, évitant même de se nommer. En 1838, par exemple, ils avaient été menacés : le provincial de Paris, le P. Guidée, avait fait alors parvenir au roi un mémoire secret, où il trouvait moyen de justifier son ordre sans en prononcer une seule fois le nom : il s'y faisait même un mérite de cette espèce de dissimulation : « A l'époque du Concordat, disait-il, quelques prêtres se réunirent pour travailler de concert, avec plus de succès, au rétablissement de la foi et des mœurs ; mais ils ne prirent aucun titre, n'adoptèrent aucun costume, aucune singularité, qui pût les faire distinguer des autres membres du clergé [1]. » Il était une autre méthode inaugurée par Lacordaire, avec son *Mémoire pour le rétablissement des Frères Prêcheurs*, suivie par M. de Montalembert, Mgr Parisis, et les autres chefs du mouvement catholique. Elle consistait à se défendre par la publicité, par toutes les armes que fournissaient les libertés modernes, à s'adresser à l'opinion plus qu'au gouvernement, à faire acte de citoyen : tactique nouvelle et pourtant bien ancienne, puisqu'elle avait été celle de saint Paul, prononçant son fameux *Civis Romanus sum*. Par sa brochure, le P. de Ravignan s'engage et engage avec lui résolument sa Compagnie dans cette voie libérale. Tout d'abord il se nomme, avec

---

[1] *Vie du P. Guidée*, par le P. Grandidier, p. 181 et sq.

une hardiesse dont la nouveauté étonne les adversaires[1]. Il n'invoque pas le droit divin de l'Église, mais le droit public de la France; il s'appuie, non sur les bulles des papes, mais sur la Charte. « La Charte a-t-elle proclamé la liberté de conscience, oui ou non? » Tel est le fond de son argumentation. Il se défend d'être l'ennemi des principes auxquels il fait appel. « On nous transforme, dit-il, en ennemis des libertés et des institutions de la France : pourquoi le serions-nous? » Afin de compléter sa démarche et sa thèse, il publie, en même temps, une lettre et une consultation de M. de Vatimesnil qui établissent la situation légale des congrégations, notamment des jésuites, et qui déterminent ainsi le terrain de la résistance légale et judiciaire. Il les fait précéder de cette déclaration :

J'ai, comme M. de Vatimesnil, cette conviction profonde, que la Charte et les lois nous protègent, et qu'on ne saurait proscrire l'existence religieuse, intérieure et privée, des associations non reconnues, sans violer la loi fondamentale, sans porter atteinte à la liberté de conscience, dans ce qu'elle a de plus intime et de plus sacré.

[1] M. Libri écrivait alors : « M. l'abbé de Ravignan s'intitule publiquement membre de la Compagnie de Jésus, ce qu'on n'avait jamais osé faire sous la Restauration. » Et M. Cuvillier-Fleury disait dans le *Journal des Débats* : « Ils ont osé, quatorze ans après la révolution de Juillet, ce qu'ils n'avaient jamais tenté même sous la Restauration; ils se sont nommés. »

L'effet du livre sur *l'Existence et l'institut des jésuites* fut immense. Il s'en vendit plus de vingt-cinq mille exemplaires, dans la seule année 1844 : chiffre considérable pour l'époque. Pendant que Lacordaire proposait au Cercle catholique « trois salves en l'honneur du P. de Ravignan », celui-ci recevait l'avis que, dans les Chambres, « sa brochure avait produit très bon effet, qu'on en avait beaucoup parlé dans un bon sens, que MM. Pasquier, Molé, de Barante, Sauzet, Portalis et autres, l'approuvaient hautement », que les ministres eux-mêmes, M. Guizot et M. Martin (du Nord), la jugeaient favorablement [1]. Le premier président, M. Séguier, venait voir le P. de Ravignan pour le féliciter [2]. Il n'était pas jusqu'à M. Royer-Collard, si imbu de préventions jansénistes, qui ne lui envoyât une lettre d'admiration : « Les jésuites ne passeront pas, disait-il après avoir lu leur apologie ; ils ont un principe d'immortalité dans le christianisme et dans les passions guerrières de l'homme. » L'action de ce livre s'étendait jusque sur un écrivain dont nous nous sommes plu à citer souvent le témoignage, comme étant celui d'un spectateur clairvoyant et non suspect de partialité catholique : M. Sainte-Beuve écrivait alors dans la *Revue suisse* :

---

[1] Lettres inédites du R. P. de Ravignan.
[2] « Il est venu me voir, sans que je fusse allé chez lui. Il ne m'a pas trouvé ; il m'a écrit lui-même au parloir un mot très aimable de compliment. » (*Id.*)

M. de Ravignan, jésuite et prédicateur célèbre, vient de publier une brochure qui obtient un grand succès et qui le mérite : c'est le premier écrit sorti des rangs catholiques, durant toute cette querelle, qui soit digne d'une grande et sainte cause... Ce livre est de nature à produire beaucoup d'effet; il s'en vend prodigieusement; cela réfute, du moins en partie, Michelet et Quinet. M. de Ravignan n'arrivera pas à prouver que les jésuites soient une bonne chose en France ; mais il forcera ceux qui parlent en conscience à y regarder à deux fois, et à distinguer ce qui est respectable [1].

Aussi le P. de Ravignan écrivait-il modestement au Père général : « Dieu a béni cette publication, malgré l'inconcevable indignité de l'instrument; pas un blâme encore, que je sache, pas un inconvénient signalé, au contraire. » Fait remarquable : les adversaires n'osaient s'y attaquer directement. Cet effet si considérable ne s'est-il pas prolongé? Depuis lors, toutes les fois que les jésuites se sont vus attaqués, leur premier soin n'a-t-il pas été de réimprimer le petit livre du P. de Ravignan? Ne viennent-ils pas d'en publier la neuvième édition? Un succès si vif, si fécond et si durable contient une leçon. N'oublions pas qu'il est dû à deux causes : d'abord la modération et la dignité du ton, l'esprit large, juste et charitable qui anime l'auteur, sa préoccupation, non de flatter les passions de ses amis ou de meurtrir ses adversaires,

---

[1] *Chroniques parisiennes*, p. 181.

mais de convaincre et d'attirer tous les hommes d'entre-deux; ensuite l'avantage du terrain nouveau où il s'est placé, de la thèse de liberté et de droit moderne sur laquelle il s'est fondé. Il a pris, pour une défensive devenue nécessaire, les armes dont les chefs du parti catholique s'étaient servis naguère pour l'offensive; il l'a fait avec un succès égal, et il a empêché ainsi que les partisans du monopole ne trouvassent, par la diversion contre le jésuitisme, un moyen de réparer l'échec moral subi par eux, sur la question même de la liberté d'enseignement.

Après avoir ainsi passé successivement en revue l'armée des amis et celle des adversaires de la liberté d'enseignement, telles qu'elles se sont montrées dans ces premières années de lutte, de 1841 à 1844, il semble qu'on soit en mesure de les comparer, de dire laquelle faisait alors la plus brillante figure, laquelle a jusqu'ici remporté cette victoire morale qui tôt ou tard passe dans les faits. Peut-être s'étonnera-t-on que, dans ce tableau des forces en présence, il n'ait pas encore été question du gouvernement. Cette omission ou du moins ce retard serait en effet inexplicable, si, dans cette matière, le gouvernement avait pleinement rempli son rôle, s'il avait gouverné. Mais, en dehors de l'initiative imprévoyante par laquelle, en présentant le projet de 1841, il avait, sans le savoir et sans le vouloir, donné le signal de la lutte, il n'a rien dirigé : on se battait par-dessus sa tête, et, entre les deux partis, il gardait une attitude embarrassée, indécise, en quelque sorte subordonnée, qu'il convient maintenant d'exposer, mais qu'il était naturel et logique d'exposer en dernier lieu.

CHAPITRE V

LA POLITIQUE RELIGIEUSE DU GOUVERNEMENT ET LE PROJET DE LOI DE 1844.

1841-1844

I. Les dispositions personnelles de M. Guizot. M. Martin du Nord et M. Villemain. — II. Le sentiment du roi. Louis-Philippe et Mgr Affre. — III. La gauche et la liberté religieuse. Les regrets de M. de Tocqueville. Les préventions des conservateurs. M. Guizot n'essaye pas d'en triompher. Ce qui peut excuser sa faiblesse. — IV. Les bons rapports entre le gouvernement et le clergé sont altérés. Difficultés avec les congrégations, avec les évêques. La question des articles organiques. — V. Les universitaires mécontents du gouvernement. Défis échangés par-dessus la tête des ministres. M. Dupin et M. de Montalembert. — VI. Le projet de 1844. Le rapport du duc de Broglie, plus libéral que le projet, bien qu'encore insuffisant. — VII. La discussion à la Chambre des pairs. Attitude des divers partis. Échec infligé à l'Université. Les catholiques, quoique battus au vote, sortent plus forts du débat.

I

Le gouvernement n'avait pas saisi du premier coup toutes les raisons de justice, d'honneur, de stabilité dynastique, de sécurité sociale, et même de tactique parlementaire et ministérielle, qui eussent dû le décider à s'emparer de la question d'enseignement et à la résoudre dans un esprit de liberté et de bienveillance; il avait même débuté par la fausse démarche du projet de 1841. Mais cette faute commise, la lutte ainsi engagée, va-t-il comprendre enfin son devoir et son intérêt? Il ne s'agissait pas sans doute pour lui, de souscrire immédiatement à toutes les exigences du « parti religieux »; sauf quelques esprits ardents et absolus, les catholiques se fussent contentés à moins. Que le ministère, se portant médiateur, prît avec autorité l'initiative d'une sorte de transaction, ils auraient été heureux de l'accepter, s'ils y avaient discerné la bonne volonté de faire tout ce que permettaient les circonstances. N'eussent-ils pas été pleinement et définitivement satisfaits, qu'ils eussent du moins désarmé, et, suivant la fine distinction de Mgr Parisis, à défaut d'un *acquit*, donné un *reçu*. Il aurait probablement suffi de reprendre le projet de 1836.

Tel était certainement le désir de M. Guizot, qui n'avait pas le titre de président du conseil, mais qui en avait l'autorité et la responsabilité. On sait quelle était son opinion personnelle sur la conduite de l'État envers la religion, et en particulier sur la liberté d'enseignement; on peut le croire quand il affirme après coup, dans ses *Mémoires*, que « personne n'était plus engagé et plus décidé que lui à sérieusement acquitter, quant à la liberté d'enseignement, la promesse de la Charte ». La lutte qui avait éclaté n'était pas de nature à le faire changer d'avis. Ce n'est pas ce haut esprit qui s'effrayait où s'effarouchait de voir des catholiques et même le clergé user des armes de la liberté. S'il avait professé à côté de M. Villemain et de M. Cousin, il n'était pas resté comme eux un dévot de l'Université : « Vous voulez, disait-il alors à un professeur fort mêlé aux polémiques, vous voulez, avec votre question universitaire, être un parti, et vous ne serez jamais qu'une coterie. » A la différence de la plupart de ses contemporains, M. Guizot comprenait les griefs des hommes religieux, la gravité des questions soulevées par eux ; il se plaisait à considérer dans ces débats, à y saluer, quelque chose de plus vrai, de plus profond, de plus élevé, que ce qui agitait les partis politiques, au milieu desquels il était condamné chaque jour à manœuvrer. Aussi rendait-il hommage à la « sincérité » de l'opposition des catholiques, et déclarait-il leur émotion « digne d'un grand respect », alors même qu'elle conduisait à des démarches, selon lui, excessives. Bien plus, comme il l'avouera plus tard, ses sympathies étaient au fond avec les partisans de la liberté religieuse, et, au plus fort de la lutte, il éprouvait à l'égard de la cause qu'il lui fallait combattre, comme un sentiment mêlé d'envie et de regret. Il désapprouvait les violences de la polémique antireligieuse et on lui attribuait l'inspiration du *Globe*, qui blâmait alors sévèrement l'attitude du *Journal des Débats* dans ces questions. Il avait l'esprit libre et large, même sur les jésuites. Pour le P. de Ravignan, qu'il avait été souvent entendre à Notre-Dame, il ressentait estime et sympathie ; plus d'une fois il eut avec lui des entretiens. Au sortir de l'une de ces conversations, le 29 décembre 1843, l'éloquent religieux écrivait à son supérieur général :

M. Guizot m'a étonné par la supériorité de ses vues, par son estime pour la Compagnie, par la manière dont il se prononçait contre toutes les préventions et les attaques auxquelles nous sommes en butte. Je sais positivement que, dans le conseil des ministres, il a parlé en notre faveur. Le nonce à Paris et d'autres encore pensent devoir plus compter, pour les intérêts catholiques, sur M. Guizot que sur tout le reste des hommes publics de notre temps. Il est certain qu'il est homme d'État, que ses vues sont élevées, larges et favorables à la liberté d'enseignement, comme à celle de l'Église.

On a retrouvé dans les papiers du P. de Ravignan la minute de cette conversation. Le ministre y apparaît très bienveillant pour les jésuites, parlant, d'une façon fort dégagée, des préoccupations de l'opinion. « La crédulité d'un grand nombre, disait-il, admet sur votre compte des faits auxquels je n'ajoute point foi ; vous devez être prudents, le gouvernement n'a point de répulsion pour vous; je pense que vous pouvez encore rendre de grands services à la société… » A peine faisait-il quelques réserves au sujet du rôle historique des jésuites, par exemple sous les Stuarts. Le P. de Ravignan demandant : « Quel fait nous reproche-t-on ? » M. Guizot répondait : « Aucun fait : il y en aurait d'isolés que je n'y attacherais aucune importance. »

Et il déclarait que les jésuites ne devaient pas être exclus de la liberté d'enseignement [1]. Peu après, dans l'intimité, il témoignait de la satisfaction que lui causait le petit livre de l'*Existence et de l'Institut des Jésuites*. Sa belle-sœur, Mme de Meulan, disait à Mme Swetchine : « Si vous entendiez M. Guizot parler de tout cela, des jésuites, etc., vous seriez enchantée [2]. » Naguère ambassadeur à Londres, il devait avoir d'ailleurs, plus qu'un autre, les yeux fixés sur les hommes d'État anglais ; il les voyait, Robert Peel aussi bien que John Russel, mettre à l'envi l'honneur et l'intérêt de leur politique à satisfaire les consciences catholiques, et il entendait, à cette époque, M. Gladstone se vanter « d'avoir fait à la religion catholique, en Angleterre, des conditions plus larges et plus libérales qu'elle n'en possédait en France ».

Mais M. Guizot était-il secondé par ses collègues, entre autres par le ministre des cultes et par celui de l'instruction publique, que leurs attributions appelaient à s'occuper plus spécialement de ces questions ? M. Martin du Nord eût été en temps ordinaire le plus aimable des ministres, bien intentionné, déférent envers ceux qu'il appelait *ses évêques*, *son* clergé, gracieux même pour les jésuites, désirant sincèrement le bien de la religion,

---

[1] *Vie du P. de Ravignan*, par le P. de Pontlevoy, t. Ier, 265 à 269.

[2] Lettre inédite du P. de Ravignan au P. Provincial, du 9 février 1844.

et proclamant sa foi à la tribune. Le plus ardent des écrivains catholiques disait alors de lui :

On sait de quelle heureuse physionomie est doué M. le garde des sceaux ; rien de plus doux que son air, que sa voix, que toute sa personne ; rien de plus conciliant que son langage, rien de plus honnête que ses intentions. Lorsqu'on l'écoute, on s'en veut de n'être pas de son avis, ou l'on croit qu'il se trompe involontairement ; lorsqu'il blâme les choses les plus avouables et les plus louables, on est plus tenté de le plaindre que de le contredire ; car il semble qu'avec un peu plus de courage, il parlerait tout autrement. Ne croyez pas qu'il perde une occasion de vanter son respect pour la religion, sa vénération pour les vertus des évêques, même pour leur titre sacré. Dans les grandes circonstances, il va plus loin, il ose se proclamer bon catholique, et M. de Montalembert est à peine plus téméraire à braver le respect humain.

Mais cet avocat disert, ancienne célébrité d'un barreau de province, n'avait pas les vues hautes et le caractère ferme qui font l'homme d'État. Il était surpris et troublé des graves problèmes qu'on soulevait devant lui ; il eût volontiers étouffé l'attaque comme la défense. On ne savait ce qui agissait le plus sur lui, la crainte d'attrister les évêques ou celle de braver leurs adversaires. Il n'eût pas fait obstacle à une politique largement libérale, mais il n'était pas homme à en prendre l'initiative. Néanmoins les prélats rendaient volontiers hommage à ses bonnes intentions, et quand il leur fallait le combattre, ils le présentaient comme associé à contre-cœur à des mesures qu'il ne pouvait approuver.

Ils se plaignaient plus vivement de M. Villemain, qui leur paraissait être, dans le cabinet, le principal obstacle à la politique de conciliation désirée par M. Guizot. Était-ce donc que le ministre de l'instruction publique fût animé de passions antireligieuses? Nullement. Dans une note confidentielle adressée à ses collègues, Mgr Affre faisait, au contraire, remarquer que M. Villemain se distinguait, entre les hommes politiques de l'époque, par ses habitudes privées de vie chrétienne, et que, comme ministre, il avait fait, dans le choix des livres ou des hommes, des efforts sincères pour rendre l'enseignement officiel plus religieux [1]. Mais, chez cet ancien professeur, l'attachement à l'Université était devenu un esprit de corps exclusif et étroit. M. Cousin et lui, tout en se jalousant, l'un violent, impétueux, passionné, l'autre chatouilleux, susceptible, inquiet, se partageaient l'honneur de personnifier la corporation enseignante. Une feuille de gauche disait à ce propos [2] :

M. Villemain est bien plutôt le grand maître de l'Université qu'il n'est le ministre de l'instruction publique. Au lieu de se considérer comme le grand

---

[1] *Vie de Mgr Devie*, par M. l'abbé Cognat, t. II, p. 416.
[2] *Courrier Français*, du 12 février 1844.

pontife de l'enseignement universel, il est resté le général du corps enseignant laïque, le supérieur du couvent universitaire. Ainsi l'ont fait ses antécédents, ses habitudes d'esprit, la situation actuelle des choses et la difficulté de s'élever à la hauteur de son personnage.

La fin de ce jugement paraît suspecte de quelque animosité. On ne saurait nier cependant que M. Villemain, tout en étant le plus ingénieux des littérateurs, n'avait pas plus que M. Martin du Nord les qualités de l'homme d'État. Sans prétendre, comme M. Michaud, qu'il était toujours resté un « bel esprit de collège », on peut dire, avec M. Sainte-Beuve, que la politique avait été pour lui une « diminution », et qu'il était surtout « un éloquent rhéteur, dans le sens antique et favorable du mot [1]. » Habile à se tirer des petites difficultés de rédaction, il faiblissait en présence des difficultés réelles, et, dans ce cas, il était insuffisant même à la tribune. Joignez à cela cette susceptibilité craintive et irritable, qui est souvent le mal des hommes de lettres, et que les polémistes catholiques ne ménageaient pas toujours assez. Très sensible à la louange, encore plus aux critiques, M. Villemain avait été fort ému de l'accueil, pour lui inattendu, qui avait été fait à son projet de 1841. Ce début l'avait jeté tout de suite dans

---

[1] Sainte-Beuve, *Chroniques parisiennes*, p. 42, 101, 103, 105.

la lutte avec je ne sais quoi d'aigri et d'agité. Le nom seul de jésuite suffisait d'ailleurs à lui faire perdre la tête. Il souffrait lui-même plus encore qu'il ne faisait souffrir les autres, et la difficulté de concilier ses sentiments religieux et ses animosités universitaires lui causait une anxiété qui devait bientôt être trop lourde pour sa raison.

Les autres membres du cabinet ne paraissent pas s'être occupés de la question d'enseignement, dont tous ne comprenaient sans doute pas alors l'importance. Mais quel était sur ce point le sentiment du roi qui, par son activité d'esprit, sa haute expérience, son sens politique si aiguisé, méritait d'exercer, et exerçait en effet, une action considérable sur la marche des affaires?

II

Louis-Philippe était personnellement un homme du dix-huitième siècle : il en avait à la fois le scepticisme et la sensibilité; il laissait même dire assez volontiers qu'il était voltairien. Mais, chez lui, le politique avait, par instinct et par expérience, le sentiment très profond de l'intérêt qu'a le pouvoir à vivre en paix avec le clergé. Ne l'avait-on pas entendu, dès 1830, dire cette parole si juste dans sa vive familiarité : « Il ne faut jamais mettre le doigt dans les affaires de l'Église; il y reste. » Seulement, s'il avait l'esprit trop fin pour ne pas voir les embarras et les périls d'une lutte avec le catholicisme, peut-être ne l'avait-il pas toujours assez haut pour discerner à quelles conditions on pouvait satisfaire les consciences. A défaut de la foi personnelle, il n'avait pas cette intelligence large et délicate des choses religieuses que possédait si bien M. Guizot. Il ne comprenait rien à l'attitude de M. de Montalembert et avait coutume de demander quand il entrerait dans les ordres. La vraie portée de la lutte pour la liberté d'enseignement lui échappait, et parfois il ne semblait y voir qu'une « querelle de cuistres et de bedeaux ». Ce n'est pas qu'il fût porté à prendre parti pour les « cuistres » contre les « bedeaux ». Les prétentions de la philosophie notamment inquiétaient plutôt son bon sens un peu terre à terre. Aussi, dans le monde universitaire, se plaignait-on généralement du roi, et M. Sainte-Beuve disait à cette époque :

Le roi Louis-Philippe, dans cette querelle de l'Université et des jésuites, n'est pas très favorable à l'Université. Si Villemain n'a pas proposé, cette année, sa loi organique sur l'instruction secondaire, c'est que le roi ne s'en est pas soucié. « Laissons faire, disait-il au ministre ; laissons-leur la liberté à tous, moyennant un bon petit article de police qui suffira. » Le roi est peut-être meilleur politique en disant cela, mais Villemain est meilleur universitaire [1].

---

[1] *Chroniques parisiennes*, p. 62. — L'homme politique, dont nous avons déjà cité plusieurs fois le journal inédit,

M. Quinet écrivait avec amertume, dès avril 1842 : « Je suis bien convaincu que le parti prêtre est soutenu par le château. C'est là ce qui leur donne cette insolence [1]. » D'autre part cependant, le roi se méfiait de l'enseignement du clergé : il craignait que des collèges ecclésiastiques les enfants ne sortissent « carlistes ». Aussi Mgr Affre, qui avait eu l'occasion de saisir plusieurs fois sur le vif les inquiétudes royales, engageait-il ses collègues de l'épiscopat à rassurer le gouvernement sur ce point, et paraissait-il croire que, ce malentendu dissipé, le roi n'aurait plus aucune répugnance à la réforme demandée.

Pour le moment, la pensée de Louis-Philippe ne se dégageait pas nettement. Il était d'ailleurs dans la nature de cet esprit pourtant si brillant et si étendu, dans les habitudes de ce politique, par certains côtés, si consommé, de ne pas prendre parti sur les questions de principes, mais de louvoyer au milieu des faits avec une souplesse patiente et avisée, multipliant au besoin les inconséquences pour éviter les conflits. « Plein de bravoure personnelle, il était, a dit M. Guizot, timide en poli-

---

écrivait en 1844 : « Les intentions du roi ont toujours été assez suspectes aux partisans de l'Université. On le croit disposé à voir sans peine quelques concessions au clergé... Il est peu favorable aux élucubrations philosophiques et toujours assez porté, par politique, à ménager le clergé. »

[1] *Correspondance* de Quinet.

tique ¹. » Rien chez lui de cette jeunesse chevaleresque, mais un peu téméraire, qui se plaît à poser les grandes questions. Il aimait mieux tourner une difficulté que l'aborder de front, ajourner un problème que tenter de le résoudre. Il croyait que c'était déjà beaucoup de durer au moyen d'expédients successifs, comptant sur le temps et le hasard pour se tirer des embarras qu'il renvoyait à l'avenir ; au fond, d'ailleurs, fort perplexe et quelque peu désabusé sur le succès final. Tout au rebours de cette génération de 89, dont il avait partagé les illusions, mais aussi les déceptions, il croyait peu à la puissance du bien et beaucoup à celle du mal ; il pensait volontiers qu'à combattre le mal de front, on risquait de se faire briser, et que le meilleur moyen de lui échapper était de ruser avec lui, en le cajolant. Ainsi il en usait avec l'esprit révolutionnaire. Peut-être était-il disposé à traiter de même la passion antireligieuse, quand celle-ci se montrait trop menaçante, non pas sans doute qu'il la partageât ou voulût lui céder ; mais il estimait, au contraire, que c'était la seule manière, sinon de détruire, au moins de limiter son action malfaisante.

Était-ce une tactique heureuse ou nécessaire dans les matières purement politiques ? Ceux qui le pensent font observer que le vieux roi, dans ce siècle d'instabilité, et en dépit des faiblesses de

___
¹ Conversation avec M. Senior rapportée par ce dernier.

son origine, a su durer dix-huit ans. Ceux qui le contestent répondent qu'en fin de compte il a échoué. Quoi qu'il en soit, s'il était des questions où ces expédients fussent insuffisants, où les courtes habiletés ne pussent prévenir les conflits, ni les petites caresses faire oublier les légitimes griefs, c'étaient celles qui intéressaient la conscience religieuse. Le roi devait en faire l'expérience, parfois non sans surprise ni vif déplaisir; à ce point de vue, ses rapports avec Mgr Affre sont assez curieux à étudier.

Louis-Philippe avait été fort ennuyé de l'opposition de Mgr de Quélen. Quand il fut question de lui trouver un successeur, fidèle à sa pratique constante dans les choix d'évêques, il voulut avant tout un prêtre justement considéré; mais il ne lui avait pas déplu d'appeler à ce siège élevé un personnage sans patronage et sans clientèle, que ne désignaient ni un grand nom, ni un talent hors ligne, ni une haute situation. Jugeant des choses ecclésiastiques par ce qui se passait dans la politique, il comptait ainsi, non pas pouvoir exercer sur le nouveau prélat une pression qui n'était pas dans ses desseins, mais lui en imposer, l'avoir dans sa main. Au début, il s'amusait de cette situation nouvelle, à laquelle ne l'avait pas habitué la bouderie hautaine de Mgr de Quélen. Mgr Affre était accueilli avec effusion aux Tuileries. Le roi, le tenant assis auprès de lui sur un canapé, pendant une grande réception, répétait à tous ceux qui venaient le

saluer : « Je cause avec mon cher archevêque. »
Il se livrait avec lui à toute l'abondance de sa conversation, s'étendait sur le bien qu'il voulait au catholicisme : « Ah ! si je n'étais pas là, s'écriait-il, tout serait bouleversé. Que deviendriez-vous ? Que deviendrait la religion ? » Le prélat était consulté sur les choix épiscopaux. « Il est délicieux, disait-il, notre cher archevêque : comme il juge bien les hommes [1] ! » Mgr Affre se prêtait à ces caresses avec une gravité peu souple. Nullement hostile à l'établissement de Juillet, fort mal vu, pour cette raison, du parti légitimiste, opposé par goût à toute démarche téméraire et même à toute action publique, plus que personne il désirait un accord entre le clergé et la monarchie de 1830. Mais, pour cet accord, il ne suffisait pas de caresses, auxquelles sa nature droite et un peu fruste était moins sensible qu'une autre, et nul n'était plus éloigné de se réduire au rôle d'un prélat de cour qui éviterait avant tout de paraître gênant. Aussi quand, après le projet de 1841, la question d'enseignement fut mise à l'ordre du jour, le prélat voulut-il user des relations que lui avait permises la faveur royale, pour aborder ce sujet. Ce n'était pas l'affaire du prince, qui croyait pouvoir passer à côté de la question sans la résoudre. Aux premiers mots de l'archevêque, Louis-Philippe essaya

---

[1] Ces détails et ceux que nous ajoutons plus loin sont rapportés dans la *Vie de Mgr Affre*, par M. Cruice, depuis évêque de Marseille.

de changer la conversation ; il aimait à parler, parlait facilement; aussi était-il, avec lui, fort difficile de suivre un entretien, quand il voulait le rompre. Plusieurs fois, l'évêque revint au sujet loin duquel l'entraînaient les digressions calculées de son interlocuteur. Tout à coup le roi lui dit : « Monsieur l'archevêque, vous allez prononcer entre ma femme et moi. Combien faut-il de cierges à un mariage ? Je soutiens que six cierges suffisent, ma femme prétend qu'on en doit mettre douze. Je me rappelle fort bien qu'à mon mariage, c'était dans la chambre de mon beau-père, il n'y avait que six cierges. » Ces mots étaient dits avec cette bonhomie caressante, légèrement narquoise, qui était un des grands artifices du prince. L'archevêque ne voulait pas céder. « Il importe peu, répondit-il d'un ton à la fois courtois et sérieux, que l'on allume six cierges ou douze cierges à un mariage, mais veuillez m'entendre sur une question plus grave. — Comment, monsieur l'archevêque, ceci est très grave, reprit en souriant le roi ; il y a division dans mon ménage : ma femme prétend avoir raison, je soutiens qu'elle a tort. » Sans répliquer, l'archevêque poursuivit sa défense de la liberté d'enseignement. Le roi l'interrompit : « Mais mes cierges, monsieur l'archevêque, mes cierges ? » L'accent du prince prenait le caractère d'une certaine impatience. Le prélat ne se troubla pas, et continua comme s'il ne se fût aperçu de rien. Le roi alors, s'emportant, s'écria : « Tenez, je ne veux pas de votre liberté d'enseignement, je n'aime pas les collèges ecclésiastiques; on y enseigne trop aux enfants le verset du *Magnificat* : *Deposuit potentes de sede.* » L'archevêque se leva, salua et se retira.

La dernière parole du roi était moins l'expression réfléchie de sa pensée qu'une boutade comme il lui en échappait souvent dans l'intempérance de la conversation : seulement, ce qui était vrai, c'est qu'il voulait gagner du temps sans se prononcer. D'autres jours, l'archevêque revint à la charge, il ne fut pas plus heureux; le roi lui ripostait par quelque question étrange : « Apprenez-moi donc la différence qu'il y a entre *Dominus vobiscum* et *pax tecum;* » il se mettait à lui raconter l'histoire de sa première communion ou quelque anecdote de son exil, ou bien parlait sur tout autre sujet, avec une imperturbable volubilité, puis il terminait son monologue : « Allons, bonjour, monsieur l'archevêque, bonjour. » Du reste, toujours fort gracieux avec le prélat qu'il pensait à la fois avoir séduit et éconduit, comme il avait fait de tant d'hommes politiques. C'était là où l'habileté royale se trompait, par ignorance de la conscience religieuse. Quand on traite avec des hommes de foi, on peut les contredire, on ne leur fait pas, par de pareils moyens, perdre de vue ce qu'ils croient être un devoir. L'archevêque sortait de ces entretiens agacé, nullement intimidé; le prestige du roi en était amoindri, la résolution du prélat n'en était pas ébranlée. Aussi, puisqu'on ne voulait pas l'entendre dans des conversations secrètes, Mgr Affre se résolut à parler publiquement. Le 1er mai 1842, présentant ses hommages au roi, à l'occasion de sa fête, il exprima, d'ailleurs en termes réservés et convenables, le vœu du clergé de pouvoir « travailler plus librement à former le cœur et l'esprit de la jeunesse ». Le roi fut mécontent. « Où ai-je été prendre ce M. Affre? dit-il, c'est une pierre brute des montagnes. Je la briserais, si je n'en craignais les éclats. » Le ministre des cultes adressa des reproches au prélat; le *Journal des Débats* tint un langage menaçant. Mais le gouvernement revint bientôt à des vues plus calmes, et, interpellé à ce sujet, M. Martin du Nord répondit sagement que le langage de l'archevêque avait été après tout naturel. Ce fut néanmoins, entre le souverain et Mgr Affre, le commencement de rapports tendus, qui, comme on le verra plus tard, aboutiront à des scènes assez vives et détermineront le prélat, d'abord si bien disposé pour le régime de Juillet, à s'en éloigner de plus en plus. Les faits, sur ce point, ne donnaient-ils pas tort à l'habileté trop timide et sceptique du vieux roi, qui se trouvait ainsi avoir mécontenté à la fois les universitaires et le clergé, sans qu'on pût même parvenir à préciser quels étaient son principe et son but?

III

Mal secondé, ou même parfois contrarié, au sein du gouvernement, M. Guizot pouvait-il trouver un point d'appui dans le monde parlementaire? Chez les hommes de gauche, la vieille haine révolutionnaire contre le clergé l'emportait sur les principes libéraux. A peine pouvait-on citer quelques rares exceptions [1]. M. de Tocqueville souffrait vivement de l'inconséquence vulgaire et passionnée du parti au milieu duquel il avait pris place. Il ne manquait pas une occasion de répéter à la tribune ce qu'il avait déjà dit dans son livre de la *Démocratie en Amérique*, sur l'accord de la religion et de la liberté. Il fondait, avec quelques amis, un journal, le *Commerce*, précisément pour « pouvoir défendre, du point de vue libéral, la liberté d'enseignement, sans s'associer à la guerre déclarée au clergé [2]. » Mais c'était avec peu de succès : il ne parvenait pas à ramener les groupes de gauche à leurs principes, à les arracher à cette « politique d'expédients et d'intrigues », qui était,

---

[1] Si, dans une lettre à Lamartine, M. Ledru-Rollin dénonçait le monopole universitaire, qu'il appelait la « conscription de l'enfance traînée violemment dans un camp ennemi et pour servir l'ennemi », il était contredit par son propre journal, *la Réforme*, où M. Flocon, plus fidèle à la tradition jacobine, déclarait que l'enseignement était « une des plus saintes fonctions de l'État. »

[2] Lettre de M. de Tocqueville, du 17 septembre 1844.

selon lui, la conséquence de la direction donnée par M. Thiers. Attristé, dégoûté de ne pas trouver ces grands partis et ces grandes questions auxquels il aurait aimé à donner sa vie, il se renfermait de plus en plus dans le rôle d'un prophète un peu chagrin, dénonçant à la bourgeoisie les vices de ses mœurs publiques, lui prédisant les catastrophes de l'avenir, et se déclarant impuissant, entre des partis contraires qui, ni l'un ni l'autre, ne suivaient ses conseils, à donner une autre direction aux événements. C'est ainsi notamment qu'il envisageait la question religieuse, et il a exposé son sentiment dans une lettre curieuse, dont quelques jugements particuliers peuvent être contestés, mais dont l'ensemble est, après tout, intéressant et instructif à connaître [1]. Voici cette lettre :

Mon cher ami, j'aborde la session tristement. L'état de la question religieuse me cause surtout une profonde douleur. Mon plus beau rêve, en rentrant dans la vie politique, était de contribuer à la réconciliation de l'esprit de liberté et de l'esprit de religion, de la société nouvelle et du clergé ! Cette réconciliation est ajournée pour des années ; la brèche qui se fermait est rouverte, et sera bientôt presque aussi large qu'en 1828. Ce résultat est dû à la combinaison des plus tristes passions et du plus grand esprit d'aveuglement (à mon sens du moins) qui se puisse concevoir. Je n'ai pas besoin de te dire à quel point

---

[1] Lettre à M. E. de Tocqueville, 6 décembre 1843.

je suis affligé de la guerre que les journaux (je dis les *journaux*, car, sur ce point, ceux du gouvernement sont peut-être pires que ceux de l'opposition) font au clergé et à la religion même ; mais, d'une autre part, je me sens profondément irrité contre les folies qui ont donné naissance à cet orage. Quand je pense qu'il y a trois ans encore, presque toute la presse, ou était favorable au retour des idées religieuses, ou du moins n'y était pas contraire ; que la jeunesse presque entière marchait dans ce sens ; que les conseils municipaux de presque toutes les villes ouvraient la porte aux corps religieux pour l'enseignement ; qu'enfin il se trouvait dans les Chambres une majorité immense et toujours prête à voter de l'argent pour créer des succursales, augmenter le traitement des ecclésiastiques ; et qu'aujourd'hui *toute* la presse, à la seule exception des journaux légitimistes (exception plus dangereuse quelquefois qu'utile), est dans un paroxysme de vraie fureur ; qu'on injurie le clergé dans les cours publics ; que des villes commencent à se montrer hostiles, et qu'enfin il n'est pas douteux qu'une immense majorité dans la Chambre ne fasse à la première occasion une querelle au clergé ; quand je vois ce déplorable tableau, je ne puis m'empêcher de croire qu'il faut qu'on ait commis de bien graves fautes pour avoir transformé en si peu de temps, une situation si bonne en une position si critique.

M. de Tocqueville reconnaissait que, sur le terrain de la liberté d'enseignement et du droit commun, le clergé était invincible ; mais, attachant trop d'importance à quelques opinions isolées et téméraires, il lui reprochait d'avoir laissé entrevoir l'arrière-pensée de prendre « la direction exclusive de l'éducation. » Il ajoutait :

Ce n'est pas tout. Au lieu de se borner à réclamer leur part d'enseignement, ils ont voulu prouver que l'Université était indigne d'enseigner. Une multitude d'articles de journaux, de brochures et de très gros livres ont été publiés dans le but d'attaquer nominativement une foule de professeurs et de prouver qu'ils ne méritaient pas la confiance des familles. Qu'ils eussent raison ou tort dans ces attaques, peu importe, ce n'est pas là la question ; le tort était de prendre une marche qui ne pouvait manquer d'éloigner indéfiniment la liberté d'enseignement pour laquelle on combattait, soulèverait nécessairement contre le clergé et la religion une foule d'amours-propres exaspérés, et jetterait dans une guerre acharnée des milliers d'hommes influents et actifs, qui, bien qu'ils ne fussent pas ou qu'ils n'eussent pas toujours été orthodoxes et bons chrétiens, laissaient la réaction religieuse se faire sans y mettre obstacle.

Seulement, après avoir blâmé et surtout regretté ce qui lui paraissait être le tort des catholiques, M. de Tocqueville disait : « Je crois que les fautes du clergé seront toujours infiniment moins dangereuses à la liberté que son asservissement [1]. » Réflexion remarquable entre toutes, que les hommes politiques ne devraient jamais oublier, mais qu'alors,

---

[1] Lettre à M. de Corcelle, du 15 novembre 1843.

comme aujourd'hui, les hommes de gauche ne savaient ni comprendre ni même entendre.

Les amis de la liberté d'enseignement n'étaient guère plus nombreux dans le parti conservateur que dans les groupes de gauche. Si quelques hommes d'État, comme M. Molé, se montraient, dans certains salons, favorables aux catholiques, même aux jésuites [1], ils se gardaient de faire aucun acte public qui pût les compromettre. Parmi ceux qui naguère croyaient se montrer hommes de gouvernement en étant bienveillants pour l'Église, combien avaient agi ainsi parce qu'ils avaient cru cette Église vaincue et réduite pour toujours à l'état d'une cliente affaiblie, timide, humiliée, qu'ils étaient flattés d'avoir sous leur protection! Mais que les catholiques reprissent un langage fier, mâle, hardi, ils en éprouvaient comme une déception irritée; leurs vieilles préventions se réveillaient. Les plus conservateurs ne parvenaient pas d'ailleurs à comprendre les sentiments et les besoins au nom desquels parlaient les évêques. « Voilà de singulières querelles pour notre temps », écrivait l'un d'eux. Arborer le drapeau religieux, dix ans après 1830, leur paraissait une sorte de démence inexplicable, un éclat de mauvais goût, un oubli des convenances, absolument comme si, dans un salon, ceux-là venaient tout à coup à

---

[1] « M. Molé est toujours et très explicitement nôtre, » lit-on dans une lettre du P. de Ravignan.

parler bruyamment que leur situation obligeait à garder un silence modeste. On ne s'expliquait pas le rôle de M. de Montalembert. « Que veut-il ? disait-on. Où cela peut-il le mener ? Il ne tiendrait qu'à lui d'être ambassadeur en Belgique, et il se rend impossible de gaieté de cœur [1]. » Aussi lorsque, en 1843, les bureaux de la Chambre des députés furent saisis d'une très modeste proposition, déposée par M. de Carné, et tendant seulement à supprimer le certificat d'études, ne se trouva-t-il que deux bureaux sur neuf, pour autoriser la lecture du projet. Des ministériels s'étaient unis aux hommes de gauche, pour refuser même de l'examiner.

Il ne faudrait pas croire cependant que les partis d'alors fussent animés de passions antireligieuses analogues à celles qui règnent aujourd'hui. Sans doute, dans l'émotion de la lutte, certains polémistes catholiques étaient disposés à peindre fort en noir ce qu'ils appelaient l'impiété de leurs adversaires. Mais les esprits sages jugeaient les hommes avec plus de sang-froid. M. de Champagny écrivait à ce propos, dans le *Correspondant* d'alors, ces très justes réflexions :

Peu d'hommes, dans la sphère politique, ont une volonté arrêtée contre le christianisme ou contre

---

[1] M. Molé disait au contraire : « Si je n'avais que quarante ans, je ne voudrais pas d'autre rôle que celui de Montalembert. »

l'Église... Beaucoup comprennent que, pour qui veut gouverner honnêtement, c'est-à-dire avec un peu de sûreté pour l'avenir, je ne dirai pas l'amitié du clergé, mais l'absence de justes ressentiments de la part des catholiques, est nécessaire... Il est certain que la pensée d'une guerre fondamentale contre l'Église, soit par la force, soit par la ruse, répugne d'une manière profonde aux instincts chrétiens d'un grand nombre, à l'honnêteté de quelques autres, à la sagesse politique de presque tous. Mais ces hommes savent mal ce que c'est qu'une Église, ce qu'il lui faut; ils ne savent au fond ni la servir ni la combattre; dans leurs jours de bonne volonté, ils la protègent mal; dans leurs jours de défiance, ils croient ne s'armer contre elle que du bouclier, et ils lui font de profondes blessures [1].

Cet état des esprits, dans toutes les régions du monde politique, était fait pour entraver les bonnes dispositions de M. Guizot. Il était obligé d'en tenir compte, au moins en partie, et on comprend qu'il fût tenté parfois de répondre aux catholiques trop exigeants : « Mais mettez-vous donc à ma place ! » Y aurait-il eu moyen, avec un peu de décision et de volonté, de dominer, d'entraîner cette opinion qui n'était pas possédée par des passions bien profondes? Question délicate, que nous nous garderions de trancher légèrement. En tout cas, M. Guizot ne paraît pas avoir essayé. Il était distrait absorbé par d'autres affaires, particulièrement

---

[1] *Correspondant*, 1845, t. XI, p. 660.

par les affaires extérieures qui étaient alors le sujet principal, presque exclusif, des débats parlementaires, et sur lesquels se jouait, à chaque session, l'existence du cabinet. Du 29 octobre 1840 au mois d'avril 1844, M. Guizot ne prit pas une seule fois la parole dans les débats qui s'engagèrent sur la liberté d'enseignement ou sur la question religieuse. Il laissa au ministre des cultes et à celui de l'instruction publique, le soin d'y représenter le gouvernement, ce qu'ils firent avec des nuances dont le contraste à lui seul eût suffi pour révéler qu'il n'y avait, sur ce point, ni décision concertée ni direction donnée. D'ailleurs M. Guizot qui avait la vue, l'intelligence et la parole de la grande politique, en avait-il au même degré la volonté efficace? L'éclat, l'accent dominateur de son éloquence faisaient, sous ce rapport, illusion aux autres et lui faisaient illusion à lui-même. « L'éloquence à ce degré, a dit finement M. Sainte-Beuve, est une grande puissance; mais n'est-ce pas aussi une de ces puissances trompeuses dont a parlé Pascal? » Sans doute, quand M. Royer-Collard disait : « Guizot, un homme d'État! C'est une surface d'homme d'État! » ou encore : « Ses gestes excèdent sa parole, et ses paroles sa pensée ; s'il fait par hasard de la grande politique à la tribune, soyez sûr qu'il n'en fait que de la petite dans le cabinet, » c'était la sortie injuste d'un esprit chagrin et jaloux; peut-être, cependant, y avait-il, dans cette boutade, la parcelle de vérité qu'on trouve dans les caricatures.

M. Guizot était conduit à se montrer faible envers ses amis politiques par l'exagération d'une idée juste. Depuis la mort de Casimir Périer, il avait senti très vivement le mal de l'anarchie parlementaire dont la cause était la dislocation et l'inconsistance des partis ; aussi, en prenant le pouvoir, s'était-il donné pour première tâche de former cette majorité conservatrice, ce parti de gouvernement qui avait manqué à tous les ministères précédents. Seulement, pour y parvenir, au lieu des impulsions impérieuses que la nécessité visible du péril matériel faisait accepter de Casimir Périer, il se crut obligé à des moyens de séduction qui le firent accuser de corruption, et à une docilité qui, en plus d'une circonstance, et spécialement dans la question religieuse, lui fit sacrifier son opinion personnelle aux préjugés de ses partisans. Jusqu'en 1848, la crainte de désorganiser sa majorité ne lui fera-t-elle pas commettre plus d'une faute ? Par ces causes diverses, auxquelles il faut joindre le caractère mesquin, déloyal de l'opposition, M. Guizot se trouvait faire tout autre chose que ce qui eût été dans la nature de son esprit : ce grand spiritualiste était amené parfois à suivre une politique matérialiste, ce doctrinaire était réduit trop souvent à vivre d'expédients [1].

[1] Ce qui faisait dire alors au comte Beugnot : « Harcelé, depuis cinq ans, par une meute d'envieux qui ne savent que lui tendre d'indignes embûches, M. Guizot a fini par contracter, dans cette guerre mesquine, non le

Robert Peel tenait sans doute une conduite bien différente, quand, à cette même époque et sur cette même question de liberté religieuse, il violentait les traditions de son propre parti, et répondait aux reproches d'infidélité, qu'il aimait mieux « perdre le pouvoir que de le garder à des conditions serviles. » Mais un rapprochement serait-il équitable? N'y avait-il pas, entre les deux situations, des différences capitales? Comme tous les gouvernements que la France a connus dans ce siècle, et que peut-être, hélas! elle connaîtra d'ici à longtemps, la monarchie de Juillet ne représentait qu'une fraction de la nation, la bourgeoisie triomphant des partis soupçonnés d'attache à l'ancien régime et cherchant à se défendre contre l'invasion du flot démocratique qui, après l'avoir portée à la surface, cherchait à la submerger. C'était une base étroite et vacillante. Ne pouvant s'appuyer que sur cet élément social et ayant à lutter contre tous les autres, les hommes d'Etat de ce régime étaient réduits à subir, au moins en partie, l'influence et la pression des préjugés de ses seuls défenseurs; ils n'avaient pas, en tout cas, pour y résister la large assiette, la liberté d'allure, la possibilité de changer d'appui qui faisaient la force d'un Robert Peel, en face des préventions des vieux tories. L'histoire a le droit et le devoir de relever, dans

goût, mais l'habitude des expédients qui composent la tactique parlementaire ». (*Correspondant* de 1845, t. XII, p. 345.)

la conduite de ceux qui nous ont gouvernés, les fautes qui proviennent des erreurs et des passions du parti qu'ils représentaient ou du peuple dont ils avaient la charge; à la condition toutefois qu'elle tienne compte de ce qui, en accusant les seconds, peut, dans une certaine mesure, excuser les premiers, et qu'elle ne cède pas à la tentation, fréquente dans le public, de faire porter toute la responsabilité sur le pouvoir; à la condition aussi de ne pas oublier que tous les régimes et toutes les opinions ont été à peu près dans le même cas; que nul d'entre eux n'est assez sûr d'être sans péché pour jeter à autrui la première pierre. Pour ne citer qu'un exemple, la situation de M. de Villèle en face des ultra qui lui imposaient, contre son gré, la loi des majorats et celle du sacrilège, n'avait-elle pas quelque analogie avec celle de M. Guizot n'osant pas accorder la liberté d'enseignement à cause des méfiances qu'elle inspirait à la bourgeoisie voltairienne? Il faut reconnaître là le malheur de notre temps et de notre pays, la conséquence fatale de nos révolutions, plus encore que la faiblesse des hommes d'État.

Triste temps et malheureux pays, où ceux qui essayent de gouverner sont en quelque sorte condamnés à ces faiblesses, et ne peuvent réussir ou seulement durer qu'à la charge de louvoyer, de vivre de compromis et de concessions ! On conçoit que quelques-uns préfèrent renoncer à rien entreprendre et songent uniquement à garder leur nom intact, à se draper dans le fier renom d'une opinion qui n'a jamais transigé et d'une conscience qui n'a jamais fléchi. C'est pour ces derniers que l'opinion réserve d'ordinaire sa bienveillance. Il ne nous conviendrait pas, sans doute, de paraître plaider la cause de l'ambition sceptique qui sacrifie les principes aux expédients, contre la constance désintéressée des hommes de foi. Cependant, sur ce point, les faveurs de l'opinion sont-elles toujours équitablement distribuées? Aurait-on raison, par exemple, de préférer M. Royer-Collard, refusant de se compromettre pour la monarchie et parfois l'exposant à périr, afin de conserver l'intégrité de sa doctrine et de son rôle de libéral, à M. de Serre contredisant ses opinions antérieures et rompant ses amitiés, pour sauver cette monarchie et assurer à son pays quelques années de repos ; ou même à M. de Villèle qui a pu acheter sa durée au prix de concessions fâcheuses, mais qui, après tout, a su donner à la France ce qu'elle ne connaît plus, des années de gouvernement libre, honorable et prospère? Ce n'est pas toujours dans les convictions immuables, solitaires, hautaines et inactives, que l'on rencontre, en allant au fond, les mobiles les plus élevés et surtout les moins personnels. Il semble qu'à bien connaître et surtout à avoir vu d'un peu près les conditions faites à ceux qui sont au pouvoir, dans notre temps et dans notre pays, et qui ont ainsi charge de résoudre le problème presque insoluble légué par nos révolutions, l'historien soit tenté de devenir indulgent pour les gouvernements et de réserver plutôt sa sévérité pour les oppositions. Tout au moins, quand il lui faut, comme nous le faisons en ce moment, noter et blâmer des erreurs ou des faiblesses, doit-il mettre en garde le public contre l'injustice d'un jugement qui ferait porter uniquement sur quelques hommes ce qui est aussi la faute d'une nation, et sur un seul régime ce qui est, de notre temps, sous des formes diverses, le malheur de tous.

IV

Quand les gouvernements ne donnent pas l'impulsion, ils la reçoivent : c'est ce qui arrivait au ministère dans la question religieuse. Il ne voulait sans doute pas aller aux extrémités où le poussaient les adversaires du clergé, mais il se croyait obligé de céder à quelques-unes de leurs exigences. Sur plus d'un point, les bons rapports qui avaient commencé à s'établir entre l'Église et l'État, se trouvaient ainsi altérés. Jusqu'alors les ministères successifs avaient gardé, en face de la restauration monastique entreprise par Lacordaire, une neutralité un peu inquiète, mais bienveillante. Une fois les luttes de la liberté d'enseignement engagées, la bienveillance demeura au fond, mais elle n'osa plus se manifester, et l'inquiétude augmenta. De 1841 à 1844, on vit un ministre s'agiter pour empêcher que le nouveau dominicain ne prêchât en froc : campagne aussi malheureuse que puérile. A Bordeaux, en 1841, M. Martin du Nord obtenait seulement qu'un rochet fût passé par-dessus le froc ; encore le rochet disparaissait-il au troisième ou quatrième sermon. A Nancy, en 1842, pas de rochet ; il fallut se contenter de ce que la chape noire ne recouvrait pas la robe blanche. A Paris, en 1843, grâce à l'intervention de Rome, sollicitée par le roi, Lacordaire revêtit son costume de chanoine ; mais quelques semaines plus tard, à Grenoble, en février 1844, il parlait avec son habit monastique complet, et, après une réclamation de pure forme, le gouvernement laissait faire. La liberté l'avait emporté ; la victoire dépassa même cette petite question de costume. En effet, pendant ce temps, Lacordaire, hardi avec prudence et finesse, fondait les deux premières maisons de son ordre, à Nancy d'abord, près de Grenoble ensuite. Le ministre protestait, mais en vain ; il s'en consolait d'ailleurs, n'ayant eu d'autre dessein que de prendre ses sûretés pour le cas où il serait harcelé par M. Isambert.

Ces petites gênes n'entravaient donc pas sérieusement les progrès de la liberté religieuse ; mais elles suffisaient pour que le gouvernement n'eût ni l'honneur ni le profit de ces progrès, pour que tout parût se faire malgré lui et presque contre lui. Et pourquoi ? Au fond il n'en voulait pas au froc ; il craignait seulement le mécontentement que la vue d'un tel habit pourrait exciter. Les faits ne donnaient-il pas tort à ses appréhensions? Partout le nouveau moine n'était-il pas accueilli avec respect, avec enthousiasme même, par les populations? En 1841, le bruit avait couru que Lacordaire allait établir un couvent à Bordeaux; aussitôt les dix députés de la Gironde, tous ministériels, s'étaient présentés en corps à la chancellerie, déclarant que si le gouvernement n'empêchait pas cette fondation, ils porteraient la question à la tribune : c'était plus qu'il n'en fallait pour troubler M. Martin du Nord. Or, Lacordaire étant venu prêcher, cette même année, dans cette même ville de Bordeaux, le succès fut tel, qu'il fallut construire des tribunes dans la cathédrale, pour faire place aux auditeurs; toutes les autorités demandaient des sièges réservés; l'orateur recevait des députations qui venaient lui témoigner de leur admiration reconnaissante; il dînait en froc chez le préfet qui était protestant, et on lui offrait, au collège, un banquet d'honneur présidé par le recteur. Depuis longtemps aucun personnage n'avait obtenu à Bordeaux une telle popularité. N'y avait-il pas là l'indice que le gouvernement eût pu être, sans danger, moins timide, qu'il avait tort de juger de l'opinion par les préventions du petit monde parlementaire, et que, pour dominer ces préventions, il eût trouvé un point d'appui dans le pays?

Même attitude à l'égard de la Compagnie de Jésus. Le ministère n'avait contre elle aucun parti pris; M. Guizot et M. Martin du Nord étaient heureux, quand, dans les entretiens assez fréquents qu'ils avaient avec ses membres, ils pouvaient les rassurer; mais, s'ils n'avaient pas peur des jésuites, ils avaient peur de ceux qui cherchaient à leur en faire peur. Ils ne voulaient pas agir contre ces religieux, mais tâchaient, sans succès il est vrai, de faire agir les évêques, ou essayaient d'obtenir, de la Compagnie elle-même, quelque concession qui pût désarmer ses adversaires. Le P. de Ravignan écrivait alors au P. Général :

Il faut véritablement être ici pour se former une idée des choses; il faut avoir causé plusieurs fois avec nos hommes publics, au milieu de leurs angoisses à notre sujet, pour comprendre toutes les difficultés de la position. Deux fois, pendant le court Avent de Rouen, j'ai été mandé par le garde des sceaux et par le directeur des cultes à Paris. Tantôt c'est une chose, tantôt c'est une autre... fermer nos chapelles, renvoyer nos novices, faire sortir de France tous nos théologiens. M. Dupin prépare un *Factum* qui met en émoi tout le gouvernement. C'est pitoyable, c'est misérable. C'est ainsi que nous vivons, continuellement harcelés... Sans cesse mêlé par les supérieurs à ces tristes négociations, j'avoue que je préférerais quelquefois la persécution ouverte. Devons-nous cependant la provoquer [1] ?

Le gouvernement n'avait pas seulement affaire à quelques religieux; c'était avec les évêques,

---

[1] Lettre du 30 décembre 1843, en partie inédite.

réclamant la liberté d'enseignement, que le conflit était le plus directement engagé et aussi le plus embarrassant. Le ministre répugnait aux mesures répressives qui sont d'ordinaire odieuses ou inefficaces, quelquefois l'un et l'autre. Aussi M. Martin du Nord essaya-t-il d'abord d'adresser des lettres de remontrances non publiques à tel prélat ou à l'épiscopat tout entier; mais qu'il usât de caresses ou de menaces, l'effet était à peu près nul, et le ton sur lequel répondaient les évêques montrait combien peu ils étaient séduits ou intimidés. Les hommes de gauche s'étonnent, se plaignent souvent aujourd'hui que les observations du pouvoir civil ne soient pas accueillies avec déférence par le clergé. Ne doivent-ils pas s'en prendre à eux-mêmes, à l'atteinte que les révolutions ont portée à ce pouvoir, à son prestige et à son autorité morale? Quand Louis XVIII ou Charles X parlaient de ne plus recevoir un prélat à leur cour, cette menace, sans avoir l'effet qu'elle aurait eu dans la bouche de Louis XIV, produisait cependant encore quelque impression. Elle n'en eût fait presque aucune après 1830. Et depuis lors, les gouvernements qui se sont succédé ont été encore plus impuissants à adresser le moindre conseil ou le moindre avertissement aux personnages ecclésiastiques. C'est moins le clergé qui s'est émancipé de lui-même que l'autorité politique qui s'est discréditée par son fait.

Dans la voie où il s'était engagé, le pouvoir se

trouva bientôt amené à ne plus se contenter de remontrances trop vaines pour ne pas être un peu ridicules. Quelles mesures prendre? L'évêque de Châlons, en novembre 1843, fut déféré pour abus au conseil d'État, à raison d'une lettre où il avait menacé éventuellement de retirer les aumôniers des collèges; mais la sentence, raillée par les catholiques, ne fut guère prise au sérieux que par M. Dupin [1]. Au commencement de 1844, deux prêtres auteurs de publications véhémentes contre le monopole universitaire, l'abbé Moutonnet à Nîmes, l'abbé Combalot à Paris, étaient poursuivis devant le jury. Le premier fut acquitté, le second fut condamné à quinze jours de prison et à 4000 francs d'amende. Mais l'émotion produite faisait plus de tort au gouvernement, accusé de persécution, qu'au condamné qui refusait sa grâce, et qui, passé aussitôt martyr, recevait de partout, même de certains évêchés, d'enthousiastes et publiques félicitations.

Du reste, s'il n'intimidait et ne contenait personne, le gouvernement semblait, par son imprévoyance, prendre à tâche d'élargir l'attaque dirigée

---

[1] M. Dupin faisait, à la tribune, le 19 mars 1844, un étrange rapprochement. « Il faudrait se plaindre, disait-il, si le prêtre blâmé comme d'abus, n'éprouvait pas ce sentiment intérieur du soldat qui se trouve censuré devant sa compagnie; de l'avocat qui se croit flétri dans sa carrière, si son conseil de discipline l'a admonesté. Non, non, Messieurs, nous ne sommes pas déchus à ce point! »

contre lui. Dans les premiers jours de 1844, les évêques de la province de Paris adressèrent au roi un mémoire collectif qui demandait, avec fermeté et dignité, la liberté d'enseignement. M. Martin du Nord crut devoir alors écrire à Mgr Affre une lettre, où, après avoir déclaré que le mémoire « blessait gravement les convenances », il y signalait une infraction à celui des articles organiques qui interdisait toute délibération dans une réunion d'évêques non autorisée. « Il serait étrange, disait-il, qu'une telle prohibition pût être éludée au moyen d'une correspondance établissant le concert et opérant la délibération, sans qu'il y ait eu assemblée. » Qui eût voulu fournir une occasion d'attaquer les articles organiques, en en faisant l'application la plus excessive et la plus ridicule, n'aurait pas agi autrement. Il n'y eut pas assez de sarcasmes, dans toute la presse catholique, sur « le concert par écrit » de M. Martin du Nord. L'archevêque de Paris répondit par une lettre légèrement ironique et fortement raisonnée, où il ne se contenta pas de démontrer ce qu'avait d'insoutenable cette extension donnée aux interdictions portées par les articles organiques; il protesta contre les interdictions elles-mêmes, et demanda, au nom de la liberté religieuse, la révision de cette législation. Ce ne fut pas tout : la plupart des évêques de France (cinquante-cinq environ), écrivirent à l'archevêque de Paris pour approuver sa conduite et s'associer à ses protestations. Le ministre était réduit à subir en silence l'éclatante manifestation qu'il s'était attirée ; ce pacifique, ce timide, si désireux d'éviter les conflits et d'écarter les grosses questions, se trouvait s'être mis tout l'épiscopat sur les bras et avoir soulevé le redoutable problème des rapports de l'Église et de l'État [1]. Le P. de Ravignan écrivait alors dans une de ses lettres :

De mûres réflexions jointes à la prière, mes conversations avec l'abbé Dupanloup, le cardinal de Bonald et M. de Montalembert, me font penser, avec raison, que la sphère s'agrandit devant nous. La question vraie est la liberté de l'Église. C'est une nouvelle voie qu'il faut ouvrir, une nouvelle ère à commencer ; c'est, comme je le conçois, l'action ferme et prudente de l'autorité spirituelle, réclamant, par tous les moyens constitutionnels et légaux, le libre exercice de ses droits et sa place au soleil des institutions du pays.

L'éminent jésuite qui, on le voit, se plaçait plus nettement que jamais sur le terrain libéral, concluait à la formation d'un comité « pour la défense de la liberté religieuse », et il déclarait

---

[1] Le *Correspondant* (t. V, p. 465), disait à ce propos : « Le gouvernement a voulu comprimer, et le ressort qu'il comprime rejaillit contre sa main... Il indique au parti catholique un but précis, actuel, saisissable, tel qu'il en faut aux partis... Ce but, c'est l'abrogation ou l'interprétation plus libérale des lois qu'on nous oppose ; en d'autres termes, l'émancipation civile de notre religion. »

« avoir donné son humble mais pleine approbation au programme rédigé par M. de Montalembert. »

Somme toute, le gouvernement n'avait pas d'intentions méchantes : il n'avait même qu'une résolution bien arrêtée, celle de ne pas être persécuteur ; et quand, dans l'émotion de la lutte, des journalistes ou même de vénérables prélats parlaient comme ils l'eussent fait en face de quelque Dioclétien, M. Martin du Nord était assez fondé à leur répondre : « Vous pouvez parler des persécutions sans crainte ; il n'y a pas grand courage à braver des dangers imaginaires. » Plus tard, les catholiques jugeront ce gouvernement avec plus de sang-froid et d'équité. Lacordaire, par exemple, énumérant après coup les causes auxquelles il devait le succès de sa campagne en faveur de la liberté des ordres religieux, indiquera « la modération du pouvoir ». Mais, vers 1844, l'irritation causée par les petites vexations empêchait les hommes religieux de rendre justice à cette vertu un peu trop négative qui faisait éviter les grandes oppressions. Les évêques, dans leur langage, paraissaient de plus en plus s'éloigner de la monarchie de Juillet, et l'un des plus modérés entre les écrivains du parti catholique, l'abbé Dupanloup, après avoir rappelé la patience du clergé après 1830, le rapprochement commencé en 1837, ajoutait :

Je ne le dissimule pas, cette bonne volonté qui,

pendant sept ou huit années, allait au-devant de ceux qui se plaignent aujourd'hui, s'est affaiblie, par la seule force de cette défiance injuste et outrageuse dont nous sommes depuis plusieurs années devenus l'objet... N'est-il pas évident qu'on nous méconnaît, et que, nous méconnaissant, on tend à nous pousser dans une opposition où nous ne sommes pas? Ce sentiment qui s'attriste quand un gouvernement fait des fautes, et qui se réjouit des choses sages et heureuses qu'on lui voit faire, ce sentiment qui est déjà de l'affection et du dévouement, on travaille à le diminuer en nous, malgré nous-mêmes. Encore un peu et nous ne nous attristerons plus, nous ne nous réjouirons guère, nous serons sur la voie de l'indifférence. Eh bien, je le répète, quoique nous ne puissions ni ne voulions jamais agir en rien, ni seulement proférer un mot de menace, il y a péril à nous accoutumer à ne rien attendre du présent, et à nous faire, las et déçus, porter nos regards vers l'avenir [1].

V

Si les catholiques étaient mécontents, leurs adversaires ne l'étaient pas moins. C'est la condition des politiques indécises et faibles, que tout le monde s'en plaint. Les universitaires se trouvaient mal défendus, presque trahis, et, à gauche, on accusait couramment le ministère et le roi de complaisance envers le clergé. M. Libri et

[1] *Première lettre à M. le duc de Broglie* (1844).

M. Génin le disaient avec amertume, MM. Quinet et Michelet, avec menaces. On en voulait surtout à M. Martin du Nord, auquel on opposait M. Villemain. Chaque année, M. Isambert venait à la tribune dénoncer les défaillances du gouvernement dans les questions religieuses. Dès 1842, il déclarait que c'était « pire que sous le ministère Villèle »; en 1843, il accusait le cabinet d'être le complice des congrégations religieuses; l'année suivante, il proclamait que les concessions du gouvernement envers le clergé avaient pris des « proportions effrayantes »; il demandait gravement si l'on voulait laisser ramener le pays « au moyen âge », et s'il y avait, « comme sous la Restauration, un gouvernement occulte, allié au parti jésuitique [1] ». M. Martin du Nord trahissait dans ses réponses tout l'embarras de sa situation; d'une part, il ne pouvait entendre tant d'attaques odieuses et absurdes, sans vouloir en effacer l'effet par quelques paroles douces et polies à l'adresse des évêques, parfois même sans élever quelques protestations chaleureuses. « On craint que la religion ne nous envahisse, s'écriait-il un jour; je suis loin de partager cette crainte, et je me félicite au contraire du développement des idées religieuses... Je ne cherche pas à obtenir l'assentiment d'hommes qui voient toujours dans la religion un péril

---

[1] Discours du 18 mai 1842, du 14 juin 1843 et du 19 mars 1844.

pour le gouvernement. » Mais il croyait ensuite nécessaire de se faire pardonner cette bienveillance, en se vantant de toutes les mesures qu'il avait prises contre le clergé, et en adressant aux prélats, du haut de la tribune, des remontrances qu'il cherchait du reste à rendre paternelles. Il donnait aux néo-gallicans la satisfaction d'adhérer à leurs prétentions ; on disait alors qu'il présentait la face souriante de cette médaille dont M. Isambert ou M. Dupin étaient le revers moins aimable. Ce qui apparaissait de plus clair au milieu de ces contradictions hésitantes, c'était le désir qu'avait le ministre, non de rien résoudre, mais de tout assoupir. Son idéal eût été que les évêques parlassent tout bas et que M. Isambert ne parlât pas du tout, et il semblait que cette double et un peu naïve supplication, adressée aux partis opposés, fût le dernier mot de chacun de ses discours. La discussion une fois soulevée malgré lui, loin de l'élever et de l'agrandir pour en dégager la vraie et large politique, il ne paraissait occupé qu'à la rétrécir et à la raccourcir ; un écrivain catholique disait malicieusement que « le premier soin du ministre des cultes était naturellement de rapetisser le débat pour le mieux remplir. »

On comprend sans doute qu'entre deux opinions extrêmes, un gouvernement veuille tenir une conduite intermédiaire : c'est souvent son devoir ; mais cette modération n'est pas l'incertitude et le laisser-aller; nulle politique n'exige même une volonté plus résolue et plus précise; il s'agit d'imposer des deux côtés une ligne nettement arrêtée, non de suivre tour à tour les impulsions de chaque parti. M. Martin du Nord ne le comprenait pas. Aussi ne gouvernait-il ni les esprits ni les événements, et, au lieu d'obtenir cette pacification qu'il croyait faciliter en éludant les questions, voyait-il les ardents des deux camps donner le ton, saisir l'opinion, échanger leurs défis et leurs coups par-dessus sa tête, sans presque s'inquiéter de ce qu'il pouvait penser et dire. C'est ce qui se produisit surtout dans certains débats retentissants qui marquèrent les débuts de la session de 1844.

A la tête de ceux qui prétendaient défendre les droits de l'État contre le clergé, M. Dupin s'empara avec éclat du premier rôle parlementaire. Prenant des mains de M. Isambert le drapeau que celui-ci avait tenu jusqu'alors d'une façon un peu ridicule, il fit une charge à fond contre le « parti prêtre », réprimanda les faiblesses ou les hésitations du gouvernement et lui dicta le programme d'une politique de combat [1]. Rien cependant, chez ce personnage, des passions démagogiques ou des haines irréligieuses animant ceux qui aujourd'hui l'invoquent ou prétendent l'imiter. C'était un bour-

---

[1] Discours du 19 mars 1844. M. Dupin avait du reste déjà commencé, le 25 janvier précédent.

geois routinier, et il se croyait sincèrement chrétien. Mais il avait recueilli de l'ancien régime toutes les préventions, toutes les rancunes, toutes les jalousies du vieux légiste gallican et janséniste, n'ayant pas d'ailleurs l'esprit assez large et assez haut pour voir ce que ces thèses avaient de déplacé dans la société nouvelle, ne comprenant pas mieux, en 1844, la liberté religieuse qu'il ne devait, après 1851, comprendre la liberté politique. Il se plaisait à ces luttes dont la vraie portée lui échappait et qu'il réduisait à une sorte de querelle de basoche et de sacristie. « Elles vont juste, écrivait alors M. Sainte-Beuve, à cette nature avocassière et bourgeoise de Dupin, le remettent en verve et le ravigotent [1]. » D'ailleurs, sous son masque de paysan du Danube, se cachaient une finesse subalterne et une courtisanerie vulgaire : en flattant les passions mauvaises, il cherchait à retrouver quelque chose de la popularité qu'il avait perdue après 1830, et un peu de l'importance parlementaire que les mésaventures de son tiers-parti avaient singulièrement diminuée. Il lança son réquisitoire avec une verve un peu grossière, mais rapide et vigoureuse. Rien de neuf, de haut, de profond; c'était plein de ce que le vieux duc de Broglie appelait « ces arguments à la Dupin, ces raisons de coin de rue ». Un tel langage n'allait que mieux aux étroites rancunes, aux jalousies mesquines.

---

[1] 6 novembre 1843. *Chroniques parisiennes*, p. 146.

Quel plaisir pour les petits bourgeois de voir un des leurs maltraiter les évêques avec une sorte de familiarité rude, comme on ferait d'un employé mutin ! D'ailleurs, l'une des habiletés de cet homme qu'on a appelé « le plus spirituel des esprits communs » était de donner aux préjugés terre à terre la tournure d'une saillie de bon sens. Sa parole était singulièrement âpre. « Rappelons-nous, s'écriait-il, que nous sommes sous un gouvernement qu'on ne confesse pas. » Et il terminait par cette injonction fameuse : « Je vous y exhorte, gouvernement, soyez implacable ! » La véhémence de cette péroraison causa une telle émotion que l'orateur la corrigea après coup, et remplaça « implacable » par « inflexible ». L'effet fut considérable. Dans une lettre écrite le lendemain, M. Jules Janin disait :

> Jamais je n'avais vu l'assemblée plus unanime, l'opinion plus générale, l'inquiétude plus entière. On eût dit que le clergé avait touché à toutes les libertés de la France, qu'il avait déchiré la Charte d'une main violente et que nous allions revenir aux temps de Grégoire VII !... M. Dupin est redevenu un homme populaire. Il s'est vraiment retrouvé l'orateur des anciens jours, quand il parlait avec tant d'énergie contre les menées de Saint-Acheul... Il a parlé en maître à tous les instincts révolutionnaires de la France. Plus il est brutal, et plus on l'écoute ; plus il est incisif, et plus on l'applaudit ; il a la verve et la passion de certains discours de Saurin, le pro-

testant, et, à cette verve, à cette passion, il conserve la couleur catholique [1].

Le ministère avait été, on le conçoit, vivement troublé de cette déclaration de guerre contre le clergé, que la majorité avait semblé faire sienne par ses applaudissements, et qu'il n'avait osé ni contredire ni approuver. Il n'était pas encore remis de ce trouble, qu'il lui fallait assister, dans l'autre Chambre, à la contre-partie. M. de Montalembert, à peine débarqué de Madère, où il venait de passer deux ans, avait entendu, d'une tribune, la violente harangue de M. Dupin. Quelques jours après, il lui répondait à la Chambre des pairs : et certes il apparut que si l'orateur gallican avait embarrassé le gouvernement, il n'avait pas intimidé les catholiques. Jamais la parole du jeune pair n'avait été plus fière, plus provocante même. A peine s'arrêtait-il à railler les vexations impuissantes du gouvernement : il se prenait directement au réquisitoire de M. Dupin qu'il mettait en pièces. « Arrière ces prétendues libertés ! » s'écriait-il en parlant des « libertés gallicanes ». Puis, avec un accent jusqu'alors inaccoutumé dans la bouche d'un catholique, il disait :

On vous dit d'être implacables ou inflexibles ; mais savez-vous ce qu'il y a de plus inflexible au monde ? Ce n'est ni la rigueur des lois injustes, ni le courage des politiques, ni la vertu des légistes ;

[1] *Correspondance* de Jules Janin.

c'est la conscience des chrétiens convaincus. Permettez-moi de vous le dire, Messieurs, il s'est levé parmi vous une génération d'hommes que vous ne connaissez pas. Qu'on les appelle néo-catholiques, sacristains, ultramontains, comme on voudra, la chose existe. Cette génération prendrait volontiers pour devise ce que disait, au dernier siècle, le manifeste des généreux Polonais qui résistèrent à Catherine II : « Nous qui aimons la liberté plus que tout au monde, et la religion catholique plus encore que la liberté. » Nous ne sommes ni des conspirateurs, ni des complaisants ; on ne nous trouve ni dans les émeutes, ni dans les antichambres ; nous sommes étrangers à toutes vos coalitions, à toutes vos récriminations, à toutes vos luttes de cabinet, de partis ; nous n'avons été ni à Gand, ni à Belgrave-Square ; nous n'avons été en pèlerinage qu'au tombeau des apôtres, des pontifes et des martyrs ; nous y avons appris, avec le respect chrétien et légitime des pouvoirs établis, comment on leur résiste quand ils manquent à leurs devoirs, et comment on leur survit.

Il terminait ainsi :

Dans cette France accoutumée à n'enfanter que des gens de cœur et d'esprit, nous seuls, nous catholiques, nous consentirions à n'être que des imbéciles et des lâches ! Nous nous reconnaîtrions à tel point abâtardis, dégénérés de nos pères, qu'il faille abdiquer notre raison entre les mains du rationalisme, livrer notre conscience à l'Université, notre dignité et notre liberté aux mains de ces légistes, dont la haine pour la liberté de l'Église n'est égalée que par leur ignorance profonde de ses droits et de ses dogmes! Quoi! parce que nous sommes de ceux *qu'on confesse*, croit-on que nous nous relevions des pieds de nos prêtres, tout disposés à tendre les mains aux menottes d'une légalité anticonstitutionnelle? Ah! qu'on se détrompe. On vous dit : Soyez implacables. Eh bien! soyez-le; faites tout ce que vous voudrez et tout ce que vous pourrez, l'Église vous répond par la bouche de Tertullien et du doux Fénelon : *Nous ne sommes pas à craindre pour vous, mais nous ne vous craignons pas.* Et moi, j'ajoute au nom des catholiques laïques comme moi, catholiques du dix-neuvième siècle : Au milieu d'un peuple libre, nous ne voulons pas être des ilotes; nous sommes les successeurs des martyrs, et nous ne tremblerons pas devant les successeurs de Julien l'Apostat; nous sommes les fils des croisés, et nous ne reculerons pas devant les fils de Voltaire [1].

Pendant que ce dialogue enflammé s'échangeait d'une tribune à l'autre, et occupait l'attention publique, quelle pâle figure faisait le ministère! La question qu'il aurait voulu étouffer, était devenue la plus importante et la plus passionnée de toutes celles qui occupaient l'opinion. Seulement elle se développait en dehors de lui, et M. de Tocqueville pouvait dire alors : « Le cabinet a fait en cela ce qu'il fait toujours, ce qu'il fait au dedans et au

---

[1] Ces dernières paroles, dont le retentissement fut alors très grand, furent gravées sur la médaille d'honneur offerte par les catholiques de Lyon à M. de Montalembert.

dehors ; il s'est abstenu, il a laissé arriver les événements, il a laissé les passions se développer, il s'est tenu coi en face de toutes choses ; c'est là son habitude. »

VI

Si désireux qu'il fût de s'effacer, le gouvernement avait reçu de la Charte elle-même une mission à laquelle il ne pouvait indéfiniment se dérober. Il se décida, le 2 février 1844, à déposer un nouveau projet sur l'instruction secondaire. Cette fois, le ministère avait eu garde de répéter la maladresse de 1841, en s'attaquant aux petits séminaires : il prétendait même leur offrir quelques avantages. Par contre, les autres dispositions étaient singulièrement étroites. Les établissements libres se trouvaient placés, soit pour leur fondation, soit pour leur surveillance, sous l'autorité et la juridiction, non de l'État, juge impartial, mais du corps universitaire, leur concurrent ; ce qui faisait dire à une feuille de gauche : « Le vice radical de cette loi, c'est qu'à chaque article l'Université s'y proclame et dit : l'État c'est moi ! C'est un acte de parti et non un acte de gouvernement[1]. » Les formalités, les conditions de brevets, de grades, imposées à l'enseignement libre étaient si multipliées et si gênantes que, dans beaucoup de cas, elles de-

---

[1] *Courrier français* du 12 février 1844.

vaient équivaloir à une interdiction : n'allait-on pas jusqu'à exiger que tous les surveillants fussent bacheliers? Le certificat d'études était maintenu : pour se présenter au baccalauréat, il fallait justifier avoir fait sa rhétorique et sa philosophie, dans sa famille, dans les collèges de l'État ou dans les institutions de plein exercice, ce dernier caractère ne pouvant être acquis aux établissements libres que moyennant des conditions à peu près impossibles à réaliser. Enfin un article, visant spécialement les jésuites, obligeait tous ceux qui voulaient enseigner à affirmer, par une déclaration écrite et signée, qu'ils « n'appartenaient à aucune association ou congrégation religieuse » : rien de plus contraire aux principes que cette interrogation inquisitoriale, obligeant un citoyen à se frapper par sa propre déclaration ; c'était comme la violation du plus sacré des domiciles, celui de la conscience, et les catholiques demandaient si l'auteur du projet avait voulu recueillir, dans le naufrage de l'intolérance anglaise, l'odieuse formalité du *Test*[1].

---

[1] Quelques journaux non catholiques se firent honneur en condamnant sévèrement cette disposition, notamment la *Presse* et le *Globe*. Citons aussi une feuille protestante, l'*Espérance*, qui disait finement le 15 février : « On reproche entre autres choses aux jésuites de ne pas se regarder comme liés par le serment, et l'on n'en compte pas moins sur leur sincérité pour s'exclure eux-mêmes! Pour se débarrasser d'eux dans l'instruction publique, on en use envers eux à peu près comme cet

On était donc encore bien loin du grand acte de gouvernement et de justice qu'il eût été dans l'intérêt du ministère et dans le goût de M. Guizot d'entreprendre. Celui-ci cependant avait dit, quelques semaines auparavant, au P. de Ravignan : « On va s'occuper de la liberté d'enseignement. Il n'y aura pas de concessions, parce qu'un gouvernement n'en fait pas. Mais, sous certaines conditions, tous seront admis. Vous ne devez pas être exclus, pourvu que vous vous conformiez à ce qui sera exigé[1]. » Plus récemment encore, le P. de Ravignan avait écrit au P. Provincial : « Le vent est pour nous à la paix : avant-hier, samedi 10, M. Guizot a dit à M. de Montalembert, en conversation particulière, à la Chambre des pairs : Je suis en mesure de me défendre sur la question des jésuites, si on m'attaque... Je puis prouver qu'ils ont fait de grands sacrifices[2]. » Depuis lors, que s'était-il donc passé? Le ministre des affaires étrangères, distrait ou faible, avait-il, une fois de plus, laissé carte blanche à son collègue de l'instruction publique? Divers indices tendraient à faire croire qu'il avait été question un moment de présenter un projet plus libéral, mais que les partisans de l'Uni-

Athénien qui ne savait pas écrire, à l'égard d'Aristide, auquel il demanda de concourir à son propre exil, en écrivant son nom sur la coquille. »

[1] Conversation du 29 décembre 1843. (*Vie du P. de Ravignan*, par le P. de Pontlevoy, t. I, p. 268.)

[2] Lettre inédite du 12 janvier 1844.

versité l'avaient fait écarter, en exploitant l'émotion
produite, à la fin de 1843, par certaines polémiques épiscopales.

Les amis de la liberté d'enseignement n'étaient
pas en disposition de laisser passer sans résistance
un tel projet. Précisément, à cette époque, le parti
catholique en avait fini avec les tâtonnements du
début; il était organisé; il avait arrêté son programme et sa tactique. Ce furent les chefs du
clergé qui donnèrent le signal. De presque tous
les évêchés partirent des protestations émues,
fermes, quelques-unes presque menaçantes, toutes
n'invoquant que la liberté. Jamais on n'avait vu
une manifestation aussi générale et aussi prompte
de l'épiscopat. Si les critiques étaient parfois assez
vives, les conclusions qui s'en dégageaient étaient,
après tout, modérées et raisonnables; on pouvait
les résumer ainsi : soustraire les établissements
libres, non à la surveillance de l'État qu'on acceptait, mais à l'autorité de l'Université; diminuer les
exigences de grades; supprimer le certificat d'études; n'exiger aucune déclaration relative aux
congrégations religieuses, sauf à s'en référer à la
législation existante pour la situation de ces congrégations [1].

---

[1] Ces protestations ont été réunies dans les deux premiers volumes des *Actes épiscopaux*. Nous y avons relevé
que soixante-quatre évêques avaient protesté, entre le
15 février et les premiers jours de mai. M. de Montalembert disait à la tribune, le 26 avril, que « sur soixante-

Le projet avait été déposé à la Chambre des pairs. La commission nommée pour l'examiner choisit comme président le comte Molé et comme rapporteur le duc de Broglie. On devait dès lors espérer que, si elle n'était pas prête à donner aux catholiques des satisfactions que nul n'espérait alors obtenir du premier coup, elle ne serait pas néanmoins animée d'un esprit étroit et hostile. Bientôt on put en juger par le rapport, œuvre considérable, dont les doctrines, les tendances et le ton tranchaient avec l'exposé des motifs de M. Villemain. Avec quelle netteté supérieure, répudiant les sophismes sur l'État enseignant qu'on tente aujourd'hui de ressusciter, le duc de Broglie posait tout d'abord le principe même de la liberté d'enseignement, qu'il proclamait la conséquence nécessaire de la liberté de conscience ! « Si l'État intervient, disait-il, ce n'est point à titre de souverain ; c'est à titre de protecteur et de guide ; il n'intervient qu'à défaut des familles,... et pour suppléer à l'insuffisance des établissements particuliers. » N'était-ce pas beaucoup, à cette époque, que de proclamer ce principe, dût-on n'en pas tirer immédiatement toutes les conséquences? Les spectateurs clairvoyants le comprenaient. « Le principe de la concurrence, à côté et en face de l'Université, a été posé d'après le rapport même de

seize évêques, il n'y en avait pas plus d'un ou deux qui n'eussent pas énergiquement réclamé la liberté d'enseignement. »

M. de Broglie, écrivait l'un d'eux; il est difficile
que ce principe, dans de certaines limites, n'arrive pas à triompher [1]. » Le rapport se préoccupait
de satisfaire, sur un autre point, les consciences catholiques : il proclamait hautement la nécessité
de l'instruction religieuse. Ne dirait-on pas que,
par une sorte de pressentiment, le noble duc se fût
attaché à désavouer toutes les thèses que devaient
soutenir plus tard M. Ferry et ses amis, et qu'il
leur eût interdit ainsi par avance de s'abriter sous
son autorité? Craignant qu'on ne comprît pas bien
sa pensée : « Il ne suffit pas, disait-il, d'un enseignement vague et général, fondé sur les principes
du christianisme, mais étranger au dogme et à
l'histoire de la religion... Un tel enseignement aurait pour résultat d'ébranler dans l'esprit de la
jeunesse les fondements de la foi, de donner aux
enfants lieu de penser que la religion tout entière
se réduit à la morale. Mieux vaudrait un silence
absolu. » Et il ajoutait : « La loi telle que nous la
proposons place au premier rang des études l'instruction morale et religieuse; elle veut que la
morale trouve dans le dogme son autorité, sa vie,
sa sanction ; elle lui veut pour appui des pratiques
régulières. » Son insistance même trahissait une
certaine méfiance de l'enseignement universitaire,
principalement de l'enseignement philosophique,
et, sur ce point, le rapport prenait presque parfois

---

[1] *Chroniques parisiennes* de M. Sainte-Beuve, p. 209.

le caractère d'une admonestation non dissimulée.

Sans doute la commission était loin de faire une application complète des principes qu'elle avait si bien posés. Il eût fallu pour cela bouleverser radicalement le projet du gouvernement, ce qui n'était pas dans les habitudes circonspectes de la pairie. D'ailleurs, si, par logique comme par sentiment, l'éminent rapporteur était poussé vers les solutions libérales, il paraissait retenu par une double crainte à laquelle les événements ne devaient pas donner raison : la crainte que cette liberté, jusqu'alors inconnue, n'amenât un abaissement et une désorganisation des études : de là, l'adhésion donnée aux exigences de grades; la crainte qu'en heurtant les préjugés existants on ne provoquât un soulèvement d'opinion, plus nuisible à la religion qu'une loi temporairement restrictive ; de là, l'exclusion des congrégations. Sur ce dernier point, le rapporteur passait rapidement, avec une gêne visible, ne présentant cet article que comme une concession momentanée à des préventions fâcheuses, comme l'application forcée d'une législation préexistante, qu'il ne cherchait guère à justifier, et qu'il se gardait surtout de présenter comme définitive [1]. La réserve et la timidité regrettables de la

---

[1] Dans son beau livre des *Vues sur le gouvernement de la France*, le duc de Broglie a exprimé sur ces questions son opinion définitive : il s'y prononce pour la liberté religieuse la plus large. Voir la lettre écrite, le 22 juin dernier, par son fils, le duc actuel, au journal le *Français*.

commission dans les questions d'application ne l'avaient pas empêchée cependant d'apporter au projet des améliorations notables. Les principales étaient fondées sur cette idée, que, pour la constitution, la surveillance, la discipline des établissements libres, il n'était pas juste de donner toute l'autorité au corps universitaire, mais qu'il convenait de faire intervenir des personnes en position plus indépendante et plus impartiale, appartenant à la magistrature, aux corps électifs, à la haute administration, au clergé, et représentant, non plus une corporation rivale, mais l'État, ou mieux encore la société. Plusieurs amendements étaient proposés dans cet esprit. C'était introduire dans la législation un principe nouveau, essentiel à la liberté d'enseignement, fécond dans ses applications, et qui devait se retrouver dans les innovations les plus importantes de la loi de 1850. N'était-ce pas aussi, sur ce point encore, désavouer par avance les doctrines de nos radicaux, notamment celle qu'on veut faire prévaloir dans la réorganisation du conseil supérieur et des conseils académiques?

Le projet amendé par la commission était donc un pas en avant. Si incomplet qu'il fût encore, si fâcheuses que fussent quelques-unes de ses dispositions, il proclamait et en partie appliquait des principes qui devaient conduire tôt ou tard à une liberté plus large et plus équitable. N'était-ce pas ainsi que l'entendait le rapporteur, et ne sentait-on pas qu'à ses yeux la loi n'était qu'une transaction et une transition? Les universitaires ne s'y trompaient pas, et M. Sainte-Beuve constatait, à cette époque, que le rapport les avait « sérieusement blessés[1] ». Certains catholiques, dans l'excitation de la lutte, étaient naturellement plus frappés de ce qu'on continuait à leur refuser que de ce qu'on commençait à leur accorder. Néanmoins l'évêque de Langres et surtout l'abbé Dupanloup adressèrent alors à M. le duc de Broglie des lettres publiques, où, tout en combattant sur plusieurs points ses conclusions, ils rendaient, sur d'autres, hommage à l'œuvre de la commission et surtout au langage du rapporteur [2].

VII

Le débat s'ouvrit, à la Chambre des pairs, le 22 avril 1844. Il ne dura pas moins de vingt-sept jours, avec une gravité, un éclat qui en font l'un des épisodes parlementaires les plus remarquables de la monarchie de Juillet. La discussion générale montra aussitôt que la haute assemblée se parta-

[1] *Chroniques parisiennes*, p. 203.
[2] L'évêque de Langres publia trois Lettres, l'abbé Dupanloup deux. M. Sainte-Beuve disait alors à propos de la première des deux lettres de l'abbé Dupanloup : « Elle est d'une grande modération de ton, tout à fait digne de celui à qui elle est adressée ; elle est, avec la brochure de M. de Ravignan, ce que le clergé a produit de plus recommandable et de plus honorable dans cette controverse. » (*Chroniques parisiennes*, p. 205.)

geait en trois groupes de bien inégale importance. Celui des universitaires exclusifs se réduisait à M. Cousin qui, dès son premier discours, se plaignit que la cause de l'Université eût été abandonnée par la commission. Celui des partisans de la liberté d'enseignement n'était guère plus nombreux; toutefois M. de Montalembert avait déjà fait des recrues précieuses et inattendues, entre autres le premier président Séguier, principal auteur de l'arrêt de 1826 contre les jésuites, et surtout le comte Arthur Beugnot, que ni ses antécédents ni ses relations n'avaient paru préparer à devenir un champion du clergé; son intervention ne surprit pas moins ceux qu'il venait seconder que ceux qu'il venait combattre; « il fit l'effet, a écrit plus tard M. de Montalembert, de ces champions imprévus que les romans du moyen âge font apparaître tout à coup dans la lice des combats judiciaires, pour secourir quelque victime innocente, et qui vont hardiment frapper du bout de la lance l'écu du vainqueur dont nul n'osait, avant eux, affronter le courroux. » M. de Montalembert d'un côté, M. Cousin de l'autre, rivalisaient d'ardeur, de véhémence et de talent. Mais quelle différence d'attitude et d'accent! M. Cousin, mélancolique, larmoyant et désespéré, « faisait paraître l'Université devant la Chambre, en robe presque de suppliante et d'accusée [1]; » M. de Montalem-

---

[1] Expression de M. Sainte-Beuve qui disait aussi:

bert, confiant et hardi, se faisait accusateur et lançait des défis. Avec le premier, c'étaient les adieux attristés d'une cause naguère triomphante, qui se sentait vaincue; avec le second, le fier salut d'une cause hier méconnue, mais assurée de vaincre demain. Contrairement à bien des prévisions, c'était le jeune catholique que les pairs se prenaient à écouter avec une surprise attentive et sympathique, tandis qu'ils demeuraient froids et même souriants aux adjurations les plus solennelles et aux lamentations les plus pathétiques du philosophe; on eût dit parfois qu'ils discernaient, dans cette mise en scène, une sorte de charlatanisme dont leur vieille expérience n'était pas la dupe. Entre ces minorités opposées flottait la masse de l'assemblée, disposée à les taxer toutes deux d'exagération, et à leur imposer une transaction plus ou moins hétérogène; ayant d'anciennes attaches avec l'Université, mais agacée par ses prétentions, effarouchée par ses doctrines et surtout par ses défenseurs; bienveillante pour le catholicisme, par convenance politique plus que par foi religieuse, mais inquiète, dans sa sagesse timide, de ce que la thèse de la liberté d'enseignement avait de jeune, d'audacieux, d'inconnu; dans certaines choses ecclésiastiques, sur les jésuites par exemple, dégagée peut-

« M. Cousin a l'air véritablement, depuis toute cette discussion, d'être condamné à la ciguë, et il varie l'*Apologie de Socrate* sur tous les tons. » (*Chroniques parisiennes*, p. 203 et 214.)

être des passions, non des préjugés de son temps ; portée, suivant l'expression de M. Beugnot, « à prendre un principe à droite, un principe à gauche, à les rapprocher malgré eux, et à faire ainsi adopter un projet qui ne fût ni complètement bon, ni tout à fait mauvais. »

Le ministère joua un petit rôle dans le débat, et laissa la commission exercer la direction qui eût dû appartenir au gouvernement. Il n'y avait même pas harmonie entre le langage des divers ministres. Pendant que M. Villemain, dont le talent était alors comme voilé, rivalisait parfois de zèle et de passion universitaires avec M. Cousin, M. Martin du Nord se posait, au contraire, presque en avocat et en protecteur du clergé. Le débat était trop considérable pour que M. Guizot se tînt à l'écart, comme il l'avait fait jusqu'alors. Mais son intervention ne faisait guère que révéler son propre embarras. On sentait qu'il soutenait, par tactique parlementaire, une opinion qui n'était pas la sienne, qu'il connaissait la faiblesse de la cause à laquelle il était associé et comprenait la grandeur de celle qu'il avait regret de combattre. Aussi évitait-il autant que possible de parler de la loi elle-même ; il s'échappait à côté ou planait au-dessus. Il élevait ses auditeurs dans d'éloquentes généralités, et, pendant qu'il les tenait pour ainsi dire les regards en l'air, il escamotait l'article gênant. Du reste le ministre semblait vouloir se faire excuser et se consoler lui-même des restrictions qu'il se croyait obligé de maintenir contre la religion, en faisant de celle-ci l'un des plus magnifiques éloges qui aient été prononcés à la tribune française ; il y saluait non seulement un « principe d'ordre extérieur », mais la seule force capable de « donner à la masse des hommes la règle intérieure, le frein moral, plus nécessaires dans un pays libre et dans une société démocratique que dans tout autre ». Comme pour se séparer avec éclat du commun des adversaires du clergé, il se plaisait à rendre hommage à la sincérité et à la légitimité de l'opposition religieuse. Il prêchait l'indulgence pour ce qu'on appelait ses excès, et prononçait ces paroles, dont pourrait aujourd'hui s'inspirer plus d'un homme d'État :

Il y a, dans la pensée religieuse, un caractère qui, même dans ses erreurs, commande longtemps le respect. Nous supportons beaucoup d'écarts de la pensée laïque, sans les poursuivre ; c'est un spectacle que vous avez tous les jours sous les yeux. Nous serons modérés et tolérants envers les écarts de la pensée religieuse.

Puis, pénétrant plus avant, s'adressant directement à ces préjugés mêmes auxquels il croyait momentanément nécessaire de céder :

Au fond, de quoi s'agit-il ? Il s'agit, pour la société nouvelle, de s'accoutumer à une chose à laquelle elle est bien peu accoutumée, car elle en a été longtemps affranchie, de s'accoutumer à la liberté et à l'influence de la religion. Il faut que la société nouvelle accepte ce fait et ce spectacle, et il faut en même temps, chose nouvelle aussi, il faut que la religion accepte les mœurs, les tendances, les libertés et les institutions de la société nouvelle.

Il sentait que la loi proposée n'était pas une solution définitive, il l'espérait même, et la liberté qu'il regrettait de repousser dans le présent, il l'entrevoyait dans l'avenir :

Nous ne serons pas trop impatients de voir terminer cette lutte par des moyens prompts et décisifs. Croyez-moi, Messieurs, il s'agit en ceci d'un état qui se prolongera plus qu'on ne l'a imaginé d'abord... J'ai la confiance que, dans un temps qu'à Dieu seul il appartient de savoir, la lutte cessera, et la réconciliation sera sincère et profonde; mais n'espérez pas qu'elle soit l'œuvre d'un jour ni qu'elle puisse être, dans aucun cas, le fruit de mesures violentes et précipitées.

Les universitaires furent les premiers auxquels la Chambre des pairs infligea un échec. Apportant une conclusion pratique aux défiances manifestées dans le rapport, M. de Ségur-Lamoignon avait déposé, sur l'article premier, un amendement qui restreignait le cours de philosophie. M. Cousin, personnellement attaqué, se défendit avec vivacité. On vit alors, non sans surprise ni sans émotion, M. de Montalivet appuyer l'amendement. La position de l'orateur auprès du roi était telle, que chacun crut deviner dans sa démarche la pensée du

« château »; l'intendant de la liste civile soutint qu'il convenait de donner à la fois un avertissement à certaines témérités de l'enseignement universitaire et une satisfaction aux griefs du clergé : il protesta, avec une grande énergie, contre cette philosophie officielle qu'on prétendait rendre indifférente à toutes les religions, par respect pour la liberté des cultes. L'effet fut considérable. Dès le lendemain, le *Constitutionnel* raillait avec amertume les conversions opérées par la parole du « favori » et dénonçait le « gouvernement occulte ». Au nom de la commission, le rapporteur s'associa à la pensée de l'amendement, et, dans ce dessein, il proposa d'enlever au conseil royal de l'Université, pour le donner au conseil d'Etat, le droit d'arrêter le programme du baccalauréat. C'était l'application de cette idée que nous avons déjà mise en lumière et que le duc de Broglie appelait « le principe de la loi » : principe en vertu duquel l'autorité sur l'enseignement libre devait appartenir, non à l'Université, mais à un pouvoir plus impartial, représentant l'État, la société entière. « Dans tous les rapports essentiels que le ministre de l'instruction publique peut avoir avec les établissements libres, disait le rapporteur, ce n'est pas seulement le corps enseignant qui interviendra; il n'interviendra qu'avec le concours, et permettez-moi de le dire, un peu sous le contrôle de personnes compétentes, mais étrangères au corps enseignant lui-même. » En face d'une proposition ainsi appuyée, la situation du ministère était bizarre et gênée; l'amendement visait presque autant M. Villemain que M. Cousin : ni le duc de Broglie, ni M. de Montalivet ne l'avaient dissimulé, et le *Constitutionnel* comparait ce qui se passait à l'effet produit dans le sénat romain, quand l'affranchi de Tibère y était venu lire à l'improviste la lettre impériale blâmant l'administration de Séjan. Mais le ministre de l'instruction publique était hors d'état de résister; ses collègues ne l'eussent pas suivi. D'ailleurs ses sentiments à l'égard de M. Cousin lui apportaient quelque consolation dans cette mésaventure : il était, écrivait-on alors, « partagé entre la douleur de voir sa loi modifiée, l'Université un peu réduite, et le plaisir de voir la philosophie de son rival recevoir une chiquenaude. » De là un « malaise visible qui faisait dire que M. Villemain était vraiment, comme l'Andromaque de l'antiquité, entre un sourire et une larme [1] ». Il combattit si mollement l'amendement, que c'était presque le servir, exprimant sans doute son regret qu'on voulût donner ce soufflet à la philosophie, mais indiquant que, si l'on tenait à le faire, il se résignait à présenter la joue de M. Cousin. Seul, celui-ci stupéfait et désolé de l'abandon où il était réduit, se débattit avec une énergie désespérée, violent d'abord, suppliant ensuite, et humiliant l'orgueil de cette philosophie,

---

[1] *Chroniques parisiennes* de Sainte-Beuve, p. 217.

naguère si hautaine, jusqu'à l'abriter derrière des noms catholiques. Rien n'y fit. L'amendement fut voté à une grande majorité. L'opinion vit avec raison, dans cet incident, un échec grave pour l'Université, une marque solennelle de défiance contre ses doctrines, et la négation de sa prétention d'être l'État et de dominer à ce titre les établissements particuliers. « Le coup moral est porté », écrivait alors M. Sainte-Beuve. Et l'*Univers* était fondé à dire : « N'est-ce pas la justification de toutes les réclamations de l'épiscopat et de toute notre polémique? » On avait voulu, comme le disaient M. de Montalivet et le duc de Broglie, tenir compte, dans une certaine mesure, des réclamations des évêques. Mais n'est-il pas surprenant qu'on eût mieux aimé donner raison à leurs griefs religieux que satisfaction à leurs revendications libérales, qu'on eût trouvé plus facile de faire quelque chose contre l'Université que pour la liberté? Fallait-il voir dans ce choix l'action personnelle du roi?

Quoi qu'il en soit, ce vote émis, l'assemblée se crut quitte envers les catholiques. MM. Beugnot, de Barthélemy, Séguier et de Gabriac avaient présenté un contre-projet dont les principales dispositions étaient : le droit d'enseigner pour tout bachelier muni d'un certificat de moralité; la suppression du certificat d'études; des jurys d'examen composés mi-partie de professeurs de faculté, mi-partie de notables; à côté du conseil royal de l'Université, l'institution d'un conseil supérieur pour l'enseignement libre, composé de magistrats, de membres de l'Institut, de chefs d'institution, et de l'archevêque de Paris. Tous les articles de ce contre-projet furent rejetés. La majorité se borna à accepter les améliorations réelles, mais insuffisantes, par lesquelles la commission, appliquant « le principe de la loi », substituait ou associait d'autres autorités à l'Université quand il s'agissait de l'enseignement libre. L'article excluant les membres des congrégations fut naturellement voté. Mais, sur ce point même, à qui profita le débat? M. de Montalembert fit entendre, du haut de cette tribune peu accoutumée à un tel langage, l'apologie hardie des ordres religieux, et en particulier des jésuites. Il savait bien n'avoir aucune chance de victoire immédiate, mais il voulait briser le respect humain; il voulait par l'éclat et la fierté de sa révolte contre les préjugés régnants, réveiller les catholiques de l'espèce de torpeur résignée ou craintive, avec laquelle eux-mêmes subissaient l'empire de ces préjugés [1]. Il y réussit. Puis, se tournant vers les ministres et rappelant la séance

[1] On se ferait difficilement aujourd'hui une idée de ce qu'étaient alors ces préjugés : « Moi aussi, s'écriait M. de Montalembert, j'ai eu besoin d'être converti aux jésuites. Quand j'étais élève de l'Université, sous la Restauration, moi aussi je criais contre les jésuites, et, au milieu de mes camarades incrédules, je mettais ma foi de chrétien à couvert de mon antipathie pour les jésuites, comme cela arrive encore à bien des gens dans le monde. »

récente de la Chambre des députés, où M. Guizot avait, pendant plusieurs heures, bravé et dominé les calomnies, les outrages qu'on lui jetait, à propos de son voyage à Gand en 1815, M. de Montalembert s'écriait :

Le plus éloquent d'entre vous disait naguère qu'on aurait beau entasser injure sur injure, calomnie sur calomnie, qu'elles ne monteraient jamais au niveau de son dédain. Et quand ces injures et ces calomnies s'adressent à de pauvres religieux, non seulement elles atteignent le niveau de votre dédain, mais elles le dépassent, elles vous recouvrent, elles vous dominent, elles vous entraînent à leur suite... Quant à moi, je cherche en vain le fier vainqueur des injustes clameurs de la foule ; je ne trouve plus que leur écho, leur complice et leur docile instrument ! Ah ! s'il fallait encore, après tant de leçons et tant de mécomptes, une preuve nouvelle de la misère morale du pouvoir de nos jours et des tristes compensations de la grandeur politique, je n'en voudrais pas d'autre que ce cruel empire des circonstances qui rend les hommes les plus éminents de notre pays infidèles à eux-mêmes, qui leur fait courber la tête sous des préjugés qu'ils ne partagent pas, subir le joug de passions qu'ils méprisent, et immoler à des haines surannées, à des déclamations passagères, à des calomnies mille fois réfutées, immoler l'innocence, la liberté et le dévouement, sur l'autel de la défiance, de la jalousie et de la peur.

La hauteur et la puissance de cette parole en

imposèrent aux plus indifférents, aux plus mal disposés. M. Sainte-Beuve fut obligé de reconnaître que M. de Montalembert avait eu « des accents de vérité, de générosité et d'élévation remarquables ». Et il ajoutait cet aveu : « Oui, il est fâcheux que, dans un pays libre, il y ait cette trace de *test* dans la loi. » Si une telle restriction lui paraissait une nécessité, c'était une nécessité regrettable qu'il espérait voir bientôt disparaître [1]. Ainsi pensaient la plupart des pairs qui avaient voté l'article, et l'abbé Dupanloup pouvait écrire, au lendemain même de ce vote :

Si mes impressions ne m'ont pas trompé, beaucoup de ceux qui ont approuvé cette mesure n'ont pas paru vouloir lui imprimer le caractère auguste et permanent de la loi; ils l'ont accordée plutôt comme un sacrifice à la nécessité du jour, et, mon respect pour l'illustre assemblée ne me défend pas de l'ajouter, elle s'en est délivrée par son vote, comme d'un fardeau dont il fallait débarrasser le présent, sans prétendre engager l'avenir [2].

Enfin, après un débat prolongé, approfondi, comme on n'en pouvait voir qu'à la Chambre des pairs, et qui faisait contraste avec les discussions trop souvent stérilement et superficiellement passionnées de l'autre assemblée, on procéda au vote final sur l'ensemble du projet. 85 voix se pro-

---

[1] *Chroniques parisiennes*, p. 218.
[2] *Seconde lettre au duc de Broglie*.

noncèrent pour, 51 contre. Ce dernier chiffre, inaccoutumé au Luxembourg, fut vivement commenté. Les 51 n'étaient sans doute pas tous des partisans de la liberté : mais l'importance de la minorité signifiait tout au moins que cette loi incomplète, illogique, n'était pas regardée comme une œuvre définitive, qu'elle n'était, pour ainsi dire, qu'un essai, un examen préparatoire. En effet, elle ne devait pas aboutir. A peine la Chambre des pairs avait-elle fini, que la Chambre des députés nommait *ab irato* une commission, avec mandat de poursuivre la revanche du monopole. M. Thiers, désigné rapporteur, rédigeait lestement un long rapport, tout empreint des animosités universitaires. Mais, après avoir fait un moment quelque tapage, ce rapport était bientôt volontairement oublié et ne devait même jamais venir en discussion.

Si rien ne resta des articles votés, la discussion de la Chambre haute n'en avait pas moins été un fait considérable et fécond. « Il est très certain, écrivait alors M. Sainte-Beuve, qu'on ne conclura pas cette année, mais les idées germeront [1]. » L'importance prise par le débat, l'attention vraiment exceptionnelle qu'y avait prêtée l'opinion, ne montraient-elles pas tout d'abord ce qu'était devenue cette controverse que certains politiques avaient appelée dédaigneusement une « querelle de

---

[1] *Chroniques parisiennes*, p. 209.

cuistres et de bedeaux » ? N'était-ce pas beaucoup
que de voir le public oublier presque les luttes
de portefeuille ou les spéculations de chemins de fer,
pour s'intéresser si vivement aux plus hautes questions religieuses? Et avec quelle élévation respectueuse ces questions étaient discutées! « Jamais,
écrivait l'abbé Dupanloup, la grande et sainte
Église catholique, l'épiscopat français, l'autorité
pontificale, les congrégations, les jésuites eux-
mêmes, n'ont été traités avec plus de gravité et
de convenance [1]. » On eût cherché vainement,
dans la haute assemblée, cette passion antichrétienne qui inspire aujourd'hui d'autres parlements,
et on avait entendu M. Cousin lui-même s'écrier
qu'il « faudrait éteindre l'Université, si elle voulait
nuire à la religion ». Jusqu'alors il n'y avait eu,
dans les Chambres, sur la liberté d'enseignement,
que des escarmouches passagères; cette longue
discussion avait fait pour ainsi dire l'éducation
du public en ces matières; elle lui avait révélé les
diverses faces d'un problème pour lui tout nouveau,
et la lumière ainsi faite avait profité à la bonne
cause. Pour la première fois l'Université, naguère
dominante, avait subi un échec dont ses partisans
ne se dissimulaient pas l'importance. Du côté opposé, au contraire, en dépit des résultats matériels du vote, les cœurs était à l'espérance. La petite
armée, de formation si récente, avait noblement

---

[1] *De la Pacification religieuse.*

déployé et planté son drapeau. « Cette cause, disait un spectateur, par situation peu porté à la bienveillance, gagne et gagnera chaque jour du terrain. Ce qui suffisait il y a trois ans, ne suffira plus aujourd'hui ; ce qui suffirait aujourd'hui, ne suffira plus dans trois ans. » La direction était prise, l'élan donné, et chacun sentait que la victoire définitive n'était plus qu'une question de temps.

Aussi, pendant que les défenseurs du monopole s'avouaient battus, et que l'un d'eux disait : « Si vous avez suivi le débat sur l'instruction secondaire, vous avez dû voir que le clergé, assisté de Louis-Philippe, de M. de Broglie et des magistrats, a vaincu l'Université[1] » ; les catholiques laissaient éclater leur émotion confiante. Le 4 mai 1844, avant même que la discussion fût complètement terminée, Lacordaire, écrivant à Mme Swetchine, s'étonnait de voir comment ces pairs, « vieux débris de l'Empire, de la Restauration et de la révolution de 1830 », avaient accueilli « la parole toute *sacriste* de M. de Montalembert », et il ajoutait :

Je trouve admirables le chemin que nous avons fait et la justice que Dieu exerce contre ses ennemis. Qui nous l'eût dit l'an passé, à pareille époque, lorsque commençait la guerre du Collège de France, dont

[1] Lettre de M. Léon Faucher à M. Henry Reeve, du 7 mai 1844. M. Léon Faucher était alors engagé dans la presse de gauche et lié avec M. Thiers. (*Correspondance* de M. L. Faucher, t. I, p. 149.)

on se promettait tant de profit et tant de joie? Tout est devenu grave, profond; on n'a plus guère envie de rire, et il est impossible que le gouvernement n'ait pas senti à quel point la France est sourdement travaillée par le besoin de Dieu.

Quelques jours après, la discussion finie, M. Veuillot s'écriait dans l'*Univers* [1] :

Hâtons-nous de le proclamer avec sincérité, avec reconnaissance : ces institutions du gouvernement constitutionnel, dont nous sommes encore loin de recueillir tous les bienfaits, sont belles et bonnes, et nous devons les aimer, les défendre, nous y attacher avec amour ; nous obtiendrons tout par elles ; il ne nous manque que de savoir mieux en user, et nous venons d'en faire un essai qui doit nous remplir d'espérance. Ces combats où elles nous appellent, ces défaites même qui en ont été et qui peuvent en être encore la suite, valent mieux pour nous que la protection, que la faveur, que la justice d'un maître. Eh quoi ! il a suffi de quelques hommes de talent et de cœur pour défendre si longtemps contre le gouvernement, contre ses amis, contre la ruse et le talent d'une coterie prépondérante, des droits et des idées dont on ne parlait qu'avec mépris, les dénonçant, depuis un an, par tous les moyens possibles, aux préjugés les plus violents et les plus ignares ! Ces hommes ont pu non seulement se défendre, mais se défendre avec honneur, mais attaquer avec succès, mais croître dans le combat et se retirer de l'arène plus forts qu'ils n'y sont entrés, et nous ne bénirions

---

[1] *Univers* du 24 mai 1844.

pas les institutions qui nous présentent un si beau spectacle et nous promettent de si grands avantages! Que ceux d'entre nous qui ne les ont pas aimées, reconnaissent et réparent leur injustice! Si les gens de bien peuvent désirer quelque chose, c'est le pouvoir de se faire connaître et de faire entendre la vérité; nos institutions nous donnent ce pouvoir. Qu'importe qu'elles le donnent aussi à l'erreur! Ceux qui redoutent la lutte, pensant que la vérité pourrait avoir le dessous, n'honorent pas assez le cœur de l'homme et ne connaissent pas assez la vérité!

Ne se prend-on pas à partager rétrospectivement cet enthousiasme? Cette discussion d'avril et de mai 1844 n'est-elle pas une époque brillante et heureuse entre toutes, dans l'histoire du « parti catholique? » N'est-ce pas comme l'apogée de sa fortune sous la monarchie de Juillet?

CHAPITRE VI

LA QUESTION DES JÉSUITES A LA CHAMBRE DES DÉPUTÉS ET A LA COUR ROMAINE

1844-1845

I. La situation à la fin de 1844. M. de Salvandy ministre. Condamnation du *Manuel* de M. Dupin. Déclaration d'abus contre le cardinal de Bonald. — II. Le rapport fait par M. Thiers sur la loi d'instruction secondaire. Pourquoi s'en était-il chargé ? Premier échec de sa tactique. — III. M. Thiers se sert de la question des jésuites pour attaquer M. Guizot. Le *Juif-Errant*. Le procès Affnaer. — IV. L'embarras du gouvernement. Il se décide à recourir à Rome. M. Rossi. — V. La discussion de l'interpellation sur les jésuites. L'ordre du jour motivé. Les catholiques se préparent à la résistance. Débat à la Chambre des pairs. Note du *Moniteur* annonçant le succès de M. Rossi. — VI. M. Rossi à Rome. Le Pape refuse ce qu'on lui demande, mais conseille aux jésuites de faire quelques concessions. Equivoque et malentendu sur les résultats de la négociation. — VII. Les mesures d'exécution en France. Les jésuites s'en tiennent aux concessions en général, et M. Guizot finit par s'en contenter. Satisfaction du gouvernement. Irritation des catholiques. En quoi le résultat final a pu nuire ou profiter à la question religieuse.

1

Après la discussion du projet de 1844, il y eut comme un moment de halte dans l'armée catholique. Évêques et laïques avaient pris position et dit ce qu'ils avaient à dire. Ils comprenaient qu'un résultat immédiat n'était pas possible et qu'il fallait laisser mûrir les idées nouvelles. Le rapport lu par M. Thiers, en juillet 1844, sur la loi d'enseignement ne ranima pas la polémique et ne fit point sortir l'épiscopat de son silence. Cependant les journaux et les pamphlets hostiles au clergé étaient plus violents que jamais. Le scandale des cours de MM. Quinet et Michelet, au Collège de France, continuait et s'aggravait, au point de gêner les universitaires les plus passionnés. Certaines municipalités, à Sens, à Tulle, à Avignon, commençaient à faire aux religieux et aux religieuses une petite guerre qui paraîtrait du reste aujourd'hui timide et bénigne. En septembre 1844, le conseil municipal de Paris dénonçait, comme contraires à la loi, des pensionnats ou asiles tenus par des sœurs de charité ou des ursulines; presque à la veille de 1848, pendant que le socialisme fermentait, chaque jour plus redoutable dans les classes populaires, le conseiller rapporteur, donnant une fois de plus la preuve de cette clairvoyance du péril social qui a toujours distingué la bourgeoisie parisienne, disait des pauvres religieuses : « Ce sont là des dangers qui nous menacent, dangers aussi grands, pour le moins, que ceux des sociétés secrètes et subversives qui s'agitent dans la politique. » Les meneurs auraient aussi désiré obtenir certaines manifestations des conseils généraux; mais ils échouèrent et ne purent mettre en mouvement que neuf conseils sur quatre-vingt-six.

L'attitude du gouvernement était toujours la

même. Il avait la faiblesse de s'associer à quelques vexations municipales, et l'on remarquait qu'il faisait poursuivre les écarts de la polémique ecclésiastique [1], tandis que les violences du parti adverse demeuraient impunies. Il n'avait cependant pas plus que dans le passé d'intention vraiment hostile. Au fond, il regrettait le mouvement antireligieux. Certains de ses actes semblaient même indiquer alors comme un désir de se rapprocher des catholiques. Dans les derniers jours de décembre 1844, une nouvelle sinistre s'était répandue dans Paris : M. Villemain, fléchissant sous le poids aussi bien des chagrins de famille que des préoccupations et des déboires politiques, avait perdu la raison, et s'était précipité par l'une des fenêtres de l'hôtel ministériel; quelques instants auparavant, il avait fait appeler ses enfants dont il s'occupait beaucoup, depuis qu'il avait dû placer dans une maison de santé leur mère, elle aussi devenue folle, et on l'avait entendu murmurer : « Pauvres enfants! le père et la mère! » Son mal se manifestait surtout par deux idées fixes : la crainte d'être soupçonné d'avoir fait enfermer sa femme arbitrairement; la croyance qu'il était persécuté par les jésuites. Cet événement ne semblait-il pas appartenir à quelque drame de Shakespeare? Il commençait cette série étrange et fatale

---

[1] Le 15 février 1845, l'abbé Souchet, chanoine de Saint-Brieuc, était condamné à quinze jours de prison et à 100 francs d'amende.

de malheurs qui devaient marquer les dernières années de la monarchie de Juillet. La consternation fut générale. « Chacun se demandait, dit un contemporain, ce que c'était que la raison humaine, en la voyant chanceler ainsi comme la flamme sur le candélabre d'or. Dans un temps où l'on n'a plus d'oraisons funèbres de Bossuet, de tels événements en tiennent lieu et disent assez lequel est le *seul grand*... On est tenté d'en vouloir à la politique, d'avoir ainsi détourné de sa voie, abreuvé et noyé dans ses amertumes une nature si fine, si délicate, si faite pour goûter elle-même les pures jouissances qu'elle prodiguait[1]. » Quant au *Constitutionnel*, il montrait tout simplement dans cette maladie une trame des jésuites. Ce fut pour M. Guizot l'occasion d'un acte significatif : il ne se contenta pas de désigner un intérimaire ; avec une promptitude que M. Villemain devait, une fois rétabli, lui reprocher non sans aigreur, il remplaça définitivement le ministre dont il avait eu tant de fois à subir et à regretter le zèle universitaire. Son choix se porta sur M. de Salvandy, l'un des hommes politiques du régime de Juillet qui montraient le plus de bienveillance pour les personnes et les idées du monde religieux, étranger à l'Université, membre de la minorité dans la commission qui avait nommé naguère M. Thiers rapporteur de la loi d'instruction secon-

---

[1] *Chroniques parisiennes* de M. Sainte-Beuve, p. 292.

daire[1] ; nature un peu vaine et pompeuse, mais généreuse et sincère, manquant parfois de tact et de mesure, non d'esprit ni de cœur. Nul, même parmi les catholiques les plus exigeants, ne pouvait douter des bonnes intentions du nouveau ministre ; la seule question était de savoir s'il aurait l'habileté et la force de les réaliser. L'un de ses premiers actes fut de suspendre le cours de M. Mickiewicz, ce que rendait facile sa qualité d'étranger, et d'écrire à l'administrateur du Collège de France des remontrances sévères, mais impuissantes, au sujet des cours de MM. Quinet et Michelet, dont les « désordres », disait-il, « étonnaient et blessaient le sentiment public. »

Ce n'est pas que le cabinet eût enfin pris son parti de suivre, dans les questions d'enseignement, une politique nouvelle et résolue. Tout ajourner sans rien terminer ; tout assoupir sans rien résoudre, telle paraissait être encore sa trop modeste ambition. M. Martin du Nord, notamment, ne voyait guère rien au delà ; aussi se félicitait-il de la réserve gardée par les évêques, dans la seconde moitié de 1844, et s'imaginait-il déjà avoir obtenu ce silence qu'il appelait la paix. Mais son illusion devait être de courte durée. Comment en effet les catholiques eussent-ils pu longtemps désarmer, alors que non seulement on ne faisait pas droit à

---

[1] Cette minorité se composait de MM. de Salvandy, O. Barrot, de Tocqueville et de Carné.

leurs plaintes, mais que leurs adversaires les attaquaient chaque jour plus violemment? Aussi, dès janvier 1845, dans la discussion de l'adresse, le ministre des cultes dut-il de nouveau essuyer le feu de M. de Montalembert. L'orateur catholique, racontant longuement les « injures de l'Église », n'accusait pas le ministère d'en être « l'auteur »; il l'accusait d'en être « le complice, non par malveillance contre la religion, mais par faiblesse »; il lui reprochait, « non d'avoir la malice des persécuteurs, mais de n'avoir ni le courage ni l'intelligence de la liberté. »

Ce ne fut pas tout. Le 4 février 1845, le cardinal de Bonald, archevêque de Lyon, publia un mandement fort étendu dans lequel il condamnait solennellement le *Manuel du droit public ecclésiastique* de M. Dupin, « comme contenant des doctrines fausses et hérétiques, propres à ruiner les véritables libertés de l'Église ». Ce livre, publié pour la première fois sous la Restauration, était la collection des textes dans lesquels, depuis Pithou jusqu'à Napoléon Ier, s'était formulé le gallicanisme des légistes, répudié de tout temps par le clergé, même le moins ultramontain; compilation terne, lourde et fastidieuse, recouverte en quelque sorte d'une poussière d'ancien régime et imprégnée d'une odeur de basoche, auxquelles l'auteur était seul à se complaire; M. Dupin avait publié, en 1844, une seconde édition du *Manuel*, sous prétexte de répliquer à M. de Montalembert. La démarche du cardinal pouvait être diversement appréciée. Pendant que les ardents applaudissaient, d'autres, parmi lesquels l'archevêque de Paris, se demandaient si, pour atteindre un livre vieux de plusieurs années et dont la réédition n'avait eu aucun succès, c'était la peine de faire un acte si insolite et que la situation de l'auteur condamné devait rendre si retentissant. Quoi qu'on pensât néanmoins sur cette question d'opportunité, il n'y avait pas deux sentiments sur le parti que le gouvernement, effrayé des criailleries de M. Dupin, prit aussitôt de déférer le mandement au Conseil d'État. Celui-ci déclara, le 9 mars, qu'il y avait abus, donnant ainsi le spectacle au moins étrange de laïques, peut-être non catholiques, qui contrôlaient et réformaient les doctrines théologiques d'un évêque, et qui prétendaient prononcer, entre M. Dupin et Mgr de Bonald, sur ce que devaient être la croyance et l'enseignement de l'Église.

Le gouvernement fut d'ailleurs aussitôt à même de voir quelle maladresse il avait commise. M. Beugnot eut beau jeu à dénoncer, devant la Chambre des pairs, l'absurdité de l'appel comme d'abus en matière de doctrines, sous un régime de liberté des cultes, la bizarre contradiction de cet État qui tenait tant à se proclamer « laïque » et qui voulait en même temps faire le « théologien ». Au lendemain de la sentence, le 11 mars, le cardinal de Bonald écrivit au garde des sceaux une lettre publique, plus railleuse et dédaigneuse encore qu'irritée : « J'ai reçu, disait-il, l'ordonnance royale du 9 mars que Votre Excellence a cru devoir m'envoyer ; je l'ai reçue dans un temps de l'année où l'Église retrace à notre souvenir les *appels comme d'abus* qui frappèrent la doctrine du Sauveur, et les *sentences du Conseil d'État* de l'époque contre cette doctrine. » Puis, après avoir malmené ce corps politique et laïque qui prétendait lui « enseigner la religion », et après avoir invoqué les libertés publiques, il terminait en déclarant ne reconnaître qu'au Pape le droit de juger son jugement. « Jusque-là, ajoutait-il, un appel comme d'abus ne peut pas même effleurer mon âme. Et puis, que peut-on contre un évêque qui, grâce à Dieu, ne tient à rien, et qui se renferme dans sa conscience ? J'ai pour moi la religion et la Charte : je dois me consoler. Et quand, sur des points de doctrine catholique, le Conseil d'État *a parlé, la cause n'est pas finie.* » C'était l'un des caractères de cette lutte, qu'on ne pouvait toucher un évêque, sans que tous les autres prissent fait et cause pour lui ; on revit ce qu'on avait déjà vu à propos de la réprimande adressée par M. Martin du Nord à l'archevêque de Paris et à ses suffragants : en quelques jours, plus de soixante évêques déclarèrent adhérer aux doctrines proclamées par le cardinal de Bonald et blâmées par le Conseil d'État. Bientôt aussi, on put annoncer que, le 5 avril, la congrégation de l'Index avait condamné le *Manuel.*

Pour l'amour de la théologie de M. Dupin, le

gouvernement s'était donc mis en conflit avec l'Église tout entière, et il n'avait même pas pour soi l'opinion des indifférents et des frivoles. Cette fois, en effet, la cause religieuse n'avait pas seulement les théologiens, mais aussi les rieurs de son côté. Dans deux de ses pamphlets les plus vivement enlevés, *Oui et non* et *Feu, feu*, Timon s'était chargé, à la grande surprise et au vif déplaisir de ses amis de la gauche, de montrer, à un public qui ne lisait pas les mandements, où étaient non seulement la justice et la liberté, mais le bon sens. Son succès fut considérable. On en put juger au chiffre des éditions qui s'éleva, en un an, à seize et à dix-sept; on en jugea également au nombre et à la rage des réponses, à l'espèce de charivari de presse sous lequel la gauche, déconcertée et furieuse, essaya vainement d'écraser l'écrivain qu'elle avait naguère tant applaudi pour avoir servi ses plus vilaines passions[1]. Tout ce tapage ne profitait pas à la cause des appels comme d'abus; en tout cas, c'était une singulière façon de réaliser le rêve de silence caressé par M. Martin du Nord. Aussi n'est-on pas étonné d'entendre alors celui-ci déclarer, à la tribune, que « c'était une des époques les plus pénibles de sa vie ». Le gouvernement eut au moins la sagesse de comprendre qu'il s'était engagé dans une sotte cam-

---

[1] On publia contre Timon : *Feu Timon, Saint Cormenin, le R. P. Timon, Feu contre feu, Eau sur Feu*, etc.

pagne, et de ne s'y pas obstiner : bravé, raillé, il se tint coi, avec une prudence tardive, mais méritoire. Quant à M. Dupin, il se consolait avec cette pensée, notée dans ses Mémoires, que le *Manuel* devait à ce bruit de trouver des acheteurs qu'il n'avait pas auparavant.

« Le mandement est et demeure supprimé », disait solennellement l'ordonnance. Singulière « suppression », dont le seul résultat était d'augmenter la publicité du document. Le « comité pour la défense de la liberté religieuse » n'en faisait pas moins réimprimer le mandement, y joignait toutes les lettres d'adhésion des évêques, et répandait ce volume par toute la France [1]. S'il y avait quelque chose de « supprimé, » c'était l'appel comme d'abus, surtout en matière doctrinale. Le gouvernement de Juillet se le tint pour dit, et ne s'exposa pas désormais à pareille mésaventure. Si vives qu'aient été, de 1845 à 1848, certaines luttes avec le clergé, il ne fut plus question de déclaration d'abus [2].

---

[1] Tome IV des *Actes épiscopaux*.

[2] A la suite de ces événements, Mgr Affre fit paraître son ouvrage *de l'Appel comme d'abus* (1845). C'était plus qu'une œuvre de circonstance. Le savant et sage prélat montrait par l'histoire, la raison et les principes, ce qu'avaient d'absurde ou d'odieux la plupart des cas d'abus. Il précisait les circonstances où une répression des actes du clergé pouvait être légitime, et il indiquait quels moyens seraient alors préférables à la déclaration d'abus.

II

Le conflit né de la condamnation du *Manuel* était à peine terminé, que le gouvernement se voyait en face d'une difficulté plus redoutable encore. M. Thiers allait l'interpeller au sujet des jésuites. Cette interpellation était le dernier acte d'une campagne parlementaire qu'il convient de reprendre à son origine. Les embarras trop visibles que le ministère rencontrait dans les questions religieuses et qu'il aggravait par les maladresses et les incertitudes de sa politique, devaient être, pour l'opposition, comme une invitation à porter la lutte sur ce terrain. Pendant les premières années, les débats sur la liberté d'enseignement avaient eu cet avantage, d'être demeurés en dehors et au-dessus de toutes manœuvres de partis et compétitions ministérielles. De là sans doute, la gravité approfondie, élevée, sincère, de la discussion qui avait eu lieu à la Chambre des pairs en 1844, et où la question avait été traitée pour elle-même : de là l'attrait nouveau, l'intérêt inattendu d'un tel débat, pour un public blasé sur ces duels oratoires de la Chambre des députés, où il s'agissait trop clairement, non de la doctrine, de la réforme ou de l'intérêt national, objets apparents du débat, mais du portefeuille que M. Thiers voulait arracher à M. Guizot. Cet état ne devait pas durer. La discussion de 1844 n'avait pas été une révélation seulement pour le public; elle en avait été une pour M. Thiers, qui jusqu'alors n'avait guère pris garde à cette « querelle de cuistres et de bedeaux ». Il avait aussitôt jugé utile d'intervenir dans une question qui apparaissait si importante. Frappé de l'irritation des universitaires, de leur désir et de leur espoir de trouver, à la Chambre des députés, une revanche des échecs subis dans l'autre assemblée, il s'était offert à prendre leur cause en main; il s'était fait nommer membre et bientôt rapporteur de la commission chargée d'examiner le projet voté par les pairs.

Le rapport de M. Thiers fut en effet la contre-partie du rapport du duc de Broglie [1]. Celui-ci avait proclamé les théories les plus libérales sur les droits respectifs de la famille et de l'État, et c'était visiblement à regret qu'il n'avait pas immédiatement tiré toutes les conséquences de ces théories. Celui-là insistait, au contraire, sur le droit qu'il revendiquait pour la puissance publique de former l'esprit de l'enfant; il ne dissimulait pas ses préférences pour le système en vertu duquel « la jeunesse serait jetée dans un moule et frappée à l'effigie de l'État [2] »; il n'y renonçait que par

---

[1] Le rapport de M. Thiers fut déposé et lu à la Chambre, en juillet 1844.

[2] « Gardons-nous, lisait-on dans le rapport, de calomnier cette prétention de l'État d'imposer l'unité de caractère à la nation, et de la regarder comme une inspi-

l'obligation où il était « de se tenir dans la vérité de son temps et de son pays »; au moins, pour s'en rapprocher, cherchait-il à restreindre et à entraver, autant que possible, la liberté qu'il n'osait entièrement refuser. Aux méfiances témoignées par la Chambre des pairs sur l'enseignement philosophique, M. Thiers opposait une apologie sans réserve de l'éducation intellectuelle, morale et même religieuse des collèges. Le duc de Broglie avait soustrait en partie les établissements libres à la domination de l'Université et avait substitué à celle-ci des autorités plus impartiales; M. Thiers rétablissait cette domination, déclarait que les établissements libres devaient être « compris dans la grande institution de l'Université », qui avait mission de « les surveiller, contenir et ramener sans cesse à l'unité nationale ». Rien sans doute de moins libéral. Mais M. Thiers alors n'aimait pas à se dire « libéral » : c'eût été s'enfermer dans un programme, s'assujettir à des principes qui auraient pu lui devenir gênants. Il se proclamait plus volontiers « révolutionnaire [1] ». Surtout sa

---

ration de la tyrannie... On pourrait presque dire, au contraire, que cette volonté forte de l'État d'amener tous les citoyens à un type commun s'est proportionnée au patriotisme de chaque pays. » Et M. Thiers en donnait cette preuve : « Si nous avons songé un moment à imposer d'une manière absolue le joug de l'État sur l'éducation, c'est sous la Convention nationale, au moment de la plus grande exaltation patriotique. »

[1] « Je dois tout à la Révolution, disait à la tribune

prétention, presque sa manie, était de se dire
« national ». L'expression, pour être vague, ne
s'en prêtait que mieux à la mobilité de sa tactique. Avec ce mot, revenant sans cesse sur ses
lèvres et répété par tous ses journaux, il attaquait
la politique étrangère de M. Guizot. Tel il se posait dans son rapport, prétendant tout subordonner,
dans l'éducation publique, à la préoccupation de
conserver « l'esprit national » qui, selon lui, n'était
autre que « l'esprit de la révolution ». L'Université lui paraissait seule propre à cette œuvre, et
l'enseignement ecclésiastique lui inspirait une
méfiance qu'il ne dissimulait pas. Sans doute,
pour parler du clergé, il usait de plus de politesse
que n'en attendaient les sectaires qui s'étaient
flattés de voir M. Thiers se confondre dans leurs
rangs. Toutefois n'était-ce pas la menace qui dominait? « L'Église, disait en terminant le rapporteur, est une grande, une haute, une auguste
puissance, mais elle n'est pas dispensée d'avoir le
bon droit pour elle. Elle a triomphé de la persécution à des époques antérieures, cela est vrai, et
cela devait être pour l'honneur de l'humanité. Elle
ne triomphera pas de la raison calme, respectueuse,
mais inflexible. »

Deux motifs peuvent dispenser d'examiner et de

M. Thiers, elle m'a fait ce que je suis ; c'est la cause
de ma vie entière ». Et encore : « J'appartiens au parti
de la Révolution française : c'est la seule cause qui soit
vraiment chère à mon cœur. »

discuter plus à fond les doctrines du rapport; le premier, c'est qu'aucune suite n'y a été donnée; le second, c'est que, peu d'années après, M. Thiers, mieux éclairé, a contredit lui-même toutes ces idées et les a fait écarter de notre législation. D'ailleurs, peut-on parler de doctrines à propos de ce rapport? Sans doute, par ses origines intellectuelles à la fois voltairiennes, révolutionnaires et bonapartistes, M. Thiers pouvait être naturellement prévenu contre une réforme chrétienne, conservatrice et libérale. Cependant, en 1844, il n'avait aucune opinion bien mûrie sur ces questions d'enseignement qui se présentaient pour la première fois à son esprit. Pendant ses ministères, il n'avait montré pour le catholicisme ni bienveillance ni mauvais vouloir. En réalité, les problèmes débattus lui importaient peu, et il n'y voyait qu'une question de tactique.

Pour lui, l'opposition n'était pas l'action d'un parti ayant des principes et un programme à garder dans la bonne et dans la mauvaise fortune, à défendre persévéramment, à propager et à tâcher de faire prévaloir. Non, c'était la manœuvre d'une troupe mobile, se dégageant de toute doctrine propre et permanente comme d'un bagage qui gênerait la liberté de ses évolutions et de ses coalitions, n'ayant d'autre but que d'enlever le pouvoir à ceux qui le possédaient, soulevant au jour le jour la question, arborant le principe, avec lesquels on pouvait, pour le moment, le mieux faire échec au ministère, sans se piquer de suite ni de tenue. Sans doute, dans cette politique ainsi réduite à une stratégie de tribune et de scrutin, M. Thiers se montrait admirablement souple, alerte, adroit et fécond; mais ce n'en était pas moins l'abaissement et la perversion du régime parlementaire. Combien en souffraient les esprits élevés de la gauche; M. de Tocqueville notamment! Vers 1844, M. Thiers se trouvait précisément un peu gêné dans l'application de sa tactique; il était à court d'objets sur lesquels il pût faire porter son opposition. Il évitait les questions de réforme intérieure, car dès cette époque il aurait pu dire à ses soldats et à ses alliés, comme plus tard aux républicains de l'Assemblée de 1871, que, sur aucune de ces questions, il n'avait avec eux une seule idée commune. Les affaires étrangères semblaient plus commodes, il s'en était beaucoup servi; mais il y avait été battu, et puis elles présentaient aussi leur danger; il craignait, en critiquant trop obstinément une politique fondée sur « l'entente cordiale » avec l'Angleterre, d'exciter dans ce pays des ressentiments qui pourraient rendre son retour au pouvoir plus difficile; à ce moment même, n'était-il pas en coquetterie avec l'Anglais qui détestait le plus la France, avec lord Palmerston? Aussi avait-on remarqué que, depuis la discussion de la loi de régence, en 1842, M. Thiers avait gardé le silence; il s'était absorbé dans la préparation des deux premiers volumes de son histoire du Consulat qu'il publia en mars 1844. Il n'avait, disait-on, reparu à la tribune, au commencement de cette année, que parce que ses amis, mécontents, M. Duvergier de Hauranne entre autres, l'avaient en quelque sorte poussé par les épaules. C'est alors qu'à la suite de la discussion de la Chambre des pairs, la question d'enseignement lui parut excellente à saisir pour masquer le vide de son opposition ; il crut y trouver un terrain d'attaque propice, sans danger, et où il pouvait renverser M. Guizot, en réservant toutes les questions sur lesquelles il était bien aise de ne pas s'engager. Sans doute il se mettait mal avec le monde religieux, mais M. Thiers, qui jugeait inutile de s'arrêter à ménager les faibles, n'avait pas encore reconnu, dans le catholicisme, la puissance considérable dont il devait, après 1848, implorer le secours avec des accents si désespérés. La force lui paraissait ailleurs, du côté de la révolution. Comme Louis-Philippe le pressait, à cette époque, de soutenir la loi telle qu'elle était présentée, lui donnant pour raison « qu'il fallait accorder quelque chose au clergé, que c'était encore quelque chose de très fort qu'un prêtre », M. Thiers lui répondit : « Sire, il y a quelque chose de plus fort que le prêtre, je vous assure, c'est le jacobin [1]. »

Telle avait été la raison de pure tactique, étrangère à toute conviction réfléchie aussi bien qu'à toute passion haineuse, qui poussait M. Thiers à

---

[1] *Chroniques parisiennes* de M. Sainte-Beuve, p. 228.

mettre la main sur la question universitaire; la même raison le fera, quelques mois plus tard, se jeter sur l'affaire Pritchard, et l'aurait conduit à saisir tout sujet de débat propre à renverser ou seulement à gêner M. Guizot. Peut-être aussi faut-il voir là un effet de cette curiosité merveilleusement active, parfois un peu brouillonne et présomptueuse, de ce désir de tout connaître, de tout comprendre, de tout manier, puis aussitôt de tout expliquer et de tout enseigner, qui n'était pas l'un des aspects les moins remarquables de cette riche et mobile nature. Les questions d'enseignement étaient entièrement neuves pour lui; il voulut être un pédagogue comme il était devenu un financier, un stratégiste ou un diplomate. Peu de semaines lui suffirent pour improviser sa petite enquête en faisant causer quelques professeurs[1], et il fut aussitôt en mesure d'écrire un volumineux rapport, où il crut sincèrement apprendre le problème scolaire au monde, qui l'ignorait avant lui.

Le rapport fit un moment quelque bruit; les journaux que M. Thiers avait toujours l'habileté d'avoir dans la main le portèrent aux nues; des universitaires vinrent en députation remercier leur avocat; puis le silence se fit sur ce document. Les catholiques eux-mêmes n'en parurent pas très émus. Aucun mouvement n'en résulta, ni dans le

[1] Ce fut, raconte-t-on, l'origine des relations entre M. Jules Simon et M. Thiers.

parlement ni en dehors. Les derniers mois de 1844 s'écoulèrent, sans que les journaux en parlassent, et, dans la session de 1845, nul ne sembla empressé de le faire mettre à l'ordre du jour. L'attitude plus que prudente du ministère indiquait d'ailleurs qu'il n'était point disposé à engager son existence sur cette loi ; du moment où le rapport était, non le premier acte d'un débat purement politique, mais seulement le préliminaire d'une controverse de doctrines qui ne viendrait peut-être qu'à longue échéance, M. Thiers n'y avait plus aucun intérêt ; il lui importait peu que la liberté d'enseignement fût réglée d'une façon ou de l'autre, si la question ministérielle n'y était pas mêlée, et il fut le premier à « enterrer » ce rapport d'une célébrité si éphémère.

III

M. Thiers avait mal réussi en abordant directement le problème de la liberté d'enseignement ; ne pouvait-il pas être plus heureux en exploitant les passions mauvaises qui s'étaient soulevées à côté, en portant au parlement cette question des jésuites qui, depuis deux ou trois ans, agitait tant l'opinion ? Certains de ses amis le lui insinuèrent en 1845, et peut-être s'y sentait-il poussé par la mortification de son premier échec et par l'impatience de son ambition. Cependant il hésita beaucoup, dit-on, avant de s'engager dans cette voie, qui lui répugnait. Les jésuites en eux-mêmes lui étaient absolument indifférents; il avait tenu à se distinguer publiquement de leurs vulgaires accusateurs : « Je ne pense pas des jésuites tout le mal qu'on en dit, déclarait-il, en 1844, dans un des bureaux de la Chambre ; il y a là-dessus beaucoup d'exagération ». Et, dans son rapport, il avait affirmé « n'être pas animé, à l'égard de ces religieux, d'un petit esprit de calomnie et de persécution ». Au pouvoir, il leur avait été plutôt bienveillant, et l'on parlait de certaines lettres fort favorables aux congrégations qu'il avait écrites, étant ministre, aux préfets des Bouches-du-Rhône et de Vaucluse. Mais, en sommant le ministère d'appliquer contre les jésuites ce qu'on prétendait alors être les lois du royaume, il croyait l'obliger ou à se poser en protecteur de ces religieux devant l'opinion ameutée, ou à commencer une persécution moralement et peut-être juridiquement impraticable ; alternative des deux côtés également périlleuse, et d'où l'on semblait pouvoir se tirer seulemen par une énergie de décision et de conduite que l'expérience montrait n'être pas dans le tempérament des ministres. C'était assez pour triompher des scrupules de M. Thiers. Les motifs qui le décidaient étaient si visibles qu'ils n'échappaient pas même aux étrangers ; le plus important des journaux allemands disait alors :

Il y a beaucoup de faux dans tout ce bruit qu'on fait à propos du clergé et des jésuites. Les véritables lutteurs, ceux qui se battent sérieusement, sont un reste de jansénistes, un reste de gallicans à la façon des anciens parlements, irrités contre les théologiens. Ajoutez-y quelques célébrités littéraires blessées dans leur amour-propre, comme MM. Dupin, Cousin, Michelet, Quinet et compagnie... Quant à M. Thiers, au fond, la chose lui est parfaitement indifférente. Si les jésuites s'accommodaient de lui, il s'en accommodait fort bien à son tour; car il les laissait jouir de la tranquillité la plus profonde, pendant qu'il était ministre. Aujourd'hui les jésuites lui sont utiles pour renverser M. Guizot. De toute évidence, il existe, entre lui et la coalition, un pacte secret pour faire un coup fourré et le porter au ministère, aux dépens des jésuites. De cette façon, il deviendrait le premier auteur des fortifications et l'homme qui les ferait armer. Une fois ministre, M. Thiers se montrerait des plus relâchés à l'endroit du clergé, qui ne lui est pas le moins du monde odieux[1].

La feuille allemande ajoutait, il est vrai, non sans raison, que M. Thiers, arrivé au pouvoir par de tels moyens, avec des passions ainsi irritées, « n'y trouverait pas la position aussi facile qu'il se l'imaginait. » Mais il était dans la nature de cet homme d'État de n'envisager guère les choses qu'au jour le jour, se confiant en son adresse pour éluder les difficultés du lendemain. En ce moment, il ne pensait qu'à s'emparer du gouvernement coûte que coûte.

[1] *Gazette d'Augsbourg* du 2 mai 1845.

Pour préparer et appuyer l'attaque parlementaire, il fallait produire ou tout au moins feindre un mouvement d'opinion : c'était la tâche de la presse; M. Thiers avait l'habitude de préluder ainsi aux campagnes de chaque session. Cette fois, rien de plus simple; les journaux avaient depuis longtemps commencé à crier *Au jésuite!* et, sauf quelques scrupuleux de l'école de M. de Tocqueville, ils étaient tout disposés à continuer plus bruyamment encore. D'ailleurs n'avait-on pas mieux que des articles de discussion ou d'invective? A cette époque, le propre journal de M. Thiers, le *Constitutionnel*, publiait en feuilleton le *Juif-Errant* de M. Eugène Sue. Toutes les infamies débitées depuis deux ou trois ans contre les jésuites, le romancier les mettait en action, les faisait vivre, les jetait aux passions de la foule, avec un nom et un visage d'homme tels que nous en rencontrons tous les jours : forme bien autrement meurtrière et irréfutable de la calomnie. Dans un récit aussi absurde qu'odieux, la Compagnie de Jésus était représentée dominant le monde par les moyens les plus vils et les plus criminels, fomentant et exploitant la luxure, organisant le vol et l'assassinat, ayant pour agents les « étrangleurs » de l'Inde, le tout assaisonné d'excitations socialistes et imprégné de cette sensualité malsaine et impudique, de cette « odeur de crapule » dont M. Sainte-Beuve avait déjà parlé à propos des *Mystères de Paris*. « Le *Juif-Errant* achève de révolter », écrivait le même critique, en 1845. Il y avait à la vérité, des juges moins sévères : le *Journal des Débats* se gardait bien d'adresser un blâme à un allié aussi utile, et dont l'œuvre, « par le sujet et l'intention, appartenait, disait-il, à la croisade antijésuitique. » « Laissons toute liberté au pinceau de M. Eugène Sue », ajoutait-il; et il racontait avec complaisance qu'on reproduisait le roman en Belgique et qu'on frappait une médaille en l'honneur de l'auteur [1]. M. Véron, l'*impresario* du *Constitutionnel*, calculait avec satisfaction les 15 à 20 000 abonnés que lui rapportaient les 100 000 francs payés à l'auteur. Il sentait bien qu'il n'avait pas fait une fort honnête opération [2]; mais était-il tenu à montrer plus de délicatesse que naguère le *Journal des Débats*, avec les *Mystères de Paris* ? Quant à M. Sue, il se vantait à bon droit de n'avoir pas fait une œuvre moins moralisatrice que MM. Libri, Génin, Quinet et Michelet; il leur faisait l'honneur de les saluer comme ses inspirateurs, et il déclarait avoir été « déterminé » par leurs « hardis et consciencieux travaux » sur les « funestes théories de

---

[1] *Journal des Débats* du 11 mai 1845, article de M. Cuvillier-Fleury.

[2] Le docteur Véron dit dans ses *Mémoires* : « Le grand désir de redonner de la popularité au *Constitutionnel*, par l'éclat d'un grand nom, ne me rendit exigeant ni sur le sujet ni sur le but moral de l'ouvrage. J'apportai certainement dans cette affaire autant d'imprévoyance que de légèreté. Que ceux qui n'ont jamais commis de faute dans la vie me jettent la pierre ! »

la Compagnie de Jésus », à « apporter aussi sa pierre à la digue puissante élevée contre un flot impur et toujours menaçant ». Il n'a jamais été dans les habitudes de M. Thiers d'être scrupuleux sur la moralité de ses instruments ; toutefois, on veut croire qu'il n'était pas toujours flatté de la publication qui semblait être ainsi entreprise à son service et sous son patronage, et qu'il ne faisait pas fière figure quand M. de Montalembert parlait, à la tribune des pairs, de « ce journal redevenu fameux, où trois anciens ministres du 1er mars, l'honorable M. Thiers, l'honorable M. de Rémusat et l'honorable M. Cousin, avaient l'avantage d'être les collaborateurs de l'honorable M. Sue[1]. »

Cette calomnie en quelque sorte vivante, publiée chaque matin à vingt mille exemplaires, favorisée par la vogue qu'avaient alors le roman-feuilleton et le nom de M. Sue, reproduite, illustrée de toutes façons, collée aux vitres de mille boutiques, ne pénétrait pas impunément partout, dans les salons, les ateliers, les cabarets. Il en devait sortir un nuage de préventions et de haines contre le jésuite et contre le prêtre en général. Néanmoins on serait plutôt frappé de voir combien, avec des moyens si violents, l'émotion produite était factice et superficielle. Il était visible que si les meneurs cessaient d'alimenter ce feu de paille, il s'éteindrait de lui-même. Aussi, à cette époque, l'abbé

---

[1] Discours du 14 janvier 1845.

Dupanloup pouvait-il écrire, après avoir rappelé le trouble autrement profond de 1827, 1828 et 1829 :

Eh bien ! aujourd'hui les temps sont meilleurs ; et, malgré une agitation violente qui n'est manifestement excitée qu'à la surface, au fond les préventions ne tiennent pas ; les calomnies ne sont crues qu'à moitié ; le peuple, malgré tout ce qu'on fait pour l'émouvoir, ne s'émeut pas ; le bon sens résiste avec plus de force qu'on ne s'y attendait, malgré les habiletés et les fureurs contraires ; il proteste invinciblement, et cela parmi les hommes les plus éclairés, jusque dans les plus humbles régions, où la foule, sans bien s'en rendre compte, ni sortir de son indifférence, sent toutefois qu'il y a trop de stupidité et de mensonge dans tout ce qu'on lui dit, et que les erreurs dont on veut la nourrir sont pour elle une pâture trop grossière [1].

Tous les moyens étaient bons aux adversaires des jésuites, tout leur servait de prétexte : témoin le procès Affnaer. Cet Affnaer était un fripon vulgaire qui, employé à l'économat des religieux, leur avait escroqué 200 000 francs. Dénoncé et arrêté, il crut pouvoir exploiter en sa faveur les passions régnantes et se mit à calomnier ceux qu'il avait volés. La presse accueillit ce concours déshonorant, et, sur la foi du misérable, prétendit dévoiler les mystères de la fortune et de l'organisation intérieure de la Compagnie. Cette fantas-

---

[1] *De la Pacification religieuse* (1845).

magorie dut s'évanouir au plein jour des débats publics. Mais la condamnation, prononcée le 9 avril 1845, n'en fut pas moins l'occasion d'un redoublement d'attaques : s'être laissé voler et surtout s'être plaint, c'était, disait-on, braver insolemment une législation qui ne permettait aux jésuites ni de posséder ni même d'exister. Ce procès ne sera-t-il pas l'un des arguments qu'invoqueront bientôt les ministres, dans leurs discours ou dans leurs dépêches, pour expliquer comment ils avaient été obligés à sévir contre ces religieux? Ceux-ci étaient plus attaqués pour avoir été volés que d'autres ne l'auraient été pour avoir volé eux-mêmes.

IV

On crut alors le moment venu de saisir le parlement. Cinq jours après la condamnation d'Affnaer, à propos d'une pétition des catholiques marseillais contre les cours de MM. Quinet et Michelet, M. Cousin déclara, à la Chambre des pairs, que le vrai désordre n'était pas ce qui se passait au Collège de France, mais l'existence des jésuites en violation des lois : il demanda l'exécution de ces lois; puis, après avoir accompli cet acte de courage civique, il s'écria d'un ton dramatique qui fit sourire l'assemblée : « Je n'hésite pas à me déclarer l'adversaire de cette corporation : il m'en arrivera ce qui pourra! » Le ministère tâcha d'abord de faire la sourde oreille; à la fin, contraint de parler, M. Martin du Nord se borna à répondre vaguement qu'il y avait bien d'autres associations non autorisées, qu'il convenait d'apprécier les faits et de ne pas céder à des impatiences irréfléchies. La Chambre haute, peu disposée à suivre le véhément philosophe, se contenta de cette défaite. Mais ce n'était qu'une escarmouche préliminaire. Chacun savait que la grande bataille devait être livrée à la Chambre des députés par M. Thiers lui-même. Chacun aussi savait que les jésuites, appuyés par tous les catholiques, contestaient l'existence des lois qu'on prétendait leur appliquer; qu'ils avaient pris l'avis de jurisconsultes, qu'ils étaient résolus à résister et à porter avec éclat le débat devant la justice et devant l'opinion.

Un tel conflit était fait pour émouvoir singulièrement le ministère. M. Guizot n'avait consenti qu'à regret, dans le projet de 1844, à interdire l'enseignement aux congrégations; au moins s'était-il flatté que, moyennant cette sorte de rançon, la Compagnie de Jésus ne serait pas inquiétée dans son existence. Il l'avait dit alors, et d'autres défenseurs du projet, M. Portalis par exemple, l'avaient dit avec lui. Or voilà que les ennemis des jésuites, encouragés et non désarmés par cette concession, manifestaient des exigences plus grandes. Quelque temps, le ministre avait espéré pouvoir se tenir coi : « Il y a une grande tempête, disait-il au P. de Ravignan; je m'y opposerai. J'ai parlé au roi, au conseil. Il ne faut pas commettre une grande injustice. Aucune mesure n'a été prise. Laissons passer le flot. » Mais ce flot grossissait chaque jour davantage. Quand il fut connu que M. Thiers était décidé à parler, le ministère fut bien obligé de s'avouer qu'il ne pourrait éluder la mise en demeure par quelques paroles vagues, comme M. Martin du Nord avait fait à la Chambre des pairs, en répondant à M. Cousin.

Quel parti prendre? Défendre, non les jésuites, mais leur liberté, se mettre hardiment en travers du préjugé et de la passion, c'eût été une noble et peut-être habile politique; elle était en tous cas conforme aux sympathies personnelles de M. Guizot et à l'idée si haute qu'il se faisait d'un homme d'État, quand il en traçait ainsi les devoirs :

Quiconque ne conserve pas, dans son jugement et dans sa conduite, assez d'indépendance pour voir ce que les choses sont en elles-mêmes, et ce qu'elles conseillent ou commandent, en dehors des préjugés et des passions humaines, n'est pas digne ni capable de gouverner. Le régime représentatif rend, il est vrai, cette indépendance d'esprit et d'action infiniment plus difficile pour les gouvernants, car il a précisément pour objet d'assurer aux gouvernés, à leurs idées et à leurs sentiments comme à leurs intérêts, une large part d'influence dans le gouvernement; mais la difficulté ne supprime pas la nécessité, et les institutions qui procurent l'intervention du pays dans ses affaires lui en garantiraient bien peu la bonne gestion, si elles réduisaient les hommes qui en sont chargés, au rôle d'agents dociles des idées et des volontés populaires. La tâche du gouvernement est si grande, qu'elle exige quelque grandeur dans ceux qui en portent le poids, et plus les peuples sont libres, plus leurs chefs ont besoin d'avoir aussi l'esprit libre et le cœur fier [1].

Toutefois, après ce qui s'était passé depuis quatre ans, pouvait-on s'attendre à voir les ministres pratiquer cette grande politique? Ils croyaient les esprits si montés contre les jésuites, ils craignaient tant d'être, sur cette question, abandonnés par leurs propres amis, qu'ils jugeaient toute résistance impossible, périlleuse pour la religion, mortelle peut-être pour la dynastie; il leur semblait que la monarchie de Juillet serait compromise, comme l'avait été celle de Charles X, en associant à une cause trop impopulaire, et Louis-Philippe déclarait ne pas vouloir « risquer sa couronne pour les jésuites ». O brièveté de la sagesse politique, quand elle prétend discerner ce qui perd et ce qui sauve les gouvernements! On jetait des religieux par-dessus bord pour alléger le navire qui portait la fortune de la monarchie; et quand, peu après, soufflera la tourmente, ce sera ce grand et beau navire qui sombrera, tandis que la petite barque des jésuites arrivera au port; la révolution qui jettera la famille d'Orléans en exil, fera disparaître les derniers vestiges de proscription pesant sur la

[1] Guizot, *Mémoires*, t. VII, p. 4.

Compagnie de Jésus, et M. Thiers lui-même proclamera, devant le pays, cette sorte d'émancipation. Singulier et saisissant contraste, qui fournira à un jésuite l'occasion de rappeler une anecdote, racontée par les pieux biographes du fondateur de son ordre. A son retour de Jérusalem, saint Ignace s'étant arrêté à Chypre, fut fort en peine de trouver une voile amie pour le reconduire aux rivages italiens. Il y avait pourtant là un beau navire de Venise, bien appareillé; et ceux qui étaient venus avec Ignace priaient le capitaine de le recevoir sur son bord, par charité, attendu que c'était un saint. — « Si c'est un saint, répondit le capitaine, il n'a que faire de mon navire. Qu'il se mette sur la mer, et les eaux le porteront. » Ignace monta sur une chétive embarcation qui, violemment battue par la tempête, aborda pourtant en Italie. On apprit depuis que le navire vénitien, surpris par l'orage et voulant rentrer au port, avait échoué sur des rochers.

Si le gouvernement ne croyait pas pouvoir défendre les jésuites, il ne voulait pas s'engager dans une de « ces luttes du pouvoir civil contre les influences religieuses, qui, suivant la parole de M. Guizot, prennent aisément l'apparence et aboutissent souvent à la réalité de la persécution. » Sur ce point, sa prudence ne parlait pas moins haut que sa justice. Rien de plus aisé que de pérorer sur les « lois du royaume » frappant la Compagnie de Jésus; rien de plus incertain, de plus difficile et de plus périlleux que leur application, pour un gouvernement dont l'honneur était de ne pouvoir ni de vouloir jamais faire acte d'arbitraire. D'ailleurs M. Guizot n'avait pas la vue assez courte pour ne point discerner que, si M. Thiers le poussait dans cette aventure, ce n'était pas avec l'espérance de l'en voir sortir ; il sentait que l'opposition lui tendait un piège, où elle comptait bien enlever au ministère la vie et l'honneur.

Dans ce redoutable embarras, le cabinet chercha s'il ne se trouverait pas quelque moyen détourné et pacifique de supprimer en quelque sorte la matière du conflit. Déjà plusieurs fois, pendant les dernières années, il avait demandé, en vain il est vrai, aux évêques de sacrifier eux-mêmes les jésuites. Ce que les évêques refusaient, ne pourrait-on l'obtenir du Pape? On avait d'ailleurs l'exemple du gouvernement de la Restauration qui, placé, après les ordonnances de 1828, en face des résistances de l'épiscopat, s'était adressé à la cour romaine pour sortir de peine [1]. Il n'est question

---

[1] On pourrait noter du reste, entre les deux époques, des analogies curieuses. En 1828, le négociateur français fut, comme en 1845, un personnage d'origine italienne, M. Lasagni, jurisconsulte éminent qui a laissé les meilleurs souvenirs dans la magistrature française. Les résultats de la négociation, la conduite de la cour romaine et du gouvernement français, l'imbroglio qui en résulta, furent à peu près les mêmes dans les deux cas. Voy. sur la négociation de 1828, les *Jésuites et la liberté religieuse sous la Restauration*, par Antonin Lirac.

de blâmer ni le procédé, ni l'intention ; M. Guizot a déclaré plus tard n'avoir agi que « dans l'intérêt de la liberté d'association et d'enseignement » qui eussent souffert d'une intervention directe de l'autorité civile ; tandis que, ajoutait-il, « porter la question devant le pouvoir spirituel, supérieur religieux des jésuites, c'était faire appel à la liberté même et aux concessions volontaires [1]. » Mais quand on voit tous les gouvernements, à tour de rôle, provoquer ainsi eux-mêmes la papauté à régler, dans les affaires françaises, la conduite du clergé et des catholiques, peut-on ensuite leur reconnaître grand droit à se plaindre de ce qu'ils appellent les progrès de l'ultramontanisme ?

L'idée de ce recours à Rome s'était présentée, déjà depuis quelque temps, à l'esprit de M. Guizot, et il avait, pour ce cas, choisi *in petto* son négociateur, M. Rossi. Ce personnage s'était distingué, à la Chambre des pairs, dans la discussion de 1844, où il avait pris adroitement position entre M. de Montalembert et M. Cousin, visant évidemment la succession de M. Villemain, compromis et usé. Il n'eut pas le portefeuille : l'ambassade de Rome lui échut en place. La Providence, qui se joue des calculs les plus habiles, le conduisait ainsi à une destinée qu'il eût été alors le dernier à pré-

---

[1] Lettre au R. P. Daniel (*Études religieuses*, septembre 1867).

voir : envoyé à Rome pour y arracher, au nom des préjugés voltairiens et de la timidité ministérielle, le sacrifice des jésuites, il devait y rester pour succomber martyr de l'indépendance pontificale, et dire en allant au-devant des assassins : « Qu'importe, la cause du Pape est la cause de Dieu ! » Existence singulière entre toutes que celle de cet Italien au pâle visage, au regard de lynx, au profil d'aigle, si souvent transplanté et déraciné, poussé, par les hasards de la vie, dans les pays les plus divers, les sociétés les plus dissemblables, chaque fois y reconstruisant à nouveau l'édifice de sa fortune, et partout, en dépit de difficultés souvent immenses, s'élevant au premier rang ! Jeune homme, à Bologne, il est à la tête du barreau. Émigré en 1815, il se réfugie à Genève ; professeur, député, il devient l'homme le plus important de la république. 1830 l'appelle en France : accueilli d'abord par les sifflets des étudiants, il est, au bout de peu d'années, pair de France, membre de l'Institut, doyen de la Faculté de droit, ambassadeur et comte. En 1848, il perd tout ; il reçoit ce coup avec le sang-froid d'un joueur pour lequel la fortune n'a plus de surprises ; ce sexagénaire change une fois de plus de patrie et recommence une nouvelle carrière ; ministre de Pie IX, il rencontre, pour couronner et ennoblir une existence honorable, mais où l'ambition avait paru parfois tenir plus de place que le sacrifice, l'héroïsme tragique de sa mort. Vie plus agitée et plus remplie que féconde, où les événements semblent n'avoir jamais permis à M. Rossi de donner sa mesure : il n'en a pas moins laissé à ceux qui l'ont approché, l'impression d'un homme d'État qui eût été égal aux plus grands rôles, et l'histoire doit reconnaître en lui le dernier descendant de ces politiques que jadis l'Italie donnait ou plutôt prêtait aux autres nations.

Dès la fin de 1844, M. Rossi, qui avait peut-être suggéré lui-même à M. Guizot l'idée de s'adresser à Rome, était parti en touriste pour l'Italie, afin de rapprendre en quelque sorte les hommes et les choses de sa première patrie. Le 2 mars 1845, le gouvernement l'accrédita officiellement auprès du Pape, avec mission d'obtenir la dissolution et la dispersion des jésuites de France. Il fut tout d'abord froidement accueilli. Son passé, sa qualité d'émigré, son mariage avec une protestante, son indifférence notoire dans les questions religieuses, tout en lui était fait pour éveiller les ombrages de la cour et de la société pontificales. Mais il n'était pas de ceux qu'une telle réception pouvait démonter. Que de fois n'avait-il pas dû se pousser dans des milieux hostiles ! Il avait l'art de plaire avec souplesse et dignité, la hardiesse sensée, la sagacité froide et prompte, dans la volonté comme dans l'action une persévérance impassible qui donnait bientôt aux autres le sentiment qu'il finirait par l'emporter. Il avait aussi cette patience qui est peut-être la qualité la plus nécessaire pour traiter avec Rome; deux mois durant, il resta dans une sorte d'inaction, laissant les mauvaises volontés s'émousser, les curiosités ou les prudences s'étonner, puis s'inquiéter de son silence, se bornant à se faire sous main des amis dans la prélature et la curie.

Mais, pendant ce temps, les événements se précipitaient à Paris. L'approche du jour fixé pour les interpellations avivait encore la polémique. M. Thiers avait la fortune étrange de voir la campagne qu'il dirigeait contre le ministère, secondée passionnément par le principal organe de ce ministère : le *Journal des Débats* dépassait en violence toutes les feuilles de gauche. M. Cuvillier-Fleury y traitait les jésuites « d'hypocrites patentés, de marchands d'indulgences, de pourvoyeurs d'absolutions, de colporteurs de pieuses calomnies. » — « Vous êtes, leur criait-il, un monument vivant du mépris de la loi ; rien qu'à ce titre, je vous repousse. Car vous n'êtes pas des proscrits honteux qui cachent leur nom et qui implorent la générosité d'un adversaire [1]. » Ces excitations n'étaient pas

---

[1] *Journal des Débats, passim*, notamment le n° du 13 avril 1845. — Ce journal disait encore, quelques jours après les interpellations, le 10 mai, par la plume du même rédacteur : « Voyez ce qui se passe en Belgique où le jésuitisme est un pouvoir de l'État... Ce ne sont que de pauvres prêtres, je le veux bien, mais en eux vit l'esprit de propagande à tout prix, qui s'étend par la domination des femmes et l'abêtissement des enfants ; esprit insinuant, cauteleux, souriant et flatteur, tant qu'il lutte contre l'obstacle ; qui avance en rampant sous le pied qui l'écrase ; mais esprit d'orgueil, d'intolérance,

sans produire quelque émotion dans la populace. Des placards injurieux et menaçants étaient collés sur la porte des jésuites. Des bruits d'émeute circulaient dans certains quartiers. La police avait dû se mettre sur ses gardes.

V

Enfin le jour de la discussion arriva. Le 2 mai 1845, M. Thiers monta à la tribune, pour développer son interpellation « sur l'exécution des lois de l'État à l'égard des congrégations religieuses ». Il fut courtois et relativement modéré dans la forme, par souci évident de se distinguer de ceux avec qui il faisait campagne. Remontant jusqu'à l'ancien régime, il prétendit rechercher quelles lois étaient applicables contre les jésuites. Ne mettait-il pas une sorte de coquetterie à montrer qu'il pouvait aussi être un juriste? Mais, malgré la clarté habi-

de persécution, le jour où il se relève pour convertir et dominer son oppresseur :

> Trepidusque repente refugit
> Attollentem iras et cærula colla tumentem.

Ce serpent dont parle Virgile, ce n'est pas le jésuite peut-être; c'est l'esprit de son ordre. Ne laissez donc pas à cette colère contenue le temps d'éclater; n'attendez pas que ce venin se répande. Sachez que, sous cette robe, il y a le cœur d'un fanatique qui peut changer de visage, mais dont l'âme est immuable comme sa doctrine, et dont le bras est toujours prêt à jeter la férule du pédagogue, pour brandir le fer sacré du sectaire. »

tuelle de son talent, il ne resta de sa longue dissertation qu'une impression confuse et incertaine. Sa gêne fut plus grande encore, quand il fallut donner la raison de fait qui justifiait l'application de la loi. Il n'en indiqua pas d'autre que la lutte soutenue par les évêques contre l'Université. Mais pourquoi frapper les jésuites, non les évêques? C'est, disait M. Thiers, que les jésuites « étaient *probablement* les auteurs du trouble ». A l'égard du gouvernement, il affecta ne vouloir que l'aider; il n'ignorait pas qu'il est aussi fatal à un cabinet de se laisser protéger que de se laisser vaincre par l'opposition; ces protestations lui paraissaient d'ailleurs le meilleur moyen de cacher le piège qu'il tendait. La discussion dura deux jours. On remarqua que M. Thiers y fut appuyé par deux procureurs généraux : celui de la cour de cassation et celui de la cour royale de Paris; le premier, M. Dupin, tout meurtri encore des condamnations récentes du *Manuel*, soutenait presque une cause personnelle : on le vit à l'amertume vulgaire de son langage. La gauche, par l'organe de son chef, n'exprima qu'un regret : c'est qu'on voulût encore garder des ménagements, et qu'on s'en prît seulement aux jésuites.

La cause de la liberté était perdue d'avance : toutefois elle fut défendue par M. de Lamartine avec quelque incohérence, par M. de Carné avec une vaillante droiture, par M. Berryer avec une puissance éloquente. C'était la première fois que le grand orateur légitimiste intervenait dans la campagne de la liberté religieuse. Il sentait combien ce débat était supérieur à la plupart de ceux auxquels il se mêlait d'ordinaire, et il en était ému. Le P. de Ravignan étant allé le voir le matin, l'avait trouvé se promenant dans sa chambre. « Ah! sans doute, s'écria Berryer, la cause est perdue, et cependant elle sera gagnée. Pour le présent, je suis désespéré; je vois d'ici tous ces hommes au parti pris d'avance, comme un mur de marbre devant moi. Seulement, je suis indigne d'être l'avocat d'une pareille cause; ne me remerciez pas, mais priez pour moi. » Dans le parti catholique, certains ne voyaient pas, sans un mélange de quelque inquiétude, l'intervention de M. Berryer : on craignait qu'il ne cherchât à rattacher la cause de la liberté religieuse à celle de son parti politique; il n'en fit rien. Il parla en libéral, en jurisconsulte, en chrétien, s'appliquant à montrer, avec une vigueur lumineuse, quelle était la situation des congrégations d'après les lois et d'après notre droit public : réfutation souveraine, et l'on peut dire définitive, de tous ceux qui, alors ou depuis, ont prétendu évoquer, contre les ordres religieux, les vieilles lois de proscription.

Pour dissimuler ce que la politique du gouvernement avait, en cette circonstance, de timide et d'un peu subalterne, il eût fallu la grande et haute parole de M. Guizot : mais celui-ci était souffrant, et M. Martin du Nord le remplaça avec tremblement et humilité. A l'embarras de son attitude, on sentait que son honnêteté eût désiré résister le plus possible, mais que sa faiblesse était résignée à céder du moment où l'exigence serait trop vive : et cette capitulation successive se fit à la tribune, sous les yeux de la gauche ironique et du centre attristé. Le ministre adhéra pleinement à la thèse juridique de M. Thiers. A peine essaya-t-il, en ce qui touchait les reproches faits au clergé, quelques atténuations sur lesquelles, devant les murmures de la gauche, il n'insista pas. Il aboutit enfin à une soumission à peu près complète, se bornant à prier bien modestement qu'on ne le forçât pas à aller trop vite et qu'on lui laissât le choix des moyens; il indiqua d'ailleurs lequel il emploierait d'abord : « Je crois, disait-il, que, s'il est possible d'arriver à une mesure quelconque, de concert avec l'autorité spirituelle, ce concours offrira des avantages incontestables. » M. Thiers, convaincu qu'on échouerait à Rome, n'éleva pas d'objection : seulement il précisa impérieusement que « quel que fût le résultat des négociations, les lois seraient appliquées », et le ministre, toujours docile, adhéra à cette déclaration.

Le cabinet aurait désiré que la discussion se terminât par l'ordre du jour pur et simple : avec un peu de résolution, il eût pu l'obtenir; mais il n'osa, et subit l'ordre du jour imposé par M. Thiers et ainsi motivé : « La Chambre, se reposant sur le gouvernement du soin de faire exécuter les lois de l'État, passe à l'ordre du jour. » Une trentaine de députés furent seuls à protester. Les conservateurs ministériels, incapables, du moment où les ministres baissaient la tête, de résister à eux seuls, votèrent en masse avec la gauche. Mais ils en souffraient visiblement : « Je rougis, disait l'un d'eux à M. Beugnot, du rôle que le ministère nous a fait jouer. » Quant au gouvernement, il s'était fait une idée telle du péril, qu'il se déclarait satisfait du résultat. « Vous appelez cela une défaite, disait le roi au nonce. En effet, dans d'autres temps, c'en eût été une peut-être ; aujourd'hui, c'est un succès, grâce aux fautes du clergé et de votre cour. Nous sommes heureux de nous en être tirés à si bon marché[1]. » L'opposition ne s'employait pas pourtant à diminuer, pour le ministère, les humiliations de la capitulation. Dès le lendemain, le journal de M. Thiers, le *Constitutionnel*, notait que « l'opposition avait fait une fois de plus l'office de gouvernement ». Le cabinet, disait-il, n'a agi, comme toujours, que par peur. « Il a trouvé la Chambre plus redoutable encore que les jésuites ; il aura contre les jésuites le courage du poltron acculé à l'abîme. » Il ajoutait, en parlant du discours ministériel : « C'est toujours et plus que jamais de la politique plate, très platement défendue. » Le *Siècle* faisait à M. Martin du Nord un reproche, assez piquant en cette circonsance, il l'accusait de « jésuitisme ».

---

[1] Guizot, *Mémoires*, t. VII, p. 413.

M. Thiers lui-même trouvait-il le plaisir de sa victoire sans mélange, et certaines paroles un peu inquiètes de la fin de son discours ne laissaient-elles pas entrevoir chez lui comme une impression tardive de ce que cette campagne avait de peu honorable et de dangereux pour sa cause? En somme, triste discussion; chacun en avait plus ou moins le sentiment; les témoins avaient observé que, pendant ces deux jours, la Chambre avait été visiblement « mal à l'aise, indécise, étonnée de sa froideur et de sa gêne », et l'abbé Dupanloup pouvait écrire à ce moment : « On voulait du bruit, du scandale, une manifestation; on a eu tout cela; mais on en a été médiocrement satisfait; c'est un spectacle curieux aujourd'hui d'étudier l'embarras où cette discussion laisse tout le monde [1]. »

Les moins embarrassés étaient peut-être les catholiques. Ils croyaient entrer dans « l'ère de la persécution »; leurs organes les plus modérés le proclamaient hautement [2]; mais leur courage ne s'en troublait pas. Ils n'en étaient plus à ces époques de timidité plaintive où, devant une menace, ils ne savaient guère que réclamer dans un bureau ou gémir aux portes d'un palais. C'était en quelque sorte sur la place publique qu'ils étaient résolus à porter leur protestation et leur résistance. Ils avaient pris les mœurs en même temps que les idées de

[1] *Des associations religieuses* (1845).
[2] *Correspondant*, t X, p. 337, 343.

la liberté. Et vraiment parfois, en dépit de leur petit nombre, en dépit de l'impopularité trop réelle attachée à ce nom de jésuite sur lequel ils étaient réduits à livrer la bataille, ils semblaient éprouver un frémissement joyeux à la pensée de paraître, devant l'opinion et devant la justice, comme les confesseurs de la liberté religieuse. N'espéraient-ils pas même, à la faveur de ce rôle, rompre cette tradition d'impopularité? Ne se voyaient-ils pas déjà soutenus par les journaux anglais qui, malgré leurs préventions, blâmaient l'ordre du jour motivé et y opposaient, non sans quelque ironie, l'énergie libérale avec laquelle leur gouvernement protestant faisait justice aux catholiques irlandais! Du reste, pas de divergence dans le sein du parti religieux. Laïques, évêques, congréganistes de tous les ordres, étaient d'accord pour se défendre par les armes du droit commun et de la liberté. Mgr Parisis « conjurait » publiquement les jésuites de ne « faire aucune concession » et de « subir plutôt tous les genres de persécution que de sacrifier le principe de liberté qui est humainement aujourd'hui le boulevard de l'Église; » et il ajoutait : « Plutôt cent ans de guerre que la paix à ce prix [1]. » Les jésuites de France étaient pleinement entrés dans ces sentiments. Appuyés sur une consultation qui établissait leur droit et la manière de le faire sau-

---

[1] *Un mot sur les interpellations de M. Thiers* (juin 1845).

vegarder par les tribunaux[1], ils avaient envoyé à toutes leurs maisons, pour le cas où le pouvoir voudrait y porter la main, un programme de résistance légale et des formulaires de protestation où ils tenaient ce viril et libéral langage :

Français jouissant des droits de la cité, nous invoquons l'appui protecteur des lois communes à tous, et nous protestons, avec toute l'énergie de notre conscience, contre une violation inexplicable des droits religieux et des garanties constitutionnelles les plus avérées. Nous ne pouvons croire que des clameurs aveugles et un nom calomnié, sans coupables désignés, sans délit imputé, sans un fait articulé, suffisent, dans un pays libre, pour faire expulser et proscrire des religieux, des prêtres, des Français, égaux devant la loi à tous les autres Français[2].

Les catholiques ne se contentaient pas de préparer la défensive, ils prenaient hardiment l'offensive. En même temps que plusieurs évêques protestaient publiquement, MM. de Montalembert, Beugnot et de Barthélemy soulevaient la question des jésuites devant la Chambre des pairs (11 et 12 juin 1845). Tous trois, le premier avec un éclat

---

[1] La consultation signée de MM. de Vatimesnil, Berryer, Béchard, Mandaroux-Vertamy, Pardessus, Fontaine, J. Gossin, Lauras, H. de Riancey, a été publiée, à cette époque, à la fin d'une brochure renfermant les débats qui eurent lieu, à la Chambre des pairs, sur la question des jésuites, dans les séances des 11 et 12 juin 1845.

[2] *Vie du P. de Ravignan*, par le P. de Pontlevoy, t. Ier, p. 314 à 317.

de passion dédaigneuse et vengeresse, le second avec un sens politique des plus remarquables, le troisième avec une connaissance étendue du problème juridique, mirent en vive lumière l'inanité des griefs allégués contre la Compagnie de Jésus, l'illégalité et le péril des mesures qu'on voulait prendre contre elle. Ils flétrirent la conduite de l'opposition libérale, donnant un démenti à tous ses principes, et aussi la faiblesse du ministère, livrant la liberté religieuse à des passions qui n'étaient ni les siennes ni même celles de ses amis, mais celles de ses ennemis. Ils terminaient par un cri de défi et d'espoir : « Quoi qu'il arrive, disait M. de Montalembert, l'avenir sera à nous, parce qu'il est à la liberté et au droit commun; » et M. Beugnot rappelait, comme un avertissement, ce mot du seizième siècle : « L'Église reçoit les coups et ne les rend pas; mais prenez-y garde, c'est une enclume qui a usé bien des marteaux. » Contre une attaque si puissante et malheureusement si justifiée, que pouvait la parole timide, plaintive et embarrassée du ministre des cultes? Obligé de dire pourquoi il frappait les jésuites, il ne sut guère leur reprocher que « d'être venus hautement à la face du pays déclarer ce qu'ils étaient [1] ». Sin-

---

[1] A la même époque, dans un Mémorandum adressé à la cour romaine, M. Rossi reprochait aux jésuites « la confiance inexplicable avec laquelle ils avaient déchiré le voile qui les couvrait et avaient voulu (*sic*) que leur nom vînt se mêler à la discussion des affaires du pays. »

gulier grief, en vérité, dans un temps de publicité, et tout au moins fort différent du reproche de dissimulation qu'on avait d'ordinaire adressé à ces religieux. Si crime il y avait, le ministre s'en apercevait un peu tard : dix-huit mois, en effet, s'étaient écoulés depuis que le P. de Ravignan, provoqué et non provocant, avait, en réponse aux calomnies du Collège de France, exposé simplement et noblement ce qu'étaient les jésuites. M. Martin du Nord se proclamait, du reste, avec une sincérité parfaite, bon catholique; il tâchait de se persuader et de persuader aux autres que tout tournerait au bien de la religion et du clergé, surtout si l'on se gardait de causer tant d'embarras au mieux intentionné des gardes des sceaux.

Pour les clairvoyants du ministère, la conclusion d'une telle discussion devait être un désir plus vif encore que la cour de Rome les tirât de l'impasse où ils s'étaient fourvoyés. De ce côté étaient leur unique ressource et leur espoir. « Je compte beaucoup sur le Pape, disait M. Martin du Nord à un évêque, vers le milieu de juin; je parierais trois contre un qu'il tranchera la difficulté. » Au contraire, en dehors du gouvernement, ni les catholiques ni les opposants de gauche ne croyaient au succès de M. Rossi. De temps à autre, le *Constitutionnel* annonçait, avec une satisfaction non dissimulée, que la négociation ne marchait pas. Le 2 juillet, l'*Univers* recevait une lettre de Rome, en date du 20 juin, annonçant que la congrégation des affaires ecclésiastiques avait repoussé la demande du gouvernement français et que, « dès ce moment, la mission de M. Rossi était terminée ». La plupart des journaux acceptaient cette nouvelle, et le *Constitutionnel* publiait, le 5 juillet, un grand article où il triomphait, contre le ministère, de l'échec des négociations, et le menaçait, s'il n'agissait pas directement contre les jésuites, d'une injonction explicite dans la prochaine adresse. Mais le lendemain, 6 juillet, chacun lisait dans le *Moniteur*, avec une stupéfaction mêlée d'incrédulité, la note suivante : « Le gouvernement du roi a reçu des nouvelles de Rome. La négociation dont il avait chargé M. Rossi a atteint son but. La congrégation des jésuites cessera d'exister en France et va se disperser d'elle-même ; ses maisons seront fermées et ses noviciats seront dissous. » L'émotion fut vive, les catholiques consternés, les opposants déroutés, les ministériels triomphants. On n'y comprenait rien. Que s'était-il donc passé à Rome ?

VI

M. Rossi était sorti de sa réserve après l'interpellation de M. Thiers [1]. La discussion et le vote qui

---

[1] Sur les faits assez obscurs de cette négociation, on peut consulter d'une part les *Mémoires* de M. Guizot, t. VII, qui renferment des extraits précieux de la correspondance diplomatique, et d'autre part : *La liberté d'ensei-*

l'avait suivie lui servaient d'argument auprès du Pape. Tracer un tableau plus menaçant qu'exact des passions soulevées contre les jésuites, en se gardant du reste, de prendre à son compte les reproches adressés à cet ordre ; faire entrevoir les plus grands périls pour la religion, notamment la dissolution légale de toutes les congrégations et même le schisme, si l'on ne faisait pas quelque sacrifice aux préjugés régnants; insinuer que ce sacrifice ne serait que temporaire, et qu'on se contenterait d'une « sécularisation de six mois »; faire miroiter, comme compensation, toutes sortes de faveurs pour le clergé, la solution de la question d'enseignement et la modification des articles organiques, — tels étaient les moyens par lesquels le négociateur cherchait à agir sur Grégoire XVI et sur son entourage. D'abord insinuant, il avait pris peu à peu un ton plus raide. De Paris, le roi le secondait : « Savez-vous ce qui arrivera, disait Louis-Philippe au nonce, si vous continuez de laisser marcher et de marcher vous-même dans la

gnement, les jésuites et la cour de Rome en 1845, lettre à M. Guizot sur un chapitre de ses Mémoires, par le P. Ch. Daniel, qui contient comme annexe une *Note* importante du P. Rubillon; la *Vie du P. de Ravignan*, par le P. de Pontlevoy; la *Vie du P. Guidée*, par le P. Grandidier, et l'*Histoire de la Compagnie de Jésus*, par M. Crétineau-Joly, t. VI. C'est en rapprochant ces renseignements, venus en quelque sorte des deux parties en présence, qu'on se fait une idée un peu exacte de ce qui s'est passé. Tous les documents que nous allons citer ou analyser se trouvent dans ces diverses publications.

voie où l'on est? Vous vous rappelez Saint-Germain-l'Auxerrois, l'archevêché saccagé, l'église fermée pendant plusieurs années. Vous reverrez cela pour plus d'un archevêché et d'une église. Il y a, me dit-on, un archevêque qui a annoncé qu'il recevrait les jésuites dans son palais, si on fermait leur maison. C'est par celui-là que recommencera l'émeute. J'en serai désolé, ce sera un grand mal et un grand embarras pour moi et pour mon gouvernement. Mais, ne vous y trompez pas, je ne risquerai pas ma couronne pour les jésuites; elle couvre de plus grands intérêts que les leurs. Votre cour ne comprend rien à ce pays-ci ni aux vrais moyens de servir la religion [1]. » Au fond, le roi ne croyait pas la situation aussi noire, et surtout il n'était nullement disposé à laisser faire l'émeute, comme en 1831; mais il jugeait utile d'effrayer.

Un tel langage était fait pour jeter quelque trouble dans l'esprit du vieux pape et de ses conseillers. Ces hommes d'un autre âge ne se sentaient pas sur un terrain connu et sûr, quand il leur fallait prendre un parti au sujet de la France de 1830. Leur finesse italienne pressentait une exagération dans les paroles de M. Rossi. Mais comment discerner l'exacte vérité, au milieu de ces batailles de presse et de parlement si étrangères à leurs mœurs? Comment mesurer la force réelle de cette

---

[1] Guizot, *Mémoires*, t. VII, p. 413.

puissance, avec laquelle leur chancellerie n'était pas accoutumée à traiter, l'opinion publique ? Ils entendaient bien les catholiques de France les conjurer de tout refuser ; ils n'auraient pas voulu les contrister ; mais ils ne pouvaient s'empêcher de trouver un peu étrange et inquiétante leur manière si nouvelle et si hardie de défendre la religion ; on avait remarqué que, malgré certaines sollicitations, le Pape n'avait jamais voulu approuver ni encourager la conduite du nouveau parti religieux [1], et M. Rossi savait bien toucher la corde sensible, quand il répétait toujours que ce parti était « *la coda di Lamennais* ». Le gouvernement pontifical était froissé de la pression que l'on prétendait exercer sur lui par M. Rossi ; mais il savait gré à la monarchie de Juillet du mal qu'elle n'avait pas fait et qu'elle avait empêché après 1830, et il désirait la ménager par prudence autant que par justice, par prévoyance autant que par gratitude. Du reste la politique constante de Rome, depuis quinze ans, n'était-elle pas de transiger avec les puissances sur les questions de liberté religieuse ? Ne l'avait-on pas vu dans les affaires de Pologne, de Prusse et d'Irlande ? Par tous ces motifs, la cour

---

[1] A plusieurs reprises, les évêques français avaient consulté Rome sur la façon dont ils prenaient part aux débats sur la liberté religieuse. Rome avait refusé de répondre. Mgr Parisis s'est plaint avec vivacité de ce silence, dans une lettre considérable, adressée à un prélat romain, le 1er novembre 1845. Cette lettre n'a pas été publiée, mais nous en avons le texte sous les yeux.

romaine était, en face de la demande qui lui était adressée, indécise et anxieuse ; elle usait alors de sa ressource habituelle en pareil cas : elle ne disait rien, et attendait.

Mais le ministère français ne pouvait s'accommoder de ce silence : il devint plus pressant. La congrégation des affaires ecclésiastiques fut alors convoquée ; à l'unanimité, elle décida que le Pape ne pouvait accorder ce qui lui était demandé. C'est la délibération que, quelque temps après, faisait connaître l'*Univers*. Était-ce donc un échec complet pour M. Rossi ? Une mesure aussi extrême et absolue n'eût pas été dans les traditions de la vieille diplomatie pontificale. En même temps qu'on sauvegardait le principe par la décision de la congrégation, on donnait à entendre au négociateur français que, si le Pape ne devait rien ordonner, il serait probablement possible d'obtenir des jésuites eux-mêmes quelques concessions volontaires [1]. Sans doute il était assez bizarre, pour un gouvernement qui se prétendait en face d'une congrégation à l'état de révolte contre les lois, de solliciter de cette congrégation, par voie diploma-

---

[1] M. Crétineau-Joly a prétendu que le Pape n'avait pas voulu donner un conseil aux jésuites : c'est inexact. Nous ne voulons pour preuve du contraire que ce passage d'une lettre écrite par le Père général au P. de Ravignan : « Le Seigneur ne permettra pas qu'un parti *conseillé et suggéré par le Souverain Pontife*... tourne contre nous. » *Vie du P. de Ravignan*, par le P. de Pontlevoy, t. Ier, p. 332.

tique et à titre de concession, une soumission plus ou moins complète à ces lois; il était piquant de voir ceux qui faisaient un crime aux religieux d'obéir à un supérieur étranger, invoquer, fût-ce indirectement et par intermédiaire, l'autorité de ce supérieur. Mais M. Rossi était tenu de réussir à tout prix : il savait que son gouvernement, sans passion propre en cette affaire, serait heureux de tout expédient qui, à défaut d'un succès réel, en donnerait l'apparence, permettrait de déjouer la tactique de M. Thiers, et sortirait tant bien que mal les ministres d'embarras. Il accepta donc avec empressement l'ouverture qui lui était faite. Ses demandes, bien moins absolues qu'au début, finirent par se réduire à ceci : « que les jésuites se missent dans un état qui permît au gouvernement de ne pas les voir, et qui les fît rester inaperçus, comme ils l'avaient été jusqu'à ces dernières années. » Le cardinal secrétaire d'État estimait un accord possible sur ce terrain : il répondait que « les maisons peu nombreuses pourraient très facilement être inaperçues, que les grandes et celles qui sont placées dans les localités où les passions sont trop violentes, seraient réduites à un petit nombre d'individus ».

Dès le 13 juin, au lendemain de la réunion de la congrégation des affaires ecclésiastiques, deux cardinaux s'étaient rendus chez le général des jésuites et l'avaient engagé, de la part du Pape, à faire quelques concessions pour avoir la paix et pour laisser passer la tourmente. Le général avait aussitôt invité les supérieurs français à disperser les maisons de Paris, Lyon et Avignon. A la suite d'une nouvelle démarche faite par d'autres cardinaux, le 21 juin, il avait ajouté la maison de Saint-Acheul et les noviciats trop nombreux. « Nous devons, écrivait-il, tâcher de nous effacer un peu, et expier ainsi la trop grande confiance que nous avons eue à la belle promesse de liberté qui se trouve dans la Charte et qui ne se trouve que là. » Il n'était du reste question que de déplacer des religieux, nullement de fermer des maisons : l'existence de la Compagnie en France ne recevait aucune atteinte. A ceux qui lui demandaient davantage, le général répondit que des mesures plus radicales dépassaient son pouvoir et qu'il faudrait un ordre du Pape. Cet ordre ne vint pas.

Tel fut le dernier mot des concessions faites par les jésuites, dont la conduite apparaît très nette et très correcte. Combien on était loin de la note du *Moniteur*, qui annonçait que « la congrégation cesserait d'exister en France », que « ses maisons seraient fermées » et « ses noviciats dissous » ! Cette note avait été rédigée sur une dépêche de M. Rossi qui disait seulement : « Le but de la négociation est atteint... La congrégation des jésuites va se disperser d'elle-même, les noviciats seront dissous, et il ne restera dans les maisons que les ecclésiastiques nécessaires pour les garder, vivant d'ailleurs comme des prêtres ordinaires. »

Dans la préoccupation de frapper plus vivement le monde parlementaire, le rédacteur de la note n'avait pas fait une traduction fidèle de la dépêche, où, comme on le voit, il était bien question de « congrégation dispersée » et de « noviciats dissous », mais non de « congrégation cessant d'exister » et de « maisons fermées ». La rédaction même de M. Rossi, bien que plus réservée que celle du *Moniteur* et se rapprochant davantage des concessions consenties par le Père général, les dépassait cependant sur certains points. Ce malentendu tenait sans doute à ce que M. Rossi n'avait voulu traiter avec les jésuites que par intermédiaires. Il avait, il est vrai, lu à deux reprises sa dépêche au cardinal Lambruschini, le secrétaire d'Etat, qui l'avait approuvée, après discussion. Celui-ci ne devait pas ignorer que les jésuites n'avaient pas autant concédé. Pourquoi donc n'avait-il pas averti de l'erreur? Était-ce de sa part timidité ou finesse? Avait-il craint le conflit qu'aurait pu provoquer une trop pleine lumière? Avait-il considéré que cet éclaircissement ne rentrait pas dans son rôle, qui était celui d'un témoin, non d'un acteur direct? Avait-il cru deviner qu'après tout le négociateur français aimait mieux un malentendu dont on verrait plus tard à se tirer, qu'un échec immédiat? Avait-il pressenti que les religieux menacés gagneraient plus qu'ils ne perdraient dans la confusion de cet imbroglio? On ne saurait le dire. Interrogé par les jésuites français, il a tenté de justifier sa conduite, dans une dépêche ultérieure au nonce du Pape à Paris[1] : il y prouvait facilement qu'il n'avait jamais connu ni accepté ce qu'on avait mis dans la note du *Moniteur;* mais ses explications sur l'approbation donnée par lui à la dépêche du négociateur français n'éclaircissaient rien. M. Rossi était bien Italien, et il l'avait montré dans cette négociation. Peut-être Mgr Lambruschini ne l'était-il pas moins.

VII

Dès le lendemain de la note du *Moniteur,* les journaux catholiques recevaient de Rome des nouvelles qui leur permettaient d'en contester l'exactitude. Seulement, ils ne savaient, sur la négociation, que ce que les jésuites pouvaient leur en apprendre; ils ignoraient quel avait été au juste le rôle de la cour romaine; celle-ci, qui redoutait sans doute pour la paix qu'on arrivât trop tôt à préciser le malentendu, gardait le silence. Les autres journaux pressentaient bien qu'il y avait là quelque équivoque, peut-être une sorte de mystification : mais qui en était victime? Le ministère lui-même aurait été bien embarrassé de faire pleine lumière et surtout de justifier la rédaction de sa note. Interrogé, à la Chambre des pairs, par M. de

---

[1] Voir le texte complet de cette dépêche, dans la *Vie du P. Guidée,* par le P. Grandidier, p. 254 à 257.

Boissy, le 16 juillet, M. Guizot resta dans les généralités, rendant hommage à la sagesse du Pape, même à celle des jésuites, et M. de Montalembert, tout frémissant et irrité qu'il était, déclara n'avoir pas de données assez certaines pour contredire les assertions ministérielles. Du reste, la fin de la session vint bientôt dispenser le gouvernement de toute explication embarrassante.

Restait l'exécution matérielle : les jésuites de France étaient prêts à obéir à leur supérieur, avec cet esprit de discipline qui est l'honneur et la force de leur Compagnie; mais ils le faisaient, la mort dans l'âme, presque la rougeur au front. Jamais la soumission n'avait été si dure à l'âme du P. de Ravignan. Il disait « ne pouvoir plus se montrer à aucun des pairs de France, des députés et des avocats qui avaient préparé et approuvé la consultation de M. de Vatimesnil. » « Je baisserai la tête sous le joug en silence, écrivait-il au Père général; mon âme est bien triste… Que je serais heureux si Votre Paternité m'envoyait hors de cette France!… Mais pardon! quelle que soit mon affliction, je ne veux qu'obéir pleinement et toujours. » Dès le 10 juillet, les jésuites faisaient donc savoir au gouvernement, par l'entremise du comte Beugnot, que, « par un motif de paix » et en réservant leurs droits, ils étaient disposés à exécuter les instructions de leur général, mais rien de plus; au cas d'exigences plus grandes, « on serait, déclaraient-ils, nécessairement replacé sur le terrain des discussions et des résistances légales. » Le ministre ne fut pas satisfait. Il s'en tenait à la note du *Moniteur;* il lui fallait toutes les maisons fermées, ou du moins gardées chacune par trois religieux au plus, les noviciats dissous, sauf un pour les missions, les jésuites n'existant plus à l'état de congrégation. Il ajouta, à la vérité, « qu'il ne voulait pas user de violence ; que, si les jésuites ne s'exécutaient pas d'eux-mêmes, il adresserait ses plaintes au pape, assuré d'en obtenir tout ce qu'il demanderait [1]. »

La difficulté se trouvait donc de nouveau reportée à Rome. M. Guizot sentait où était son point faible : il n'avait aucune pièce écrite du gouvernement pontifical à l'appui des affirmations de M. Rossi; aussi avait-il chargé ce dernier de tâcher d'en obtenir une, et avait-il suggéré, dans ce dessein, les procédés les plus ingénieux. Mais la cour romaine était sur ses gardes ; elle répondit adroitement et poliment, sans se laisser surprendre la déclaration désirée, et en renvoyant soigneusement aux jésuites eux-mêmes les remerciements qu'on lui adressait. D'ailleurs elle témoignait alors un vif mécontentement des inexactitudes de la note du *Moniteur*. M. Rossi, interpellé, avait dû la désavouer et même faire savoir indirectement au couvent du *Gesù* qu'il ne fallait pas prendre à la lettre

---

[1] Lettre inédite du P. de Ravignan au Père général, 11 juillet 1843.

les termes de cette note. Interrogé d'un autre côté par les jésuites de France, le cardinal Lambruschini leur faisait dire par le nonce qu'il n'avait jamais été question, à Rome, d'accepter des mesures indiquées par le *Moniteur*, et qu'à toute demande de ce genre, le Pape ferait une réponse négative. Sa dépêche se terminait par ces paroles : « Votre Excellence pourra dire aux jésuites, sous forme de conseil, de s'en tenir à ce que le Père général leur écrira de faire ; car ils ne sont pas obligés d'outre-passer les instructions de leur chef. » Or le Père général déclarait au P. de Ravignan que les sacrifices consentis « étaient le *nec plus ultra* », et il ajoutait : « Si le gouvernement ne s'en contente pas, nous ferons valoir nos droits constitutionnels. » L'un de ses assistants, le P. Rozaven, écrivait à M. de Montalembert : « Nous imiterons M. Martin (du Nord) qui se croise les bras et nous laisse agir. Nous croiserons aussi les bras et le laisserons venir. Quand on veut assassiner quelqu'un, il faut qu'on ait le courage d'immoler la victime ; la prier de s'immoler elle-même, pour s'en épargner la peine, c'est pousser la prétention trop loin. »

Le gouvernement rencontrait donc quelque résistance à Rome aussi bien qu'à Paris. Il essaya quelque temps d'en triompher, mais avec une mollesse dont il faut faire honneur à sa bienveillante prudence. D'ailleurs, pendant ce temps, les Chambres s'étaient séparées : les journaux parlaient d'autre chose. Le ministère, plus libre de suivre ses propres inspirations, renonça sans bruit aux mesures annoncées avec tant d'éclat dans le *Moniteur*, et finit en fait par se contenter de celles qu'avait consenties le Père général. L'exécution, commencée en août, était terminée au 1ᵉʳ novembre : elle ne toucha que les maisons de Paris, Lyon, Avignon et les noviciats de Saint-Acheul et de Laval. Il y eut des déplacements, des disséminations, des morcellements gênants, pénibles et coûteux pour la Compagnie, mais pas un jésuite ne quitta la France, pas une maison ne fut fermée: le résultat fut plutôt d'en ouvrir de nouvelles [1]. M. Guizot laissa faire et n'exigea pas davantage. On ne devait revenir sur cette affaire dans les Chambres que deux ans plus tard. Le 10 février 1847, un député, M. de la Plesse, appuyé par M. Dupin, demanda où en étaient les « négociations commencées avec la cour de Rome, relativement à l'existence de certaine corporation religieuse ». M. Guizot put se borner à répondre, en termes vagues, que les négociations continuaient, mais que « le changement de pontificat avait amené une suspension dans les négociations et dans leurs effets ». Aucune suite ne fut donnée

---

[1] C'est ainsi que la division du personnel de la maison de la rue des Postes amena, à Paris, la fondation de la maison de la rue du Roule supprimée en 1850, et de celle de la rue de Sèvres, devenue l'une des résidences importantes de la Compagnie.

à cet incident, dont le seul résultat fut de faire constater que la question n'intéressait plus personne et qu'elle était, suivant le mot de la langue parlementaire, définitivement « enterrée ». Il convient, en cette circonstance, de louer la modération par laquelle le ministère avait effacé en partie les effets de sa faiblesse. M. Guizot s'en est plus tard fait honneur; parlant de cette exécution si restreinte et si peu en rapport avec ce que le gouvernement avait d'abord annoncé : « J'ai fait en sorte, en 1845, dit-il, que le gouvernement et le public français s'en contentassent, et j'y ai réussi. Je demeure convaincu, en 1866, que par là j'ai bien compris et bien servi, dans un moment très critique, la cause de la liberté d'association et d'enseignement [1]. »

Le gouvernement estimait d'ailleurs alors avoir atteint le but qu'il s'était immédiatement proposé, et se félicitait d'être ainsi sorti d'une aventure un moment fort inquiétante. Il avait pleinement déjoué la tactique de M. Thiers. Cet homme d'État qui, au lendemain de son interpellation, croyait le ministère pris au piège, était une fois de plus réduit à opérer lestement sa retraite. Ce terrain ne lui était décidément pas propice. Il s'exécuta complètement et d'assez bonne grâce. Du moment où les jésuites ne pouvaient plus lui servir contre M. Guizot, il

---

[1] Lettre de M. Guizot au R. P. Daniel (*Études religieuses*, septembre 1867).

n'avait aucun goût à s'en occuper davantage ; il ne prononcera plus leur nom, jusqu'en 1850. Le ministère avait une autre satisfaction non moins vive, il faut le dire à sa louange, que celle d'avoir battu et dérouté M. Thiers : il avait écarté toute éventualité de persécution religieuse. Il suffit de lire les paroles prononcées par M. Guizot, à la Chambre des pairs, le 16 juillet, pour voir combien le ministre était pénétré des périls qu'aurait fait courir une action directe contre les jésuites, combien il était heureux d'en être débarrassé et d'avoir suivi la conduite la plus « pacifiante », combien il désirait se remettre, avec le clergé, sur un pied de paix confiante. Aussi, après ce discours, le *Constitutionnel* raillait-il, avec quelque amertume, « le zèle de M. Guizot pour l'Église. »

Les catholiques n'étaient pas, au premier abord, disposés à se laisser convaincre qu'eux aussi devaient être satisfaits. Dans leur camp, le désarroi et le dépit n'étaient pas moindres que du côté de M. Thiers ; ils avaient pris position, préparé leurs armes, échauffé leurs troupes, défié leurs adversaires, et au moment où, devant le public attentif à l'éclat de ces préliminaires, la bataille allait s'engager, voici que, suivant la parole de Montalembert, « leur avant-garde devait tout d'un coup, par l'ordre de son chef, poser les armes et défiler sans mot dire sous le feu de l'ennemi ». Que leur importait que le mal matériel fût peu de chose? Il y avait là une mortification plus sensible que bien des défaites, parce qu'elle paraissait toucher à l'honneur. D'ailleurs ne pouvait-on pas craindre que l'armée tout entière ne fût dissoute du coup, ou que du moins on ne pût lui rendre l'élan et la confiance? Ne dirait-on pas que Rome donnait raison par là à ceux qui traitaient M. de Montalembert et ses amis d'irréguliers compromettants? Aussi la note du *Moniteur* avait-elle produit, chez les catholiques, une émotion douloureuse et irritée, dont il est difficile après coup de s'imaginer la vivacité. « Ce fut un moment terrible », a dit plus tard M. de Montalembert. Le respect seul empêchait que cette émotion ne se traduisît en plaintes publiques contre la papauté. Mgr Parisis écrivait à un prélat romain une longue lettre, destinée à être montrée, où il exposait, avec une fermeté triste et parfois un peu âpre, comment la conduite suivie risquait de blesser, de décourager les catholiques, de les rendre défiants envers Rome [1]. Il s'étonnait que l'autorité suprême, qui jusqu'alors n'avait cru devoir donner aucun encouragement aux défenseurs de la liberté religieuse en France, ne fût sortie de sa réserve que pour les frapper, sur la demande de leurs ennemis. « Ma raison en est confondue, s'écriait-il, autant que mon cœur en est broyé. » Il insistait principalement sur le caractère de ce procédé « offensant pour l'épiscopat français » que le Pape n'avait même pas consulté, dans une question qui

---

[1] Lettre inédite du 1ᵉʳ novembre 1845.

le touchait de si près. N'est-il pas piquant que ce soit un gouvernement se prétendant « gallican » qui ait demandé, imposé à la cour de Rome un acte qu'un évêque « ultramontain » trouvait trop autoritaire et pas assez respectueux des droits du clergé national?

Parmi les catholiques, il en était un cependant qui approuvait la conduite du Pape, et se félicitait après tout, étant donnée la situation, des résultats de la négociation : ce n'était ni un timide ni un tiède, c'était Lacordaire. Son opinion, alors tout à fait isolée, est intéressante à connaître. On la trouve dans les lettres qu'il écrivait, en juillet et août 1845. Il déclarait tout d'abord « n'admettre pas aisément que le Saint-Siège ne fût pas éclairé d'une lumière très particulière et très précise, quand il s'agissait des intérêts de l'Église. » Il ne niait pas que la « résistance extrême » n'eût pu avoir « plus de grandeur et de fierté » ; mais ne risquait-on pas d'y perdre tout ce qu'on avait gagné pour l'existence des ordres religieux? Puis il ajoutait :

Au contraire, en cédant quelque chose, on consacrait ce qui n'était pas touché, on apaisait les esprits, on donnait au gouvernement la force de se séparer de nos ennemis, on lui ôtait les chances terribles d'une persécution, on rentrait dans la voie de conciliation suivie depuis 1830... Il fallait au gouvernement, aux Chambres, une porte pour sortir du mauvais pas où tous s'étaient jetés : cette porte leur est ouverte. Dans le cas présent, le gouvernement n'ayant pas une intention persécutrice, mais seulement une mauvaise position à lui faite par ses adversaires et sa propre faiblesse originelle, il était utile de ne pas le pousser à bout dans une lutte à mort, où il aurait eu pour auxiliaire la Chambre des députés et presque toute la presse.

Il constatait qu'en fait les jésuites eux-mêmes n'étaient pas sérieusement atteints. « Nous sommes battus en apparence, victorieux en réalité... je crois qu'en matière religieuse, le succès sans le triomphe est ce qu'il y a de mieux [1]. » Un tel jugement, porté au moment même, dans l'agitation des événements et dans l'émotion des esprits, révèle en tous cas une intelligence singulièrement ouverte, libre et équitable. Qui oserait affirmer que, sur plus d'un point, les faits n'aient pas donné raison à Lacordaire? Sans doute, il aurait mieux valu pour tous et surtout pour la monarchie de Juillet, que le gouvernement eût eu le courage ou la force de tenir tête dès le début aux préjugés et aux passions; mais, dans la situation que faisait à chacun le vote de l'ordre du jour de M. Thiers, sait-on quelle eût été la lutte, conséquence d'un refus de toute concession? C'était au moins l'inconnu. Grâce aux résultats quelque peu équivoques, et pour le moment fort déplaisants aux catholiques, de la négociation de M. Rossi et des demi-concessions consenties par Rome, la question des jésuites

[1] Lettres diverses. Voir *Correspondance avec Mme Swetchine*, p. 420, et Foisset, *Vie du P. Lacordaire*, t. II, p. 104 à 107.

disparaissait, sans que les jésuites disparussent eux-mêmes. Presque aussitôt il se faisait sur eux un silence complet, qui révèle d'ailleurs combien le tapage de tout à l'heure était factice et superficiel. La diversion tentée par les défenseurs du monopole et dont nous avions signalé les débuts en 1842, était terminée ; elle aboutissait pour eux à une victoire apparente, mais à une défaite réelle : désormais la question de la liberté d'enseignement se posait, mieux dégagée des passions et des mots par lesquels on avait cherché et trop souvent réussi à l'obscurcir et à l'irriter [1]. Des religieux français ont souffert moralement dans leur honneur de citoyen, matériellement dans leur repos : est-on assuré que cette épreuve, sur le moment si vivement ressentie, n'ait pas été en somme plus profitable que nuisible à leur cause particulière ? Tel est du moins le sentiment de M. Guizot, et il est curieux

---

[1] M. de Montalembert lui-même le reconnaissait, quand il disait, à la Chambre des pairs, le 16 juillet 1845, en s'adressant aux ministres : « La question de l'enseignement et celle de la liberté religieuse restent entières. Elles couraient grand risque d'être absorbées toutes deux dans la question des jésuites, et peut-être d'y périr. Eh bien ! on ne le pourra plus ; vous les avez dégagées. Je ne vous en remercie pas, bien loin de là ; je ne vous en félicite pas ; je constate seulement, à mon point de vue, la véritable portée du résultat que vous avez obtenu. » Et rappelant l'impopularité injuste des jésuites, il avouait que c'avait été un « embarras » pour les catholiques. « Nous l'avions accepté avec courage, avec honneur, disait-il ; eh bien ! cet embarras, vous nous en avez délivrés. »

de l'entendre se faire après coup un mérite d'avoir préparé ainsi cette émancipation définitive des jésuites qui devait être proclamée au lendemain de la révolution de février : « Si j'avais agi autrement, a-t-il écrit en 1866, si les lois civiles avaient été appliquées et exécutées, quelle eût été, en 1848, la situation des jésuites? Croit-on qu'il eût été facile au gouvernement nouveau, quelles que fussent ses dispositions, d'abolir des lois formellement reconnues, des arrêts récents, et de ressusciter une congrégation naguère frappée? J'ai ajourné le coup, j'ai tenu la question en suspens, et il a été infiniment plus facile de la résoudre selon le vœu et le droit de la liberté [1]. » Enfin, si la tactique du parti catholique était un moment désorientée par cette surprise, si l'élan de ses troupes en était ralenti, par contre ne faisait-on point un pas vers cette « pacification religieuse » dont, à cette heure même, l'abbé Dupanloup allait inscrire le nom, alors nouveau, sur le drapeau catholique? La guerre, qui ne devait être après tout que le moyen, était peut-être rendue plus difficile; mais la paix, qui était le but, devenait plus facile. Aussi M. de Montalembert, qui avait été si animé en 1845, écrivait-il vingt ans après : « L'événement prouva que nos alarmes étaient exagérées [2]. »

[1] Lettre au R. P. Daniel.
[2] Notice sur le comte Beugnot (1865).

CHAPITRE VII

LES DERNIÈRES ANNÉES DE LUTTE

1845-1848

I. Trêve à la fin de 1845. Les catholiques conciliants. L'abbé Dupanloup et M. Beugnot. — II. M. de Salvandy et le Conseil royal. Un discours de M. Guizot. Avances faites aux catholiques. — III. L'attitude du parti catholique dans les élections de 1846. Son succès relatif. — IV. L'impuissance du ministère après les élections. Le projet de M. de Salvandy et le rapport de M. Liadières. — V. Les évêques et le gouvernement. Mgr Affre. Le besoin que la monarchie de Juillet aurait eu, en 1847, de l'appui des catholiques. M. de Montalembert et M. Guizot. Le triomphe de la liberté d'enseignement certain dans l'avenir. — VI. L'avènement de Pie IX. Le contre-coup sur la situation des catholiques en France. Popularité, espérances et illusions. Démenti apporté par la révolution. — VII. L'Eglise en France, après le 24 février 1848. La bourgeoisie effrayée se rapproche des catholiques. Ceux-ci s'unissent au grand parti conservateur. La loi de 1850. Conclusion : la monarchie de Juillet et la religion.

I

Le désarroi que l'issue de la négociation de M. Rossi avait jeté aussi bien chez les adversaires que chez les défenseurs de la liberté religieuse, finit par amener, après l'émotion du premier moment, une sorte de détente dans les luttes naguère si ardentes : ce fut, dans les derniers mois de 1845, comme une trêve acceptée tacitement par les deux partis. La presse éteignait son feu. D'autres sujets occupaient le parlement, et si M. de Montalembert, dans la session de 1846, montait souvent à la tribune, il y traitait de matières étrangères à la question d'enseignement, heureux d'ailleurs de montrer qu'aucun intérêt français, au dedans et au dehors, ne lui était indifférent, et de corriger ainsi ce que la formule des « catholiques avant tout » pouvait avoir parfois d'un peu exclusif [1]. Il était visible que, de ce côté, on retrouverait difficilement l'élan ainsi interrompu. Une époque était finie dans l'histoire du parti religieux, celle qu'on pourrait appeler l'époque des luttes héroïques. Les évêques d'ailleurs semblaient avoir définitivement quitté la place publique où, à plusieurs reprises, en 1841, 1844 et 1845, ils étaient descendus en masse, mais où ils comprenaient sans doute que leur présence était anormale et devait être passagère. A peine Mgr Parisis et le cardinal de Bonald continuaient-ils à publier, l'un des écrits de polémique, l'autre des mandements sur la liberté de l'Église.

Parmi les catholiques, plusieurs même paraissent alors disposés à transformer cette trêve en un traité de paix. Dans leur parti, il y avait place

---

[1] Dans la session de 1846, M. de Montalembert prononça deux discours sur les affaires du Liban, trois sur celles de Pologne et de Gallicie, un sur l'Algérie, sur la marine française, sur les passe-ports et sur les livrets d'ouvriers. Seul, un discours sur la réorganisation du Conseil royal se rattache aux questions d'enseignement.

pour des nuances diverses : « Jamais, écrit alors Ozanam [1], on ne s'entendit mieux sur le but, mais jamais on ne différa davantage sur les moyens. » L'éminent professeur distingue d'abord ceux qu'il appelle « les enfants perdus » de l'*Univers*. « Derrière ces tirailleurs, vient, à l'avant-garde, l'éloquente phalange conduite par M. de Montalembert, grossie de l'accession de MM. Lenormant et de Cormenin. » Un peu plus loin, se tient le groupe d'hommes « zélés, mais plus circonspects, où l'on compte M. Dupanloup, M. de Vatimesnil, MM. Beugnot, de Barthélemy, de Fontette et la rédaction habituelle du *Correspondant*. » Enfin, « à l'arrière-garde » sont M. de Carné, l'archevêque de Paris et d'autres catholiques « parfaitement intentionnés, mais peut-être un peu effrayés du bruit qui se fait autour d'eux, et de l'ardeur trop bouillante du jeune et noble pair : ils croient à la possibilité d'une transaction, au pouvoir du temps et de la modération pour mener à bonne fin des questions difficiles. » Ozanam se rattachait évidemment à l'une des deux dernières catégories. Vers la fin de 1845, à la différence des années précédentes, les hommes de transaction paraissent plus en vue que les hommes de combat. On sent passer comme un souffle d'apaisement. C'est alors que l'abbé Dupanloup publie ce bel écrit de la *Pacification*

---

[1] Lettre du 17 juin 1845 (*Correspondance* d'Ozanam, t. II, p. 82).

religieuse, dont le titre seul était un programme. « Ce livre, déclare-t-il en commençant, est une invitation faite à la paix, au nom de la justice. J'ai cru les circonstances favorables. Les jours de trêve qui nous sont donnés permettent la réflexion dont ce livre a besoin pour être bien compris. » Il ne vient point « jeter de nouvelles causes d'irritation dans une controverse qui, peut-être, dit-il, n'a déjà été que trop vive ». Il demande qu'à la guerre succède enfin la paix fondée sur la justice et la liberté. Il l'appelle avec des accents singulièrement émus : « N'y aura-t-il donc pas en France, s'écrie-t-il, un homme d'État qui veuille attacher son nom à ce nouveau et glorieux concordat? » De son côté, il s'attache à rendre la conciliation facile ; sans rien abandonner des droits des catholiques, il leur recommande la patience et la modération, évite tout ce qui pourrait blesser, cherche ce qui rapproche, et par les déclarations les plus libérales, s'efforce de dissiper les préventions que la société politique conserve encore contre le clergé[1]. Attitude habile et noble, qui a pu ne pas obtenir un succès immédiat, mais qui préparait le succès de l'avenir. Là est le secret de l'autorité et de l'action particulière qu'exercera l'abbé Du-

---

[1] C'est dans cet écrit que l'abbé Dupanloup disait, au nom du clergé qui ne le désavouait pas : « Nous acceptons, nous invoquons les principes et les libertés proclamés en 89... Vous avez fait la révolution de 89 sans nous et contre nous, mais pour nous, Dieu le voulant ainsi malgré vous. »

panloup dans la commission de 1849, principalement sur M. Thiers et sur M. Cousin, et qui lui vaudront, à cette heure décisive, l'honneur, enviable entre tous, de réaliser la pacification dont, en pleine lutte, il avait posé le programme.

A la même époque, le *Correspondant* publiait un article remarquable de M. Beugnot, esprit très ferme, mais plus froid, plus politique que M. de Montalembert, dont il cherchait parfois à modérer la fougue [1]. L'auteur rend hommage à l'ardeur déployée jusqu'alors par le parti catholique ; cette ardeur était nécessaire pour lancer la question. Seulement, ajoute-t-il, « le devoir est accompli, et nous ne voyons aucune utilité à redire ce qui a été dit avec tant de force et d'éclat. » Il met en garde contre les mécomptes auxquels l'analogie expose souvent en politique. Le mirage de la révolution de 1688 avait trompé les hommes de 1830. Les chefs du mouvement religieux, dans la France de Juillet, ne commettraient pas une moindre erreur, s'ils s'imaginaient être dans une situation pareille à celle des agitateurs catholiques d'Irlande et de Belgique, qui pouvaient mettre en branle des nations entières. M. Beugnot n'a pas de ces illusions. Sa prudence un peu sceptique se ferait plutôt une trop petite idée de la force de son parti. S'il croit au succès final, c'est dans un temps éloigné.

---

[1] *De la liberté d'enseignement à la prochaine session* (10 novembre 1845).

En attendant, le parti catholique doit se préparer des alliés, et, malgré les préjugés régnants, M. Beugnot ne l'estime pas impossible, au moins à la Chambre des pairs; mais, pour cela, il faut se montrer plus modéré, plus prudent qu'on ne l'a été jusqu'alors, éviter de « rallumer le feu des passions religieuses », et surtout ne pas reproduire, contre l'enseignement de l'Université, des accusations qui « ont pris, dans la discussion, une place beaucoup trop grande » et qui, « quoique fondées, ne serviraient aujourd'hui qu'à irriter les esprits, sans profit pour la liberté. » « Les temps sont changés, dit M. Beugnot, la circonspection est aujourd'hui un devoir. »

Sans doute ces idées pacifiques et modératrices n'étaient pas acceptées par tous. M. de Montalembert, par exemple, était plus préoccupé du péril des défaillances que de celui des imprudences, et il ne croyait pas que l'heure de traiter fût encore venue. L'*Univers* reprochait à M. Dupanloup d'être trop conciliant[1]. M. Lenormant, dans le *Correspondant*,

---

[1] L'auteur de la *Pacification religieuse* était en butte à des attaques plus grossières et plus viles. On lisait dans une brochure intitulée : *Mémoire adressé à l'épiscopat sur les maux de l'Église de France* par *un catholique ami de la vérité* (chez Sagnier et Bray) : « Cette médiation d'antichambre et de salon ne trompera que des courtisans, que des abbés dont les yeux sont déjà ouverts sur les dignités futures, brillamment rétribuées, du chapitre royal de Saint-Denis. Si l'abbé Dupanloup eût vécu au temps de l'arianisme, il aurait eu probablement des paroles dures pour saint Athanase, et des

désavouait à demi l'article de M. Beugnot [1]. Mais ces dissidences n'ôtaient pas leur valeur aux manifestations si considérables faites par les catholiques portés à la transaction. Il dépendait du gouvernement de donner raison à ces derniers et de leur assurer la prépondérance parmi leurs coreligionnaires, en répondant à leurs avances et en rendant cette transaction possible.

II

Le ministère avait-il pleinement compris le devoir que lui imposaient ces dispositions d'une partie des catholiques? Tout au moins il paraissait désireux de faire durer la trêve, en accordant à ceux-ci quelques satisfactions. Il se montrait facile dans l'exécution des mesures contre les jésuites. M. de Salvandy, au concours général de 1845, parlait, en termes très chrétiens, des limites dans lesquelles les cours de philosophie devaient se renfermer, et protestait énergiquement contre « l'impiété dans l'enseignement », qui serait, disait-il, « un crime public. » Après de nouveaux efforts, il parvenait, malgré la résistance des professeurs du Collège de France, à empêcher la

---

phrases doucereuses et pacifiques pour les courtisans et les prélats qui furent si bienveillants pour la secte arienne. »

[1] *Quelques mots de réserve* (10 décembre 1845).

continuation du cours de M. Quinet [1], ce qui valait au ministre l'honneur d'une petite émeute d'étudiants, venant crier : A bas les jésuites ! sous ses fenêtres, comme naguère sous celles de M. de Villèle [2].

Une autre mesure eut alors un plus grand retentissement. A l'ancien conseil royal de l'Université, omnipotent à raison de son petit nombre, de sa permanence et de son inamovibilité, une ordonnance (7 décembre 1845) substitua hardiment et subitement un conseil de trente membres, dont vingt étaient nommés chaque année. Par cette modification d'organisation intérieure, le ministre n'accordait sans doute aux catholiques aucun des droits qu'ils réclamaient, mais il frappait un corps qui s'était montré fort hostile aux réclamations du clergé [3], il démantelait la forteresse du monopole,

---

[1] C'est M. de Salvandy qui, en 1838, avait nommé M. Quinet professeur, en dépit du roi qui lui disait : « Vous faites là une belle nomination, vous venez de nommer un républicain. »

[2] Le cours de M. Michelet ne put être suspendu qu'en janvier 1848.

[3] Contrairement à ce qui avait existé sous l'Empire et sous la Restauration, depuis 1831 aucun ecclésiastique ne faisait partie du conseil royal. Ce n'avait pas été l'une des moindres causes de la vivacité de la lutte entre le clergé et l'Université. M. Guizot l'avait reconnu, à la Chambre des pairs, dans la discussion de la loi de 1844 : « Je suis convaincu, avait-il dit, que s'il y avait toujours eu, s'il y avait, dans le conseil royal de l'instruction publique, un ecclésiastique, la plus grande partie des embarras que nous rencontrons n'existeraient pas. »

où commandait M. Cousin, et dégageait le pouvoir ministériel d'une subordination qui ne lui eût jamais permis le moindre pas vers la liberté. N'était-ce pas d'ailleurs une application nouvelle du principe qu'avait posé le duc de Broglie, dans la discussion de 1844, et qui tendait à enlever à l'Université, pour le remettre à l'État, plus impartial, le gouvernement de l'instruction publique ? Le « coup d'État » de M. de Salvandy, comme on disait alors, fut vivement attaqué par les amis de l'Université. Le *Constitutionnel* le dénonça comme une concession au clergé et une clause secrète du marché passé à Rome par M. Rossi. Des débats furent soulevés à ce sujet, dans les deux Chambres ; mais après tout, le public s'intéressait médiocrement aux ressentiments personnels des membres de l'ancien conseil ; l'attaque fut sans résultat, ou du moins elle n'eut que celui de faire prononcer à M. Guizot un discours qui fut un événement.

Au cours de la discussion, M. Thiers et M. Dupin avaient essayé de réveiller les préventions antireligieuses et de ramener la Chambre à l'état d'esprit où elle était, quand elle avait voté l'ordre du jour contre les jésuites. M. de Salvandy, intimidé et embarrassé, avait cru nécessaire de protester de son zèle universitaire et de répudier toute intention de satisfaire les catholiques. Mais M. Guizot, plus fier, s'impatiente de cette attitude subalterne : il n'admet pas qu'une fois encore son gouvernement suive docilement M. Thiers, pour ne pas être battu par lui ; il veut lui échapper et le dominer, en s'élevant dans les hautes régions. Dès ses premières paroles, on voit combien il se dégage des idées étroites ou timides dont s'étaient jusqu'alors trop souvent inspirés les orateurs du cabinet. S'avançant hardiment sur le terrain où se sont placés les catholiques, il avoue les « vices » de l'organisation universitaire :

> Tous les droits en matière d'instruction publique n'appartiennent pas à l'État; il y en a qui sont, je ne veux pas dire supérieurs aux siens, mais antérieurs, et qui coexistent avec les siens. Les premiers sont les droits des familles ; les enfants appartiennent aux familles avant d'appartenir à l'État... Le régime de l'Université n'admettait pas ce droit primitif et inviolable des familles. Il n'admettait pas non plus, du moins à un degré suffisant, un autre ordre de droits, et je me sers à dessein de ce mot, les droits des croyances religieuses... Napoléon ne comprit pas toujours que les croyances religieuses et les hommes chargés de les maintenir dans la société ont le droit de les transmettre, de génération en génération, par l'enseignement, telles qu'ils les ont reçues de leurs pères... Le pouvoir civil doit laisser le soin de cette transmission des croyances entre les mains du corps et des hommes qui ont le dépôt des croyances.

Aussi, bien loin de vouloir éluder la promesse de la liberté d'enseignement, il proclame très haut qu'il importe à l'État, à la monarchie de la remplir. Parlant de la lutte engagée entre l'Église et l'Université, il déclare que le rôle du gouvernement est, non de prendre parti pour l'Université, comme ont fait souvent les ministres, mais de s'élever « au-dessus » de cette lutte, afin de « la pacifier ». C'est pour faciliter cette pacification, ajoute-t-il, qu'on a supprimé l'ancien conseil royal directement engagé dans le conflit avec le clergé ; et il termine en témoignant hautement sa volonté de sauvegarder la liberté et la paix religieuse [1].

L'effet de cette grande parole fut prodigieux. L'opposition interdite fut réduite à l'écouter dans un morne silence. La majorité, qui naguère, dans ces mêmes questions, suivait M. Thiers, était conquise, émue, ravie qu'on lui proposât pour programme ces hautes pensées : « J'ai rarement vu un enthousiasme aussi général, » écrivait un contemporain ; l'un des députés, s'approchant de M. Guizot, comme il descendait de la tribune, lui disait : « Monsieur, votre haute raison a fait taire mes mauvais instincts. » Que l'éminent orateur n'avait-il usé de cette noble puissance lors de l'interpellation sur les jésuites ? L'accueil qui lui était fait, en janvier 1846, n'était-il pas la preuve qu'il aurait pu réussir en mai 1845 ? Devant ce grand succès, M. Thiers ne reprit la parole que pour constater sa déroute, et en appeler à l'avenir. Vai-

[1] Discours du 31 janvier 1846.

nement M. Dupin tenta un retour offensif, et jeta à la Chambre le mot de « moines » du même accent dont un musulman prononce le mot « chiens » en parlant des chrétiens ; il dut, devant les murmures d'impatience, battre en retraite comme M. Thiers. L'impression se prolongea hors du parlement. Les journaux hostiles ne dissimulèrent pas leur émotion ; l'acte parut si « considérable » au *Siècle*, qu'il y dénonça un changement de « la politique du règne ». Les catholiques eux aussi y virent un « événement ». Ce langage ne répondait-il pas d'ailleurs à l'esprit de conciliation qui animait alors plusieurs d'entre eux ? « M. Guizot, disait le *Correspondant*, a dû voir par l'unanimité de la presse religieuse, quel est le fond des cœurs catholiques. Quand des paroles de paix et d'impartialité se font entendre, ils s'émeuvent et oublient facilement le passé. » Cette revue ne craignait même pas de comparer l'impression produite par les paroles du ministre, à l'enthousiasme ressenti quand le premier consul avait rouvert les églises.

Un nouvel incident parlementaire vint bientôt confirmer les bonnes dispositions du cabinet et de la Chambre. Le 21 février, M. O. Barrot demanda qu'on mît à l'ordre du jour la discussion du projet de 1844 et du rapport de M. Thiers ; celui-ci appuyait la motion. Le gouvernement s'y opposa. M. Berryer indiqua nettement que le refus de la mise à l'ordre du jour était une forme de retrait d'une loi mauvaise, et une promesse d'apporter un

CHAPITRE VII. LES DERNIÈRES ANNÉES DE LUTTE.

projet « plus généreux, plus conforme à la liberté de conscience et à la liberté d'enseignement ». Malgré les sommations réitérées de M. Thiers, M. Guizot se refusa à contredire l'interprétation donnée par M. Berryer, et la Chambre qui, peu auparavant, eût adopté le projet, en vota le retrait par 211 voix contre 144. Si les amis de la liberté d'enseignement n'étaient pas encore vainqueurs, du moins leurs adversaires étaient bien battus. Aussi M. Thiers, passant en revue, à la fin de la session, toutes les questions pendantes, proclamait-il que « l'Université avait été vaincue dans la lutte [1] »; et M. Guizot, lui répondant, renouvelait sa promesse d'assurer « la liberté religieuse des familles dans l'enseignement et l'influence des croyances religieuses sur l'éducation ». « Toutes les avances du gouvernement sont pour le clergé catholique », écrivait alors M. Léon Faucher [2]. Un journal de gauche en venait à faire ces aveux :

Voilà bientôt quatre ans que la lutte est engagée, voilà bientôt quatre ans que les partisans de la liberté religieuse et de la liberté d'enseignement réclament l'abolition du système restrictif. Pendant ces quatre années, on les a vivement et de toutes parts attaqués; ils ont trouvé des adversaires acharnés dans les rangs de la vieille opposition aussi bien que dans les rangs conservateurs... Ils ont résisté à

[1] Discours du 27 mai 1846.
[2] Lettre du 22 juin 1846 (*Correspondance*, t. I, p. 179).

ce *tolle* général, et ils ont bien fait. Aujourd'hui, les répugnances qu'ils soulevaient naguère se sont en grande partie calmées ; demain l'opinion publique, plus éclairée, se prononcera en faveur de la liberté religieuse et de la liberté d'enseignement [1].

Devant ces espérances si nouvelles, on conçoit la joie triomphante et un peu étonnée des catholiques, qui, quelques mois auparavant, à la nouvelle des concessions obtenues par M. Rossi, avaient cru tout perdu. Le comité pour la défense de la liberté religieuse écrivait le 30 mars 1846 : « Notre action politique ne date que d'hier et déjà tout le monde compte avec nous. » Quelques mois après, M. de Montalembert rappelait « le sentiment de tristesse, de défiance, de découragement qui dominait, il y a trois ans, les cœurs les plus dévoués à la liberté d'enseignement » ; il rappelait aussi combien peu on s'attendait alors à voir la question religieuse devenir « la plus vitale et la plus flagrante des questions, se frayer un chemin à travers tous les dédains, toutes les distractions et tous les intérêts » ; puis il ajoutait :

Nous avons eu contre nous tout ce qu'il y a de puissant, d'influent, de populaire dans le pays : la grande majorité des deux Chambres, les quatre-vingt-dix-neuf centièmes des journaux, les tribunaux et les académies, le conseil d'État et le Collège

[1] *Courrier français* du 22 juillet 1846.

de France, les intrigues de la diplomatie à Rome et l'orgueil de la fausse science à Paris; les hommes d'État, les penseurs, les rhéteurs, les sophistes et les légistes. Nos plus zélés protecteurs, parmi les grands personnages politiques, ont eu tout juste le courage de nous faire l'aumône de leur silence. Et cependant nous n'avons pas été vaincus! Et le premier ministre, le chef responsable du gouvernement, revient sur ses pas pour nous tendre les mains. Et les plus ardents de nos ennemis se taisent prudemment et sollicitent nos voix; ils sont même prêts à nous démontrer qu'au fond ils ne nous ont jamais voulu de mal, et que nous les avons mal compris, par notre propre faute [1].

III

Ce changement dans l'attitude du gouvernement et des partis n'était peut-être pas absolument désintéressé. On était à la veille d'élections générales. La dissolution avait été annoncée le 11 février 1846, prononcée le 6 juillet, et le scrutin fixé au 1er août. La bataille s'annonçait très chaude. M. Thiers, exaspéré de voir que, depuis six ans, M. Guizot résistait à tous ses coups, conduisait l'attaque avec une passion extraordinaire. Derrière lui, toutes les gauches, y compris la faction radicale, et, avec elles, la portion la plus ardente des légitimistes,

---

[1] *Du devoir des catholiques dans les élections* (juillet 1846).

se coalisaient pour renverser ce qu'on appelait
« un système antinational à l'extérieur, et corrupteur à l'intérieur ». L'argument principal était la misérable affaire Pritchard, et l'opposition se croyait assurée de vaincre avec ce cri : « A bas les pritchardistes ! » Le gouvernement ne laissait pas que d'éprouver quelque inquiétude. M. Duchâtel, ministre de l'intérieur, écrivait à M. Guizot : « Je m'attends à une bataille d'Eylau, où il y aura beaucoup de morts de part et d'autre. » On comprend que, dans une telle situation, il ait été jugé prudent de ménager et d'amadouer le petit groupe des amis de la liberté religieuse. Ceux-ci, mettant en pratique les principes qui avaient présidé à la formation du parti catholique, se tenaient en dehors des questions débattues entre les partisans de M. Guizot ou de M. Thiers, et annonçaient hautement vouloir porter l'appoint, souvent décisif, de leurs voix, à tout candidat, quelle que fût son opinion ou sa croyance, qui prendrait un engagement précis et signé en faveur de leurs idées ; entre plusieurs, ils étaient résolus à choisir « le plus offrant et dernier enchérisseur en fait de liberté ». Ainsi, à Paris, ils préféraient un protestant, M. de Gasparin, à un candidat catholique, moins net dans la question qui leur tenait à cœur. N'avait-on pas vu peu auparavant, dans une élection municipale, l'*Univers* soutenir, pour cette raison, la candidature de M. Considérant ? C'était une tactique « scabreuse », comme devait le reconnaître plus tard M. Veuillot,

CHAPITRE VII. LES DERNIÈRES ANNÉES DE LUTTE

et nous avons dit déjà qu'elle ne pouvait se justifier que par des circonstances anormales et passagères. Les catholiques français n'en étaient pas d'ailleurs les inventeurs ; ils imitaient ce que venaient de faire, en Angleterre, les partisans de la liberté commerciale ; ils s'autorisaient de cet exemple que M. de Montalembert avait toujours présent à l'esprit, et leur comité électoral disait, dans une de ses circulaires :

Le 3 mars dernier, M. Cobden s'écriait à la Chambre des communes : « Plus de ces vieilles distinctions de partis devant les électeurs ! Plus de tories et de whigs ! Il n'y a que des amis ou des adversaires de la liberté commerciale. » Et nous, nous disons : « Aux prochaines élections, élevons-nous au-dessus des conflits de personnes. Que le titre d'amis de M. Guizot ou de M. Thiers s'efface à nos yeux ; qu'il n'y ait pour nous que des amis ou des ennemis de la liberté religieuse. »

La campagne électorale des catholiques était menée avec vigueur. Montalembert en était l'âme. Le comité qu'il préside multiplie ses circulaires. Dans le *Correspondant* du 10 juillet 1846, le noble pair publie un article manifeste, qui est le plus enflammé des appels, le plus entraînant des cris de guerre. Il prend pour épigraphe cette phrase de saint Jérôme : *Quod bellum servavit, pax ficta non auferat.* Sa crainte est en effet que ses coreligionnaires ne se laissent détourner de la lutte par les avances qui leur sont faites. Il leur montre que, si l'on a changé de langage à leur égard, c'est qu'ils ont commencé à devenir ce qu'il leur avait conseillé d'être, en 1843, « un embarras parlementaire. » « Rendons-en grâce à Dieu, s'écrie-t-il, et continuons. » Il est terrible pour ceux qu'il appelle « les faux catholiques, » les « hommes à transaction ou à préjugés » :

Lorsque j'ai établi, il y a deux ans, une distinction qui est devenue un lieu commun, entre les fils des Croisés et les fils de Voltaire, j'oubliais une troisième catégorie : celle des fils de Pilate. C'est une antique et nombreuse lignée ; j'ai eu trop de fois l'occasion de la rencontrer sur mon chemin, pour qu'il ne me soit pas permis de réparer cette omission. A cette progéniture de l'homme d'État romain, on crie de toutes parts, comme à leur trop fameux ancêtre : *Si dimittis hunc, non es amicus Cæsaris.* Là-dessus, ils commencent à trembler et à pactiser avec l'ennemi : *Cum audisset hunc sermonem, magis timuit.* Abandonnons la vérité, se disent-ils ; immolons-la, pour le bien de la paix d'abord, puis pour le nôtre ; d'ailleurs elle se défendra bien toute seule ; ce sont ses imprudents défenseurs qui font tout le mal ; enfin César a aussi des droits, et nous sommes ses amis, ses ministres : *Si dimittis hunc, non es amicus Cæsaris.*

Puis quelle satire virulente, implacable de colère et de mépris, contre la mollesse de ces autres catholiques qui, par goût du sommeil ou par sophisme politique, ne savent pas remplir leurs devoirs publics :

Ah! s'il fallait à ces Français trop nombreux qui tiennent une si piteuse conduite; à ce restant de vieille noblesse qui met sa gloire à rivaliser de luxe avec nos parvenus de la Banque, sans y réussir ; à cette jeunesse étiolée qui n'a de viril que la barbe ; à tous ces tristes catholiques, à tous ces indignes Français, qui voient trahir sans honte la religion et la patrie ; s'il leur fallait un drapeau pour le métier qu'ils font, à coup sûr il faudrait leur donner pour enseigne ce *sudarium* dont parle l'Évangile, cet ignoble fourreau dans lequel le serviteur inutile et paresseux ne sut qu'enfouir les trésors que son maître lui avait confiés pour les faire valoir : *De ore tuo te judico, serve nequam... Et inutilem servum ejicite in tenebras exteriores; illic erit fletus et stridor dentium.*

M. de Montalembert conclut par un appel ardent à la lutte électorale, et se tournant vers ceux qu'il combat, il ajoute :

Nous le disons sans détour, à nos adversaires d'abord, puis à ceux qui se font les complices de nos adversaires par amour du repos : Non, vous ne l'aurez pas, ce repos ; non, vous ne dormirez pas tranquilles, entre une Église asservie et un enseignement hypocritement démoralisateur ; non, vous ne nous empêcherez plus de vous réveiller par nos plaintes et par nos assauts. Les dents du dragon sont semées, il en sortira des guerriers ! Une race nouvelle, intrépide, infatigable, aguerrie, s'est levée du milieu des mépris, des injures, des dédains; elle ne disparaîtra plus. Nous sommes assez d'*ultramontains*, de *jésuites*, de *néo-catholiques* dans le monde, pour vous promettre de troubler à jamais votre repos, jusqu'au jour où vous nous aurez rendu notre droit. Jusqu'à ce jour, il y aura des intervalles, des haltes, de ces trêves qui suivent les défaites, qui précèdent les revanches; il n'y aura pas de paix définitive et solide. Nous avons mordu au fruit de la discussion, de la publicité, de l'action; nous avons goûté son âpre et substantielle saveur; nous n'en démordrons pas. Croire qu'on pourra nous confiner désormais dans ces béates satisfactions de sacristie, dans ces vertus d'antichambre, que pratiquaient nos pères et que nous prêche la bureaucratie qui nous exploite, c'est méconnaître à la fois et notre temps, et notre pays, et notre cœur.

Tant de vigueur en imposait aux autres partis : leurs journaux témoignaient à l'envi d'égards inaccoutumés envers les catholiques. Plus d'un candidat de la gauche jugeait utile de désavouer les doctrines du rapport de M. Thiers, et le « comité réformiste » réitérait ses protestations en faveur des droits de la famille et de la conscience. Combien on était loin de la parole de M. Thiers, annonçant triomphalement, au lendemain de son interpellation, que les élections se feraient aux cris de « A bas les jésuites ! »

Vint le jour du scrutin. Au point de vue politique, le succès du ministère fut considérable, et d'autant plus remarqué qu'il était moins attendu. Quarante-huit heures avant le vote, un misérable avait tiré un coup de pistolet sur le roi. La nouvelle, aussitôt répandue, enleva les élections. L'opposition perdit plus de vingt sièges, et M. Guizot sortit de cette épreuve plus solide que jamais. Mais quel avait été le résultat pour les catholiques? Sans doute, dans ce rôle tout nouveau pour eux, ils s'étaient montrés novices, incertains, défiants d'eux-mêmes, ignorant leur force et leur nombre. M. de Riancey a dit, dans le *Compte rendu des élections*, publié par le comité électoral pour la défense de la liberté religieuse : « Je mets en fait que, dans presque tous les arrondissements où les catholiques ont agi, c'était la première fois de leur vie qu'ils compulsaient une liste électorale. » Dans plus de deux cents collèges ils ne s'étaient pas décidés à intervenir. Beaucoup d'ailleurs appartenaient naturellement au parti conservateur et avaient peine à agir en dehors de lui. Malgré toutes ces causes de faiblesse, on avait obtenu des avantages inespérés, et le *Compte rendu* déjà cité pouvait dire : « Les élections de 1846 ont été, pour la cause catholique, et toutes proportions gardées, un vrai et légitime succès. » On constatait d'abord la défaite de ceux qui s'étaient présentés en adversaires de la liberté d'enseignement, notamment de M. Quinet, battu dans quatre collèges, de trois rédacteurs du *Journal des Débats*, MM. Cuvillier-Fleury, Alloury et Michel Chevalier, et de quelques

universitaires exclusifs, comme MM. Danton ou
Cayx. Par contre, on se réjouissait de la nomination de chrétiens tels que MM. de Mérode, de la
Plane, de Quatrebarbes, et surtout de M. de Falloux, homme d'État supérieur, habile et ferme,
apportant au service de la cause catholique des
qualités qui complétaient admirablement celles de
M. de Montalembert. Enfin, dans un tableau d'ensemble, on relevait 226 candidats s'étant prononcés
pour la liberté religieuse, sur lesquels 146, appartenant à des partis divers, avaient été élus.
Ceux-ci ne formaient pas encore une majorité, et
d'ailleurs, parmi ces promesses de candidats, toutes
n'étaient pas également sincères et solides. Mais
quel progrès, quand on se rappelle que, dans la
Chambre précédente, les intérêts religieux n'étaient pour ainsi dire pas représentés! Il y avait là,
après tant d'autres, un gage nouveau et plus décisif du succès futur, prochain, assuré. Les catholiques le comprenaient ainsi. Le *Compte rendu*,
après avoir dit que les élections étaient un « succès », ajoutait : « succès, hâtons-nous de le dire,
qui prépare plus l'avenir qu'il ne lie le présent. »
N'était-ce pas beaucoup, pour une cause qui ne
devait pas craindre le temps, ni ressentir les impatiences facilement découragées des partis artificiels, uniquement fondés sur des tactiques éphémères et sur des ambitions de personnes?

IV

Les catholiques n'étant pas encore assez forts, dans la Chambre nouvelle, pour conquérir de haute lutte la liberté d'enseignement, tout dépendait du gouvernement. De longtemps M. Guizot ne s'était trouvé en aussi bonne situation pour prendre l'initiative de cette réforme dont il avait naguère, à la tribune, tracé si magnifiquement le programme. Ne semblait-il pas à l'apogée de sa fortune? Dans la plénitude de sa puissance oratoire, les élections lui assuraient, à l'intérieur, une prépondérance parlementaire qu'aucun ministre n'avait possédée depuis 1830. A l'extérieur, où sa politique sage, mais un peu timide, avait jusqu'alors plus évité de périls que remporté de succès, il venait d'accomplir le coup d'éclat des « mariages espagnols ». L'opposition découragée, divisée, récriminait contre M. Thiers. C'était donc ou jamais l'occasion de faire quelque chose. L'opinion s'y attendait; elle s'ennuyait du *statu quo*, et était d'autant plus impatiente d'avoir « du nouveau » que la force du ministère la rassurait sur le péril révolutionnaire. Il lui déplaisait de voir une telle force sans emploi. Se défendre et vivre n'était plus un programme suffisant. On rêvait de « progrès » jusque dans la majorité ministérielle, et M. Guizot avait paru comprendre ce besoin, quand il avait dit aux électeurs de Lisieux cette parole fort commentée : « Tous les partis promettent le progrès ; les conservateurs seuls peuvent le donner. » Comment réaliser cette promesse ? Le gouvernement, repoussant les réformes électorale ou parlementaire mises en avant par l'opposition, n'était-ce pas le cas de diriger les esprits vers les questions de liberté religieuse, dont nul, dès lors, ne pouvait nier l'intérêt et la grandeur ?

Mais précisément à cette époque, le ministère semble avoir été frappé d'impuissance. Cette force qu'il vient d'acquérir, il ne sait qu'en faire. Cette majorité, à la formation de laquelle il a tout subordonné, il ne peut ni la diriger ni l'occuper. Elle se disloque et s'énerve entre ses mains. Est-ce maladresse et stérilité d'un ministre plus orateur qu'homme d'action, ou inconsistance d'un parti conservateur fondé moins sur des principes que sur des intérêts ? Est-ce, chez l'un et chez l'autre, lassitude d'un pouvoir placé, depuis plus de six ans, dans les mêmes mains ? A la fin de la session de 1847, moins d'un an après le triomphe des élections, sans que le gouvernement ait subi du dehors aucune attaque sérieuse, par l'effet d'une maladie mystérieuse, d'une sorte de dissolution intérieure, chacun a le sentiment que ministère et majorité sont plus bas qu'ils n'ont jamais été : partout le malaise, le marasme et comme un défaut de sécurité morale. Le mal est tel, que les amis du ministère sont les premiers à le reconnaître ; les uns

CHAPITRE VII. LES DERNIÈRES ANNÉES DE LUTTE 453

après les autres, ils poussent d'étranges cri-d'alarme ; tous s'accordent à reprocher au gouvernement de n'avoir pas gouverné[1], et un conservateur dissident, M. Desmousseaux de Givré, voulant résumer la politique ministérielle, prononce ces mots bientôt fameux : « Rien, rien, rien. »

Le mal dont une fée mauvaise semblait avoir subitement frappé le ministère, au lendemain de son triomphe, se manifesta dans les questions religieuses. Les catholiques, inquiets des bruits qui couraient sur les hésitations et les divisions du cabinet, sur son incapacité à se décider pour une réforme sérieuse, poussaient vivement au pétitionnement qui avait été, dès le début, un des moyens d'action de leur parti. Ils se félicitaient, comme

---

[1] Le *Journal des Débats* disait alors : « La session n'a pas été bonne. Elle a mal commencé, elle a mal fini. Le cabinet s'est endormi dans sa victoire électorale. Ce n'est pas seulement le ministère, c'est le parti conservateur qui ne résisterait pas à une seconde session semblable. Le ministère s'est présenté sans idées, sans projets pour occuper la Chambre. » La *Revue des Deux-Mondes* était plus alarmée encore : « Aujourd'hui, disait-elle, une sorte de découragement semble s'être emparé des intelligences, une inquiétude sourde agite les imaginations. Si nous avons la satisfaction de voir que l'ordre matériel n'a pas reçu d'atteintes.., sommes-nous dans toutes les conditions de cette sécurité morale qui n'est pas un des moindres besoins de la société? » Dans la même Revue, un député ministériel, à la fois dévoué et clairvoyant, M. d'Haussonville, déclarait que « le tort réel du cabinet était de n'avoir pas su gouverner cette majorité. »

454 CHAPITRE VII. LES DERNIÈRES ANNÉES DE LUTTE

d'un résultat considérable, d'avoir obtenu plus de cent mille signatures dans les premiers mois de 1847 [1]. Enfin, le 12 avril de cette année, M. de Salvandy se décida à déposer le projet promis. L'exposé des motifs contrastait avec celui dont M. Villemain avait fait précéder le projet de 1844; au lieu d'être, comme celui-ci, un plaidoyer contre la liberté d'enseignement, il s'inspirait du rapport du duc de Broglie et du discours de M. Guizot, et, avec la pompe chaleureuse, habituelle à M. de Sal-

---

[1] On était alors bien loin des chiffres d'aujourd'hui. En 1844 on avait réuni 20 000 signatures; en 1845 et 1846, 80 000. Le compte rendu du comité de pétitionnement disait à ce propos : « C'est quelque chose qu'un tel chiffre, dans notre pays surtout, où l'esprit public est encore à peine initié à ce secret de la puissance représentative... Aucune pétition, de quelque nature qu'en ait été l'objet, n'a jamais obtenu en France une adhésion plus considérable. » En 1847, on arriva au chiffre de 140 000. Le gouvernement mettait son honneur à ne pas entraver l'exercice du droit de pétition. Un maire de Franche-Comté, qui ne l'avait pas suffisamment respecté, fut publiquement blâmé à la tribune par le ministre de l'intérieur. A la même époque, un député ayant prétendu mettre en doute la sincérité des signatures et argué de leur défaut de légalisation, le président l'arrêta en lui disant que « la Chambre avait décidé qu'il ne serait jamais fait de recherches sur les signatures qui sont apposées au bas des pétitions. (Assentiment général.) Elle a décidé plusieurs fois que la légalisation des signatures n'était pas nécessaire. » Et comme M. de Falloux demandait la parole pour défendre les pétitions, on lui cria que c'était inutile. « Votre défense, lui disait le président, mettrait en doute le droit des pétitionnaires, et c'est pour cela que je ne puis l'admettre. »

vandy, il proclamait le droit de la famille, condamnait le monopole, rendait hommage à l'action de la religion dans l'éducation et reconnaissait tout ce qu'avaient de légitime les préoccupations du clergé en semblable matière. Malheureusement le monument ne répondait pas au portique : défaut d'harmonie qui révélait sans doute les sentiments divergents de ceux qui avaient participé à cette construction. Les dispositions proposées, bien que plus conciliantes que celles de 1844, étaient beaucoup moins larges et libérales que le projet de 1836, chaque jour plus regretté par les catholiques [1]. Si M. de Salvandy était moins exigeant que M. Villemain dans les certificats et grades imposés à qui voulait enseigner, il l'était cependant assez pour que ces conditions équivalussent souvent à une interdiction. Si, pour certaines répressions, il substituait les tribunaux à l'Université, il donnait à celle-ci des droits considérables de surveillance, de direction et de juridiction sur les établissements libres, lui accordait jusqu'au pouvoir de désigner

---

[1] Le *Correspondant,* organe autorisé des chefs du parti catholique, déclarait alors qu'on eût été satisfait de voir simplement reprendre le projet de 1836. L'abbé Dupanloup écrivait à la même époque : « Nous ne disons qu'une chose, c'est que le projet de M. Guizot, celui de 1836, est le seul projet vraiment libéral, vraiment politique, vraiment digne de la Charte, vraiment conciliateur de tous les droits, le seul vraiment capable d'accomplir parmi nous le grand et désirable ouvrage de la pacification religieuse. »

tous les livres de classe, et maintenait le certificat d'études. S'il posait le principe d'un grand conseil de l'instruction publique plus large que le conseil royal de l'Université, il faisait, dans ce conseil, une part dérisoire aux éléments non universitaires. Enfin si, pour les congrégations religieuses, il n'exigeait plus de déclaration, il maintenait l'interdiction d'enseigner. En même temps, ce ministre dont on raillait souvent alors l'activité un peu brouillonne, et qui, suivant le mot malicieux de M. Saint-Marc Girardin, cherchait à « s'immortaliser », proposait une loi sur l'instruction primaire, à laquelle on reprochait de diminuer les libertés concédées par la loi de 1833, et deux lois sur l'enseignement du droit et de la médecine, où il ne paraissait même pas se douter qu'il pût être question de liberté de l'enseignement supérieur, disant à ceux qui réclamaient cette liberté : « Le gouvernement n'est pas préparé au fait, et il nie le droit. »

On était loin des espérances qu'avaient fait concevoir, aux catholiques, les sentiments personnels de M. de Salvandy et surtout le mémorable discours de M. Guizot. Aussi l'abbé Dupanloup, si disposé qu'il fût à la conciliation, publiait-il une critique nette et ferme, bien que toujours courtoise du projet. Le comité pour la défense de la liberté religieuse disait, dans une de ses circulaires :

Jamais l'attente publique n'a été plus complètement trompée. On nous avait promis la liberté, on ne nous en donne même pas le semblant... Cette loi ne peut ni ne doit satisfaire aucune opinion, pas plus les partisans du monopole que les amis de la liberté. Il n'est peut-être personne en France, excepté M. le comte de Salvandy lui-même, qui puisse voir là une bonne loi et une solution définitive.

« La lutte doit être reprise avec plus d'énergie que jamais », disait, en terminant, la circulaire. Le comité multipliait en effet ses appels, ses objurgations, pour ramener l'armée catholique au combat. Son insistance même révélait qu'il rencontrait quelque inertie. Était-ce lassitude d'une lutte déjà bien longue pour des hommes dont le tempérament n'était pas militant? Était-ce difficulté de se remettre en train, après la mésaventure de 1845 et la trêve qui avait suivi? Était-ce certitude qu'avec les progrès déjà faits, le succès final n'était qu'une question de temps, et que, tôt ou tard, le gouvernement se déciderait de lui-même à faire le dernier pas? Était-ce répugnance à augmenter les embarras d'un ministère déjà affaibli, et dont la chute livrerait le pouvoir à M. Thiers, plus engagé que jamais avec les partis révolutionnires? Toujours est-il qu'on ne parvenait pas à exciter un mouvement pareil à celui qu'avait provoqué le projet de 1844. Ce n'était pas seulement l'épiscopat, mais aussi une partie des laïques qui se tenaient à l'écart. Le *Correspondant* disait, le 25 mai 1847 : « Une portion de notre armée reste encore l'arme au bras, faute de comprendre assez la nécessité de renouveler la bataille. » M. de Montalembert, qui ne connaissait ni la fatigue ni le refroidissement, se plaignait, avec une amertume singulière, de ceux qui « avaient cru pouvoir puiser de la force dans le silence, préférer la trêve à la lutte et ne prendre pour arme, contre les implacables ennemis de la liberté, qu'une béate confiance dans leurs bonnes intentions. » De quel ton il raillait ces catholiques dont « la fonction propre est le sommeil », et flétrissait leur « incurable mollesse », leur « lâcheté persévérante [1] ! »

Pour avoir mécontenté les catholiques, M. de Salvandy n'avait pas satisfait leurs adversaires. A peine le projet connu, le *Journal des Débats*, le *Constitutionnel* et le *National* ne l'attaquèrent pas moins que l'*Univers*. Ces hostilités se firent jour dans la Chambre. Le ministre s'y était cru d'abord sûr de la victoire : dans la nomination de la commission, il était parvenu à faire passer, sur neuf membres, sept ministériels, dont cinq fonctionnaires ; mais, fidèle à l'esprit de son projet, il avait écarté ceux de ses amis qui étaient nettement partisans de la liberté d'enseignement. Dès lors les commissaires se trouvèrent accessibles aux suggestions des ennemis du clergé : poussés d'un côté par M. Thiers, de l'autre par le *Journal des Débats* qui, sur les questions religieuses, appuyait toujours l'opposition, ils en vinrent à faire échec au

---

[1] *Du rapport de M. Liadières sur le projet de loi relatif à la liberté d'enseignement* (1847).

ministre, modifièrent le projet dans un sens restrictif, et notamment rétablirent l'obligation, pour tout professeur, d'affirmer qu'il n'était pas membre d'une congrégation. Les travaux de cette commission aboutirent à un rapport rédigé par M. Liadières, œuvre vulgaire, tout imprégnée de préoccupations voltairiennes, et qui, sur plus d'un point, était la contradiction de l'exposé des motifs de M. de Salvandy. Aussitôt mis en pièces par M. de Montalembert, dans un écrit d'une ironie terrible, ce rapport ne devait pas être plus discuté que ne l'avait été celui de M. Thiers.

V

Si les évêques ne s'étaient pas mêlés aux controverses publiques soulevées par le projet de 1847, et si, depuis 1845, ils semblaient s'être imposé tant de réserve, ce n'est pas qu'ils se fussent davantage rapprochés du gouvernement. Divers symptômes tendraient plutôt à faire supposer le contraire, et nous n'en voudrions d'autre indice que les relations de plus en plus tendues qu'avait, avec la cour, Mgr Affre, prélat cependant fort désireux de voir régner l'accord entre le clergé et la monarchie de Juillet [1]. A propos, tantôt de la liberté d'enseignement, tantôt de quelque application puérilement taquine des articles organiques,

---

[1] Voir la *Vie de Mgr Affre* par l'abbé Cruice.

le roi et le prélat échangeaient des explications dont le ton différait singulièrement de leurs premiers entretiens. « Permettez-moi d'ajouter, sire, disait un jour Mgr Affre à la fin d'une de ces conversations, que le gouvernement du roi gagnerait beaucoup dans l'estime de tous, en laissant à l'Église son indépendance. » — Le roi se leva, croisa les bras et s'écria : « Ainsi je suis un persécuteur de l'Église ! — Non, sire, reprit l'archevêque, mais je maintiens que le gouvernement serait plus aimé, s'il ne contrariait pas notre action par de fréquentes et inutiles tracasseries. — Allons, bonjour, monsieur l'archevêque, bonjour. » Parfois le roi, que l'âge rendait plus irritable et plus impérieux, s'emportait en paroles véhémentes et comminatoires, où il y avait du reste souvent plus de calcul que de colère et surtout que d'animosité efficace : « Je lui ai fait une peur de chien », disait-il après quelque scène de ce genre; mais pour rien au monde il n'eût touché à un cheveu de la tête du prélat. Il se trompait d'ailleurs sur l'effet de ses menaces : l'archevêque sortait des Tuileries plus attristé et mécontent qu'il n'était effrayé. « Ces gens-là, disait-il, ne voient dans la religion qu'une machine gouvernementale; ils ne se doutent pas que nous avons une conscience. » Vers la fin de 1846, Mgr Affre crut même avoir assez à se plaindre du gouvernement, pour faire une démarche plus grave. Il réunit plusieurs évêques à Saint-Germain et, de concert avec eux, exposa ses griefs dans un mémoire au pape qui fut porté à Rome par M. de la Bouillerie, après avoir été communiqué aux archevêques de France et signé par la plupart d'entre eux. Quelque chose transpira de cette réunion et de ce voyage. Le roi irrité fit de vifs reproches à l'archevêque. Celui-ci, voyant son secret à demi découvert, se décida à adresser directement au ministre des cultes le mémoire qu'il avait envoyé au pape. Il y reconnaissait d'abord hautement les services rendus par le gouvernement à l'Église, après 1830, rappelait le rapprochement qui en était résulté entre le clergé et la monarchie, mais qui s'était arrêté quand on avait vu celle-ci se refuser à remplir la promesse de la liberté d'enseignement. Il énumérait ensuite longuement ses sujets de plainte : application vexatoire de plusieurs articles organiques ; usage peu favorable à la religion des pouvoirs appartenant à l'administration pour les établissements d'instruction, choix de curés, érections de paroisse, autorisations de quête, etc. ; dispositions peu bienveillantes des fonctionnaires envers le clergé, contre lequel on écoutait volontiers les dénonciations, et auquel on donnait toujours tort dans les conflits entre maires et curés. L'archevêque ne demandait pas un changement de conduite immédiat et total ; il exprimait seulement le vœu de voir se manifester une tendance meilleure.

Plus que jamais le gouvernement de Juillet aurait eu besoin d'être en bonnes relations avec le corps qui représentait la plus grande des forces morales. Il avait alors à se défendre contre une insurrection d'un genre nouveau. L'opposition, sans titre cependant à se porter champion de l'austérité, avait imaginé de soulever l'opinion contre le ministère, et, en réalité, contre la monarchie, contre la bourgeoisie régnante, au cri de : « A bas la corruption ! » exagérant dans ce dessein des abus réels, mais qui n'avaient rien de nouveau ; prenant prétexte de cet affaiblissement du sens moral, qui était moins le fruit d'un régime particulier, que le mal de nos révolutions successives[1] ; exploitant, avec une indignation perfide et une joie cynique, les malheurs et les scandales qu'une sorte de coup de vent malsain accumulait, à cette heure néfaste, où le drame de Praslin succédait au procès Teste et Cubières ; faisant, autour de chaque incident, un effroyable tapage de presse et de tribune ; se plaisant à retenir les ministres sur la plus humiliante des sellettes, dans des discussions parlementaires devenues si fréquentes, qu'on leur avait donné un nom et qu'on les appelait « les séances de corruption » ; parvenue à convaincre beaucoup d'honnêtes gens, qu'ils étaient gouvernés par une

[1] M. Guizot le faisait remarquer alors à la tribune : « Le pays a traversé des temps de grands désordres, le règne de la force, et souvent de la force anarchique ; il en est résulté un certain affaiblissement, je le reconnais, des croyances morales et des sentiments moraux ; il y a moins de force, de vigueur, et dans la réprobation, et dans l'approbation morales. »

coterie sans moralité et sans honneur; répandant chez eux un malaise inquiet, un dégoût irrité, comme le sentiment d'une société qui se dissout[1], et préparant ainsi, qu'elle le voulût ou non, la révolution que Lamartine, pour couronner cette meurtrière campagne, aura bientôt l'insultante prétention d'appeler « la révolution du mépris ». N'est-ce pas à ce moment aussi qu'en dehors des régions parlementaires croissait le péril social, qu'au désordre littéraire du roman-feuilleton réhabilitant l'adultère, la courtisane et le forçat, succédait le désordre politique des histoires démagogiques réhabilitant audacieusement 1793[2]? N'est-ce pas à ce moment que, plus bas encore, l'agitation socialiste se développait et s'exaspérait, dans les souffrances et les colères de cette année vraiment maudite, où la crise commerciale et la disette venaient s'ajouter à tant de catastrophes morales ?

Or, pour remédier à ces maux, pour garder ou

---

[1] M. de Tocqueville écrivait à M. de Corcelles, le 27 août 1847 : « J'ai trouvé ce pays-ci sans passion politique, mais dans un bien redoutable état moral. Nous ne sommes pas près peut-être d'une révolution; mais c'est assurément ainsi que les révolutions se préparent. L'effet produit par le procès Cubières a été immense. L'horrible histoire dont on s'occupe depuis huit jours (l'affaire Praslin) est de nature à jeter une terreur vague et un malaise profond dans les âmes. Elle produit cet effet, je le confesse, sur la mienne. »

[2] C'est en 1847 qu'étaient publiés, presque simultanément, les *Girondins* de Lamartine, l'*Histoire de la Révolution* de Michelet et celle de M. Louis Blanc.

rendre au pouvoir la considération que les meneurs de la campagne de corruption cherchaient à lui retirer; pour compenser, dans cette lutte, ce que l'origine révolutionnaire de la monarchie, son renom de scepticisme, la préférence qu'elle avait été souvent obligée de donner aux expédients sur les principes, le terre à terre un peu utilitaire et matérialiste des classes sur lesquelles elle s'appuyait, ôtaient à son prestige, — quoi de plus efficace que de montrer ce gouvernement non plus occupé, comme on le lui reprochait, à prêcher l'enrichissement général, mais soucieux des plus hautes questions religieuses et morales et s'employant à les résoudre? Le concours et, en quelque sorte, la caution donnée par les catholiques satisfaits et reconnaissants ne pèseraient-ils pas plus, dans la balance de l'estime publique, que la pudeur effarouchée et l'indignation tapageuse de M. Crémieux ou de M. de Girardin ne trouvant pas M. Guizot d'une probité assez scrupuleuse? M. de Tocqueville déclarait, en septembre 1847, la révolution inévitable « si quelque chose ne venait pas relever le ton des âmes ». Quelle meilleure manière de « relever le ton des âmes » que de les détourner des misères d'une politique rabaissée, pour les diriger vers cette œuvre capitale qui est le grand problème du dix-neuvième siècle, le rapprochement entre l'État moderne et l'Église antique, entre la liberté et la foi? N'était-ce pas enfin, dans la religion plus libre et par cela même plus efficace,

CHAPITRE VII. LES DERNIÈRES ANNÉES DE LUTTE

que des hommes d'État clairvoyants devaient chercher le remède au malaise des imaginations et des consciences, le moyen de résister à ce péril de la révolution et du socialisme, qu'il devenait cependant difficile, quelques mois avant le 24 février, de ne pas trouver plus menaçant que celui des jésuites !

A cette époque même, M. de Montalembert, passant en revue, à la tribune des pairs, la situation politique, montrait la stérilité de cette session commencée avec une majorité si triomphante, et cette majorité « tout d'un coup épuisée, dévorée par je ne sais quel mal intérieur qui l'a jetée fatiguée, impuissante au milieu de toutes les misères de la plus petite politique qu'on ait jamais vue ; » il signalait aussi tout ce qui manquait à l'ordre matériel et moral, puis s'écriait, en s'adressant directement à M. Guizot :

Qu'y a-t-il de plus infirme dans ce pays? Vous l'avez proclamé avec plus d'éloquence que personne, avec une éloquence incomparable! C'est l'état des âmes; c'est elles qui ont besoin qu'on leur prêche le dévouement, le désintéressement, la pureté; c'est l'éducation morale de ce pays qui est, sinon à refaire, du moins à modifier et à épurer profondément. Et comment vous y prendrez-vous? C'est une banalité que de le dire, vous ne pouvez vous y prendre sérieusement que par cette forte discipline des âmes et des consciences qui se trouve dans la religion. Et comment fortifieriez-vous son action ? Est-ce par un privilège quelconque? Non. Est-ce par des faveurs, par une protection affichée? Non, mille fois non. Est-ce par une intervention quelconque de cette auguste action dans l'action politique? Encore une fois non, toujours non. Par quoi donc? Par la liberté que nous garantissent et nous promettent la Charte, le bon sens et la raison; par la liberté du dévouement, du désintéressement et de la charité. Qu'avez-vous fait pour assurer cette liberté? Rien.

Et il demandait comment M. Guizot, avec ses doctrines personnelles, avec les exemples que lui donnaient alors les hommes d'État anglais, « s'était résigné à passer au pouvoir, sans y laisser une seule trace de son dévouement à la liberté religieuse? »

La réponse du ministre eut un accent particulier. Plus que jamais on put entrevoir, dans ses paroles, comme un hommage involontaire à la cause de son contradicteur et un regret d'être obligé, par situation, à la combattre. Il commença par « remercier M. de Montalembert du caractère de la lutte qu'il venait d'ouvrir. » Bien loin de contester ce que l'orateur catholique avait dit sur la nécessité de développer la liberté et la foi religieuses : « Je pense comme lui, s'écria-t-il, que pour toutes les maladies morales de la société, c'est le premier des remèdes et celui auquel le gouvernement doit avant tout son appui. » S'il n'avait pas fait plus dans cet ordre d'idées, c'était par suite de préventions fâcheuses, qu'il espérait bien voir disparaître un jour; puis il disait à M. de

Montalembert, d'un ton qui n'était pas celui dont le ministre, d'ordinaire plus hautain, combattait ses autres adversaires :

Vous méconnaissez bien souvent l'état et la pensée du pays... Si vous aviez le gouvernement entre les mains, si vous sentiez les difficultés contre lesquelles il faut lutter, — permettez-moi de vous le dire, vous êtes un homme sincère, un homme de courage, — eh bien, je suis convaincu que vous ne feriez ni plus ni autrement que les ministres qui siègent sur ces bancs ; ou, si vous faisiez autrement, vous perdriez à l'instant même, ou vous compromettriez pour bien longtemps la cause et les intérêts qui vous sont chers. Le pays est susceptible et malade à cet égard, depuis plus longtemps et pour plus longtemps que vous ne croyez. Il y a un mal profond dans l'état du pays, au fond de ses idées sur la religion, sur les rapports de la religion avec la politique, de l'Église avec l'État... Encore une fois, prenez patience ; ayez plus de confiance dans nos institutions, et dans la liberté, et dans le gouvernement, et dans le temps. Oui, il y a encore à faire pour ramener le pays à des idées plus justes, à des influences plus salutaires, à des influences qui pénètrent dans les âmes ; cela se fera, avec la prudence que nous y apportons, avec le temps que nous y mettons.

Si M. Guizot avait pu lire dans l'avenir, il aurait compris la nécessité de se presser davantage, non dans l'intérêt des catholiques, mais dans celui de la monarchie elle-même ; car c'est à elle qu'allait manquer, pour s'honorer par cet acte de justice, le temps duquel le ministre attendait, avec une confiance fondée, le plein triomphe de la liberté religieuse. Quoi qu'il en soit, n'est-il pas évident qu'une cause ainsi combattue est une cause moralement victorieuse? De ces paroles ministérielles, qui sont comme les *novissima verba* du gouvernement de Juillet dans ces questions, ressort un aveu solennel que le succès des idées défendues par M. de Montalembert était désirable et certain dans un délai plus ou moins éloigné. Telle était, en effet, la vérité qui s'imposait alors aux amis comme aux adversaires. En dépit des déceptions, des résistances ou des défaillances du moment, cette espérance dominait, se dégageait de tous les faits, même de ceux qui, au premier abord, pouvaient paraître contraires. Comment se produirait le dénoûment, dès ce moment prévu et inévitable? Par quels moyens triompherait-on des derniers obstacles? Combien faudrait-il de temps? Les politiques les plus clairvoyants eussent été embarrassés de le préciser. On voyait le but devant soi : mais les derniers détours de la route qui y conduisait échappaient aux regards. C'est le moment que choisit d'ordinaire la Providence, pour intervenir par des coups inattendus, brouillant tous les calculs humains, brusquant les transitions, mûrissant en quelques instants les solutions qui semblaient encore exiger de longues années.

VI

Il est dans l'histoire des époques heureuses où tout est amour, espoir et foi, où l'humanité croit voir disparaître les difficultés qui pesaient sur elle et toucher à la réalisation de ses rêves les plus ambitieux; époques bien courtes et trop souvent suivies de cruelles déceptions, mais qui, malgré tout, laissent chez ceux qui y ont vécu une impression à la fois charmante et ineffaçable. Notre génération, durement partagée, n'a connu aucune de ces époques; la dernière de ce siècle a été le début du règne de Pie IX. Parmi ceux qui nous ont précédés et qui avaient alors âge d'homme, en est-il un qui ne se souvienne de l'effet produit quand, — à un Pontife fatigué, découragé, se sentant trop vieux et trop faible pour changer lui-même sa politique à la fois un peu inerte et rigoureuse, timide et obstinée, — on vit, par un choix assez imprévu pour être manifestement d'inspiration supérieure, succéder un pape jeune, généreux, d'une sincérité scrupuleuse, ouvert à toutes les sympathies humaines; abordant l'œuvre de réforme avec la libéralité la plus confiante, même avec une sorte de candeur, périlleuse peut-être, mais singulièrement touchante jusque dans les tâtonnements ou les témérités inconscientes de son inexpérience; accordant l'amnistie, opérant *motu proprio* les changements les plus désirés : administration laïque, conseil d'État en partie électif, autonomie municipale, et bientôt même allant, hélas! jusqu'à instituer à Rome cette garde nationale qu'on considérait alors comme une des premières garanties de la liberté publique ; étendant d'ailleurs son regard et son action au delà des limites étroites de son État, et se faisant dire par le cardinal Altieri, lors de l'inauguration des travaux de la Consulte : « Dès l'origine de son pontificat, Votre Sainteté a entrepris de concilier les progrès de la civilisation du siècle avec les principes éternels de la religion catholique; alliance admirable qui d'un côté assure à l'Église une plus grande indépendance et prépare de nouveaux triomphes à la foi, de l'autre apporte aux peuples la force et le salut. » Le nouveau Pontife vivait au milieu d'ovations continuelles, comme seuls les Italiens savent les faire. Il ne pouvait sortir sans être entouré d'une foule, ivre d'enthousiasme et d'amour, qui lui criait : *Coraggio, Santo Padre, viva il padre del popolo!* et qui se précipitait à ses pieds en implorant sa bénédiction. Tantôt des jeunes gens dételaient ses chevaux pour le traîner, tantôt sa voiture était couverte de fleurs. Les affiches annonçant les décrets de clémence et de réforme apparaissaient le matin encadrées de guirlandes de feuillage. Puis venaient ce que, dans la langue du pays, on appelait les *dimostrazioni in piazza* : d'immenses processions traversaient la ville, drapeaux en tête, chantant l'hymne de Pie IX ; sur leur passage, les fenêtres se pavoisaient, les mouchoirs s'agitaient ; quelquefois, le jour étant tombé, la scène était éclairée par les torches des manifestants et par les illuminations des maisons. Arrivé sur la grande place du Quirinal, on demandait le Pape qui s'avançait sur le balcon ; alors, levant les bras, de cette voix incomparable qui à elle seule eût suffi à ravir les Romains, il bénissait la foule agenouillée, à la lueur fantastique de feux de Bengale subitement allumés.

Le contre-coup de cet événement si surprenant se faisait sentir en France et y modifiait considérablement la situation des catholiques. Tout d'abord ceux qui, pendant le pontificat précédent, avaient souffert et s'étaient plaints, avec Mgr Parisis, de n'avoir pu obtenir de Rome une approbation de leur tactique libérale, jouissaient de rencontrer un encouragement et comme une ratification dans la conduite de Pie IX. Le même évêque de Langres, terminant alors son livre des *Cas de conscience*, se félicitait de ce que « ses paroles trouvaient maintenant un appui dans le plus grand exemple qui puisse être donné à la terre. » M. de Montalembert revendiquait, pour les chefs du mouvement catholique en France, l'honneur d'avoir été, dans leur sphère, « les précurseurs du pape actuel. » M. Veuillot, applaudissant aux plus libérales hardiesses du nouveau pontificat, y reconnaissait « la consécration romaine des idées qu'il défendait en France depuis longtemps. » Le Pontife saisissait d'ailleurs la première occasion de louer publiquement la façon dont les évêques français avaient combattu pour la liberté de l'Église [1]. « Je ne comprends pas, disait-il au cardinal de Bonald, qu'on s'étonne que vous réclamiez la liberté d'enseignement, puisqu'elle est dans votre constitution... Il faut bien que l'Église ait la liberté, puisque ses adversaires l'ont : il faut être à armes égales. » Recevant l'abbé Dupanloup, il louait l'épiscopat français et particulièrement M. de Montalembert. « Son nom seul est un éloge, disait-il. *È un vero campione...* On lit toujours avec plaisir tout ce qu'il dit, tout ce qu'il écrit, parce qu'il y a de l'âme », puis, ne trouvant pas le mot français : « de la *fantasia*, continua-t-il, de l'imagination, de la chaleur enfin. » Seulement, il recommandait « la charité » dans la polémique, et trouvait que les écrits de l'auteur de la *Pacification religieuse* étaient un modèle « de fermeté et de conciliation ». Aussi, résumant ses impressions, l'abbé Dupanloup pouvait écrire à M. de Vatimesnil :

La conséquence finale de toutes ces observations que j'aime à vous dire, Monsieur, c'est que nous savons désormais ce que nous avons à faire. Il est évident qu'à Rome on approuve nos réclamations en faveur de la liberté d'enseignement, on admire le courage de nos évêques, on applaudit aux défenseurs de la liberté de l'Église ; on blâme seulement, mais

---

[1] Allocution du 18 juin 1847.

CHAPITRE VII. LES DERNIÈRES ANNÉES DE LUTTE

sévèrement, je dois l'avouer, les défauts de forme et de modération en toute espèce d'écrits [1].

L'évolution accomplie au siège de la chrétienté avait un résultat plus considérable encore. L'enthousiasme débordant de Rome ne s'était pas seulement répandu en Italie ; il avait franchi les Alpes. Partout c'était un long applaudissement qui se prolongeait jusque chez les protestants et les infidèles. En Angleterre, lord John Russell louait publiquement Pie IX. Pour la première fois, un président des États-Unis rendait hommage au pape dans son message. Il n'était pas jusqu'au sultan qui n'envoyât un ambassadeur porter son tribut d'admiration au nouveau Salomon. Nul n'eût alors songé à contredire M. de Montalembert, s'écriant à la tribune des pairs, que le pape était « devenu l'idole de l'Europe ». Mais c'est surtout en France, dans cette France de 1830 qui se vantait d'être la fille de Voltaire, et qui naguère paraissait presque tout entière soulevée contre le clergé, qu'il y avait comme une émulation d'enthousiasme. Les deux Chambres, dans leurs adresses, félicitaient Pie IX d'avoir inauguré une « ère nouvelle de civilisation et de liberté ». Tous les orateurs, ministres ou opposants, ceux mêmes qui tout à l'heure étaient

---

[1] Ces renseignements sont contenus dans une lettre inédite, écrite de Rome le 20 janvier 1847, par M. Dupanloup à M. de Vatimesnil, lettre dont une bienveillante communication de M. de Vatimesnil fils nous a permis d'avoir connaissance.

les plus animés contre les catholiques, se joignaient, de gré ou de force, à cet universel vivat[1]. Le reproche que l'opposition faisait au gouvernement était de ne pas admirer assez Pie IX. Les feuilles de gauche accusaient le préfet de police d'avoir interdit, dans les concerts publics, un hymne au pape. L'intolérance de leur zèle de néophytes trouvait même les évêques trop froids, et le cardinal de Bonald, ainsi accusé par le *National*, écrivait à ce journal pour déclarer qu'il avait hautement conseillé les réformes du nouveau règne. Il n'était pas jusqu'aux banquets, préludes de la

[1] M. Guizot saluait, comme un des plus grands faits du siècle, « Pie IX accomplissant la réconciliation de l'Église catholique avec la société moderne. » — M. de Lamartine appelait cela « une immense bonne fortune de l'humanité. » — M. Thiers disait : « Un saint Pontife, qui joint à la piété d'un prêtre les lumières d'un prince éclairé, a formé ce projet si noble de conjurer les révolutions, en accordant aux peuples la satisfaction de leurs justes besoins. C'est une œuvre admirable !... » Et l'orateur terminait en poussant, en pleine Chambre des députés, le cri des rues de Rome : « Courage, Saint-Père ! » — M. Odilon Barrot comparait l'œuvre de Pie IX aux « saintes entreprises des grands papes du moyen âge ». — M. de Salvandy, à la distribution des prix du concours de 1847, parlait de ce Pontife qui « faisait remonter vers Dieu, de Rome et de tout l'univers, autant de bénédictions que sa main en versa ». — M. Liadières, dans ce rapport où il combattait la liberté d'enseignement, se croyait obligé de parler de « l'Esprit-Saint lui-même qui vient de faire passer tout ce qu'il renferme de sagesse, dans une de ces âmes d'élite qui apparaissent de siècle en siècle, pour l'honneur du pontificat et la joie du monde chrétien. »

révolution de février, où l'on ne mêlât aux motions les plus subversives, des toasts à Pie IX.

Les catholiques français, naguère si impopulaires et si dédaignés, jouissaient, étonnés et ravis, de cette faveur nouvelle qui rejaillissait sur eux et sur leur cause. M. de Montalembert ne pouvait se contenir et s'écriait à la Chambre des pairs :

Quand on a, comme moi et mes amis, subi pendant toute sa vie l'accusation, l'imputation d'ultramontanisme, de papisme... Quand on a été aussi fidèle au pouvoir pontifical, alors qu'il n'était pas entouré de cette auréole de l'admiration européenne qui l'entoure aujourd'hui, sachez-le bien, Messieurs, on a, plus que personne, le droit de se réjouir, quand ce même pouvoir devient tout à coup l'idole de l'Europe ; on a plus que personne le droit de s'associer à ce triomphe, à cette victoire, et de dire de soi-même, peut-être sans présomption, ce que Jeanne d'Arc disait de son drapeau : « Il a été à la peine, il est juste qu'il soit à l'honneur. »

Il semblait que le rayonnement subit de cette popularité pontificale dût produire une sorte d'illumination générale, et que dès lors les problèmes débattus fussent sur le point de se résoudre d'eux-mêmes. Ne pouvait-on croire que bien des préventions antireligieuses, obstacle principal aux réformes désirées, étaient à tout jamais disparues ? C'est de cette époque que M. de Corcelle écrira plus tard, dans un document diplomatique :

Pie IX parut, et devant ses premières paroles, la guerre faite à la foi s'effaça comme par miracle. Avec quelle joie, le clergé de France sentit que cette pacification lui rendait sa véritable place dans l'opinion des peuples!... Ce fut sans contredit, pour la religion, un de ses plus beaux triomphes [1].

Aussi, dès le mois de mars 1847, le *Correspondant* pouvait-il faire cette observation :

Le progrès de notre cause est visible, inévitable, et les questions qui, dans d'autres temps, auraient tourné contre nous, se résolvent actellement, comme par une force inconnue, à l'avantage de nos doctrines. Il semble que depuis que l'astre de Pie IX s'est levé sur l'horizon moral de l'Europe, sa bénigne influence dissipe tous les nuages dont il était surchargé.

Ce n'était pas seulement la question d'enseignement qu'on croyait ainsi résolue; Mgr Parisis, qui était cependant un esprit posé, proclamait alors que « la grande œuvre des temps modernes s'achevait par la solution pratique de ce problème: *l'union des droits de l'Église et des libertés publiques* ». Les espérances les plus généreuses, parfois même les plus chimériques, germaient dans cette fermentation universelle. Il semblait qu'une sorte de nouveau Concordat se concluait entre le pape et les

[1] Note au cardinal Antonelli du 19 août 1849, citée par M. Léopold de Gaillard dans la brillante page d'histoire qu'il a écrite sous ce titre : *L'expédition de Rome en 1849*.

peuples, et que le « second schisme d'Occident », qui, depuis le dix-huitième siècle, avait séparé de la papauté une partie considérable des nations catholiques, prenait fin par l'initiative du Pontife. Dans un article d'une exaltation éloquente, Ozanam rappelait cette époque décisive où la papauté, après une longue fidélité, avait rompu avec le vieil empire romain et s'était confiée aux barbares, en couronnant Charlemagne. Aujourd'hui, disait-il, la situation est semblable et la même évolution s'accomplit. Ces « barbares des temps nouveaux » dont l'historien catholique saluait en quelque sorte le baptême et le sacre, c'était la démocratie. Puis s'adressant aux catholiques de France, il s'écriait : « Passons aux barbares et suivons Pie IX [1] ! »

On sait, hélas ! ce qu'il allait advenir, avant quelques mois, de toutes ces illusions. En effet, ce n'est pas d'ordinaire par les applaudissements des foules enivrées et dans l'attendrissement passager des baisers Lamourette que se résolvent les problèmes ardus et complexes, imposés aux efforts de notre virilité et de notre liberté. Il semble qu'en vertu d'une loi de châtiment qui pèse sur l'humanité, tous les grands enfantements doivent ici-bas se faire dans la douleur et non dans la joie. Dès les premières émotions du nouveau pontificat, plus d'un symptôme suspect pouvait éveiller l'inquiétude des clairvoyants, et les familiers intimes du

[1] *Les dangers de Rome et ses espérances* (*Correspondant* du 10 février 1847).

pape l'entendaient parfois murmurer : « C'est la fête des Rameaux, elle précède la Passion. » A cette veille de 1848, l'Europe était travaillée par une agitation sourde et mystérieuse qui fixait par instants l'attention, trop souvent distraite, des hommes politiques, et leur faisait alors éprouver comme un frisson d'effroi. M. Guizot notamment ne s'y trompait pas. L'esprit de révolte et de destruction partout tendait à fausser et à pervertir le mouvement libéral. Il usait de ruse avant de recourir à la violence, et quand les révolutionnaires étaient les plus enthousiastes à applaudir le pape, à s'associer au mouvement dont il avait donné le signal, on devait voir là un piège plus encore qu'un rapprochement ou même qu'un malentendu. A Rome notamment, la « conspiration des ovations » préludait à la conspiration de l'émeute et de l'assassinat qui n'allait que trop tôt se démasquer, chasser et décourager le Pontife réformateur, faire succéder tout d'un coup à la plus radieuse des aurores le plus sombre des orages, détruire, non seulement en Italie, mais partout, bien de généreuses et libérales espérances, reculer l'heure de ces grandes réconciliations un moment entrevues, et arracher à M. de Montalembert ce cri de douleur et de désenchantement qu'il devait pousser, quelques mois plus tard, à la tribune de l'Assemblée législative : « Nous avons reçu un effroyable démenti. »

VII

Avant même que Pie IX fût chassé de sa capitale, Louis-Philippe était renversé. Mais, tandis qu'à Rome la révolution fait échouer l'œuvre du Pontife et semble emporter toutes les espérances qu'y ont attachées M. de Montalembert et ses amis, elle a, en France, ce résultat imprévu, de précipiter la solution, si longtemps attendue et toujours reculée, du problème religieux. On assiste d'abord à ce spectacle sans précédent et qui ne devait plus se reproduire, d'un déchaînement de passions révolutionnaires n'attaquant pas le catholicisme, bien plus, affectant de rechercher son concours. A l'heure où le trône est brisé, où toutes les institutions sont détruites, où la propriété est en péril, l'Église reste debout, respectée, presque courtisée; l'émeute, qui saccage le palais des rois et viole l'enceinte du parlement, ne touche pas à un seul temple et ne casse même pas une vitre dans les couvents de jésuites : conséquence de l'attitude libérale et indépendante prise par les catholiques français, sous le régime déchu, et de la popularité conquise par Pie IX. Celui-ci, écrivant à M. de Montalembert, le 16 mars 1848, se réjouit de ce que « dans ce grand changement, aucune insulte n'ait été faite à la religion et à ses ministres »; et il « se complaît dans cette pensée » que c'est le langage tenu par le grand orateur et par ses amis qui a « rendu le nom catholique cher à un peuple généreux ».

En ces jours troublés, l'Église recueille, du reste, des avantages plus sûrs et plus féconds que l'honneur suspect et éphémère d'être appelée, par les insurgés, à bénir les arbres de la liberté. Quand la bourgeoisie régnante est brusquement réveillée de sa sécurité orgueilleuse et trop souvent égoïste, par le fracas lugubre d'une monarchie et d'une société qui s'effondrent, quand elle se voit tout d'un coup livrée — et avec elle la fortune et la civilisation françaises — à des vainqueurs de hasard, « exerçant le pouvoir comme un instrument de ravage [1] », il y a alors une heure de stupeur, d'humiliation, d'horreur et d'effroi. A la lueur de la foudre qui brise tout autour d'elle, il se fait, en cette bourgeoisie, une illumination soudaine. Ses derniers préjugés voltairiens s'évanouissent ; elle comprend le néant des intérêts matériels ou des philosophies rationalistes auxquels elle s'est confiée ; elle sent le besoin de la religion, naguère crainte ou dédaignée, l'appelle à son secours, et il semble que son cri d'angoisse se termine en une prière.

Ce ne sont pas seulement les esprits déjà ouverts, depuis longtemps, à ces idées, qui s'écrient, avec M. Guizot, qu'il ne faut plus « redouter les

---

[1] Expression du feu duc de Broglie. Introduction aux *Vues sur le gouvernement de la France*.

influences et les libertés religieuses », qu'il faut « les laisser s'exercer et se déployer grandement, puissamment »; qu'elles « apporteront en définitive plus de paix que de lutte, plus de secours que d'embarras[1] ». Les mêmes sentiments se font jour, parfois avec une nuance de remords, dans les régions autrefois les plus hostiles. « Il s'est trouvé, dit la *Revue des Deux-Mondes*, que dans une civilisation où tout s'écroule ou tremble, l'Église seule survivait, partout présente et agissante. » Puis, revenant sur un passé bien récent, elle ajoute :

A cette société si malade, l'Église, pour la guérir, ne demandait que le libre usage des deux moyens les plus puissants du prosélytisme : la liberté d'enseignement et la liberté d'association. Aussitôt un orage se forma contre elle. Cet égarement qui, au 24 février, poussa dans les rangs des démolisseurs, avec un mot : *Vive la réforme!* tant d'hommes intéressés à la défense de la société, en avait tourné un plus grand nombre encore contre l'Église avec ce cri brutal: *A bas les jésuites*[2]!

Le lendemain même de la révolution, M. Cousin, épouvanté, rencontrant M. de Rémusat sur le quai Voltaire, lève les bras au ciel et s'écrie : « Courons nous jeter aux pieds des évêques ; eux seuls peuvent nous sauver aujourd'hui[3]. » M. Thiers, dès le

---

[1] M. Guizot, *De la Démocratie en France* (1849).
[2] *Revue des Deux Mondes* du 15 avril 1849; article de M. E. Forcade.
[3] *Souvenirs de l'année* 1848, par M. Maxime du Camp.

2 mai 1848, déclare, dans une lettre rendue publique, « qu'il est changé quant à la liberté d'enseignement; » qu'en face du désordre révolutionnaire, « il ne voit de salut que dans cette liberté, » dans « l'enseignement du clergé, » et il ajoute : « L'ennemi, c'est la démagogie; je ne lui livrerai pas le dernier débris de l'ordre social, c'est-à-dire l'établissement catholique. » Peu après, suppliant M. de Falloux de prendre le portefeuille de l'instruction publique, il lui dit : « Nous avons fait fausse route sur le terrain religieux, mes amis les libéraux et moi, nous devons le reconnaître. » Dans les débats de la grande commission de 1849 chargée de préparer les lois d'enseignement, il avoue, avec une sincérité effarée, sa terreur de voir la société s'abîmer, si le clergé et les congrégations n'interviennent pas dans l'enseignement; il proclame « qu'il faut rompre avec les préventions surannées.., ne plus adorer les anciens dieux terriblement renversés dont l'inanité lui est démontrée »; il voit même ses derniers préjugés, ceux contre les jésuites, se dissiper sous la parole de l'abbé Dupanloup, et, prenant le bras de M. Cousin, il s'écrie : « Cousin! Cousin! avez-vous bien compris quelle leçon nous avons reçue là? Il a raison, l'abbé; oui, nous avons combattu contre la justice, contre la vertu, et nous leur devons réparation [1]. » Cette

---

[1] Voir la belle étude de M. le comte de Falloux sur *l'Évêque d'Orléans*, et l'intéressant volume publié par

réparation, il la fait éclatante : à la même tribune où il avait commis l'injustice dont il se repent si noblement, il défend la liberté d'enseignement, il combat ceux qui prétendent en exclure les jésuites ; puis, avec ce qu'il appelle lui-même « une audacieuse franchise », il fait cette solennelle déclaration :

En présence de ce que nous avons vu depuis deux ans, j'avouerai sans crainte que je suis modifié... Oui, c'est vrai, je n'ai pas, à l'égard du clergé, les jalousies, les ombrages que j'avais, il y a deux ans... J'ai tendu la main à M. de Montalembert, je la lui tends encore (interruptions). Oui, en présence des dangers qui menacent la société, j'ai tendu la main à ceux qui m'avaient combattu, que j'avais combattus ; ma main est dans la leur ; elle y restera, j'espère, pour la défense commune de cette société qui peut bien vous être indifférente, mais qui nous touche profondément [1].

D'autre part, une évolution s'accomplit également chez les catholiques. Dans le péril commun, ils ne gardent plus leur attitude un peu exclusive et se mêlent à ceux qui défendent la société ; d'ailleurs, les conservateurs ayant dépouillé leur hostilité ou leur indifférence dans les choses de la conscience, il ne convenait pas de maintenir, entre eux et les défenseurs des intérêts religieux, une sépa-

---

M. H. de Lacombe, sous ce titre : *Les débuts de la Commission de* 1849.

[1] Discours du 18 janvier 1850.

ration anormale et fâcheuse pour tous. Dès lors, le parti catholique n'a plus d'existence distincte ; il n'y a qu'un grand parti conservateur, au premier rang duquel sont les catholiques. M. de Montalembert naguère si ardent, si ennemi de toute transaction où il pressentait une défaillance, est le premier à comprendre que l'heure de la conciliation est venue. Il est aussi vaillant à conclure l'alliance que tout à l'heure à faire la guerre. Quelques-uns de ses amis, comprenant mal et exagérant l'idée du parti catholique, voulaient à contre-temps en prolonger le quant à soi ; il leur répond par ces déclarations qui — nous ne dirons pas corrigent — mais complètent admirablement les paroles de combat, jusqu'alors tombées de sa bouche :

On nous a reproché d'avoir substitué l'alliance à la lutte. Messieurs, j'ai fait la guerre et je l'ai aimée ; je l'ai faite plus longtemps, aussi bien et peut-être mieux que la plupart de ceux qui me reprochent aujourd'hui de la cesser ; mais je n'ai pas cru que la guerre fût le premier besoin, la première nécessité du pays ; au contraire, j'ai pensé qu'en présence du danger commun, et en présence aussi des dispositions que je rencontrais chez des hommes que nous avions été habitués à regarder comme adversaires, le premier de nos devoirs était de répondre à ces dispositions nouvelles... Certes, ces hommes ne croient pas tout ce que nous croyons.., mais ils croient aujourd'hui au péril qu'ils niaient jadis, et que nous signalions d'avance... Messieurs, on fait la paix le lendemain d'une victoire, on fait la paix le lendemain d'une défaite, mais on la fait surtout, selon moi, le lendemain d'un naufrage. Eh bien ! que l'honorable M. Thiers me permette de le dire, nous avons fait naufrage, lui et moi, en février, quand nous naviguions ensemble sur ce beau navire qu'on appelait la monarchie constitutionnelle... En nous retrouvant ensemble, au lendemain du naufrage, sur la frêle planche qui nous sépare à peine de l'abîme, fallait-il, sans nécessité impérieuse, recommencer la lutte de la veille ? Fallait-il repousser la main que, tout naturellement, nous étions portés à nous offrir l'un à l'autre ?.., je ne l'ai pas pensé et je ne m'en repens pas. Nous n'avons sacrifié ni la vérité ni la justice; nous n'avons sacrifié que l'esprit de contention, l'esprit d'amertume et d'exagération qui sont malheureusement inséparables des luttes même les plus légitimes, lorsqu'elles sont prolongées.

La nouvelle attitude, prise par les conservateurs et par les catholiques, rendait facile la réforme autour de laquelle on avait livré tant de batailles de 1841 à 1848, dont chaque jour on s'était rapproché davantage, qu'on entrevoyait certaine dans un délai plus ou moins éloigné, mais enfin qu'on n'avait pu encore atteindre. Le concordat de la loi de 1850 vint mettre un terme aux luttes des catholiques et de l'Université. Il faisait triompher les doctrines, donnait raison à la tactique, récompensait le courage de M. de Montalembert et de ceux qui avaient combattu avec lui.

Cette conclusion dépasse notre sujet et appartient à l'histoire d'un autre régime. La monarchie de Juillet a eu en effet ce malheur, et peut-être ce châtiment sévère de ses timidités, de ses défaillances et de ses préventions, que les nobles idées de liberté d'enseignement, de liberté religieuse, qui avaient été semées et avaient germé sous son règne, n'ont définitivement mûri et n'ont été moissonnées qu'après sa chute ; et, bien que ses hommes d'État, tardivement, mais complètement éclairés, aient été parmi les principaux auteurs de la loi de 1850, cette monarchie risque d'apparaître aux yeux de l'histoire comme ayant été, en ces matières, un obstacle dont la disparition a suffi pour résoudre toutes les difficultés. Il y aurait dans une telle manière de voir un défaut de justice. N'est-ce pas un devoir de le prévenir? Du succès et du mérite de ces vaillants catholiques que nous honorons comme nos ancêtres et nos maîtres, les faits eux seuls parlent alors assez haut, et ils ont parlé d'ailleurs à chaque page de cette histoire ; nous n'avons rien à y ajouter, et nous aimons mieux laisser le lecteur conclure. Il y a plus lieu de se préoccuper du jugement trop sévère que, par contre-coup, on pourrait être tenté de porter sur le régime dont la politique religieuse a été ainsi condamnée par les événements, et répudiée en même temps que réparée par la conduite ultérieure de ses propres partisans. Nul, sans doute, ne saurait nous reprocher d'avoir dissimulé les fautes commises par la monarchie de 1830 ; nous nous flattons même de n'avoir pas ménagé les vérités aux hommes qui, à d'autres points de vue, étaient les plus dignes de nos sympathies et de notre estime. Mais il nous déplairait que, par l'effet même de notre sincérité et sous l'impression de l'irritation et de l'espèce d'agacement qu'a pu produire la succession de tant de petites incertitudes, de faiblesses, de méfiances souvent mesquines et maladroites, on fût amené à prononcer un arrêt précipité et excessif, et surtout à faire, avec la conduite d'autres gouvernements, un rapprochement qui, lui seul, serait un affront. Moins que jamais il ne faut faillir à cette mesure, à cette sérénité pacifiée, à cette intelligence des questions complexes, à cette équité dans la répartition des responsabilités, à cette indulgence par comparaison et par connaissance des difficultés, qui doivent marquer les appréciations définitives de l'histoire.

Conviendrait-il, par exemple, de juger uniquement, d'après les erreurs évidentes de sa politique religieuse, — erreurs qui sont plus le fait du temps que du régime, plus la faute de la nation que celle des gouvernants, — une monarchie qui a été après tout, avec les seize années de la Restauration, l'époque la plus prospère, la plus féconde et la plus regrettée de notre histoire contemporaine. Et d'ailleurs, même à ne considérer que cette politique religieuse, mais à la considérer de haut et dans son ensemble, tout était-il à blâmer et à regretter ?

D'abord, dans les premières années, par la paix et la liberté, chaque jour mieux assurées à l'Église en dépit des passions de 1830, le gouvernement a laissé faire et a même souvent secondé cette merveilleuse réaction qui a rendu au catholicisme un prestige et une influence inconnus sous la Restauration, et qui seule a donné l'idée et la force d'entreprendre plus tard la campagne contre le monopole universitaire. Une fois la lutte engagée, s'il a eu le tort d'hésiter à accorder aux catholiques une liberté nouvelle, il leur a du moins assuré l'usage, toujours respecté, même quand il était gênant pour lui, de ces libertés publiques qui leur fournissaient les armes nécessaires pour conquérir la réforme refusée. Si parfois, obéissant moins à ses sentiments propres qu'aux excitations d'une partie de l'opinion, il a eu quelque velléité d'appliquer des lois vexatoires, il s'est trouvé bientôt arrêté par un sentiment naturel de modération bienveillante et par des scrupules d'honnêteté politique, n'allant guère au delà de ce qu'il fallait pour donner, à très bon marché, aux catholiques un peu de la popularité qui s'attache aux opposants et aux persécutés. Nous voyons bien le tort qu'il se causait ainsi à lui-même, en s'aliénant une force morale dont le concours lui eût été si nécessaire ; nous voyons moins le mal qu'il faisait à l'Église.

La monarchie de Juillet ne peut-elle pas d'ailleurs demander qu'on tienne compte non seulement des actes mais aussi des résultats de sa politique religieuse. Comparez seulement la situation de l'Église de France, en 1830 et en 1848? Que de changements heureux! Quel abîme entre les deux époques! Sans doute au moment où éclate la révolution de février, il y a encore, dans l'esprit public, bien des ignorances et des préventions qui vont disparaître avec le temps. Cependant a-t-on connu dans ce siècle, avant ou depuis, une époque où les catholiques aient ressenti davantage cet élan et cette confiance intime d'une cause en progrès, où surtout on ait pu se croire aussi près de dissiper les malentendus qui éloignent l'esprit moderne de la vieille foi, et de résoudre ainsi le plus difficile et le plus important des problèmes qui pèsent sur notre temps? Que le gouvernement eût tout le mérite, et le mérite voulu, de ces avantages recueillis par le catholicisme sous son règne, nous ne le prétendons pas; mais on ne peut dire non plus qu'il n'y fût pas pour quelque chose, ne serait-ce que par le bienfait de ces lois et de ces mœurs, avec lesquelles le monopole et l'oppression ne pouvaient longtemps résister aux réclamations des intérêts froissés et aux protestations des consciences émues.

Aussi ceux des catholiques ou des membres du clergé qui, encore tout chauds des excitations ou des ressentiments de la lutte religieuse, ont salué la révolution de Février presque comme une délivrance, ne se sont montrés en cela ni justes ni clairvoyants. Ils ne devaient pas tarder à se repentir de leur joie. D'ailleurs plusieurs, et non des moins illustres, n'ont pas attendu pour rendre justice à la monarchie tombée. Dès juillet 1849, dans un discours et dans une lettre que nous avons déjà eu occasion de mentionner, M. de Montalembert, qui avait été l'un des plus passionnés au combat, mais dont l'âme fière n'eût pas supporté un moment la pensée d'être injuste envers les vaincus, se reprochait publiquement d'avoir poussé trop loin et trop vivement son opposition contre le gouvernement de Louis-Philippe, de n'avoir pas bien « apprécié toutes ses intentions », et de n'avoir pas assez « pris compassion de ses difficultés[1]. » Un peu plus tard, en 1852, il rappelait que tous les biens dont les catholiques étaient alors en possession, avaient été gagnés sous la monarchie de Juillet, grâce aux libertés publiques, « grâce à ce culte du droit, à cette horreur de l'arbitraire qu'inspirait le régime parlementaire ». Il déclarait ne pas vouloir être de ces gens « qui se figurent que la saison des récoltes mérite seule d'être estimée, et qui ne tiennent aucun compte des temps qui ont permis les labours et les semailles. Plaisants cultivateurs, ajoutait-il, que ceux qui, dans leur enthousiasme pour l'automne, vont jusqu'à calomnier l'hiver et à supprimer le printemps[2] ! » Gardons-nous de mé-

---

[1] Discours sur la loi de la presse, du 21 juillet 1849, et lettre à l'*Univers* du 23 juillet.
[2] *Des intérêts catholiques au XIXe siècle.*

riter un tel reproche et n'oublions pas que si la loi de 1850, par sa date, n'appartient pas à la monarchie constitutionnelle, elle est la conséquence, brusquée par une révolution, de luttes, de mouvements d'idées, de progrès quelquefois hésitants et lents, mais constants et réels, dont il faut faire en partie honneur à cette monarchie. En terminant un livre, où sont racontés les luttes et les succès des champions de la liberté religieuse, par une parole de justice envers le gouvernement dont ces catholiques s'étaient trouvés par moment combattre si ardemment la politique, nous avons conscience de répondre à la pensée dernière des plus grands, des plus vaillants et des plus éclairés d'entre eux, et il nous semble que c'est remplir comme une des conditions de l'héritage qu'ils nous ont laissé.

FIN.

TABLE DES MATIÈRES

	Pages
Avant-Propos.	i
Chapitre premier. — La réaction religieuse aux débuts de la monarchie de Juillet. (1830-1841)	1
I. L'irréligion maîtresse après 1830. Tentative et échec du journal l'*Avenir*. Le catholicisme vaincu et compromis.	1
II. Lacordaire à Notre-Dame en 1835. Retour des âmes vers la religion, à la suite et sous le coup de la révolution de Juillet. Témoignages et explication de ce retour.	9
III. Part de la jeunesse dans le mouvement religieux. Les étudiants catholiques et Ozanam.	20
IV. En quoi la prédication de Lacordaire convenait aux hommes de son temps. Contradictions qu'il rencontre. Sa retraite en 1836.	27
V. Le mouvement religieux continue. Le P. de Ravignan à Notre-Dame. Lacordaire et le rétablissement des dominicains en France.	33
VI. Pendant ce temps, M. de Montalembert arbore le drapeau catholique à la Chambre des pairs. Son isolement et son courage. L'impression qu'il produit et l'attitude qu'il prend.	43
Chapitre II. — Le gouvernement et le mouvement catholique (1830-1841).	55
I. Les chefs du mouvement catholique se séparent du royalisme. Jugement de leur attitude.	55
II. Sagesse et réserve politique de la plupart des	

évêques après 1830. Mgr de Quélen. Le clergé se rapproche de plus en plus de la monarchie de Juillet. Il y est poussé par la cour romaine....... 64
III. Politique religieuse du gouvernement. Violences et vexations du début. Cette politique s'améliore. Ses lacunes et ses progrès. L'opinion est plus favorable au clergé.................................... 77
IV. Les hommes d'État et la question religieuse. Un écrit de M. Guizot et un discours du roi..... 90
V. Raisons politiques et parlementaires qui doivent déterminer, en 1841, le gouvernement à s'emparer de la question religieuse et à la résoudre favorablement... 98
VI. Le péril social et le désordre intellectuel à cette époque. Nécessité de la religion pour y remédier.. 110

Chapitre III. — Les catholiques et les premières luttes pour la liberté de l'enseignement (1830-1844).. 123
I. La promesse de la liberté d'enseignement dans la Charte de 1830. Le procès de l'école libre. La loi de 1833 sur l'instruction primaire. Le projet de 1836 sur l'instruction secondaire. Le projet de 1841 et les petits séminaires. Protestations de l'épiscopat. La lutte est engagée................ 123
II. L'état religieux des collèges. La philosophie d'État. Les évêques et l'Eclectisme............. 144
III. M. de Montalembert et le programme du parti catholique. En quoi l'existence d'un parti catholique est un fait accidentel et anormal.......... 157
IV. M. de Montalembert et les évêques. Comment ceux-ci arrivent à demander la liberté pour tous. Leurs premières répugnances contre l'action publique et laïque. Timidité de Mgr Affre. Intervention décisive de Mgr Parisis................. 166
V. M. de Montalembert agitateur incomparable. Il dépasse parfois un peu la mesure. Le charme qu'il exerce, même sur ses adversaires.......... 183
VI. Violences d'une partie de la polémique catho-

lique. Le livre du *Monopole universitaire*. *L'U-
nivers* et M. Louis Veuillot. Ces violences regrettées par les catholiques les plus considérables.... 195
VII. Le parti catholique fait brillante figure et la
campagne est bien commencée. Emotion joyeuse
de Lacordaire en 1844.......................... 210

CHAPITRE IV. — LES DÉFENSEURS DU MONOPOLE ET LA
DIVERSION TENTÉE CONTRE LES JÉSUITES (1841-1844). 219
I. L'Université défend son monopole. Comment l'éclectisme répond aux reproches des catholiques.
Ses protestations d'orthodoxie ne sont pas prises
au sérieux. Renaissance du voltairianisme. Effroi
et plaintes de la philosophie officielle............ 219
II. Les « libéraux » renient la liberté quand elle
est demandée par les catholiques. Ils prennent
l'offensive contre le « parti prêtre. » La polémique
contre les livres des cas de conscience.......... 236
III. Les jésuites depuis 1830. Explosion contre eux
en 1842. Qui avait donné le signal ? Raison de cette
diversion. Le catholicisme attaqué sous le nom de
jésuitisme.. 247
IV. La question des jésuites au Collège de France.
Ce qu'avaient été jusqu'alors M. Quinet et M. Michelet. Le cours de M. Quinet contre les jésuites.
Celui de M. Michelet. Scandale de ces cours.
Leur caractère antichrétien et révolutionnaire.... 260
V. La défense des catholiques au sujet des jésuites.
Le P. de Ravignan et son livre de *l'Existence et
de l'institut des jésuites*. Etendue et raison de
son succès....................................... 278

CHAPITRE V. — LA POLITIQUE RELIGIEUSE DU GOUVER-
NEMENT ET LE PROJET DE LOI DE 1844. (1841-1844). 291
I. Les dispositions personnelles de M. Guizot.
M. Martin du Nord et M. Villemain............. 291
II. Le sentiment du roi. Louis-Philippe et Mgr Affre 299
III. La gauche et la liberté religieuse. Les regrets
de M. de Tocqueville. Les préventions des conser-
vateurs. M. Guizot n'essaye pas d'en triompher.
Ce qui peut excuser sa faiblesse................ 308

IV. Les bons rapports entre le gouvernement et le clergé sont altérés. Difficultés avec les congrégations, avec les évêques. La question des articles organiques.................................. 320

V. Les universitaires mécontents du gouvernement. Défis échangés par-dessus la tête des ministres. M. Dupin et M. de Montalembert............... 329

VI. Le projet de 1844. Le rapport du duc de Broglie plus libéral que le projet, bien qu'encore insuffisant 338

VII. La discussion. Attitude des divers partis. Échec infligé à l'Université. Les catholiques quoique battus au vote sortent plus forts du débat.... 346

CHAPITRE VI. — LA QUESTION DES JÉSUITES A LA CHAMBRE DES DÉPUTÉS ET A LA COUR ROMAINE. (1844-1845). 363

I. La situation à la fin de 1844. M. de Salvandy, ministre. Condamnation du *Manuel* de M. Dupin. Déclaration d'abus contre le cardinal de Bonald.. 363

II. Le rapport fait par M. Thiers sur la loi d'instruction secondaire. Pourquoi s'en était-il chargé? Premier échec de sa tactique................. 373

III. M. Thiers se sert de la question des jésuites pour attaquer M. Guizot. Le *Juif-Errant*. Le procès Affnaer................................. 381

IV. L'embarras du gouvernement. Il se décide à recourir à Rome. M. Rossi.................. 388

V. La discussion de l'interpellation sur les jésuites. L'ordre du jour motivé. Les catholiques se préparent à la résistance. Débat à la Chambre des pairs. Note du *Moniteur* annonçant le succès de M. Rossi. 398

VI. M. de Rossi à Rome. Le Pape refuse ce qu'on lui demande, mais conseille aux jésuites de faire quelques concessions. Equivoque et malentendu sur les résultats de la négociation................. 408

VII. Les mesures d'exécution en France. Les jésuites s'en tiennent aux concessions en général, et M. Guizot finit par s'en contenter. Satisfaction du gouvernement. Irritation des catholiques. En quoi le résultat final a pu nuire ou profiter à la question religieuse.............................. 416

	Pages
CHAPITRE VII. LES DERNIÈRES ANNÉES DE LUTTE (1845-1848).	429
I. Trêve à la fin de 1845. Les catholiques conciliants. L'abbé Dupanloup et M. Beugnot.........	429
II. M. de Salvandy et le Conseil royal. Un discours de M. Guizot. Avances faites aux catholiques......	435
III. L'attitude du parti catholique dans les élections de 1846. Son succès relatif.................	443
IV. L'impuissance du ministère après les élections. Le projet de M. de Salvandy et le rapport de M. Liadières.................................	451
V. Les évêques et le gouvernement. Mgr Affre. Le besoin que la monarchie de Juillet aurait eu en 1847 de l'appui des catholiques. M. de Montalembert et M. Guizot. Le triomphe de la liberté d'enseignement certain dans l'avenir..................	459
VI. L'avènement de Pie IX. Le contre-coup sur la situation des catholiques en France. Popularité, espérances et illusions. Démenti apporté par la révolution.................................	469
VII. L'Église en France après le 24 février 1848. La bourgeoisie effrayée se rapproche des catholiques. Ceux-ci s'unissent au grand parti conservateur. La loi de 1850. Conclusion : la monarchie de Juillet et la religion.................................	479

www.ingramcontent.com/pod-product-compliance
Lightning Source LLC
Chambersburg PA
CBHW051124230426
43670CB00007B/668